कुमाऊँ के नरभक्षी

(MAN-EATERS OF KUMAON)

जिम कार्बेट

THE MILKY WAY
PUBLICATIONS

प्रकाशक : द मिल्की वे प्रकाशन
पता : मुंबई, महाराष्ट्र

फ़ोन: +91 9167080475
व्हाट्सएप नंबर: +91 9167080475

ईमेल: themilkywaypublications@gmail.com

कुमाऊँ के नरभक्षी

जिम कार्बेट

ISBN: 978-81-990099-3-6

संस्करण:2025

विषय-सूची

लेखकीय अभिव्यक्ति

इस पुस्तक में दी गई अधिकतर कहानियाँ नरभक्षी शेरों की हैं। इसलिए कदाचित् यहाँ यह समझाना उपयुक्त ही होगा कि इन सभी जानवरों में नरभक्षण प्रवृत्तियों की शुरूआत कैसे होती है।

नरभक्षी शेर ऐसा होता है जो ऐसी परिस्थितियों का दबाव पड़ने पर, जिन पर उनका कोई बस नहीं चलता, ऐसा भोजन (आहार) अपनाने को विवश हो जाता है जो उसके लिए स्वाभाविक आहार नहीं होता। परिस्थितियों का दबाव दस में से नौ मामलों में जख्मों का और दसवें मामले में बुढ़ापे का परिणाम होता है। जिस जख्म के कारण कोई शेर नरभक्षण करने लगता है, वह लापरवाही से चलाई गई गोली लगने और उसके बाद और गोलियाँ चलाकर उस जख्मी शेर को पूरी तरह से मार न दिया जाने का परिणाम हो सकता है। मनुष्य शेरों का प्राकृतिक आहार नहीं है लेकिन शेर मानव को शिकार तभी बनाता है जब घाव लग जाने या बूढ़ा हो जाने के कारण शेर अपना स्वाभाविक शिकार मारने में असमर्थ हो जाता है और जीने के लिए उन्हें नरमांस खाने के लिए मजबूर होना पड़ता है।

शेर अपने स्वाभाविक शिकार को मारने के लिए, जब उसके पीछे धीरे-धीरे जाता है और उसकी प्रतीक्षा में लेटे रहता है, तब शेर की सफलता उसके आक्रमण की तेज़ी और उससे कुछ कम उसके दाँतों और पंजों की दशा पर निर्भर करती है। इसलिए यदि शेर को एक या उससे अधिक पीड़ादायक घाव लगा हुआ है या उसके दाँत नहीं हैं या दोषपूर्ण हो गए हैं और उसके पंजे घिस गए हैं अथवा जिन जानवरों को मारकर वह खात है, उन्हें वह पकड़ नहीं पाता तब जरूरत की मजबूरी से वह आदमी को मारने लगता है। जानवरों के मांस से बदलकर नर मांस पर आ जाना, मेरी नजर में अधिकांश मामलों में दुर्घटनावश होता है। दुर्घटनावश से मेरा तात्पर्य है क्या इसका उदाहरण मैं मुक्तसर की नरभक्षी शेरनी का किस्सा बताकर दूँगा। यह शेरनी जब अपेक्षतया जवान ही थी तब सेही से हुए मुठभेड़ में एक आँख जाती रही थी और सेही के करीब पचास काँटे जिनकी लंबाई एक से नौ इंच थी उसकी बाँह और अगली टाँग की गद्दी में घुस गए थे। उनमें से कुछ काँटे हड्डी से टकराकर यू (U) की शक्ल बनाते हुए वापस मुड़ गया था जिनकी नोक और टूटा हुआ किनारा दोनों बिलकुल पास-पास आ गए थे। जब उसने दाँत से काँटे निकालने की कोशिश की तो ऐसा करने से वहाँ पीब भरे रिसते घाव बन गया। जब वह शेरनी घनी घास के टुकड़े में लेटी भूख से बेचैन अपने घाव को चाट रही थी तब एक स्त्री ने घास का वही टुकड़ा अपने डंगरों के चारा के लिए चुना। शेरनी ने पहले इस पर कुछ ध्यान नहीं दिया पर जब वह स्त्री घास काटती-काटती उस जगह तक आ गई जहाँ वह लेटी हुई थी तो शेरनी ने प्रहार किया और उसी चोट से उस स्त्री की खोपड़ी फट गई। तत्काल उसकी मृत्यु हो गई क्योंकि अगले दिन वह स्त्री खोजने पर मिली तो वह एक हाथ में दराँती और दूसरे हाथ में घास का गुच्छा जिसे वह काटने वाली थी, पकड़ी हुई थी, जब शेरनी ने उस स्त्री पर प्रहार किया था तब उस स्त्री को वहीं छोड़कर जहाँ वह गिरी थी, शेरनी लंगड़ाती हुई लगभग एक मील से अधिक दूरी तक गई और वहाँ एक गिरे हुए वृक्ष के नीचे एक खोखले में जाकर आश्रय लिया। दो-तीन दिन बाद एक आदमी उस गिरे हुए वृक्ष के पास ईंधनकाष्ठ काटने के लिए आया तब शेरनी जो कुछ दूरी पर लेटी हुई थी, उसे मार डाली। आदमी वृक्ष के ऊपर गिर पड़ा चूँकी उसने अपना कोट और कमीज़ उतार दिया था इसलिए मरते समय शेरनी का पंजा उसकी पीठ पर पड़ा था, हो सकता है कि उसके शरीर से धीरे-धीरे बहते रक्त की गंध ने जब उस वृक्ष के तने पर पड़ा उस पर झूल रहा था

उसे पहले-पहल यह विचार दिया हो कि वह कोई ऐसी चीज है जिससे उसकी भूख मिट सकती है। बात जैसी भी रही हो पहले उसने पीठ से थोड़ा सा मांस का टुकड़ा खाया। उसके एक दिन बाद उसने अपना तीसरा शिकार जानबूझ कर मारा और वह बिना किसी तरह की कोई भड़काने वाली कार्यवाही किए जाने के बाद तो वह जमी-जमाई नरभक्षी बन गई और अंतिम रूप से निपटाए जाने से पूर्व वह चौबीस लोगों को मारकर खा चुकी थी।

ताजे मारे शिकार पर आया शेर अथवा घायल शेर अथवा छोटे शावकों को साथ लिए शेरनी कभी-कभार ऐसे आदमियों को मार डालते हैं जो उन्हें विघ्न पहुँचाते हैं। परन्तु ये शेर कल्पना को कितना ही बढ़ाकर क्यों न देखें नरभक्षी नहीं कहे जा सकते हालाँकि इन्हें बहुधा ऐसा कहा जाता है। व्यक्तिगत रूप से मैं नरभक्षी की श्रेणी में रखने से पूर्व शेर को एक बार और फिर एक बार सन्देह का लाभ देना चाहूँगा और जहाँ भी संभव हो सका है किसी शेर या तेन्दुए द्वारा, जैसी भी स्थिति हो, मारा गया शिकार आलेखों में वैसा लिखा जाने से पूर्व, मारे गए शिकार की मृत्यूपरान्त परीक्षा कराऊँगा। शेर या तेन्दुओं द्वारा अथवा मैदानों में भेड़ियों द्वारा मारे कहे जाने वाले मनुष्यों की मृत्यूपरान्त परीक्षा कराने का विषय बहुत महत्त्वपूर्ण है क्योंकि मैं ऐसे मामले जानता हूँ जहाँ ऐसी मृत्यु को अन्यायपूर्वक क्रव्यभोजियों के मत्थे मढ़ दिया गया है परन्तु मैं इनके उदाहरण नहीं दूँगा।

लोक में यह गलत प्रवाद फैला हुआ है कि सभी नरभक्षी बूढ़े और खजियल होते हैं और खुजली का कारण नरमांस का अधिक नमकीन होना बताया जाता है। नरमांस और जानवरों के मांस की आपेक्षिक लवण मात्रा पर कोई राय देने की योग्यता मुझ में नहीं है परन्तु मैं कह सकता हूँ और जोर देकर कहता हूँ कि नरभक्षियों की खाल पर किसी तरह का हानिप्रद प्रभाव पड़ने की बात तो जाने ही दीजिए इसका उन पर इससे उलटा ही प्रभाव पड़ा है क्योंकि वे सभी नरभक्षी जो मैंने देखे हैं, उनकी खाल दर्शनीय सुन्दर पाई गई है।

इन नरभक्षियों के सम्बन्ध में एक अन्य लोक विश्वास यह फैला हुआ है कि उनके बच्चे स्वतः नरभक्षी बन जाते हैं। यह काफी तर्कसंगत प्रस्थापना है परन्तु वास्तविक तथ्यों से इसकी पुष्टि नहीं होती। और किसी नरभक्षी के बच्चे अपने-आप नरभक्षी क्यों नहीं बन जाते, इसका कारण यह है कि मनुष्य शेर या तेन्दुए का स्वाभाविक शिकार नहीं है। बच्चा वह सब कुछ खायेगा जो उसे उसकी माँ लाकर देगी और मुझे शेर के बच्चों को नरहत्या करने में अपनी माँ की सहायता करने का भी पता है परन्तु अपने माँ-बाप की सुरक्षा छोड़कर चले गए या माँ-बाप के मारे जाने के बाद शेर के एक भी ऐसे बच्चे का मुझे पता नहीं है जिसने नरहत्या करने का काम अपना लिया हो।

क्रव्यभोजियों द्वारा मारे गए आदमियों के बारे में बहुधा यह सन्देह प्रकट किया जाता है कि उन्हें मारने का जिम्मेदार कोई शेर या तेन्दुआ है। सामान्य नियम यही है जिसका कोई अपवाद मुझे देखने को नहीं मिला कि दिन में जितने लोग-बाग मारे गए हैं उनके लिए जिम्मेदार शेर होता है और जो लोग अँधेरे के समय मारे जाते हैं उन्हें मारने की जिम्मेदारी तेन्दुओं पर जाती है। दोनों जानवर अर्द्धरात्रिचर वन निवासी हैं, दोनों की आदतें एक जैसी हैं, मारने में दोनों एक जैसा ढंग अपनाते हैं और दोनों अपना मारा शिकार लंबी-लंबी दूरियों तक उठा कर ले जाने में समर्थ हैं। इसीलिए यह आशा की जा सकती है कि दोनों एक ही समय शिकार किया करें पर वे ऐसा नहीं करते। इसका कारण यही है कि इन दोनों जानवरों के साहस में अंतर पाया जाता है। जब शेर नरभक्षी बन जाता है तो उसमें मानवों का कुछ भी भय नहीं रह जाता और चूँकि रात की अपेक्षा मानव दिन में अधिक स्वतंत्रता से इधर-उधर विचरता है, शेर अपना शिकार दिन के प्रकाश में प्राप्त कर सकता है और इसके लिए रात के समय उनकी बस्तियों में शिकार करने की कोई आवश्यकता नहीं होती। इसके

विपरीत तेन्दुआ कोड़ियों लोगों को मार चुकने के बाद भी कभी मानवों के प्रति भय से मुक्त नही हो पाता और चूँकि वह दिन के प्रकाश में मानव का सामना नहीं करना चाहता वह अपना शिकार रात्रि के समय जब वे इधर-उधर फिर रहे होते हैं अथवा रात को उनके घरों में घुसकर प्राप्त करता है। इन दोनों जानवरों की इन विशिष्टताओं के कारण अर्थात कि एक का मानव भय जाता रहता है और वह दिन का प्रकाश रहते समय उन्हें मारता है जबकि दूसरे का मानव भय बचा रहता है और वह रात में उन्हें मारता है, नरभक्षी तेन्दुओं को मारने की अपेक्षा नरभक्षी शेरों को मारना कहीं अधिक आसान रहता है।

नरभक्षी शेर कितनी बारम्बारता से अपना शिकार मारता है यह इन बातों पर निर्भर है (अ) जिस क्षेत्र में वह कार्यरत है, वहाँ उसके स्वाभाविक आहार की प्राप्ति कितनी है, (आ) जिस अयोग्यता के कारण वह नरभक्षी बना है वह किस किस्म की है और (इ) वह नर है अथवा बच्चों वाली मादा।

हम लोगों में वे लोग जिन्हें किसी विषय विशेष पर अपनी स्वयं की राय बनाने के अवसर प्राप्त नहीं हैं वे प्रायः दूसरों की राय स्वीकार कर लेते हैं। अन्य बातों की अपेक्षा यह बात शेरों के बारे में कहीं ज्यादा स्पष्ट दिखाई देती है। यहाँ मैं खास करके नरभक्षियों की बात नहीं कह रहा, आम शेरों के बारे में कह रहा हूँ। जिस लेखक ने सबसे पहले "शेर जैसा क्रूर" और "शेर की तरह खून का प्यासा" जैसे शब्द नाटकों के खलनायक की दुष्ट प्रकृति पर ज़ोर डालने के प्रयत्न स्वरूप प्रयोग किए उसने न केवल उस प्राणी के प्रति जिसे उसने बदनाम किया अपना खेदजनक अज्ञान प्रकट किया बल्कि ऐसे वाक्यांश भी गढ़ दिए जो सारी दुनिया में फैल गए हैं और उन थोड़े लोगों को छोड़कर जिन्हें उनके बारे में अपनी राय स्वयं बनाने का अवसर मिला है बाकी सभी लोगों में शेरों के विषय में फैली हुई गलत धारणाओं के लिए प्रधानतः वे ही जिम्मेदार हैं।

जब मैं "शेर जैसा क्रूर" और "शेर की तरह खून का प्यासा" वाक्यांश छपे हुए देखता हूँ तो मैं पुरानी भरवां बन्दूक से लैस हुए एक छोटे से बालक के विषय में सोचने लगता हूँ जिसकी सभी नाल छह इंच तक फटी हुई थी और जिसकी नाल और कुन्दा पीतल के तारों से बाँध कर अलग-अलग होकर गिरने से रोके हुए थे। यह बालक तराई और भाबर के जंगलों में उन दिनों घूमता-फिरता रहता था जब वहाँ आज के बचे एक-एक शेर के मुकाबले दस-दस शेर हुआ करते थे। रात होने पर वह जहाँ भी होता वहीं सो जाता साथ में गर्मी लाने के लिए थोड़ी आग जलाए रखता। बीच-बीच में शेरों की आवाज कभी कुछ दूर से तो कभी-कभी बहुत पास से ही सुनकर जाग जाता। आग में कुछ लकड़ियाँ और डालता, करवट बदलता और बिना किसी बेचैनी की बात मन में लाए फिर अपनी विघ्न पड़ी नींद लेना शुरू कर देता। अपने थोड़े से अनुभव और दूसरों के अनुभवों से जिन्होंने उसी की तरह जंगल में दिन बिताए थे जिन्हें उसने सुना था अथवा दिन के समय शेर से बचते हुए जब कोई मिल ही जाए और यदि ऐसा न हो पाए तो उसके गुज़र कर निकल जाने तक चुपचाप शांत होकर खड़ा रहने और उसके बाद मार्ग पर आगे बढ़ने पर वह जानता था कि बिना छेड़-छाड़ किए शेर किसी को कुछ नहीं कहता। और मैं सोचने लगता उसके बारे में जब वह आधा दर्जन जंगली मुर्गियों के पीछे लगा हुआ था जो खुले में चुग रही थी तो धीरे-धीरे प्लुतुम की झाड़ी के पास पहुँच, खड़ा हो उन्हें देखने लगने पर झाड़ी हिली और उसके दूसरी तरफ से एक शेर बाहर निकला, झाड़ी खाली हो गई, वह मुड़ा और चेहरे पर ऐसा भाव लिए जो उतना ही स्पष्ट था जितने तद्विषयक शब्द होते "हेल्लो बच्चे, तुम यहाँ किस खुराफात में लगे हो?" लड़के की ओर देखा और कोई उत्तर न पाकर मुड़ा और बिना एक बार भी पलट कर देखे मन्थर गति से धीरे-धीरे वहाँ से चला गया। और फिर मुझे उन हज़ाराधिक पुरुषों, स्त्रियों और बच्चों का खयाल आता है जो जंगल में काम करने या घास काटने या सूखी लकड़ियाँ बटोरने दिनानुदिन ऐसी जगहों के पास से

गुजरते हैं जहाँ शेर लेटे हुए रहते हैं पर इतना तक नहीं जान पाते कि वे इस तथाकथित "क्रूर और रक्त पिपासु" जानवर के पर्यवेक्षण में रहकर आए हैं।

उस दिन से जब प्लुम की झाड़ी से शेर निकलकर बाहर चला गया था अब आधी सदी बीत चुकी है जिसके अंतिम बत्तीस वर्ष लगभग नियमित रूप से नरभक्षियों का पीछा करने में ही बीते हैं और यद्यपि ऐसे दृश्य भी देखने को मिले हैं जिन पर पत्थर भी रोने लगते हैं, मेरे देखने में एक भी ऐसा मामला नहीं आया कि कोई शेर जानबूझ कर इस सीमा तक क्रूर और रक्तपिपासु रहा हो कि उसने बिना छेड़-छाड़ हुए अपनी या अपने बच्चों की क्षुधापूर्ति के लिए आवश्यकता से अधिक किसी की हत्या की हो।

वस्तु योजना में शेर का कार्य प्रऔति का संतुलन बनाए रखने में सहायता देना ही है और अति दुर्लभ अवसरों पर जब अत्यधिक आवश्यकता से वह अत्यधिक मजबूर ही हो जाए तो वह किसी आदमी की हत्या करता है अथवा जब उनका स्वाभाविक आहार मानव द्वारा निर्दयतापूर्वक समाप्त कर दिया जाए तो वह दो प्रतिशत ढोर-डंगर (पालतू पशु) मारता है जिन्हें मारने का आरोप उस पर लगाया जाता है। इस कार्य के लिए उसकी पूरी जाति पर "क्रूर" और "रक्त पिपासु" होने का ठप्पा लगा देना उचित नहीं कहा जा सकता।

मैं जानता हूँ कि शिकारी "अपरिवर्तनीय" होते हैं, जिसका कारण यह है कि अपनी राय बनाने में उन्होंने वर्षों लगाए होते हैं। और चूँकि प्रत्येक आदमी का अपना अलग-अलग दृष्टिकोण होता है इसलिए यह स्वाभाविक ही है कि उनकी राय में छोटी-छोटी यहाँ तक कि कुछ बड़ी बातों में भी परस्पर अंतर पाया जाता है। इसी कारण मैं यह शेखी नहीं मारना चाहता कि वे सभी रायें जो मैंने यहाँ अभिव्यक्त की हैं सभी लोगों की स्वीऔति पा सकेंगी।

इतने पर भी एक बात ऐसी है जिस पर मैं पूरी तरह दृढ़ हूँ कि सभी शिकारी चाहे उनका दृष्टि बिन्दु पेड़ पर बाँधा गया मचान हो या हाथी की पीठ या उनके अपने पैर मुझ से एक बात में सहमत होंगे और वह यह है कि शेर अथाह साहसी, विशाल हृदय और सज्जन होता है और यदि उसे विलुप्त कर दिया गया और यदि सहायतार्थ उसे सार्वजनिक समर्थन न मिल पाया तो वह विलुप्त हो ही जाएगा तो अपनी प्राणि जातियों में सर्वोत्तम इस प्राणि जाति का विलोप होने से भारत बहुत विपन्न रह जाएगा।

शेरों के विपरीत तेन्दुए कुछ सीमा तक "झाडू लगाने वाले सफाईदार" हैं और बिना रोकटोक जानवरों का कत्लेआम करके भी उनका स्वाभाविक आहार उन्हें नहीं मिल पाता तो नरमांस का स्वाद पाकर वे नरभक्षी बन जाते हैं।

हमारे पहाड़वासी प्रधानतया हिन्दू है और इस कारण अपने मृतकों का वे दाह संस्कार करते हैं। यह दाह क्रिया सर्वदा किसी नदी या नाले के तट पर सम्पन्न की जाती है ताकि मृतक की अस्थियाँ (राख) बहकर गंगा और अन्ततः समुद्र में चली जाए। यहाँ के अधिकांश गाँव ऊँची पहाड़ियों पर बसे हुए हैं जबकि नदी नाले अधिकांश स्थितियों में उनसे मीलों दूर नीचे घाटियों में होते हैं। इससे यह समझा जा सकता है कि अन्त्येष्टि संस्कार में किसी छोटे जन समुदाय की मानव शक्ति पर बहुत बोझ (या दवाब) पड़ता है खासकर जब अरथी ले जाने वालों के अलावा दाह क्रिया के लिए अपेक्षित ईंधन इकट्ठा करने और उसे ले जाने के लिए भी श्रमिकों की जरूरत पड़ती है। सामान्य समय में तो ये कर्मकाण्ड ठीक तरह से पूरे कराए जाते हैं परन्तु जब कोई बीमारी महामारी बनकर पहाड़ों को लपेट लेती है और वहाँ के निवासी इतनी तेजी से मरते हैं कि उन्हें ठीक-ठीक ढंग से निपटाया नहीं जा सकता तो एक सीधा-सादा कर्म काण्ड गाँवों में अपनाया जाता है। इसमें

मृतक के मुख में एक जलता हुए अंगारा रखकर शरीर को पहाड़ी के सिरे पर ले जाकर नीचे धकेल दिया जाता है।

तेन्दुआ ऐसे क्षेत्र में जहाँ उसका स्वाभाविक खाद्य मिलना अति दुर्लभ हो गया हो ऐसे शरीर (या लाश) पाकर बहुत जल्दी मानव मांस का स्वाद प्रेमी हो जाता है। जब बीमारी खत्म होकर सामान्य स्थिति फिर से लौट आती है तो यह जानवरी अपने आहार की प्राप्ति कट जाने के कारण बहुत स्वाभाविक है मानवों की हत्या करने लग जाता है।

कुमाऊँ के दो नरभक्षी तेन्दुओं में से जिन्होंने परस्पर मिलकर पाँच सौ पच्चीस लोगों की जान ली थी एक का उदय अति भयंकर हैजा फैल जाने के कारण हुआ था और दूसरा तेन्दुओ उस रहस्यपूर्ण बीमारी के बाद सामने आया था जिसने 1918 में सारे भारत को आक्रान्त कर डाला था और जिसे जंगी बुखार नाम दिया गया था।

चम्पावत का नरभक्षी

(1)

जब मैंने पहले-पहल उस शेर के बारे में सुना जिसे बाद में सरकारी हलकों में "चम्पावत का नरभक्षी" कहा गया तब मैं ऐडी नावल्स के साथ मलानी में शिकार कर रहा था।

ऐडी को प्रान्त के लोग अपने समय का बेहतरीन शिकारी और शिकार की कभी समाप्त न होने वाली कहानियों के भण्डार के रूप में याद रखेंगे। वे उन थोड़े से भाग्यवान लोगों में से थे जिन्हें जीवन में सभी कुछ सर्वोत्तम मिलता है। उनकी राइफल की मार एकदम सही और शक्तिशाली थी। उनका एक भाई भारत का सबसे अच्छा बन्दूक का निशानेबाज था तो दूसरा भारतीय सेना का सर्वोत्तम टेनिस खिलाड़ी। इसलिए जब ऐडीने यह खबर भिजवाई कि संसार के सर्वश्रेष्ठ शिकारी, उनके बहनोई को सरकार ने चम्पावत नरभक्षी को मारने के लिए नियुक्त किया है तो यह मान लेना ठीक ही था कि इस जन्तु की कारगुजारियों के इने-गिने दिन ही रह गए हैं।

परन्तु न जाने क्यों शेर मरा नहीं और जब चार साल बाद मैं नैनीताल गया तो सरकार के लिए वह तब भी बहुत बड़ा सरदर्द बना हुआ था। इनामों की घोषणा की जा चुकी थी, शिकारियों की नियुक्ति हुई थी और अल्मोड़ा डिपो से गोरखों की टोलियाँ भी नरभक्षी से निपटने के लिए भेजी गई थी। इतना सब होने के बावजूद शेर द्वारा मारे गये मानवों की संख्या खतरनाक ढंग से बढ़ती ही चली गई थी।

यह शेरनी जैसा कि बाद में पता चला नेपाल के दो सौ लोगों की जान लेने के बाद वहाँ से हथियारबंद नेपालियों द्वारा खदेड़े जाने पर बनी-बनाई नरभक्षिणी के रूप में कुमाऊँ पहुँची थी। और यहाँ चार वर्षों में वह दो सौ चौंतीस और व्यक्तियों को खा चुकी थी।

मेरे नैनीताल पहुँचने के थोड़े ही दिनों बाद जब बर्टटूड मुझसे मिले तो पता लगा कि स्थिति यह थी। अपनी दुःखद मृत्यु के बाद अब हल्द्वानी में दफन बर्टटूड उस समय नैनीताल में डिप्टी कमिश्नर थे और ऐसे व्यक्ति थे

जिन्हें उन सब लोगों का स्नेह व आदर प्राप्त था जो उन्हें जानते थे। इसलिए कोई आश्चर्य की बात नहीं कि जब उन्होंने मुझे नरभक्षी द्वारा आतंकित अपने जिले के निवासियों का दुःख और उसके बारे में अपनी चिंता प्रकट की तो मैंने वचन दिया कि शेर द्वारा मारे जाने वाले अगले व्यक्ति की खबर मिलते ही मैं चम्पावत के लिए चल पड़ूँगा।

परन्तु मैंने दो शर्तें रखी एक तो यह कि सरकार सब इनामों की घोषणा रद्द कर दे और दूसरी यह कि शेर को मारने के लिए नियुक्त सब विशेष शिकारी और सैनिक वापस बुला लिए जायें। इन शर्तों को रखने का खास कारण बताना जरूरी नहीं है क्योंकि मुझे पक्का विश्वास है कि शिकारी "इनाम के पीछे भागने वाला" कहा जाने के खिलाफ होते हैं और दुर्घटनावश गोली लग जाने का जोखिम कम करने के लिए मेरी तरह ही चिन्तित होते हैं। दोनों शर्तें मान ली गई। एक सप्ताह बाद सुबह सुबह बर्टटूड मुझे मिलने आया और बताया कि उसके हरकारों ने सूचना दी है कि देवीधुरा और धूनाघाट के बीच बसे पाती गाँव में नरभक्षी ने एक स्त्री को मार दिया है।

अल्प समय की सूचना मिलते ही चलने की आवश्यकता का पूर्वानुमान लगाकर मैंने कैम्प का सामान ढोने के लिए छह आदमी पहले नियुक्त कर लिए थे और नाश्ता करके हम रवाना हो गए। पहले दिन सत्रह मील चलकर धारा पहुँचे। अगले दिन नाश्ता मोरीनाला पर किया रात देवीधूरा में बिताई और अगले दिन सांझ होते-होते पाती पहुँच गए। तब तक उस स्त्री को मारे पाँच दिन हो चुके थे।

गाँव के पुरुष, स्त्री और बच्चों की संख्या कुल मिलाकर लगभग पचास थी, वे बेहद डरे हुए थे और जब मैं वहाँ पहुँचा हालाँकि सूरज छिपा नहीं था, गाँव के सभी लोग दरवाजों में ताले डाल अपने-अपने घरों में बंद हो गए थे। जब मेरे साथ आए लोगों ने अलाव जला लिया और एक प्याला चाय पीने के लिए वहाँ मैं भी पहुँच गया तब कहीं जाकर किसी-किसी ने अपने मकान का दरवाजा बड़ी सावधानी से खोला और डरे हुए कुछ लोग घरों में बाहर आए।

उन्होंने बताया कि पिछले पाँच दिनों में कोई भी अपने घर की चौखट से बाहर नहीं निकला। आँगन की गन्दी हालत इस सच्चाई की गवाही दे रही

थी। खाने की कमी पड़ गई थी और इस शेर को मारा या भगाया न गया तो लोग-बाग भूखों मर जाएँगे।

शेर कहीं आस-पास ही छिपा था यह बात पूरी तरह से स्पष्ट थी। पिछली तीन रात उसे सड़क पर बोलते सुना गया था। सड़क घरों से केवल सौ गज़ की दूरी पर थी और उस दिन उसे गाँव के निचले सिरे की तरफ बने खेतों पर मंडराते देखा गया था।

गाँव का प्रधान बड़ी खुशी से हमें एक कमरा देने को तैयार हो गया पर हम थे आठ और उस कमरे का एकमात्र दरवाजा गंदे आँगन की तरफ खुलता था। इसलिए वह रात मैंने खुले में बितानी पसंद की।

हल्का भोजन कर जिसने रात के खाने का भी काम दिया मैंने अपने आदमियों को सुरक्षित करके कमरे में बंद करा दिया, और स्वयं पेड़ से पीठ टिकाकर सड़क किनारे मोर्चा संभाल खड़ा हो गया। गाँव वालों ने बताया कि शेर की आदत इसी सड़क पर चक्कर लगाने की है। पूर्णमासी का चाँद पूरे ओज पर था इसलिए इस बात का पूरा मौका था कि मैं उसे गोली से मार सकूँगा बशर्तेकि वो मुझे पहले दिखाई पड़े।

शिकार की तलाश में मैंने बहुत सी रातें बिताई हैं परन्तु ऐसा पहली बार हो रहा कि रात मैं किसी नरभक्षी की खोज में बिता रहा था। मेरे ठीक सामने की सड़क चाँदनी में चमक रही थी परन्तु उसके दायें और बाएँ खड़े ऊँचे-ऊँचे वृक्ष उस पर काली छायाएं डाल रहे थे। रात में जब हवा उनकी शाखाओं को झकझोरती तो छायाएं हिलने लगती। मुझे लगता कि एक दर्जन शेर मेरी तरफ बढ़े चले आ रहे हैं। अपनी उत्तेजना पर मझे भारी अफसोस हुआ जिसके कारण मैंने अपने को इस नरभक्षी की दया पर डाल दिया था। मुझे इतना डर लग रहा था कि मैं अपने जिम्मे लिया यह काम भी नहीं कर सकता था। मेरे दाँत बज रहे थे जितना ठंड से उतना ही डर से। फिर भी पूरी रात मैं वहीं डटा रहा। ज्यों ही धूसर ऊषा का प्रकाश बर्फ पड़ी उस पर्वतमाला पर दिखाई पड़ा जिसकी तरफ मेरा मुँह था मैंने अपना सिर मोड़े हुए घुटनों पर टिका दिया। एक घंटे बाद मेरे आदमियों ने आकर जब मेरी खबर ली तो मैं इसी हालत में गहरी नींद में सोया हुआ था। शेर न कहीं दिखाई पड़ा और न कहीं उसकी आवाज़ ही सुनाई दी।

गाँव में लौटकर मैंने लोगों को बुलाया। मैंने देखा कि उन्हें भारी अचरज हो रहा था कि रात में कैसे मैं जीवित बचा रह गया। मैंने उन्हें कहा कि मुझे ये जगहें दिखाओ जहाँ-जहाँ शेर ने गाँव के लोगों को मारा था। पर वे ऐसा करने को तैयार नहीं हुए। आँगन में खड़े-खड़े उन्होंने उस दिशा की ओर इशारा किया जिधर शेर ने लोगों को मारा था और आखिरी नर हत्या जिसके कारण मैं वहाँ आया था गाँव के पश्चिम ओर की पहाड़ी के स्कन्ध के आस-पास हुई थी। स्त्रियाँ और लड़कियाँ जिनकी संख्या लगभग बीस रही होगी उस दिन पशुओं के

लिए बांज की पत्तियाँ काटने गई थी, जब यह अभागी स्त्री मारी गई। उस घटना का ब्योरा बताने के लिए वे लड़कियाँ उत्सुक थी। पता चला कि उनकी टोली दोपहर से लगभग दो घंटे पहले चली और करीब आधा मील चलकर पत्तियाँ काटने के लिए वृक्षों पर चढ़ी। मारी गई स्त्री और दो अन्यों ने ऐसा वृक्ष चुना जो खड्ड के किनारे खड़ा था। बाद में मैंने देखा कि यह खड्ड चार फुट गहरा और दस से बारह फुट चौड़ा था। ज़रूरत भर की पत्तियाँ काट लेने के बाद जब वह स्त्री वृक्ष से उतर रही थी तो शेर जो बिना किसी को दिखाई पड़े वहाँ आ धमका था, अपनी पिछली टांगों पर खड़ा हो गया और उस स्त्री के पैर पंजों में दबोच लिए। स्त्री की पकड़ी हुई शाखा उखड़ गई और वह नीचे की तरफ फिसलने लगी। खड्ड में ले जाकर शेर ने उसके पैर छोड़ दिए। वह उठकर खड़ी होने के लिए हाथ-पाँव चला रही थी कि शेर ने उसका गला पकड़ लिया। मारकर उसे लिए-लिए खड्ड की दूसरी तरफ कूद गया और पेड़ों के नीचे खड़ी घनी झाड़ियों में जाकर अदृश्य हो गया।

यह सब कुछ पेड़ पर चढ़ी हुई दोनों स्त्रियों से कुछ कदम की दूरी पर घटा और पूरी टोली ने इसे देखा था। जैसे ही शेर और वह मारी गई स्त्री दृष्टि से ओझल हुए भयभीत स्त्रियाँ और लड़कियाँ गाँव की ओर भागी। पुरुष मध्याह्न भोजन करने आए ही थे, सब इकट्ठा हो गए और ढोल, धातु के बर्तन वास्तव में सभी कुछ जिससे शोर किया जा सके, लेकर यह बचाव टोली चल पड़ी। आगे पुरुष और उनके पीछे की तरफ स्त्रियाँ।

खड्ड पर पहुँच कर जहाँ स्त्री मारी गई थी प्रश्न उठा अब क्या किया जाए? और इस पर सोच-विचार चल ही रहा था कि लगभग तीस गज़ की दूरी पर खड़ी झाड़ियों में से गुर्राता हुआ शेर बाहर निकला और विचार-विमर्श में बाधा पड़ गई। पूरी टोली एकदम लौट पड़ी और

लष्टम-पष्टम भागती गाँव में जाकर रुकी। चैन की साँस आई तो सभी एक दूसरे पर आरोप लगाने लगे कि पहले तुम क्यों भागे और यह अफरा-तफरी क्यों मचवा दी। गरमा-गरमी काफी देर चली फिर सुझाया गया कि यदि किसी को डर नहीं है और सब बहादुर हैं जैसा सभी दावा कर रहे हैं तो फिर वापस क्यों नही चलते और अधिक समय बरबाद किए बिना उस स्त्री को क्यों नहीं बचाते। सभी ने यह सुझाव मान लिया और तीन-तीन बार टोली खड्ड तक गई। तीसरी बार एक आदमी ने जिसके पास बन्दूक थी अपनी बन्दूक दाग दी। उसके दगते ही दहाड़ता हुआ शेर झाड़ियों से निकल आया। सब भाग लिए, इसके बाद यह प्रयत्न त्याग दिया गया। जब मैंने उस बन्दूकधारी से पूछा कि तुमने बन्दूक हवा में दागने के बजाए अपना निशाना झाड़ी पर क्यों नहीं साधा तो उसने कहा शेर गुस्से में भरा हुआ था। यदि गलती से गोली उसे लग जाती तो वह ज़रूर मुझे मार डालता।

उस दिन सबेरे के समय तीन घंटे गाँव के चारों तरफ मैं रास्तों की खोज-ढूँढ करता रहा इस उम्मीद में, साथ-साथ डरते हुए भी, कि शायद शेर कहीं मिल जाए। एक जगह अंधियारे घना जंगल लगे खड्ड में से जब मैं झाड़ियों को छेड़ रहा था चिल्लाती हुई कलीजों का समूह उड़कर बाहर गया, तो मुझे लगा कि मेरे हृदय की धड़कन सदा के लिए बंद हो गई है।

मेरे आदमियों ने अखरोट के पेड़ के नीचे भोजन करने के लिए जगह साफ की थी। नाश्ते के बाद गाँव के प्रधान ने गेहूँ की फसल काटी जाते समय मुझे चौकसी करते रहने के लिए कहा। उसने कहा कि फसल मेरे सामने न काट ली गई तो यह कभी कट ही न पाएगी क्योंकि गाँव के लोग इतने ज्यादा डरे हुए हैं कि घर से बाहर निकलना ही नहीं चाहते। आधा घंटा बाद गाँव के सभी लोग इस काम पर जुट गए, मेरे आदमी भी उनकी मदद कर रहे थे और मैं भरी राइफल लिए उनकी रखवाली करने पर तैनात था। सायँकाल होने तक पाँच बड़े-बड़े खेतों की फसल काटकर इकट्ठा की जा चुकी थी। घरों के पास के दो छोटे खेत काटने बाकी रह गये थे। उनके बारे में प्रधान ने कहा कि इनसे अगले दिन निपटने में कोई कठिनाई नहीं होगी।

गाँव की सफाई की हालत में भी काफी सुधार हो गया था और एक कमरा खास मेरे लिए मुझे दे दिया गया था। उस रात दरवाजे पर मजबूत काँटेदार झाड़ियों की रोक लगाकर ताकि कमरे में हवा आती-जाती रहे और नरभक्षी भी भीतर न घुस सके, मैं अपनी नींद पूरी करने में लगा जिसे पिछली रात नहीं ले पाया था।

मेरी उपस्थिति में लोगों में फिर से हिम्मत आने लगी थी और वे अधिक आजादी से इधर-उधर निकलने लगे थे परन्तु अभी तक मैं उनका इतना विश्वास नहीं प्राप्त कर पाया था कि उसके बल पर उन्हें जंगल में चलकर वे जगहें दिखाने को कह सकता। जगहें देखने को में अधिक महत्त्व देता था। वे लोग यहाँ की मीलों तक जमीन के चप्पे-चप्पे से भली-भाँति परिचित थे और चाहते तो वे जगहें मुझे दिखा सकते थे जहाँ शेर के मिलने की सबसे ज्यादा सम्भावना थी अथवा उसके पग-चिह्न तो मिल ही जाते। शेर नरभक्षी है यह बात तो पक्की थी परन्तु यह जानवर जवान है या बूढ़ा, नर है या मादा यह पता नहीं चल पाया था। यह जानकारी इस मामले की तह में जाने के लिए मेरे बहुत काम की थी और इसे मैं उसके पग-चिह्नों की जाँच करके ही पा सकता था।

अगले दिन सुबह जल्दी चाय पीकर मैंने घोषणा की, मुझे अपने आदमियों के लिए शिकार चाहिए और गाँव वालों से कहा कि वे मुझे बताएँ कि घुड़ल मारने के लिए मैं किस तरफ जाऊँ। गाँव पश्चिम जाती पहाड़ी धार के शिखर पर बसा हुआ था और सड़क ठीक नीचे जहाँ मैंने वह रात बिताई थी पहाड़ी के तीखे ढाल के नीचे जाकर उत्तर की तरफ छोटे-छोटे घास लगे ढलानों की शृंखला में बंट जाती थी। मुझे बताया गया कि इन ढलानों पर घुड़ल बहुत मिलते हैं और कई लोगों ने वह भूमि मुझे चलकर दिखाने की पेशकश की। सावधानी बरतते हुए मैंने इस पेशकश पर खुशी प्रकट नहीं की। तीन आदमी चुने और उन्हें साथ लेकर चल पड़ा। ग्राम प्रधान को बताया कि यदि घुड़ल काफी संख्या में मिले, जैसा कि वे लोग कह रहे थे तो अपने आदमियों के लिए एक का शिकार करने के अलावा दो घुड़ल मैं गाँव वालों के लिए भी मार कर लेता आऊँगा।

सड़क पार कर हम सावधानी से दाएँ-बाए नज़र डालते हुए एक बहुत तीखी धार से होते हुए नीचे उतरे। कहीं कुछ दिखाई नहीं पड़ा। पहाड़ी से नीचे आधा मील की दूरी पर खड्ड के किनारे परस्पर जुड़ गए थे और उस मिलनबिन्दु से दाईं ओर का चट्टानी घास से ढका ढलान बहुत अच्छी तरह दिखाई देता था। कुछ मिनट बैठ में उस ढलान पर नज़रें गड़ाकर उसे देखता रहा। मेरी पीठ वहीं खड़े अकेले चीड़ पर टिकी थी जो वहाँ उगा हुआ था। मेरी नज़र पहाड़ी पर ऊँचे हो रही एक हरकत पर पड़ी। जब वही हरकत दुबारा हुई तो मैंने देखा कि वहाँ एक घुड़ल खड़ा अपने कान फड़फड़ा रहा था। जानवर घास के अंदर खड़ा था और उसका सिर ही दिखाई पड़ रहा था। दूसरे लोग यह हलचल नहीं देख पाए थे और सिर अब बिलकुल स्थिर हो गया था। वह आस-पास की दृश्यावलि में पूरी तरह से मिश्रित हो चुका था। इसे इंगित करके अब उन लोगों को नहीं दिखाया जा सकता था। जानवर की जगह की सामान्य जानकारी बताकर मैंने उन्हें बैठकर देखते रहने को कहा जब मैं उस पर गोली चलाऊँगा। मेरे पास पुरानी मार्टिनी हेनरी राइफल थी। यह ऐसा हथियार है कि इससे पीछे की तरफ बड़ा झटका लगता था परन्तु कितनी ही दूरी रहे यह बिलकुल सही-सही निशाने पर मारकर सकता था। दूरी लगभग 200 गज़ जितनी कम रही होगी और इसकी कोई समस्या ही नहीं थी। सो मैंने नीचे लेट चीड़ की एक सुविधाजनक जड़ पर राइफल टिका सावधानी से निशाना साधकर गोली चला दी।

काले बारूद भरे कारतूस से निकले धुंए ने मेरी दृष्टि को धुंधला दिया, लोगों ने भी कहा कुछ नहीं हुआ, शायद मैंने गोली किसी चट्टान पर या गिरी हुई पत्तियों के गुच्छे पर चला दी है। अपनी उसी जगह पर बने रहकर मैंने राइफल में फिर से कारतूस डाले कि मुझे उस जगह से थोड़ा नीचे जहाँ मैंने गोली चलाइ थी घास हिलती दिखाई दी और उसके बाद घुड़ल के पिछवाड़े का कुछ भाग दिखाई पड़ा। जब पूरा जानवर घास से बाहर निकल आया तो वह बारम्बार लुढ़कने लगा और जैसे-जैसे वह तीखी पहाड़ी से नीचे की तरफ आता उसके लुढ़कने में तेज़ी आ रही थी। जब वह नीचे की तरफ आधे रास्ते तक आ गया तो वहाँ घनी घास में

अदृश्य हो गया जिससे दो अन्य घुड़ल जो वहाँ लेटे हुए थे हड़बड़ा गए। खतरे की घंटी समझकर दोनों जानवर तेज़ी से घास के अंदर से निकले और पहाड़ी की तरफ भागे। दूरी अब और कम हो गई थी इसलिए राइफल की लीफ साइट ठीक करके मैं उनमें से बड़े जानवरं के सुस्त पड़ने का इंतजार करने लगा और ऐसा होते ही उसकी पीठ पर गोली मार दी। जैसे ही दूसरा जानवर पलटा और पहाड़ी से आड़ा होकर भागने लगा उसके कन्धे में भी गोली दाग दी।

कभी-कभी ऐसा होता है कि आदमी ऐसा कर गुजरता है जो देखने पर एकदम असंभव लगता है। बे-आरामी की स्थिति में लेटे और 200 गज़ की दूरी से 60 अंश के कोण पर घुड़ल के गले पर बने सफेद चिहन का निशाना साधकर गोली चलाने पर लाख में एक भी उम्मीद नहीं थी कि निशाना ठीक लगेगा और काले बारूद से ढकेली भारी सीसे की गोली बाल बराबर भी इधर-उधर नहीं हुई और सीधी अपने निशाने पर पहुँची और लगते ही उसने जानवर को खत्म कर दिया। इसके अलावा उस तीखी पहाड़ी के पार्श्व पर जो बीच-बीच खड्डे बन जाने से टूटा-फूटा हुआ था और जिसमें चट्टानी कगारें भी निकली हुई थी मरा हुआ जानवर फिसला और लुढ़कता हुआ सीथा उस जगह पहुँचा जहाँ उसके दो साथी आराम से लेटे हुए थे। और, घास के दुकड़े से उनके बाहर आने से पहले ही उसके वे दो साथी भी फिसल कर पहाड़ी से नीचे लुढ़कने लग गए। जब तीनों मरे जानवर हमारे सामने की खड्ड में आकर रुके तो यह देखकर अच्छा लगा कि उन आदमियों को उससे भारी अचरज और आनन्द हुआ। उन्होंने इससे पहले कभी भी राइफल से ऐसे शिकार किया जाते नहीं देखा था। उस समय नरभक्षी का विचार हमारे ध्यान से एकदम दूर चला गया था और उस शिकार को लाने के लिए वे नीचे खड्ड में जल्दी-जल्दी उतर गये।

यह अभियान बहुत ज्यादा सफल रहा, एक नहीं कई दृष्टियों से। सभी के लिए मांस का राशन उपलब्ध कराने के अलावा इससे मुझे पूरे गाँव का विश्वास भी प्राप्त हो गया। शिकार की कहानियाँ बार-बार दुहराने से उनमें कोई कमी नहीं आती- यह सभी जानते हैं। घुड़ल की खाल उतारते और मांस का बंटवारा करते समय उन तीन आदमियों ने जो मेरे साथ गए थे कहानी में नमक-मिर्च लगाने में अपनी कल्पना का भरपूर उपयोग किया। बाहर खुले में बैठा जहाँ में नाश्ता कर रहा था वहाँ से मुझे जमी हुई भीड़ के उल्लास से भरे उद्गार सुनाई पड़ रहे थे जिसे बताया गया था कि घुड़ल को एक मील से अधिक की दूरी से मारा गया था और उन गोलियों में जादू भरा हुआ था जिसकी वजह से मरा तो था ही जादू जानवरों को खींचकर साहब के पैरों तक भी खींच लाया था।

दोपहर का खाना खाने के बाद प्रधान ने मुझ से पूछा कि अब कहां जाना है और साथ में कितने आदमी ले जाने हैं। अपने चारों तरफ जमा हो गए उत्तेजक लोगों की भीड़ में से मैंने अपने पिछले साथियों में से ही दो लोग चुन लिए और मार्गदर्शन के लिए उन्हें साथ लेकर वह स्थल देखने के लिए चल दिया जहाँ पिछली मानव त्रासदी घटी थी।

हमारे पहाड़ी लोग हिन्दू हैं और मृतकों को जलाते हैं। जब उनके किसी व्यक्ति को नरभक्षी उठा ले जाता है तो उसके सम्बन्धियों के लिए यह ज़रूरी होता है कि दाहकर्म के लिए उसके शरीर का कुछ-न-कुछ हिस्सा मिल जाए भले ही वह उसकी हड्डियों के कुछ टुकड़े ही क्यों न हों। उस स्त्री की दाहक्रिया भी अभी की जानी बाकी थी और जब हम चलने लगे तो उसके सम्बन्धियों ने प्रार्थना की कि उसके शरीर का कोई-न-कोई भाग, जो भी मिल जाए, हम ज़रूर साथ लेते आएँ।

अपने बचपन से ही मुझे जंगल के चिह्नों को पढ़ने और उनका अर्थ लगाने का शौक रहा है। वर्तमान मामले में मेरे पास प्रत्यक्षदर्शियों का वर्णन था जो उस समय घटनास्थल पर उपस्थित थे जब वह स्त्री मारी गई थी परन्तु प्रत्यक्षदर्शी भी सर्वदा विश्वसनीय नहीं होते जबकि जंगल के चिह्न जो कुछ वहाँ घटा होता है उसके

सच्चे आलेख होते हैं। उस जगह पहुँचने पर भूमि पर नज़र डालते ही मुझे दिखाई दे गया कि शेर बिना दिखाई पड़े इस पेड़ पर एक ही रास्ते से पहुँचा होगा और वह रास्ता था खड्ड की तरफ से। वृक्ष से सौ गज़ के करीब नीचे खड्ड में घुसकर और वहाँ से ऊपर की तरफ चलकर मुझे दो बड़ी-बड़ी चट्टानों के बीच में आकर नीचे जमा हो गई बारीक मिट्टी में शेर के पदचिह्न दिखाई पड़े। पदचिह्नों से दिखाई पड़ा कि जानवर शेरनी है जो अपनी पूर्ण यौवनावस्था पार कर चुकी है। खड्ड में आगे चलकर और वृक्ष से कोई दस गज़ दूरी पर चट्टान के पास कदाचित् स्त्री के पेड़ से नीचे उतरने के इंतजार में शेरनी लेटी भी थी। मारी गई स्त्री प्रथम थी जिसने अपनी ज़रूरत भर की पत्तियाँ काट ली थी और जब वह लगभग दो इंच व्यास की डाल पकड़कर नीचे उतर रही थी शेरनी आगे सरकी, पिछली टांगों पर खड़ी हो गई, उस स्त्री के पैर पकड़ लिए और उसे खींच कर खड्ड में ले गई। डाल पर वह विवशता दिखाई पड़ रही थी जिससे वह अभागी स्त्री उससे चिमटी हुई थी क्योंकि बांज की रूक्ष छाल में जहाँ वह शाखा और अन्ततः उसकी पत्तियाँ भी उसकी पकड़ से फिसल गए थे उसकी हथेलियों और उँगलियों से उसकी खाल के टुकड़े चिपके हुए थे। जहाँ शेरनी ने उस स्त्री को मारा था वहाँ संघर्ष के चिह्न और सूखे रक्त का बड़ा सा चकत्ता वर्तमान थे। उस जगह से रक्त गिरते जाने के चिह्न उस समय सूखे परन्तु साफ दिखाई पड़ते खड्ड में से होते हुए दूसरे किनारे तक जा रहे थे। रक्त चिह्नों का आगे अनुसरण करते हुए जहाँ ये खड्ड में खत्म हो गए थे, हमें झाड़ियों में वह जगह मिल गई जहाँ शेरनी ने उस स्त्री की लाश को खाया था।

लोक विश्वास प्रचलित है कि नरभक्षी मारे मानवों का सिर, हाथ, पैर नहीं खाते। यह बात गलत है। छेड़े न जाएँ तो नरभक्षी सभी कुछ यहाँ तक कि रक्त सने कपड़े तक खा जाते हैं। जैसा मैंने एक अन्य अवसर पर पाया पर यह दूसरी कहानी है इसे फिर कभी सुनाऊँगा।

इस मामले में हमें उस स्त्री के कपड़े और हड्डियों के कुछ टुकड़े मिल गये जिन्हें हमने एक साफ कपड़े में लपेट लिया जिसे हम इसी काम के लिए साथ लेकर आए थे। ये अवशेष बहुत ही कम थे पर किया क्या जाए? दाह क्रिया के लिए पर्याप्त तो हो ही जायेंगे जिससे उच्च वर्ण की उस स्त्री की अस्थियों का गंगा मैया तक पहुँचाना सुनिश्चित हो जाएगा।

चाय पीकर मैं एक अन्य त्रासदी की जगह देखने गया। यह जगह सार्वजनिक मार्ग द्वारा मुख्य गाँव से अलग हो गई कुछ एकड़ जमीन थी। जमीन के मालिक ने सड़क से थोड़ी ऊँचाई पर पहाड़ी पार्श्व में इस जगह अपना झोंपड़ी-घर बनाया था। इस आदमी की पत्नी दो बच्चों की माँ थी एक लड़का और एक लड़की जिनकी उम्र क्रमशः चार और छह वर्ष थी। माँ छोटी थी और उसके साथ उसकी बड़ी बहिन भी रहती थी। दोनों बहिनें एक दिन झोंपड़ी से ऊपर की पहाड़ी पर घास काट रही थी कि एकाएक शेरनी प्रकट हुई और एक बहन को उठा ले गई। लगभग सौ गज़ तक छोटी बहन को छुड़ाने और उसके बदले उसे उठा ले जाने को शेरनी के पीछे भागी। साहस भरा यह अविश्वसनीय कार्य मुख्य गाँव के लोगों ने देखा था। मृत स्त्री को लगभग सौ गज़ तक ले जाकर शेरनी ने उसे नीचे रख दिया और पीछा करने वाली की तरफ पलटी। भयंकर गर्जना करते हुए वह उस वीर स्त्री पर झपटी जो पीछे पलट कर पहाड़ी पार्श्व के साथ-साथ नीचे की तरफ सड़क पार करती मुख्य गाँव की तरफ भागी। उसका उद्देश्य, स्पष्ट है, गाँव के लोगों को खबर देना था जिसे बिना उसे पता हुए उन्होंने पहले ही देख लिया था। इस स्त्री का अस्पष्ट कोलाहल उस समय साँस फूल जाने, भय और उत्तेजना के कारण समझा गया और जब बचाव टोली जो उसी समय तुरन्त चल दी थी विफल हो वापस लौट कर आई तो तभी पता चला कि उसकी बोलने की शक्ति ही चली गई थी। यह कहानी मुझे गाँव में सुनने को मिली और जब मैं मार्ग से पहाड़ी चढ़कर उस दो कमरे वाले घर पर पहुँचा जहाँ वह स्त्री कपड़े धो कर सुखा रही थी तो उसे गूंगी बने हुए तब तक बारह महीने हो चुके थे।

आँखों में एक तनाव दिखाई पड़ने के अलावा यह गूंगी स्त्री बिलकुल सामान्य दिखाई दे रही थी। और जब मैं रुककर उसे यह बताने लगा कि मैं उस शेरनी को मारने का प्रयास करने आया हूँ जिसने उसकी बहन को मार डाला था तो उसने दोनों हाथ जोड़, झुक मेरे चरण छुए जिससे मुझे यह लगा कि मैं कोई अभागा मक्कार आदमी हूँ। यह तो सच था कि मैं उस नरभक्षी को मारने का इरादा बनाकर वहाँ आया था परन्तु ऐसे जानवर को मारना जिसके बारे में मशहूर था कि वह एक ही जगह दुबारा किसी को नहीं मारता, मारी गई लाश पर कभी वापस नहीं आता और जिसका कार्यक्षेत्र कई सौ वर्ग मील में फैला हुआ था एक ऐसा उद्देश्य था जिसे पूरा कर पाने की सम्भावना उतनी ही कम थी जितना भूसे के दो बड़े ढेरों (चट्टों) में से किसी सुई को ढूँढ निकालने की।

योजनाएँ तो नैनीताल में रहते हुए ही मैं ढेरों बना चुका था एक तो वही जिस पर मैं अमल करके भी देख चुका था और जिसे कोई भी क्यों न कहता मैं उसे दुबारा करके देखने के लिए हरगिज़ तैयार न होता और अन्य योजनाएँ अब जब मैं उस जगह आ पहुँचा था उतनी ही अनाकर्षक या बेकार की लग रही थी। फिर, वहाँ ऐसा कोई नहीं था जिससे मैं राय माँग सकता, क्योंकि यह पहला नरभक्षी था जिसका कुमाऊँ में पहले-पहल पता लगा था। यह सब होने पर भी कुछ-न-कुछ तो करना ही था। इसलिए अगले तीन दिन सूरज निकलने से सूरज छिपने तक मैं जंगल में घूम-घूम कर मीलों चलकर उन स्थानों को देखने में लगा रहा जहाँ गाँव के लोगों ने मुझे बताया था कि शेरनी वहाँ दिखाई पड़ सकती थी।

यहाँ दो-चार मिनट अपनी यह कहानी रोककर इस अफवाह का प्रतिवाद करना चाहूँगा जो पूरे पर्वतीय प्रदेश में फैली हुई है कि इस मौके पर और इसके बाद कई और मौकों पर मैंने पहाड़ी स्त्री की पोशाक पहनी थी और जंगल में जाकर नरभक्षी को अपनी तरफ आकर्षित किया था और उसे दराँती या कुल्हाड़ी से मारा था। पोशाक बदलने के इस मामले में मैंने इतना भर किया कि साड़ी माँगकर कटी वास अपने शरीर पर लपेट ली या पेड़ों पर चढ़कर पत्तियाँ काटने लगा और कभी भी यह चालबाज़ी किसी काम न आई। हालाँकि दो मौके ऐसे ज़रूर आए जिनका मुझे पता है कि नरभक्षी उस पेड़ के आस-पास छिपे-छिपे मंडराते रहे जिस पर मैं चढ़ा हुआ था, एक बार तो चट्टान के पीछे छिपकर और दूसरी बार एक गिरे हुए पेड़ की आड़ में जिससे मुझे गोली चलाकर उन्हें मारने का कोई मौका नहीं मिल पाया।

अब कहानी आगे फिर से। ऐसा लग रहा था कि शेरनी यह जगह छोड़कर अन्यत्र चली गई है। इसलिए मैंने तय किया कि पाती के पूर्व लगभग 15 मील दूर चम्पावत चला जाऊँ। गाँव वाले ज़रूर इससे दु:खी हुए। जल्दी चल मैंने धूनाघाट में नाश्ता किया और दिन छिपते-छिंपते यात्रा पूरी कर चम्पावत पहुँच गया। इस क्षेत्र की सड़कें बहुत असुरक्षित समझी जाती थी और एक गाँव से दूसरे गाँव या बाजार जाते समय लोग-बाग टोली बनाकर ही चलते थे। धूनाघाट छोड़ते समय मेरी आठ आदमियों की टोली में सड़क किनारे बसे गाँव के लोग और सम्मिलित हो गए और चम्पावत पहुँचने पर हम लोग तीस हो गए थे। कुछ लोग जो हमारे साथ आकर मिले उनकी टोली बीस जनों की थी। वे दो महीने पहले भी चम्पावत आ चुके थे। उन्होंने मुझे यह बहुत ही दर्दभरी कहानी सुनाई।

चम्पावत के इस भाग में सड़क कुछ मील तक पहाड़ी के दक्षिणी पार्श्व के साथ-साथ उसके समानान्तर और लगभग 50 गज़ तक घाटी के ऊपर होकर जाती है। दो महीने पहले हमारे लोगों की यह बीस जनों की टोली चम्पावत के बाजार की ओर जा रही थी और लगभग दिन दोपहर जब हम इस सड़क पर चल रहे थे तो हम लोग घाटी के नीचे से आते आदमियों की दु:खभरी चीख-पुकार सुनकर हक्के-बक्के रह गए, क्योंकि आवाजें निरन्तर पास आती जा रही थी और देखते क्या हैं सामने कि एक शेर एक नग्न स्त्री को उठाए लिए जा रहा है, स्त्री के केश शेर के एक तरफ जमीन पर घिसट रहे हैं, और उसके पैर दूसरी तरफ लटके हुए हैं, शेर ने उसकी कमर बीच से पकड़ रखी है। वह स्त्री छाती पीट-पीटकर कभी भगवान को तो कभी मानवों को

सहायता देने के लिए पुकार रही थीं। हम लोगों से पचास गज़ की दूरी पर साफ-साफ दिखाई पड़ते हुए शेर अपना शिकार लिए हुए गुजरा था और जब चीख-पुकार दूर से आनी बंद हो गई तो हम लोग अपने मार्ग पर आगे बढ़ें।

"और तुम बीस लोगों ने कुछ नहीं किया?"

"नहीं साहब, कुछ नहीं किया, हम लोग डर गए थे और डरा हुआ आदमी कर भी क्या सकता है। और फिर यदि हम उस औरत को बचा भी लेते और शेर नाराज होकर हम्र लोगों पर कोई मुसीबत न भी लाता तो उससे उस स्त्री को क्या लाभ होता। वह तो रक्त से शराबोर थी और अपने ज़खमों के कारण ज़रूर ही मर जाती।"

बाद में मुझे पता चला कि मारी गई यह स्त्री चम्पावत के पास के एक गाँव की थी और शेर उसे तब उठा ले गया था जब वह जंगल में सूखी लकड़ियाँ इकट्ठा करने गई थी। उसकी साथियों ने भागकर गाँव में वापस आकर शोर मचाया था। बचाव टोली जाने को तैयार ही हो रही थी तभी ये बीस-डरे हुए लोग गाँव में आ पहुँचे। इन लोगों को पता था कि मारी गई स्त्री को लेकर शेर किस तरफ गया है, इसलिए आगे की कहानी इन्हीं लोगों की जुबानी सुनना ठीक होगा।

"स्त्री को बचाने के लिए जाते समय हम लोग पचास या साठ थे। टोली में कुछ लोगों के पास बन्दूकें भी थी। जहाँ उस स्त्री द्वारा इकट्ठी की गई लकड़ियाँ पड़ी थीं और शेर ने उस स्त्री को उठा लिया था उससे एक फर्लांग चलकर हमें उसके फटे हुए कपड़े मिले। इसको देखने के बाद लोग ढोल पीटने और गोलियाँ देने लगे और ऐसा करते हुए एक मील से कुछ ज्यादा चलकर घाटी के मस्तक पर पहुँचे जहाँ हमें वह स्त्री पड़ी मिली। वह लड़की से कुछ ही बड़ी थी और चट्टान की बड़ी शिला पर मरी पड़ी थी। रक्त को चाटकर शरीर स्वच्छ करने के अतिरिक्त शेर ने उसको छुआ तक नहीं था। कोई भी स्त्री हमारे साथ नहीं थी इसलिए दिए गए धोती के टुकड़े के द्वारा उसका शरीर लपेटते समय हमने मुँह पीछे मोड़ लिया क्योंकि ऐसा लग रहा था कि वह स्त्री पीठ के बल सोई है और छुए जाने पर लाज से गड़ जाएगी।"

अच्छी तरह बंद हुए किवाड़ों के पीछे घरों में बैठकर पूरी रात पहरों पर ऐसे अनुभवों को सुना-सुना कर बताने पर यह कोई अचरज की बात नहीं है कि नरभक्षी द्वारा आतंकित क्षेत्र में वर्ष दर वर्ष निरन्तर रहते-रहते वहाँ के लोगों का चरित्र और दृष्टिकोण भी बदल जाता है और बाहर से आने वाले व्यक्ति को इस बात का अहसास होना चाहिए कि वह नग्न वास्तविकताओं और दाँत व पंजों के नियमवाली दुनिया में प्रविष्ट हुआ है जिसने खांडे जैसे दाँतों वाले शेर के राज्य में कभी मनुष्य को गुफाओं में आश्रय लेने के लिए विवश किया था। उन विगत दिनों मैं चम्पावत में जवान और अनुभवहीन था, फिर भी उस आतंक भरे प्रदेश में कुछ दिन तक रहने पर यह बात मेरी समझ में भली-भाँति आ गई कि किसी नरभक्षी की छाया में रहने और जीवन बिताने से अधिक भयप्रद दूसरी कोई चीज नहीं होती और मेरी यह समझ बत्तीस वर्ष तक बाद में मिले हुए अनुभवों से निरन्तर पुष्ट होती चली गई है।

चम्पावत का जो तहसीलदार था जिसका परिचयपत्र मेरे पास था रात को डाक बंगले में मेरे से मिलने आया जहाँ मैं रुका था। उसने सलाह दिया कि मुझे यहाँ से कुछ मील दूर दूसरे बंगले में चले जाना चाहिए जो उस जगह के नज़दीक है जहाँ बहुत से लोगों को शेर द्वारा मारा जा चुका है।

सुबह के अगले दिन तहसीलदार को साथ लेकर मैं उस बंगले में जाने के लिए तैयार हुआ और जब बराम्दे में नाश्ता कर ही रहा था तो दो आदमी यह खबर लेकर आए कि लगभग दस मील दूर बसे एक गाँव में शेर ने एक गाय को मारी है। तहसीलदार चम्पावत में किसी ज़रूरी काम करने की बात बोलकर चला गया और कहता गया कि शाम को बंगले में वापस आ जाऊँगा और रात्री में मेरे पास ही रहेगा। मेरे मार्गदर्शक

अच्छा चलने वाले थे और चूँकि अधिकांश रास्ता उतार का था इसलिए दस मील हमने रिकार्ड के समय में पूरा किया। गाँव में जाते ही मुझे एक गोशाला में ले जाया गया जहाँ लगभग एक सप्ताह से तेन्दुए द्वारा मारा गया एक बछड़ा पड़ा था और थोड़ा सा खा लिया गया था। तेन्दुए को मारने का समय और इच्छा दोनों ही न रहने के कारण मैंने अपने मार्गदर्शक को इनाम दिया और वापस बंगले में लौट आया। वहाँ जाकर देखा कि तहसीलदार अभी तक आया नहीं था और चूँकि दिन का अभी एक घंटे से अधिक समय बचा था मैं बंगले के चौकीदार को साथ लेकर वह जगह देखने गया जहाँ मुझे बताया था कि शेर पानी पीने आता है। मैंने देखा कि वह स्थान एक झरने का शीर्षस्थल है, जिससे बगीचे में सिंचाई करने का नल पहुँचता है। झरने के चौतर्फा मुलायम मिट्टी में कई दिनों पुराने शेरों के पग चिह्न बने हुए थे परन्तु ये चिह्न शेर के उन पग चिह्नों से भिन्न थे जिन्हें मैंने उस खड्ड में देखा और सावधानी से जांचा था, जिसमें पाती गाँव की स्त्री मारी गई थी।

बंगले में वापिस आने पर देखा कि तहसीलदार आ गया है और बराम्दे में बैठकर अपने दिन भर का अनुभव मैंने उसको बताया। इस बात का खेद प्रकट करते हुए कि व्यर्थ ही मुझे इतनी दूर तक जाना पड़ा वह तहसीलदार यह कहते हुए खड़ा हो गया कि उसे काफी दूर जाना है और उसे तत्काल चले जाना चाहिए। उसकी इस घोषणा से मुझे काफी आश्चर्य हुआ, क्योंकि उस दिन दो बार उसने कहा था कि रात को वह मेरे साथ ही रुकेगा। मेरी चिंता रात को उसकी मेरे साथ ठहरने को लेकर नहीं थी वास्तव में वह उस जोखिम को लेकर थी जो वह उठा रहा था परन्तु मेरे सभी तर्क उसने अनसुने कर दिए और अँधेरी रात में केवल एक आदमी को साथ लेकर वह बराम्दे से निकल गया। उस आदमी के हाथ में एक धुंआती लालटेन थी जिसमें से मामूली सी रोशनी निकल रही थी। उन्हें इस स्थान में चार मील की यात्रा करनी थी जहाँ दिन में लोग बड़ी-बड़ी टोलियाँ बनाकर चलते थे। अपना टोप उतार कर मैंने उस वीर पुरुष का अभिनन्दन किया। जब वह मेरी दृष्टि से ओझल हो गया तो मैं मुड़ा और बंगले में वापस लौट आया।

एक कहानी इस बंगले की भी है। पर यहाँ नहीं बताऊँगा क्योंकि यह पुस्तक तो जंगल की कहानियों की है और प्रऔति के नियमों से बाहर की कहानियाँ ऐसी कहानियों से मेल नहीं खा सकती।

(2)

अगली सुबह बहुत बड़े फलों के बगीचे और चाय बागान में घूमने और झरने पर जाकर स्नान करने में बिताया। दोपहर के समय लगभग तहसीलदार चम्पावत से सुरक्षित लौट आया जिसको देखकर मुझे बहुत राहत मिली।

नीचे की ओर ढलती लंबी पहाड़ी की ओर दृष्टि किए जिस पर दूर तक गाँव बसा था, खड़ा होकर उनसे बातें कर रहा था। पूरा गाँव खेतों से घिरा हुआ था। तब मैंने गाँव के एक आदमी को बाहर निकलते और अपनी ओर पहाड़ी पर चढ़कर आते देखा। ज्यों-ज्यों वह आदमी पास आता गया मैंने देखा कि कभी वह दौड़ता तो कभी चलने लगता और यह बिलकुल साफ पता चल रहा था कि वह कोई महत्त्वपूर्ण खबर लेकर आ रहा है।

तहसीलदार से यह बोलकर कि बस दो चार मिनट में वापस आऊँगा मैं पहाड़ी पर नीचे की ओर दौड़ पड़ा और जब उस आदमी ने मुझे आते देखा तो वह सुस्ताने बैठ गया। जब मैं उसके इतने पास पहुँच गया कि उसकी आवाज़ मुझे सुनाई पड़ जाए तो वह चिल्लाया "जल्दी आइए साहब नरभक्षी ने अभी-अभी एक लड़की को मार डाला है।" मैंने उत्तर में उसे कहा "वहीं चुपचाप बैठे रहो" और मुड़कर बंगले की तरफ दौड़ा। राइफल और कुछ कारतूस लेते-लेते मैंने यह खबर तहसीलदार को भी बता दी और उसे कहा कि मेरे पीछे-पीछे गाँव में चलो।

वह आदमी जो मेरे पास चलकर आया था वह अत्यधिक परेशान हो गया था क्योंकि उसकी टांगें और मुँह दोनों एक साथ काम नहीं कर पा रहे थे। जैसे ही उसने मुँह खोला मुर्दे की तरह नीचे गिर पड़ा और जब वह दौड़ने लगा तो उसका मुँह बंद हो गया। इसलिए उसे "मुँह बंद रखो और रास्ता दिखाओ" कहकर हम चुपचाप पहाड़ी पर से नीचे की तरफ भागते चले गये।

उत्तेजित पुरुषों, स्त्रियों और बच्चों की भीड़ गाँव में हमारा इन्तजार कर रही थी और जैसा ऐसे अवसरों पर आमतौर पर होता है सभी ने एक साथ बाते बताना शुरू कर दिया। एक आदमी गर्व से यह चटर-पटर बंद कराने की कोशिश कर रहा था। मैं उसे एक तरफ लेकर गया और कहा मुझे सब कुछ बताओ कि कब क्या हुआ। गाँव से लगभग एक फर्लांग की दूरी पर हल्के ढलान पर खड़े कुछ बिखरे हुए बांज वृक्षों की ओर संकेत करते हुए उसने बताया कि कोई एक दर्जन लोग इन वृक्षों के नीचे सूखी लकड़ियाँ इकट्ठा कर रहे थे कि शेर अचानक प्रकट हुआ और उनमें से एक सोलह वर्ष की लड़की को पकड़ लिया। टोली के बाकी लोग गाँव की तरफ वापस भागे और जैसा कि पता ही था कि मैं बंगले में ठहरा हुआ हूँ तुरन्त एक आदमी मुझे खबर देने के लिए रवाना कर दिया गया।

मैं जिस आदमी से बात कर रहा था उसकी पत्नी भी उस टोली में थी और उसने एक पहाड़ी के स्कन्ध पर खड़े उस वृक्ष की ओर संकेत करते हुए मुझे दिखाया जहाँ शेर ने लड़की को पकड़ा था। टोली में से किसी ने पलट कर यह नहीं देखा कि शेर अपना शिकार उठाकर ले जा रहा है या नहीं और यदि ले जा रहा है तो वह किस दिशा में लेकर गया है। भीड़ को यह समझाकर कि वे कोलाहल न करें और मेरे वापिस आने तक गाँव में ही रहें, मैं उस वृक्ष की दिशा में आगे की ओर बढ़ा। यह भूमि अच्छी तरह खुली हुई थी और यह समझना मुश्किल था कि शेर जितने बड़े आकार का कोई जानवर बिना किसी को दिखाई दिए बारह लोगों के पास पहुँच जाए और उसके आने की किसी को भनक भी न लगे जब तक कि दम घुटने के कारण उस लड़की की आवाज से उनका ध्यान उसकी ओर आकर्षित न हो गया हो।

लड़की को जहाँ शेर ने मारा था उस जगह रक्त स्राव का निशान बन गया था और उसके पास ही इसी चमकीले लाल स्राव से भिन्न चमकीली नीली गुरियों का टूटा हुआ माला पड़ा हुआ था जो उस लड़की ने पहले पहनी थी। इस जगह से पहाड़ी स्कन्ध का चक्कर लगाता रास्ता ऊपर की ओर जाता था।

शेरनी द्वारा अपनाया गया रास्ता स्पष्टतः दिखाई दे रहा था। इसके एक तरफ रक्त के बड़े-बड़े धब्बे पड़े थे जिधर लड़की का सिर लटका हुआ था दूसरी तरफ उसके पैरों के घिसटते जाने की लीक बनी हुई थी। आधा मील ऊपर पहाड़ी पर चढ़ने पर मुझे उस लड़की की साड़ी और पहाड़ी के मत्थे पर उसकी चोली पड़ी मिली। एक बार फिर शेरनी नंगी स्त्री को लेकर जा रही थी परन्तु इस बार दयापूर्वक, इस बार उसका बोझ मृत स्त्री का था।

पहाड़ी के मस्तक पर यह मार्ग औष्ण कंट (कंटीले आडू) की झाड़ी के बीच से होकर जाता था, जिसके कांटों में लड़की के चमकीले काले बालों के कुछ गुच्छे उलझ कर फँस गए थे। इससे आगे बिच्छू बूट की क्यारी थी जिसमें से होकर शेरनी आगे गई थी। मैं इस अड़चन से निकलने का रास्ता ढूँढ ही रहा था कि मुझे अपने पीछे किसी की पदचाप सुनाई दी। पीछे मुड़कर देखा तो राइफल लिए एक आदमी मेरी तरफ ही आ रहा था। मैंने पूछा कि मेरे पीछे-पीछे क्यों आए जब मैंने गाँव में सभी को कह दिया था कि गाँव छोड़कर कोई कहीं न जाए। उसने बताया कि तहसीलदार ने मुझे आपके साथ जाने का आदेश दिया है और हुक्म-उर्दूली करने में उसे डर लगता है। वह उस हुक्म को पूरा करने पर तुला हुआ था मुझे लगा इसलिए उससे बहस करना मूल्यवान समय की बरबादी ही होगी इसलिए मैंने उसे अपने भारी बूट उतार देने के लिए कहा जिसको वह

पहने हुआ था और जब उसने झाड़ी में उन्हें छिपा दिया तो मैंने उसे बिलकुल पास-पास रहने और पीछे की तरफ पूरी-पूरी चौकसी रखने की सलाह दी।

मैं बहुत ही पतला जुर्राब, निक्कर और रबड़ के तल्ले वाले जूते पहने हुआ था और चूँकि बिच्छू बूटी से बचकर जाने का कोई रास्ता दिखाई नहीं पड़ रहा था इसलिए शेरनी की तरह उसमें से होकर ही मैं आगे बढ़ा जिससे मुझे बहुत तकलीफ हुई।

बिच्छू बूटी के बाद रक्त की लीक बाईं तरफ मुड़ गई थी और सीधी बहुत खड़ी चढ़ाई वाली चट्टान पर दिखाई पड़ी जिस पर घनी पर्णांग (fern) और रिंगाल बाँस लगा हुआ था। उससे नीचे सौ गज़ चलकर रक्त की लीक सँकरे और बहुत ढलवाँ जलमार्ग में पहुँच रही थी जिसके नीचे शेरनी बहुत कठिनता से ही गई होगी जैसा कि उससे उखड़े पत्थरों और मिट्टी से दिखाई दे रहा था। इस जलमार्ग के किनारे से मैं पाँच या छह सौ गज़ तक चलता ही रहा, जितना हम आगे चल रहे थे मेरा साथी उतना ही ज्यादा परेशान हो रहा था। दर्जनों बार उसने मेरी हाथ पकड़ कर आँसुओं से भरी आवाज़ में मेरे कान में फुसफुसाया कि मुझे इधर या उधर या पीछे की तरफ ही शेर की आवाज़ सुनाई दे रही है। पहाड़ी से लगभग आधे तक उतरने पर हम लगभग तीस फुट ऊँचे बड़े चट्टानी शिखर पर जा पहुँचे और चूँकि उस व्यक्ति को अब तक नरभक्षी शिकार का उतना काफी आनन्द आ चुका था जितना वह सह सकता था, मैंने उसे चट्टान पर चढ़ जाने और मेरे वापिस आने तक उसी पर टिके रहने का आदेश दिया। बड़ा खुश

होकर वह उस पर चढ़ गया और जब वह शिखर पर पहुँचा और वहाँ से संकेत किया कि मैं एकदम ठीक हूँ फिर मैं नीचे जल मार्ग के सहारे आगे बढ़ने लगा जो चट्टान का चक्कर लगाकर आगे सौ गज़ तक सीधा आगे जाकर एक गहरे खड्ड में मिलता था जो बाईं तरफ से वहाँ पहुँचता था। उनके संगम पर एक छोटा-सा कुण्ड था और जब मैं उस पर पहुँचा तो मुझे जलाशय की अपनी ओर रक्त के कुछ धब्बे दिखाई दिए।

उस लड़की को शेरनी सीधे इस स्थान पर लेकर आई थी और मेरे आगमन ने उसके भोजन में विघ्न डाल दिया था। गहरे पगचिह्नों के चारों तरफ हड्डियों के टुकड़े बिखरे हुए थे। पगचिह्नों में रंगीन जल धीरे-धीरे रिसता जा रहा था। कुण्ड के किनारे पर एक वस्तु पड़ी थी जिसे जलमार्ग पर नीचे पहुँचने पर देख मैं समझ नहीं पाया था परन्तु अब देखा तो वह मानव की टाँग का टुकड़ा है। नरभक्षियों का बाद के वर्षों में किए गए शिकार में मैंने उतनी दर्दनाक कोई वस्तु नहीं देखी जितनी वह टाँग, जिसको घुटने से कुछ नीचे का मांस तोड़ कर इस तरह सफाई से अलग किया गया था जैसे कुल्हाड़ी के एक वार से उसे काटा गया हो, जिससे गर्म रक्त अभी भी टपक रहा था।

उस टाँग को देखकर मैं शेरनी के बारे में बिलकुल भूल गया था एकाएक मुझे अनुभव हुआ कि मैं बड़े भारी खतरे में हूँ। जल्द, ही मैंने राइफल का कुन्दा जमीन पर टिकाया, दोनों उँगलियाँ उसके घोड़ों पर रख दी और जैसे ही अपना सिर ऊपर उठाया तो अपने सामने के पन्द्रह फुट ऊँचे तट पर कुछ मिट्टी ढलवाँ पार्श्व से नीचे की ओर लुढ़कती और जल कुण्ड में आकर गिरती देखी। नरभक्षी का शिकार करने के काम में अभी मैं नौसिखिया था अन्यथा आक्रमण किया जाने के प्रति अपने को मैंने इस तरह खुला न डाल दिया होता जैसा मैंने कर डाला था। अपनी राइफल को ऊपर उठा देने की तत्काल क्रिया ने संभवतः मेरी जान बचाई। और शेरनी ने छलांग लगाना रोककर या बचने के लिए मुड़ने पर तट के शीर्ष भाग की कुछ मिट्टी उखाड़ दी।

तट ढलवाँ था और उस पर सरक-सरक कर चढ़ा नहीं जा सकता था और ऊपर पहुँचने का एक मात्र तरीका भाग कर चढ़ना था। थोड़ी दूर जलमार्ग पर पहुँचकर मैं नीचे की तरफ दौड़ा, बीच में कुण्ड पड़ा और दूसरी तरफ काफी दूरी तक चला गया और एक झाड़ी पकड़ कर दूसरे किनारे पर चढ़ गया। स्ट्रोबायलैन्थस की

क्यारी ने जिसकी मुड़ी डंडियाँ धीरे-धीरे फिर से सीधी खड़ी हो रही थी दिखा दिया कि कहाँ से और कैसे कुछ देर पहले शेरनी वहाँ से होकर गुजरी थी और उससे कुछ दूर आगे जाकर एक बढ़ी हुई नीचे लटकती चट्टान थी जहाँ उसने अपना मारा हुआ शिकार रखा था जब वह मुझ पर नज़र डालने आई थी।

अपनी शिकार (लड़की) को ले जाते समय उसका रास्ता अब कई एकड़ क्षेत्र में फैला हुआ चट्टानी वीराने से होकर जा रहा था जहाँ से होकर जाना कठिन और खतरनाक दोनों ही था। चट्टानों के बीच में पड़ी दरारों और गर्तों पर पर्णांग (फर्न) और कृष्णबदरी (ब्लैकबैरी) की बेलों ने आवरण डाला था और एक गलत कदम से, किसी का कोई भी अंग बड़ी आसानी से टूट सकता था, घातक भी सिद्ध हो सकता था। ऐसी दशा में आगे धीरे-धीरे ही बढ़ा जा सकता था और इसका लाभ उठाकर शेरनी भोजन करने में लगी हुई थी। दर्जनों बार मैंने देखा कि उसने कहाँ विश्राम किया था और प्रत्येक विश्राम के बाद रक्त की लीक अधिकाधिक स्पष्ट होती चली गई थी।

उस शेरनी द्वारा मारा गया वह चार सौ छत्तीसवाँ मानव शिकार था और भोजन करते समय बचाव टोलियों द्वारा विघ्न डाले जाने की वह काफी अभ्यस्त हो चुकी थी परन्तु मेरा खयाल है पहली ही बार ऐसा हुआ था कि उसका पीछा इतनी तत्परता से किया जा रहा है और वह गुर्रा-गुर्राकर अपनी नाराज़गी प्रकट करने लगी थी। शेर की गुर्राहट को पूरी तरह समझने के लिए ज़रूरी है कि कोई ऐसी परिस्थिति में हो जैसी में मैं था। चारों तरफ चट्टानें बीच में घनी वनस्पतियाँ और प्रत्येक पग को जाँच-जाँच कर रखने की आवश्यकता ताकि वह अनदिखते गड्ढा और गुफाओं में सीधा सिर के बल गिरने से बचा रहे।

मैं आप लोगों से जो अंगीठी के पास बैठकर यह वृतान्त पढ़ रहा होता तो मैं यह आशा नहीं करता कि मेरी उस समय की भावनाओं को आप समझ पाएँगे। गुर्राने की आवाज़ और आक्रमण की आशंका ने मुझे पूरे तरीके से डरा दिया था पर उसके साथ-साथ मुझे कुछ आशा भी दिखाई थी। यदि शेरनी को ज़रूरत से ज्यादा क्रोध आ गया और वह आक्रमण कर बैठी तो उससे मुझे वह उद्देश्य पूरा करने का अवसर मिलेगा जिसके लिए मैं आया हूँ यहाँ बल्कि उसने जो दु:ख और कष्ट लोगों को दिए हैं उनका पूरा-पूरा बदला मैं उससे ले पाऊँगा।

किन्तु उसका गुर्राना एक संकेत भर निकला और जब उसे पता चला कि वह मुझे डराकर दूर करने के बजाए जल्दी-जल्दी मुझे उसके निकट पहुँचाता जा रहा है तो उसने गुर्राना ही बंद कर दिया।

उस शेरनी के पीछे लगे हुए मुझे चार घंटे से अधिक हो गए थे। हालाँकि मैंने बार-बार अधोवनस्पितियों को हिलत-डुलते देखा मुझे उसकी खाल का रोंआं तक भी दिखाई नहीं दिया और सामने के पहाड़ी पार्श्व पर ऊपर जाती छायाओं पर पड़ी दृष्टि ने मुझे चेता दिया कि यदि अँधेरा होने से पूर्व मुझे गाँव जाना है तो मुझे अभी लौट जाना चाहिए।

कटी हुई टाँग किसी हिन्दू की होगी और उसका कुछ भाग अंतिम संस्कार करने भर के लिए चाहिए, इसलिए जल कुण्ड के पास से गुजरते हुए मैंने वहाँ एक गड्ढा खोदा और वह टाँग उसमें गाड़ दी, जहाँ वह शेरनी से सुरक्षित बची रहेगी और जरूरत पड़ने पर खोदकर निकाली जा सकेगी।

मुझे देखकर चट्टान पर बैठा मेरा साथी आश्वस्त हो गया। लंबे समय तक मेरी अनुपस्थिति और शेरनी के गुर्राने से जो उसने सुना था उसे यकीन हो गया था कि शेरनी ने अपना दूसरा शिकार मार डाला है और उसकी कठिनाई यह थी, जैसा उसने साफ-साफ स्वीकार किया था, कि वह अकेले ही गाँव में लौटकर जायेगा।

हम लोग जब पहाड़ी से उतकर जलमार्ग की तरफ जा रहे थे तब मैंने सोचा कि एक डरे हुए व्यक्ति के जिसके पास भरी हुई बन्दूक हो, आगे-आगे चलने से अधिक खतरे की कोई बात होती है या नहीं, मुझे मालूम

नहीं, परन्तु मैंने अपनी यह राय उस समय बदल दी जब मैं उसके पीछे-पीछे चल रहा था, और वह फिसल कर गिर पड़ा और मैंने देखा कि उसकी 450 बोर (छेद) वाली परिवर्तित बन्दूक की नाल का मुँह किस तरफ था। उसकी बंदूक पर सेफ्टी-कैच (बचाव वाली रोक) भी नहीं थी। उस दिन से मैं सिवाए एक अपवाद के जब इबटसन मेरे साथ था, मैंने यह पक्की नियम बना ली कि नरभक्षी को मारने के लिए मैं अकेला ही जाऊँगा, क्योंकि अपना साथी यदि बिना हथियार लिए हुए है तो उसकी सुरक्षा करना मुश्किल होता है और यदि वह हथियार बंद है तो अपनी रक्षा कर पाना उससे भी कहीं ज़्यादा मुश्किल हो जाता है।

पहाड़ी के शिखर पर पहुँच कर जहाँ उस आदमी ने अपने बूट छिपाकर रखे थे, मैं सिगरेट पीने लगा और अगले दिन की योजना पर सोचने लगा।

अपने मारे हुए शिकार का बचा भाग शेरनी रात में समाप्त कर देगी और यह पक्की बात है कि अगले दिन वह चट्टानों के बीच कहीं लेट कर आराम करेगी।

शेरनी जिस जगह थी, वहाँ पीछा करके उसका पता लगा पाने की मेरी उम्मीद बहुत क्षीण थी और यदि बिना गोली चलाए मैंने उसे किसी तरह हड़का दिया तो वह यह जगह छोड़कर कहीं और चली जाये और मेरा सम्बन्ध ही उससे टूट जाये ऐसा भी हो सकता है। इसलिए यदि कुछ लोग मिल सकें तो हाँका करना ही एकमात्र उपाय है।

मैं विस्तृत पहाड़ी के प्रेक्षागृह (एम्फीथिएटर) के दक्षिणी छोर पर बैठा था जहाँ से दूर तक किसी परती का चिह्न दिखाई नहीं दे रहा था। पश्चिम से आते हुए एक नाले ने मिट्टी काट-काट कर नीचे अपना रास्ता बनाते हुए उस प्रेक्षागृह के ठीक आर-पास एक घाटी बना दी थी। नाले के पूर्वी भाग में ठोस चट्टान खड़ी थी और उत्तर की तरफ मुड़कर एक सँकरे खड्ड द्वारा प्रेक्षागृह छोड़ दिया गया था।

मेरे सामने वाली पहाड़ी जो लगभग दो हजार फुट ऊँची होगी, छोटी घास से ढकी हुई थी, जिस पर बीच में कहीं-कहीं चीड़ वृक्ष उगे हुए थे। पूर्व की तरफ पहाड़ी का ढलान इतना तीखा था कि उसपर घुड़ल को छोड़ कोई दूसरा जानवर जा नहीं सकता था। यदि मुझे इस बार की पूरी लंबाई, नाले से लगाकर अधिक तीखी पहाड़ी तक, के लिए काफी आदमी मिल जाएँ और वे शेरनी को बाहर निकलने के लिए प्रेरित कर दें तो उसके वापस लौटने का रास्ता इस सँकरे खड्ड से होकर ही जाएगा।

यह मानना उचित है कि हांका बहुत मुश्किल था क्योंकि उत्तराभिमुख तीखा ढलान पार्श्व जिस पर मैंने शेरनी को छोड़ा था घने जंगल से ढका हुआ था और मोटे तौर पर लगभग पौन मील लंबा और आधा मील चौड़ा था। तथापि, यदि मैं हांके वालों से अपने अनुदेशों का पालन करा सकूँ तो शेरनी पर गोली चलाने के लिए मुझे पर्याप्त अवसर मिल जाएगा।

तहसीलदार गाँव में मेरी प्रतीक्षा कर रहा था। मैंने सारी स्थिति उसे समझाई और जितने अधिक मिल सकें उतने आदमी तुरन्त इकट्ठा करने और उस वृक्ष पर आकर दस बजे मुझे मिलने के लिए कहा जहाँ उस लड़की को शेरनी ने मारी थी। पूरी कोशिश करने का वचन देकर तहसीलदार चम्पावत चला गया और मैं पहाड़ी चढ़कर बंगले में जा पहुँचा।

सुबह के अगले दिन पौ फटते ही मैं जग गया और पर्याप्त भोजन करके मैंने अपने आदमियों को सामान बाँधने और चम्पावत में मेरी प्रतीक्षा करने को कह दिया और नीचे उस ज़मीन पर एक बार फिर से नज़र डालने के लिए चल पड़ा जहाँ मैं हांका कराना चाह रहा था। मुझे अपनी बनाई योजना में कहीं कोई गलती नज़र नहीं आई और अपने बताए समय से एक घंटा पहले मैं उस जगह पहुँच गया जहाँ मैंने तहसीलदार को आकर मिलने के लिए बोल था।

आदमीयों को इकट्ठा करने में उसे बहुत कठिनाई उठानी पड़ी, उसमें मुझे कुछ सन्देह नहीं था क्योंकि नरभक्षी का आतंक देहात में काफी गहराई तक चला गया था, और लोगों को अपने घरों का आश्रय छोड़कर मरने के लिए तैयार करने में मामूली फुसलाने से कहीं अधिक कोशिश करनी पड़ेगी। दस बजे तहसीलदार के साथ आदमी वहाँ प्रकट हुए और उसके बाद दो-दो, तीन-तीन और दस-दस करके आदमी आने लगे और दोपहर तक दो सौ अट्ठानवे लोग वहाँ इकट्ठे हो गए।

तहसीलदार ने यहाँ घोषणा करा दी थी कि बिना लाईसेन्स वाली बन्दूकों पर वह देखकर भी कोई ध्यान नहीं देगा और ज़रूरत होने पर गोली बारूद भी मुहैय्या करायेगा। जितने हथियार वहाँ उस दिन दिखाई पड़े उनसे तो एकत्र करके एक संग्रहालय बनाया जा सकता था।

आदमीयों के इकट्ठा होने के बाद उनकी ज़रूरत भर का गोली-बारूद उन्हें मिल जाने पर मैं उनको पहाड़ी के मत्थे पर ले गया जहाँ उस लड़की की चोली पड़ी हुई थी और दूसरी तरह की पहाड़ी पर खड़े चीड़ वृक्ष की ओर संकेत करते हुए जिसकी सारी छाल उस पर बिजली गिरने से झुलसकर उतर गई थी, मैंने उन्हें पंक्तिबद्ध होकर उस धार के किनारे-किनारे खड़ा होने को कहा और बताया कि जब वे मुझे चीड़ वृक्ष के नीचे रूमाल हिलाते देखें तो उनमें से जिनके पास हथियार हैं वे अपनी-अपनी बन्दूक दागें और दूसरे लोग जिनके पास बन्दूकें नहीं हैं वे ढोल पीटें, चिल्लाएँ और चट्टानों को नीचे लुढ़काएँ तथा जब तक मैं लौटकर वापस न आ जाऊँ और खुद उन्हें इकट्ठा न कर लूँ कोई भी व्यक्ति किसी भी कारण से पर्वत की धार को छोड़कर कहीं नहीं जाएगा। मुझे जब यकीन हो गया कि उपस्थित हुए सभी लोग मेरा अनुदेश सुनकर समझ गए हैं तो मैं तहसीलदार को साथ लेकर रवाना हुआ। तहसीलदार ने कहा था कि हांकेवालों के साथ रहने के बजाए वह मेरे साथ कहीं अधिक सुरक्षित रहेगा क्योंकि हांके वालों की बन्दूकें कभी-कभार फट भी सकती हैं जिससे बहुत से लोग हताहत हो जाते हैं।

काफी चक्कर मारने के बाद मैंने घाटी का ऊपरी किनारा पार किया और सामने वाली पहाड़ी पर पहुँच गया और वहाँ से जल्दी-जल्दी नीचे उतरता हुआ बिजली गिरे चीड़ वृक्ष पर जा पहुँचा। यहाँ से आगे पहाड़ी का ढलान अधिक तीखा था और तहसीलदार ने जो पेटेंट चमड़े के पतला जूता पहना हुआ था उसके साथ आगे जाना उसके लिए संभव नहीं था। वह जब अपने पैर में पड़े छालों को आराम देने के लिए अपने अपर्याप्त जूते उतार रहा था तो पर्वत की धार पर खड़े लोगों ने यह सोचकर कि मैं पहले से तय हुआ संकेत देना शायद भूल गया हूँ, अपनी-अपनी बंदूकें दाग दी और भारी शोर मचा दिया। खड्ड से अभी मैं 150 गज़ दूर था और यह दूरी तय करने में एक दर्जन बार मेरी गर्दन नहीं टूटी तो ऐसा इसी कारण से हो सका कि मेरा पालन-पोषण ही पहाड़ियों में रहकर हुआ था और उसके फलस्वरूप पहाड़ों पर चढ़ने-उतरने में मेरे पैर बंदरों की तरह पक्के जम जाते थे।

मैं जैसे दौड़ते हुए पहाड़ी से नीचे पहुँचा तो देखा खड्ड के मुख के पास एक हरी घास का टुकड़ा है और चूँकि उससे अच्छी जगह ढूँढने के लिए मेरे पास समय नहीं था मैं पहाड़ी की तरफ कमर टिका कर उसी घास पर बैठ गया जिससे होकर मैं वहाँ आया था। घास लगभग दो फुट ऊँचा था और मेरा आधा शरीर उसमें छिप गया था। और यदि मैं पूरी तरह बिना हिले-डुले रहूँ तो इतना अच्छा अवसर था कि मैं देखा नहीं जा सकूँगा। मेरे सामने वह पहाड़ी थी जिस पर हांका किया जा रहा था और वह खड्ड जिसकी तरफ मुझे आशा थी कि शेरनी जाएगी वह मेरे बाएँ कन्धे के पिछे था।

पर्वत की धार पर अफरा-तफरी मच गया था। बन्दूकों के साथ जोर-जोर से ढोल बज रहे थे और सैकड़ों लोग पूरी ताकत से चिल्ला रहे थे। और जब कोलाहल पूरे ज़ोरों पर था तो लगभग तीन सौ गज़ दूरी पर मेरे सामने दो खड्डों के बीच की घासयुक्त ढलान से कूदती हुई शेरनी मुझे दिखाई दी। वह थोड़ी दूर ही गई होगी

कि चीड़ के पेड़ के नीचे खड़े तहसीलदार ने अपनी जगह से ही अपनी शॉटगन से दोनों नलियाँ उस पर दाग दी। गोली की आवाज को सुनकर शेरनी तेजी से घूमी और सीधे उसी रास्ते से वापस चली गई जिससे वह आई थी और जब वह घनी झाड़ियों की ओर से अदृश्य हो रही थी तो मैंने अपनी राइफल फेंकते हुए हताश हो एक गोली उस पर चला दी।

पर्वत की धार पर जमा हुए लोगों ने तीन गोलियाँ चलने की आवाज़ सुनी और अस्वाभाविक नहीं था निष्कर्ष लगाया कि शेरनी मारी जा चुकी है।

वो लोग भी अपनी बन्दूकों से गोली चला कर खाली कर दी और आखिरी बार बड़े जोर से चिल्लाए। इधर मैं साँस रोककर कोलाहल सुन रहा था जिसके कारण शेरनी पर्वत की धार पर पहुँच जाएगी कि वह मेरे सामने बाएँ वाले आवरण को एकाएक तोड़कर नाले को एक छलांग में पार करती सीधी उस खड्ड पर जा पहुँची। समुद्रतल पर साइट बँधी 500 बोर (नाल छिद्र) की संशोधित कार्डाइट राइफल से इतनी ऊँचाई पर ऊँचे से गोली चली और वह शेरनी एकदम वहीं की वहीं मृतवत खड़ी रह गई तो मैंने सोचा कि गोली उसकी कमर में लगी है और पीछे लौटने का रास्ता काट दिया समझ कर वह आगे ही बढ़ आई थी। वास्तव में उसे गोली मैंने ठीक ही मारी थी पर वह उसे थोड़ा पीछे की तरफ लगी थी। सिर नीचे करके वह आधी मेरी तरफ मुड़ी जिससे मुझे तीस गज़ से भी कम की दूरी से उसके कन्धे का निशाना साधकर गोली चलाने का अच्छा मौका मिल गया। दूसरी गोली लगने पर वह कुछ पीछे हटी परन्तु अपने कान सपाट किए और दाँत निकाले वह अपनी ज़मीन संभाले वहीं खड़ी रही। इधर मैं अपनी राइफल कन्धे पर रखकर यह सोचने का प्रयास कर रहा था कि यदि इसने मुझ पर आक्रमण किया तो

मेरे लिए क्या करना सबसे सही रहेगा क्योंकि राइफल खाली हो चुकी थी और मेरे पास कारतूस नहीं थे। केवल तीन कारतूस लेकर मैं साथ आया था क्योंकि मैंने कभी यह नहीं सोचा था कि मुझे दो से ज्यादा गोलियाँ चलाने का अवसर मिलगा और तीसरी गोली वह तो आपत्ति काल के लिए थी।

सौभाग्य से जख्मी शेरनी ने पता नहीं क्यों आक्रमण करने के बजाए दूसरा निर्णय लिया। बहुत धीरे-धीरे वह मुड़ी अपने दाएँ नाले को पार किया, गिरे हुए कुछ चट्टानों के ऊपर होती हुइ ऊँचा चढ़ने लगी जहाँ उसे एक उभरा हुआ पुश्ता मिला जो ऊपर की ओर आड़ा और अति ढलवाँ पहाड़ी को पार करता हुआ उस जगह तक पहुँचता था जहाँ एक चौड़ी सपाट प्रक्षिप्त होती चट्टान थी। यह चट्टान जहाँ जाकर पहाड़ी से मिलती थी वहाँ एक छोटी झाड़ी ने जड़ें निकाली थी वहाँ तक पहुँच कर शेरनी ने उसकी शाखाओं की छाल उतारनी शुरू कर दी। सावधानी को धत्ता बता मैं तहसीलदार को अपनी बन्दूक लाने के लिए चिल्लाया। जबाव में वे भी उतने ही जोर से चिल्लाए जिसका केवल एक शब्द "फीट" (पैर) मेरी पकड़ में आ पाया। अपनी राइफल नीचे रखकर मैं पहाड़ी की तरफ दौड़ा, तहसीलदार के हाथों से बन्दूक झपटी और दौड़ते-दौड़ते वापस आ गया।

मैं जब नाले पर पहुँचा तो शेरनी झाड़ी को छोड़ चुकी थी और मेरी तरफ प्रक्षिप्त होती चट्टान पर बाहर आ गई थी। जब मैं उससे बीस गज़ की दूरी के अंदर आ गया तो मैंने बन्दूक ऊपर उठाई और यह देखकर डर गया कि उसकी नाल और बीच-ब्लॉक में लगभग 3/8 इंच का अंतर है। दोनों नलियों में एक साथ गोली चलाने पर बन्दूक फटी नहीं थी और संभवतः अब भी नहीं फटेगी। परन्तु ऐसा करने में पीछे की तरफ धक्का लगने से अंधा हो जाने का खतरा था। जो भी हो, खतरा तो उठाना ही था और गुरिया के बड़े ब्लाब की सीध लेकर जिसने शेरनी के खुले मुँह पर दृश्य का काम दिया मैंने गोली चला दी। हो सकता है मैं हिल गया होऊँ या बन्दूक उस रेभाकार (या बेलनाकार) गोली को सही-सही बीस फुट दूर फेंकने में असमर्थ रही हो। जो कुछ भी कारण हो गोली शेरनी के मुँह में नहीं लगी और उसके दाहिने पंजे पर जाकर लगी जहाँ से बाद में अपने नाखुन से मैंने उसे निकाला था। सौभाग्य से वह शेरनी अपनी अंतिम साँसें ले रही थी और पैर पर लगी चोट ही

उसे अगले घाट पर पहुँचाने के लिए काफी था। अपना सिर चट्टान के पार्श्व पर प्रक्षिप्त करके वह अंतिम आराम की अवस्था में पहुँच गई।

उस क्षण से जब शेरनी ने खड्ड से होकर बाहर जाने के प्रयत्न में आवरण को तोड़ डाला था मैं हांके वालों को लगभग भूल ही गया था कि मुझे पहाड़ी पर कुछ दूरी से आती हुई यह चिल्लाहट सुनकर उनके अस्तित्व की याद आई "वह देखो, चट्टान पर पड़ी है, नीचे खींच लाओ और इसके टुकड़े-टुकड़े कर डालो"। यह सुनते ही मैं अपने कानों पर विश्वास नहीं कर पाया क्योंकि दूसरे लोगों ने भी शेरनी को देख लिया था और पहाड़ी के पार्श्व में सभी तरफ से यही चिल्लाहट दुहराई जा रही थी।

वह पुश्ता जिससे घायल होकर शेरनी प्रक्षिप्त होती चट्टान पर पहुँची थी सौभाग्य से हांके वालों की तरफ से दूसरी ओर था और ठीक उतना चौड़ा था कि इस पार्श्व में आने के लिए मैं इसके पास से अपने को इधर-उधर हिला-डुला सकता था। मैं जब चट्टान पर गया और शेरनी पर अपना पैर रखा यह आशा करते हुए कि वह सचमुच मर चुकी थी क्योंकि मेरे पास उस पर पत्थर फेंककर मरने की सामान्य जाँच करने का समय नहीं था। लोग जंगल से बाहर निकल आएँ और बंदूकें, कुल्हाड़ियाँ, जंग लगी तलवारें, और भाले चमकाते खुले में दौड़ते हुए पहुँच गए।

जो चट्टान बारह से चौदह फुट ऊँची थी उसपर उनका आगे बढ़ना रुक गया क्योंकि उसका बाहरी रुख नाले द्वारा जब उसमें बाढ़ आ जाती थी, घिस-घिस कर चिकना हो गया था और उस पर नंगे पाँव भी कहीं पैर टिकाने की जगह नहीं थी। अपनी भयानक शत्रु को सामने देखकर भीड़ का क्रोध समझा जा सकता था क्योंकि उन लोगों में एक भी ऐसा नहीं था जिससे उस शेरनी को क्षति नहीं उठानी पड़ती। एक आदमी जो पागल हो गया था। उनका नेता बना हुआ था, अपनी तलवार इधर-उधर भांज कर, चमकाते हुए बार-बार चिल्ला रहा था "यही है वह शैतान जिसने मेरी पत्नी और दो लड़कों को मारा है।" जैसे भीड़ के साथ आम तौर पर होता है यह उत्तेजना जितनी एकाएक भड़क उठी थी उतनी ही जल्द खत्म हो गई और वह उस व्यक्ति के श्रेय में ही कहा जाएगा जिसकी पत्नी और दो लड़के मारे गए थे सबसे पहले उसी ने अपने हथियार रखे थे। वह चट्टान के पास आया और बोला "अपने दुश्मन को देखकर साहब हम लोग पागल हो गए है पर हमारा यह पागलपन अब दूर हो गया है और हमारा आपसे और तहसीलदार से निवेदन है कि आप हमें क्षमा कर दें।" बन्दूक में से अप्रयुक्त कारतूस निकालकर मैंने बन्दूक को शेरनी के ऊपर रखकर फिर उसे अपने हाथों में लटका लिया और उसे फिर जमीन पर रखने में सहायता दी। जब मैंने लोगों को दिखाया कि मैं चट्टान पर कैसे पहुँचा था तो लोगों ने बहुत कोमलता से मृत जानवर को नीचे झुकाया और उसे खुली जगह पर ले आए जहाँ सभी भीड़ उसके चारों तरफ जमा होकर उसे अच्छी तरह देख सके।

शेरनी जब चट्टान पर खड़ी होकर नीचे देख रही थी तब मैंने ध्यान देकर देखा था कि उसके मुँह में कुछ गड़बड़ी है और जब उसकी जाँच की तो देखा कि उसके मुँह के दाईं तरफ के ऊपरी और निचले कीले (श्वदन्त) टूटे हुए हैं। ऊपर वाला आधा तो निचला ठीक नीचे हड्डी तक टूटा है। दाँतों को यह स्थायी क्षति पहुँचने से जो गोली लगने का परिणाम था यह शेरनी अपना स्वाभाविक शिकार मारने में असमर्थ हो गई थी और यही इसके नरभक्षी बन जाने का कारण था।

लोगों ने मेरे से आग्रह किया कि शेरनी की खाल यहीं न उतारूँ और यह कहते हुए कि जब तक उनकी स्त्रियाँ और बच्चे अपनी आँखों से नहीं देख लेते तब तक उन्हें विश्वास नहीं हो पाएगा कि उनका सबसे भयंकर दुश्मन मारा जा चुका है। और गाँवों में जाकर रात होने तक उसे वहीं रहने देने के लिए मेरे से उन्होंने निवेदन दिया।

दो छोटे पेड़ों को काटा गया और एक-एक करके उन्हें शेरनी के दोनों तरफ रखा गया। पगड़ी, कमरबंद और धोतियों से शेरनी को सावधानी और बड़ी मजबूती से बाँधा गया। जब सब कुछ तैयार हो गया तो उन पेड़ों को लोगों ने उठाया और तीखे ढलान वाली पहाड़ी की तलहटी की तरफ लिए चल पड़े। लोगों ने शेरनी को पहाड़ी से ऊपर होते लाना पसंद किया जिससे दूर उनका गाँव पड़ता था बनिस्बत घने जंगल वाली उस पहाड़ी के साथ ऊपर जाने के जहाँ अभी-अभी उन्होंने हांका किया था। दो मानव रस्सियाँ इस सादी विधि से तैयार की गई जिसमें आगे खड़े व्यक्ति का कमरबंद अथवा उसके कपड़ों का कोई भाग उसके पीछे खड़े होने वाले व्यक्ति ने कसकर पकड़ा था। जब यह समझ लिया गया कि रस्सियाँ काफी लंबी और मजबूत हैं तब उन पेड़ों के साथ सम्बद्ध हो गए और प्रत्येक ओर के लोगों ने उन वाहकों के पैर पकड़ लिए और उन्हें पैर टिकाने की जगह दे दी। इस तरह यह जुलूस पहाड़ पर चढ़ने लगा जो सारी दुनिया को चींटियों की फौज की तरह दिखाई देने लगा जो किसी दीवार पर से किसी भृंग को खींच कर ले जा रही हैं। प्रधान सेना के पीछे दूसरी एक और छोटी सेना थी जो तहसीलदार को ऊपर लिए जा रही थी। यदि ये रस्सियाँ हज़ार फुट ऊँची इस चढ़ान की किसी अवस्था में टूट जाती तो हताहतों की संख्या बहुत ज़्यादा होती परन्तु रस्सियाँ टूटी नहीं। लोग पहाड़ी के शिखर पर जा पहुँचे और अपने विजय प्रयाण के गीत गाते पूरब की ओर चल पड़े। मैं और तहसीलदार पश्चिम की तरफ मुड़े और चम्पावत के लिए चल पड़े।

रास्ता हमारा पर्वत की धार के साथ-साथ जाता था और एक बार फिर मैं कृष्णकंटक (ब्लैकथार्न) की झाड़ियों में पहुँच गया जिसके काँटों ने उस लड़की के काले केशगुच्छों को उलझा लिया था और अंतिम बार मैंने नीचे के उस प्रेक्षागृह (एम्फीथिएटर) की तरफ देखा जो हमारे विगत कार्य की स्थली रहा था।

पहाड़ी से नीचे उतरते मार्ग में हांका करने वालों को उस अभागी लड़की का सिर मिला और खड्ड के मुँह से शांत वायु में उठकर सीधे मिलते हुए धुंए के पतले स्तम्भ ने वह स्थान दिखा

दिया जहाँ उसके सम्बन्धी चम्पावत नरभक्षी का अंतिम शिकार बनी उस लड़की का अंतिम संस्कार कर रहे थे, ठीक उसी जगह पर जहाँ उस नरभक्षी को मारा गया था।

रात्रि में भोजन के बाद मैं तहसीलदार के प्रांगण में खड़ा हुआ और देखा चीड़ की मशालें लिए एक लंबा जुलूस सामने वाली पहाड़ी के पार्श्व से चक्करदार रास्ते से होता उससे नीचे आ रहा है और तभी लोगों का एक समूह द्वारा गाया जा रहा पहाड़ी गीत रात की शांत हवा में उभर कर ऊपर आया। इसके एक घंटे बाद शेरनी को लाकर मेरे चरणों में डाल दिया गया।

लोगों की इतनी अधिक भीड़ जो उसे घेरे हुए थी जानवर की खाल उतरवाना मुश्किल था इसलिए काम को कम करने के लिए मैंने उसके धड़ से सिर और पंजे कटवा दिए पर उसकी खाल को जुड़ा रहने दिया ताकि उन पर बाद में कार्य किया जा सके। लाश पर एक पुलिस रक्षक तैनात कर दिया और अगले दिन जब आसपास के देहात के सब लोग वहाँ इकट्ठा हुए तो शेरनी का धड़, टांगें और पूँछ भी छोटे-छोटे टुकड़ों में काटकर बंटवा दिया। हड्डी और मांस के उन टुकड़ों की ज़रूरत उन ताबीजों में पड़ती हैं जो पहाड़ी बच्चों के गले में पहनाए जाते हैं और अन्य शक्तिशाली जादुई वस्तुओं के साथ जिन में शेर को मिला देने पर माना जाता है कि उनसे पहनने वालों को जंगली जानवरों से आक्रमण के प्रति सुरक्षा मिलने के साथ साहस भी मिलता है। उस लड़की की उँगलियाँ, जिन्हें शेरनी ने पूरी तरह से निगल लिया था स्पिरिट में रखकर तहसीलदार ने मुझे भिजवाई जिन्हें मैंने नन्दा देवी मन्दिर के पास नैनीताल झील में गड़वा दिया।

मैं जब शेरनी की खाल निकलवा रहा था तो तहसीलदार और उसके कर्मचारी आसपास के गाँवों के प्रधानों और बूढ़ों तथा चम्पावत बाजार के व्यापारियों की सहायता से अगले दिन एक बड़ी दावत और नाच कराने का कार्यक्रम तैयार करने में लगे हुए थे जिसकी अध्यक्षता मुझे ही करनी थी। आधी रात को लगभग

जब लोगों के उस बड़े मजमे का अंतिम जमघट इस बात पर खुशी का चीत्कार करता चला गया कि वे उन सड़कों और ग्राम पथों को फिर से उपयोग में ला सकेंगे जिन्हें नरभक्षी ने पिछले चार वर्षों से बंद करके रखा था, मैंने तहसीलदार के साथ बैठकर अंतिम धूम्रपान किया और उसे यह कहते हुए कि अब मैं यहाँ और अधिक नहीं ठहर सकता और उत्सव की अध्यक्षता अब मेरी जगह उसे ही करनी पड़ेगी मैं और मेरे आदमी अपनी पिछत्तर मील की यात्रा पर निकल पड़े जिसको पूरा करने के लिए हमारे पास केवल दो दिन ही बचे थे।

सूर्योदय होने के साथ ही मैं अपने आदमियों को पीछे छोड़ और शेरनी की खाल अपने घोड़े की जीन में बाँध मैं उनसे पहले चल पड़ा ताकि देवीधुरा में खाल साफ कराने के लिए कुछ घंटे का समय दे सकूँ, वहीं जाकर मुझे अपनी रात बिताने की इच्छा भी थी। पाती गाँव में उस झोंपड़ी के पास से होकर गुजरते समय मेरे मन में विचार आया कि उस गूंगी स्त्री को जानकर शायद कुछ सन्तोष मिलेगा कि उसकी बहन के मारे जाने का बदला लिया जा चुका है, मैंने अपने घोड़े को वहीं चरने के लिए छोड़कर यह घोड़ा हिमरेखा के पास पाला पोसा गया था और बांज वृक्ष से लगाकर बिच्छू बूटी तक कुछ भी खा सकता था। पहाड़ी चढ़कर मैं झोंपड़ी में पहुँचा और वहाँ जाकर उसके दरवाजे के सामने पत्थर के सहारे सिर रखकर खाल को वहाँ फैला दिया। घर के बच्चे गोल आँखें लिए यह सब देख रहे थे और उनके साथ मुझे बातें करते देख उनकी माँ जो अंदर खाना पका रही थी दरवाजे पर आ गई।

झटका और प्रति झटका देने के बारे में कोई सिद्धांत बघारने के फेर में मैं नहीं पड़ूँगा क्योंकि मैं कुछ नहीं जानता उनके बारे में। मैं तो इतना ही जानता हूँ कि यह स्त्री जिसे बारह महीने से गूंगी बताया जा रहा था और जिसने चार दिन पहले किसी भी प्रश्न का उत्तर देने का प्रयास नहीं किया था अब झोंपड़ी के पीछे की तरफ और आगे की तरफ सड़क पर भाग-भाग कर अपने पति और गाँव के लोगों को जल्दी-जल्दी आकर यह देखने के लिए बुला रही थी कि देखो साहब क्या लेकर आए हैं। एकाएक वाणी के लौट आने पर बच्चे अचरज में पड़ गए और अपनी माँ के चेहरे से अपनी आँखे हटा नहीं सके।

मैंने थोड़ा आराम गाँव में किया जिसके दौरान चाय की प्लेट मेरे लिए तैयार हो रही थी और मैंने लोगों को बताया कि नरभक्षी किस तरह से मारा गया था। एक घंटे बाद मैंने अपनी यात्रा पुनः आरम्भ की। मार्ग में आधा मील तक मुझे पाती वालों की सद्भावनाओं का शोर सुनाई देता रहा।

अगली सुबह मेरी एक तेंदुए के साथ बड़ी उत्तेजनापूर्ण मुठभेड़ हो गई जिसे मैं इसलिए नहीं बता सकता हूँ कि इसके कारण देवीधुरा से यात्रा आरम्भ करने में मुझे विलम्ब हुआ और इससे मेरे घोड़े पर थोड़ा भार और लद गया। सौभाग्य से उस छोटे टट्टू की टांगें मजबूत थी और वह अंदर से भी इतना ही तगड़ा था और चढ़ाई पर उसकी पूँछ उठाकर, समतल भूमि पर उसकी सवारी करते हुए और उतार पर उसके पीछे भागकर हमने नैनीताल तक की पैंतालीस मील की दूरी 9.00 बजे सुबह से 6 बजे शाम के बीच पूरी कर ली।

कई महीने के बाद सर जौन हीवट, ले० गवर्नर, संयुक्त प्रान्त ने नैनीताल में दरबार लगाकर चम्पावत के तहसीलदार को भेंट में एक बन्दूक और उस आदमी को जो मेरे साथ उस समय गया था जब मैं लड़की की खोज में लगा था एक शिकारी चाकू उस सहायता के लिए दिया गया जो उन्होंने मेरी की थी। दोनों हथियारों पर उपयुक्त ढंग से उत्कीर्णन किया गया था और ये सम्बन्धित परिवारों के उत्तराधिकारियों को आगे प्राप्त होते चले जाने वाले थे।

रॉबिन

मैंने इसके माँ या बाप, दोनों में से किसी को भी नहीं देखा। सफाई के वीर योद्धा ने, जिससे मैंने इसे खरीदा, मुझे बताया कि यह स्पेनियल नस्ल का है तथा इसका पिंचा नाम है। और, यह कि इसका बाप "सचेत बंदूक अनुवर्ती" कत्ता था। मैं आपको इसकी वंशावली के बारे में इतना ही बता सकता हूँ।

मुझे पिल्ले की कोई खास ज़रूरत नहीं थी और इसे संयोग ही कहना चाहिए कि अपने मित्र को साथ लेकर जब मैं पहुँचा तो एक बहुत गंदी टोकरी में से एक ही ब्यांत के सात बच्चे निकालकर मुझे दिखाए गए। उन ब्यांत के बच्चों में पिंचा ही सबसे छोटा और दुबला-पतला था और यह स्पष्ट ही था कि अपने जीवन की लड़ाई लड़ते-लड़ते वह अंतिम खाई में पहुँच चुका था। अपने स्वयं से अपेक्षतया कम अभागे भाई-बहनों को छोड़कर उसने एक बार मेरा चक्कर लगाया और फिर मेरे बड़े-बड़े पैरों में लोट-पोट गया। मैंने जब उसे अपने कोट के अंदर उठाकर रख लिया, उसने मेरा मुँह चाटकर अपनी औतज्ञता दिखाने की कोशिश की, और मैंने यह दिखाने का प्रयत्न किया कि मुझे उसकी घिनौनी बदबू का कुछ पता नहीं है।

वह तब तीन महीने का होने जा रहा था और मैंने उसे पंद्रह रुपए में खरीदा था। अब वह तेरह साल से भी बड़ हो गया है और इतना कीमती कि, भारत के सभी सोना उसकी कीमत चुकाने के लिए कम पड़ जाएँगे।

मैं जब उसे घर लेकर आया तो पहली बार भरपेट खाने, गर्म पानी और साबुन से उसकी जान-पहचान हुई। मैंने उसका कुत्ते घर का जो नाम था, पिंचा उसे बदल दिया और अपने एक निष्ठावान पुराने बन्धु की यादगार-स्वरूप, जिसने मेरे छोटे भाई, उम्र चार वर्ष, और मेरी, उम्र छः वर्ष, जान एक गुस्से से भरी हुई मादा भालू से बचाई थी, उसका नया नाम रॉबिन रख दिया।

नियमित रूप से भोजन मिलने से रॉबिन पर वैसा ही प्रतिचार हुआ जैसा धूप से झुलसी धरती पर वर्षा का प्रतिचार होता है और उसको जब हमारे साथ रहते हुए कई सप्ताह हो गए तब उसके बाद, इस सिद्धान्त पर चलते हुए कि लड़के या पिल्ले का प्रशिक्षण शुरू करना, कभी भी जल्दी किया नहीं माना जाता, मैं एक दिन सुबह उसे बाहर ले गया। मेरा यह इरादा था कि उससे थोड़ी दूर आगे चलकर एक या दो गोलियाँ चलाऊँ, ताकि उसको बंदूक से गोली चलने की आवाज़ सुनने की आदत हो जाए।

हमारे सम्पदा क्षेत्र के निचले सिरे पर कुछ घनी कंटीली झाड़ियाँ थी, और जब मैं उनका चक्कर लगा रहा था, उनमें से एक पक्षी ऊपर निकला, तो रॉबिन के बारे में, जो मेरे पीछे-पीछे आ रहा था, सब-कुछ भूल उस पंख फड़फड़ाते पक्षी को गोली चलाकर, मैंने नीचे गिरा दिया। वह पक्षी उन कंटीली झाड़ियों में जाकर गिर गया और रॉबिन तेजी से उसकी तरफ झपटा। वह झाड़ियाँ बहुत घनी और कंटीली थी और मैं उनमें घुस नहीं सकता था, इसलिए मैं उसकी दूसरी तरफ भागा, जहाँ झाड़ियों के आगे कुछ जमीने खुली थी और उसके बाद फिर बड़े-बड़े वृक्षों और घास का जंगल था, जहाँ मैं जानता था कि मेरा घायल किया मोर उड़कर वहीं जाएगा। खुली जमीन पर प्रभात की धूप की बाढ़ आई थी और यदि मेरे पास मूवी कैमरा होता तो मैं इस अच्छे अवसर का एक विलक्षण फोटो-चित्र उसका ले सकता था। मोर पक्षी असल में बढ़िया मोरनी थी, जो वृक्षों वाले जंगल की तरफ भागी चली जा रही थी, जिसकी गर्दन के पर वहाँ समकोण बना रहे थे तथा एक डैना टूट गया था पिछे का हिस्सा जमीन पर लग रहा था, रॉबिन उसकी दुम पर लटका हुआ उसके साथ-साथ घिसट रहा था। आगे दौड़कर मैंने बड़ी बेवकूफी करते हुए मोरनी की गर्दन पकड़ ली और उसे जमीन से साफ ऊपर उठा दिया। ऐसा करने पर उसने तुरन्त दोनों टांगों से दुलत्ती चलाई और रॉबिन को सिर नीचे और टांगें ऊपर

करके उछाल दिया। एक सेकेंड में वह उठा और अपने पैरों पर खड़ा हो गया और जब मैंने मृत पक्षी को नीचे रखा तो वह उसके चारों तरफ, बीच-बीच में कभी उसके सिर पर और कभी उसकी दुमपर बारी-बारी हल्के थप्पड़ मारते हुए, नाचने लगा। उस दिन के सुबह का पाठ पूरा हो गया और जब हम घर लौटे तो यह कहना मुश्किल था कि हम दोनों में से अभिमान किसको अधिक था रॉबिन को जो हमारी पहली चिड़िया घर लेकर आया था या मुझे, जिसने एक गन्दी टोकरी में से एक विजेता को चुन लिया था। शिकार खेलने वाला मौसम अब खत्म हो रहा था और अगले कई दिनों तक रॉबिन को बटेर, फाख्ता और कभी-कभार तीतर से बड़ा कोई शिकार उठाकर लाने का काम नहीं दिया गया।

हमने गर्मियाँ पहाड़ों पर बिताई और नवम्बर में वार्षिक प्रव्रजन कर पहाड़ियों से नीचे आ गए तो पंद्रह मील का पैदल मार्ग पूरा कर जब हम एक तीखा मोड़ मुड़े तो लंगूरों का एक बड़ा झुण्ड पहाड़ी पार्श्व से कूदा और रॉबिन की नाक से कुछ इंचों की दूरी से उन्होंने सड़क पार की। मेरी सीटी को अनसुनी कर रॉबिन खड्ड की तरफ नीचे लंगूरों के पीछे झपटा और लंगूर सुरक्षा के लिए तत्काल पेड़ पर चढ़ गए। ज़मीन खुली हुई थी जिस पर कहीं-कहीं एक-दो पेड़ ही खड़े थे तथा तीस या चालीस गज़ तीखा ढाल उतर जाने के बाद वह कुछ गज़ों तक समतल बन गई थी फिर उसके बाद तेजी से नीचे उतरती हुई आगे घाटी में चली जाती थी। इस समतल भूमि के दाएँ हाथ वाले पार्श्व में कुछ झाड़ियाँ थी जिनके बीचों-बीच वर्षा जल बह-बहकर आने से वहाँ गहरी नाली खुद गई थी। बड़ी मुश्किल से रॉबिन इन झाड़ियों में घुसा ही था कि वह फिर बाहर आ गया और कान पीछे को मोड़े और पूँछ दबाए अपनी जान बचाने के लिए भाग रहा था, उसके पीछे एक विशालकाय तेन्दुआ छलांगें लगाता आ रहा था और प्रत्येक छलांग के साथ वह उसके निकटतर पहुँच रहा था। मेरे पास कोई हथियार नहीं था इसलिए अपने फेफड़ों का पूरा जोर लगाकर 'हो' और 'हर्र' चिल्लाकर ही मैंने उसकी सहायता की।

एम० की डाँडी ढोने वाले आदमी मस्ती करते हमारे साथ आ गए और जब सैकड़ों क्या उससे भी ज़्यादा लंगूरों ने ऊँची-नीची आवाज़ों में खतरे की पुकार बुलन्द करके उसमें मिला दी तो गुलगपाड़ा अपनी चरम अवस्था पर पहुँच गया। लगभग बीस या तीस गज़ की दूरी तक यह हताशा भरी और गैर बराबरी की दौड़ चली और जैसे ही तेन्दुआ रॉबिन को पकड़ पाने वाली दूरी के अंदर पहुँचा वह न जाने क्यों थोड़ा-सा घूमा और घाटी में कहीं जाकर अदृश्य हो गया। पहाड़ी के स्कन्ध पर रॉबिन चक्कर खाकर गिर गया और सड़क पर आकर हमसे मिल गया। बाल-बाल बचने की उस घटना से रॉबिन ने कई उपयोगी पाठ सीखे, जिन्हें उसने बाद के जीवन काल में कभी नहीं भुलाया।

पहला यह, कि लंगूरों का पीछा करना कितना खतरनाक होता है, दूसरा यह कि लंगूरों का भय से बोलना आसपास कहीं तेन्दुए के छिपे होने की सूचना देता है। रॉबिन ने अपना प्रशिक्षण फिर उस जगह से, जहाँ वसन्त में उसमें बाधा पड़ गई थी, शुरू किया, परन्तु जल्द ही मुझे यह पता चला कि आरम्भ में उसके प्रति बरती गई लापरवाही और भूखा रहने का कुप्रभाव उसके हृदय पर पड़ा था और हल्का-सा परिश्रम करने के बाद वह अब बेहोश हो जाता था।

शिकार में का साथ देने वाले कुत्ते के लिए इससे बढ़कर निराशाजनक और कोई बात नहीं हो सकती कि उसका मालिक शिकार पर बाहर जाए और वह घर पर पड़ा रहे और चूँकि पक्षी शिकार उसके लिए वर्जित बन चुका था, जब कभी मैं बड़े शिकार पर जाता तो उसे भी साथ ले जाता था। इस नये खेल को भी उसने उतनी ही आसानी से अपना लिया। जब पगचिह्न दिखाई देते तो गमनमार्ग ढूँढता मैं आगे बढ़ता और जब जानवर जिसका पीछा हम कर रहे होते हैं, जंगल में चला गया होता तो मार्ग खोजने का काम रॉबिन करता। इस तरह कभी-कभी मीलों तक हमने जानवर का पीछा किया और तब जाकर वह हमें मिल पाया।

मचान पर बैठे हुए या हाथी पर सवार होकर किसी जानवर को गोली से मारने की तुलना में पैदल रहकर उसे सीधे-सीधे गोली से तत्काल मारना अधिक आसान होता है। इसमें एक बात यह है कि ज़ख्मी हुए जानवर का यदि पैदल पीछा करना पड़े तो संयोग वाली गोली नहीं चलाई जाती, और दूसरी बात यह है कि ऊपर से नीचे की तरफ गोली चलाने की अपेक्षा जानवर के समान स्तर पर होकर गोली चलाने की स्थिति में उसके मार्मिक अंग अधिक खुले रहते हैं। तथापि, गोली चलाने के मामले में बड़ी से बड़ी सावधानी बरतने के बाद भी मैं केवल तेन्दुओं या शेरों को घायल ही कर पाता था और दूसरी या तीसरी गोली खाकर ठंडा पड़ने से पूर्व उन्होंने चारों तरफ आफत मचा दी थी। हमने जितने वर्ष मिलकर शिकार किया है, केवल एक बार रॉबिन ने मुझे मुश्किल में डाला है। उस दिन थोड़ी देर गायब होने के बाद वह मुझे फिर से आकर मिला, हमने तय किया कि बात आई-गई हो गई और हम आगे इसकी चर्चा नहीं करेंगे, परन्तु अब हम बड़े और संवेदनशील हो गए थे रॉबिन तो ज़रूर ही, जिसने अपने श्वान जीवन के तीन जोड़ी और दस वर्षों से अधिक पूरे कर लिए हैं और यह लिखते समय मेरे पैरों में उस बिस्तर पर लेटा हुआ वह कुत्ता याद आया जो कभी वहाँ से उठ नहीं पाता था, और अपनी बुद्धिमान भूरी आँखों की स्थिति और अपनी पूँछ के छोटे-से ठूंठ को हिलाकर मुझे उसने लिखते जाने और पूरी कहानी सुनाने की अनुमति दे दी है।

तेन्दुआ एक बार फिर हमें तब दिखाई दिया जब वह घने घास-पात से निकलकर पूरी तरह बाहर आ गया और खड़ा होकर अपना बायाँ कन्धा घुमाकर पीछे की तरफ देख रहा था।

यह नर तेन्दुआ सामान्य से कहीं ज्यादा बड़ा था जिसकी खाल सुन्दर गहरी चमकीली थी जिसपर बने गुल खाल की सम्पन्न मखमली ज़मीन पर सफाई से काटकर बनाए आकल्पों की तरह खड़े प्रतीत हो रहे थे। अपनी राइफल से लगभग पंद्रह गज़ की दूरी से मैंने बिना हड़बड़ी के उसके दाहिने कन्धे का निशाना साध कर गोली चलाई। मेरी गोली उसके हृदय के निशाने से कितनी चूकी, इससे कोई फर्क नहीं पड़ता, और जब गोली उसके शरीर से निकल पचास गज़ दूर जाकर धूल में लोट रही थी, तब वह हवा में ऊपर उठ गया था और कलाबाज़ी खाकर फिर उसे घने घास-पात पर जाकर गिर गया, जिसमें से एक मिनट पहले वह बाहर निकल कर आया था। बीस, चालीस और पचास गज़ तक हमने उसे जंगल में तोड़फोड़ करते हुए जाते सुना और उसके बाद वह आवाज़ एकाएक बंद हो गई जितनी एकाएक वह शुरू हुई थी। आवाज़ का इस प्रकार एकाएक बंद हो जाने को दो प्रकार से समझा जा सकता है एक तो तेन्दुआ धराशायी होकर रास्ते में ही मर गया था अथवा दूसरा पचास गज़ चलकर वह खुली ज़मीन पर पहुँच गया था।

हम उस दिन काफी चले थे, सूर्य अस्त होने वाला था और घर से अभी हम चार मील की दूरी पर थे। जंगल के उस भाग में लोगों का आना-जाना नहीं था और रात को वहाँ से होकर किसी के गुज़रने की संभावना लाखों में एक बार भी नहीं थी, और तेन्दुए को वहीं छोड़कर आने का आखिरी और सबसे अच्छा कारण यह था कि एम० के पास कोई हथियार नहीं था और उन्हें न अकेले छोड़ा जा सकता था और न घायल जानवर का पीछा करने अपने साथ ले जाया जा सकता था इसलिए हम उत्तर की ओर मुड़े और घर की तरफ प्रस्थान किये। जगह पर निशान लगाने की कोई जरूरत मुझे नहीं थी क्योंकि मैं इस जंगलों में दिन में चलकर और बहुधा रात को भी पिछली लगभग आधी शताब्दी से आता-जाता था और इनके किसी भी भाग में आँखों पर पट्टी बाँध कर भी अपना रास्ता ढूँढ सकता था।

रात के बाद मुश्किल से दिन निकला ही था कि अगली सुबह रॉबिन जो पिछली संध्या हमारे साथ नहीं था, और मैं उस जगह जा पहुँचा, जहाँ से मैंने, गोली चलाई थी। बहुत होशियारी से रॉबिन ने, जो आगे-आगे चल रहा था, उस भूमि का निरीक्षण किया, जहाँ तेन्दुआ खड़ा हुआ था, फिर सिर उठाकर हवा को सूँघते हुए वह निम्नरोह के किनारे की तरफ बढ़ा जहाँ तेन्दुए ने गिरकर रक्त के बड़े-बड़े छींटे डाले थे। घाव की स्थिति निश्चित करने के लिए मुझे रक्त की निरीक्षण करने की आवश्यकता नहीं थी क्योंकि जितनी कम दूरी से मैंने

गोली चलाई थी, गोली को लगते देखा था, और दूरी दर धूल का जो गुब्बार उठा था, इस बात के पक्के प्रमाण थे कि गोली ठीक तेन्दुए के शरीर से होते हुए बाहर गई थी।

बाद में रक्त-चिह्नों की पंक्ति का अनुसरण करना आवश्यक हो सकता है परन्तु फिल्हाल अँधेरे में चार मील चलने के पश्चात् कुछ देर विश्राम कर लेने में कोई हानि नहीं थी और यह भी हो सकता था कि उलटे यह हमारे लिए बड़े काम का सिद्ध हो। सूर्य उदय होने ही वाला था और प्रातःकाल की इन प्रारम्भिक घड़ियों में सभी जंगलवासी सक्रिय हो चुके थे, और आगे कुछ करने से पहले घायल हुए जानवर के बारे में वे क्या कहते हैं, वह सुन लेना उचित होगा।

पास ही खड़े एक वृक्ष के नीचे मुझे एक सूखी जगह मिली जहाँ संतृप्त हो रही ओस प्रविष्ट नहीं हो पाई थी और पैरों में लेटे रॉबिन के साथ, मैं अपनी सिगरेट ख़त्म ही किया था कि एक मादा चीतल, फिर दूसरी और तब तीसरी मादा चीतल ने हमारे बाएँ सामने से लगभग साठ गज़ की दूरी पर बोलना शुरू किया। रॉबिन उठा और धीरे-धीरे सिर घुमाकर उसने मेरी तरफ देखा और मेरी दृष्टि मिलते ही, उतने ही धीरे से वह बोलती हुई चीतलों की दिशा में घूम गया। उस दिन से जब पहले-पहल उसने लंगूरों की भय पुकार सुनी थी वह अनुभवों की सड़क पर काफी दूरी तक चल चुका था और अब जानता था, जैसे सुनने की सीमा में पड़ते सभी पशु और पक्षी जानते हैं कि चीतल जंगलवासियों को तेन्दुआ होने की चेतावनी दे रहे हैं।

चीतल जिस तरह बोल रहे थे, उससे यह बात तो स्पष्ट थी कि तेन्दुआ उन्हें पूरी तरह से दिखाई दे रहा था। थोड़ा सब्र करने पर वो यह भी बता देंगे कि वह जीवित है या मरा हुआ। चीतल पाँच मिनट तक बोलते रहे कि अचानक और सभी मिलकर, फिर एक बार और बराबर बोले और उसके बाद अपनी नियमित बोली पर आ गए। तेन्दुआ जिन्दा था, थोड़ा हिला भी था और उसके बाद शांत हो गया। हमें अब इतना ही जानना था कि तेन्दुए की हालत क्या है और यह जानकारी हमें चीतलों के पीछे-पीछे जाकर ही मिल सकती है।

पचास गज़ नीचे की ओर चलती हवा के साथ चलकर हम घने निम्नरोह में घुसे और चीतल के जो पीछे लगे यह कोई मुश्किल काम नहीं था क्योंकि रॉबिन किसी भी जंगल में बिल्ली की तरह बिना आवाज़ किए चल सकता है। और लंबे अभ्यास ने मुझे सिखा दिया है कि पाँव कहाँ रखा जाना चाहिए, कहाँ नहीं। जब तक हम उनके पास कुछ फुटों तक ही नहीं पहुँच गए, चीतल दिखाई नहीं पड़ रहा था। वो खुली जगह में खड़े थे और ठीक उसी दिशा में उत्तर की ओर ताक रहे थे, जहाँ तक मैं अन्दाज़ा लगा पाया, जिधर पिछली संध्या तोड़-फोड़ होने की आवाज़ सहसा थम गई थी।

चीतल इस जगह हमारे लिए बड़ी सहायक रही थी, उन्होंने हमें पहले ही बता दिया था कि तेन्दुआ खुले में लेटा पड़ा है, जिन्दा है और उसके होने कि दिशा भी बता दी। इस जानकारी को पाने में हमें लगभग एक घंटा लगा था और अब यदि चीतलों की नज़र हम पर पड़ जाती और वे जंगलवासियों को हमारे वहाँ होने की चेतावनी दे देते तो एक सेकेण्ड में अब तक का किया कराया सब कुछ बरबाद हो जाता। मैं इस बात को सोच रहा था कि वापस लौटा जाए और बोलती चीतलों को नीचे की तरफ भगाकर उनके पीछे से गोली चलाने की कोशिश की जाए अथवा तेन्दुए की बोली बोलकर उन्हें आसपास की जगह से हटा दिया जाए, कि उनमें से एक मादा चीतल ने अपना सिर घुमाया और वह सीधे मेरे चेहरे को देख ली। अगले ही सेकेंड "आदमी से बचो" चिल्लाते हुए वे सब पूरी रफ्तार से भाग खड़ी हुई। खुली भूमि पर पहुँचने के लिए मेरा पांच-एक गज़ चलना अभी बाकी था, परन्तु जितना तेज़ मैं था तेन्दुआ उससे भी कहीं ज्यादा तेज़ था और मुझे कुछ झाड़ियों के पीछे जाकर अदृश्य होता उसका पिछला हिस्सा और पूँछ ही दिखाई दिया। चीतलों ने बहुत ही अच्छी तरह गोली चलाने का मेरा अवसर खराब कर दिया था और तेन्दुए को फिर से खोजना और उसका पता लगाना पड़ेगा यह काम इस बार रॉबिन करेगा।

कुछ मिनटों तक मैं उसी खुली ज़मीन पर खड़ा रहा, ताकि तेन्दुए को कहीं टिकने का अवसर मिल जाए और जो बू उसने रास्ते में छोड़ी थी वह हमारे पास से होकर आगे चली जाए, फिर हवा का रास्ता पार करते हुए, रॉबिन जो आगे-आगे चल रहा था, रुका और हवा में अपना मुँह घुमाया। रॉबिन जंगल में चुप रहता है और अपनी चेताग्रन्थियों पर उसका अद्भुत नियन्त्रण है। परन्तु उसकी एक चेताग्रन्थि ऐसी है जो पिछले पैरों से ऊपर कमर तक जाती है, जिसपर उसका नियन्त्रण नहीं होता था, जब वह तेन्दुए की खोज में लगा होता है अथवा जब तेन्दुए की गंध गर्म और बलिष्ठ रहती है। यह चेताग्रन्थि अब झटके खाती थी और पिछली टांगों के ऊपरी भाग पर जमे लंबे बालों को कंपा रही थी।

पिछली गर्मी में एक बहुत तीव्र चक्रवाती तूफान जंगल के इस भाग में गरजा था और उसने बहुत सारे वृक्ष उखाड़े थे। इन गिरे वृक्षों में से एक वृक्ष की तरफ, जो उस जगह से जहाँ हम खड़े थे, लगभग चालीस गज़ की दूरी पर होगा, रॉबिन अब देख रहा था। उसकी शाखाएँ हमारी तरफ थी और उसके तने के दोनों ओर कुछ हल्की झाड़ियाँ और कम ऊँची घास के कुछ छितराए हुए गुच्छे थे।

कोई और अवसर होता तो रॉबिन और मैं दोनों ही सीधे अपनी खोज की तरफ चले जाते परन्तु इस मौके पर कुछ ज्यादा ही सावधानी बरतना उचित था। हम सबका पाला ऐसे जानवर से पड़ा था जो घायल होने पर बिलकुल निडर बन जाता है, इसके अलावा हमें तेन्दुए से निपटना था जिसको मानव के प्रति अपनी शिकायतों पर सोच-विचार करने के लिए पंद्रह घंटा मिल गया था। परिणामस्वरूप, इस बात पर विश्वास किया जा सकता था कि लड़ाई लड़ने की उसकी सभी प्रवृतियाँ पूरी तरह से जाग्रत हो चुकी होगी।

घर छोड़ते समय सुबह मैंने 275 बोर वाली राइफल उठा ली थी, जिसे पिछली संध्या भी मैंने उपयोग किया था। इसको उठाकर यदि मीलों ले जाना पड़े तो यह राइफल बहुत अच्छी रहती है, परन्तु यह ऐसा हथियार नहीं है जिसका चुनाव कोई ज़ख्मी तेन्दुए से निपटने के लिए करेगा, तो इसीलिए सीधे वहीं पहुँचने के बजाए मैंने ऐसा रास्ता पकड़ा जो हमें उस गिरे-पड़े वृक्ष के समानान्तर रहकर उससे पन्द्रह गज़ की दूरी पर पहुँचाता था। कदम-कदम बढ़ाता रॉबिन आगे चल रहा था और हम यही रास्ता पकड़े हुए थे, शाखाएँ पार करने के बाद उसके तने के सम्मुख पहुँचे तो रॉबिन ठिठक गया। उसकी दिशा पकड़, मैंने उसी समय देखा कि किस वस्तु ने उसका ध्यान खींचा है, तेन्दुए की पूँछ का सिरा; जो धीरे-धीरे ऊपर उठकर और फिर धीरे-धीरे नीचा हो गया, यह एक चेतावनी होती है जो तेन्दुआ अपने शिकार पर आक्रमण करने से पूर्व सर्वदा अनिवार्यतः दिया करता है। एड़ियों पर दाईं ओर अपने को जमाकर मैं राइफल को कन्धे पर ले ही पाया था कि बीच में खड़ी झाड़ियों में से होता तेन्दुआ तेज़ी से निकला और हम पर उछला। उसे मारने या चोट पहुँचाने की किसी उम्मीद के बजाए उसको सही रास्ते से हटाने के लिए चलाई गई मेरी गोली उसके पेट के नीचे से निकली और उसकी बाईं जाँघ के मांसल भाग में से होकर निकली। राइफल की आवाज़ का, उसे लगे घाव से कहीं ज्यादा प्रभाव तेन्दुए के रास्ते से भटक जाने में हुआ, और वह मुझे छुए बिना मेरे दाएँ कन्धे के नीचे से निकल गया और इससे पहले कि मैं गोली चला पाता वह उस जगह से आगे की झाड़ियों में घुसकर अदृश्य हो गया।

रॉबिन मेरे पैरों के पास से हटा नहीं था और हम दोनों ने एक साथ मिलकर उस भूमि का निरीक्षण किया जहाँ से होकर तेन्दुआ गया था। हमें काफी रक्त पड़ा मिला लेकिन वह पुराने घावों से निकला था जो तेन्दुए के तीव्र जोर लगाने की वजह से फट कर खुल गए थे अथवा मेरी चलाई अब की गोली से, यह बता पाना नामुमकिन था। जो भी हो, रॉबिन को इससे कोई फर्क नहीं पड़ता था जो बिना क्षणभर भी झिझके उन चिह्नों पर चलने लगा। कुछ भारी झाड़-झंखाड़ से होकर जाने के बाद हम घुटनों ऊँची अधोवनस्पति में पहुँचे और मुश्किल से लगभग दो सौ गज़ चले होंगे कि मैंने तेन्दुए को अपने सामने खड़ा होते देखा और इससे पहले कि उसपर राइफल चला पाता वह लैण्टाना की झाड़ियों में अदृश्य हो गया। इस झाड़ी की शाखाएँ जमीन को छू

रही थी झोंपड़ीनुमा खेमे जितनी बड़ी थी और तेन्दुएँ को छिपने के लिए आदर्श जगह उपलब्ध कराने के अलावा उसे अपना अगला आक्रमण शुरू करने के लिए सभी सुविधाएँ दे रही थी।

मैं और रॉबिन दोनों सुबह के दुस्साहस में काफी सफल रहे और जैसा हथियार मेरे पास था, उसको लिए तेन्दुए का और पीछा करना बेवकूफी ही होता, इसलिए बिना कोई शोर-शराबा किए हम मुड़े और घर की तरफ चल पड़े।

अगली सुबह फिर हम उसी भूमि पर आ गए। सुबह से ही रॉबिन चल पड़ने के लिए शोर मचा रहा था और जंगल की सभी रोचक गन्धों को अमान्य करते हुए, जो सुबह-सुबह वहाँ मिलती हैं, वह चार मील की दूरी मुझे दौड़ाकर पूरी कराता, यदि ऐसा करना संभव हो पाता।

अपने साथ मैं इस बार 450/400 राइफल लेकर आया था और पिछले दिन की अपेक्षा अपने को, मैं अधिक प्रसन्न अनुभव कर रहा था। जब लैण्टाना की झाड़ी से कई सौ गज़ की दूरी तक पहुँच गए तो मैंने रॉबिन को धीरे चलने और देखभाल कर सावधानी से आगे बढ़ने का निर्देश दिया, क्योंकि यह मानना कदापि निरापद नहीं रहता कि घायल हुआ जानवर वहीं पर मिलेगा, जहाँ उसे घंटों पहले छोड़ा गया था, जैसा कि नीचे बताई गई शोचनीय घटना से पता चल जाता है।

मेरे परिचित एक शिकारी ने एक अपराह्न शेर को घायल कर दिया और कई मील तक घाटी में उसका रक्त टपकते जाने की लीक पर उसका अनुसरण करता रहा। अगली सुबह कई आदमियों को साथ लेकर, जिनमें एक व्यक्ति उसकी खाली बंदूक लिए सबसे आगे-आगे चल रहा था, वह उस जगह से आगे, जहाँ उसने पिछले दिन उसे छोड़ा था, गमनमार्ग का अनुसरण करने के लिए चला। उसका रास्ता पिछले दिन की रक्त-रंजित रेखा से आगे जाता था, और जब वह उस जगह से, जहाँ उसने शेर को छोड़ा था, लगभग एक मील दूर था, आगे चलने वाला आदमी, जो घटनावश स्थानीय शिकारी था, बिना जाने घायल शेर के ऊपर आ गया, और मारा गया। टोली के बाकी लोगों में से कुछ ने पेड़ों पर चढ़कर, कुछ ने नंगे पैरों दौड़ लगाकर किसी तरह अपनी-अपनी जान बचाई।

लैण्टाना की वह झाड़ी, सही-सही चिह्नित कर रखी थी और रॉबिन को मैं अब उस रास्ते पर ले गया जो उसके पिछली तरफ कुछ गज़ की दूरी पर होता जा रहा था। हवा को काटकर जानवर की स्थिति का पता लगाने की इस रीति की सभी जानने योग्य बातों को रॉबिन जानता था और कुछ ही दूर हम चले होंगे तथा अभी उस झाड़ी से सौ गज़ दूर थे कि वह ठिठका और हवा की तरफ मुँह करके खड़ा हो गया और मुझे सूचित किया कि उसे तेन्दुए की गंध आ रही है। पिछले दिन की तरह वह उस गिरे हुए वृक्ष की तरफ मुँह किए हुए, उस घने निम्नरोह के समानान्तर एक कोने पर पड़ा हुआ था, जिसमें से होकर हमने तेन्दुए का आक्रमण होने के बाद लैण्टाना की झाड़ी तक उसका पीछा किया था। वृक्ष के हमारी तरफ वाली दिशा में भूमि खुली थी परन्तु दूसरी, दूर वाली तरफ वहाँ कमर-बराबर ऊँची बसोटा झाड़ियों का घना जंगल था। पहले वाले रास्ते पर ही अपने चलते जाने का संकेत रॉबिन को देकर, हम लैण्टाना की झाड़ी के पास से गुज़रे, जिसमें उसकी कोई रुचि नहीं दिखी और एक नाली पर पहुँचे जो वर्षा जल द्वारा मिट्टी काट-काट कर बहा ले जाने से वहाँ बन गई थी। यहाँ मैंने कोट उतारकर उसमें उतने पत्थर भर लिए जितने उसके टांके संभाल सकें और वहीं पर बनाए गए उस बोरे को कन्धों पर लटकाकर मैं उस वृक्ष के निकट की खुली भूमि पर वापस लौट आया।

कोट को लेकर और तत्काल उपयोग के लिए राइफल को तैयार कर उसे पकड़े, वृक्ष से पन्द्रह गज़ की दूरी पर, अपनी जगह से मैं पत्थर फेंकने लगा, पहले वृक्ष पर, फिर दूसरी दूर वाली दिशा में झाड़ियों पर, इस उद्देश्य से कि तेन्दुआ यह मानकर कि वह जिंदा है खुली भूमि पर निकल कर हमला करे, जहाँ मैं उससे निपट लूँगा। जब मेरा सारा बारूद (यानी पत्थर) खत्म हो गया तो मैं खांसा, हाथ से तालियाँ बजाई और चिल्लाया

भी पर न तो पत्थरबाजी के दौरान और न उसके बाद ही उससे तेन्दुआ हिला और न कोई आवाज़ उसने की जिससे पता लगता कि वह जीवित है।

इतना करने के बाद मेरे लिए यह उचित ही था कि मैं सीधा उस वृक्ष तक चला जाता और दूर वाली तरफ जाकर पता लगाता परन्तु जंगल की पुरानी लोकोक्ति को स्मरण कर कि "जब तक शेर या तेन्दुए की खाल को निकाला नहीं जाता तब तक इनको मरा हुआ मान लेना कदापि निरापद नहीं है", वृक्ष के चारों तरफ मैं चक्कर लगाने लगा। मेरा इरादा था कि जब मुझे उस वृक्ष की शाखाओं के ठीक नीचे और तने की पूरी लंबाई तक सब कुछ ठीक-ठीक नज़र आने लग जाए तो चक्कर का आकार कम कर दूँ। पहले चक्कर का अर्द्धव्यास मैंने लगभग पच्चीस गज़ का रखा और जब चक्कर का दो-तिहाई भाग चल चुका तो रॉबिन ठहर गया। मैंने जब यह देखने को नीचे नजर डाली कि किस वस्तु ने उसका ध्यान आकर्षित किया है तो मुझे एक के बाद दूसरी कई भरे गले की नाराजी भरी गुर्राहटें सुनाई दी और तेन्दुआ सीधा हमारी तरफ बढ़ा। मैं इतना ही देख पाया कि सीधे हमारी तरफ आते रास्ते का निम्नरोह (झाड़-झंखाड़) ज़ोर-ज़ोर से कंपित होने लगा था और मेरे पास आधे दाईं तरफ झूल जाने और राइफल ऊपर उठाने भर का समय था, कि मुझे कुछ फुट की दूरी पर झाड़ियों में से बाहर निकलता हुआ तेन्दुए का सिर और उसके कन्धे दिखाई दिए।

मेरे गोली चलाने का काम और तेन्दुए की छलांग दोनों एक साथ हुआ और बाईं तरफ थोड़ा हटकर और जितना संभव हो सका उतना पीछे की तरफ झुककर मैंने अपने नितम्ब के पास से दूसरी नाल की गोली भी उसकी दिशा में चलाई जब वह मेरे पास से गुज़रा।

कोई जानवर जब, चाहे वह तेन्दुआ हो या शेर, सीधे आक्रमण करता है और उसे स्पर्श कर पाने में विफल रहता है तो वह आगे ही चलता चला जाता है और जब तक कोई विघ्न बीच में न पड़ जाए आक्रमण करने को वापस नहीं लौटता।

बाईं तरफ मैं थोड़ा इसलिए हट गया कि रॉबिन कहीं नीचे कुचल न जाए और जब मैंने नीचे उसे ढूँढा तो उसका कहीं पता नहीं था। इतने वर्षों जब हमने मिलकर शिकार किया है, पहली बार ऐसा हुआ कि ऐसी कठिन परिस्थिति में हम एक दूसरे से बिछुड़ गए थे और लग रहा था कि वह घर लौटने का रास्ता ढूँढने में लगा हुआ है और इस बात की बहुत कम संभावना थी कि वह उन बहुत सारे खतरों से अपने को बचा पाएगा जो बीच में पड़ने वाले जंगल के चार मीलों में उसके सामने खड़े होंगे। प्राऔतिक खतरों के साथ, जंगल में उसे सामना करना पड़ेगा, क्योंकि वह घर से बहुत दूर पड़ गया था, जिनसे वह परिचित भी नहीं था, उसके हृदय की कमज़ोर हालत भी जुड़ गई थी। इसलिए बहुत बड़ी दुसंभावनाओं के साथ मैं उसकी खोज करने के लिए मुड़ा। जैसे ही मैंने ऐसा किया तो लगभग सौ गज की दूरी पर एक छोटी-सी खुली जगह के किनारे, वृक्ष के तने के पीछे से मुझे उसका बाहर लटकता हुआ सिर दिखाई पड़ा। मैंने अपने हाथ से उसको आने का इशारा किया तो वह निम्नरोह में जाकर अदृश्य हो गया परन्तु उससे थोड़ी देर बाद नीचे झुकी आँखों और नीचे कान लटकाए हुए वह चुपचाप मेरे पैरों में खिसक आया। राइफल नीचे टिकाकर मैंने उसे अपने हाथों में उठा लिया और अपने जीवन में दूसरी बार उसने मेरा चेहरा चाटा, ऐसा करते समय अपने गले से निकलती आवाज़ों से वो यह   बताने लगा कि मुझे बिना कोई चोट लगे पाकर कितना खुश और मुझ से बिछुड़ने से अपने पर कितना शर्मिन्दा है।

एकाएक और बिलकुल अप्रत्याशित खतरों के प्रति, जो हमारे सामने आ खड़ा हुआ था, हमारी प्रतिक्रियाएँ ठीक उसी तरह थी जैसा किसी आपत्तिकाल में कुत्ते और मानव जन सामान्यतः किया करते हैं, जबकि सामने आने वाला खतरा केवल सुनाई ही पड़ता है, उसे देखा नहीं जा सकता। रॉबिन के मामले में उसने उसे शांत और तेज़ी से पीछे हट किसी आश्रय में निरापदता ढूँढने को विवश किया, जबकि मेरे मामले में

उसने मेरे पैरों पर जमीन से चिपक जाने वाला प्रभाव डाला और तेजी से भागकर कहीं छिप जाना या असंभव बना दिया।

मैंने जब रॉबिन को सन्तुष्ट किया तब हमारा अल्पकालिक बिछोह हो जाने में उसका कोई दोष नहीं दिया जा सकता और उसके छोटे-से शरीर ने कांपना बंद कर दिया, मैंने उसे नीचे उतारा और साथ-साथ हम दोनों उस जगह तक गए जहाँ उस तेन्दुए ने कसकर हमसे लड़ाई की थी और अंतिम चक्कर उसने लगभग जीत ही लिया था और अब वह मरा पड़ा है।

मैंने आपको यह कहानी सुना दी, और जब यह आपको सुना रहा हूँ तब रॉबिन विशाल हृदय और सबसे ज्यादा निष्ठावान मित्र जो किसी मनुष्य को मिला था वह हैप्पी हंटिंग ग्रांउड (चिरनिद्रा जगत) में पहुँच चुका है, जहाँ, मुझे पता है, वह मेरी प्रतीक्षा करता हुआ मुझे अवश्य मिलेगा।

चौगढ़ के शेर

(1)

कुमाऊँ का जो पूर्वी नक्शा मेरे सामने दीवार पर टंगा है, उसमें जगह-जगह कितने ही काटे के निशान बने हुए हैं और प्रत्येक काटे के नीचे एक तारीख लिखी हुई है। चौगढ़ के इस काटे का निशान नरभक्षी शेर द्वारा शिकार बनाए मानवों के स्थान और उनके मारे जाने की तारीखों के सूचक हैं जिन्हें सरकार द्वारा अभिलिखित किया गया है। मानचित्र पर ऐसे चौंसठ काटे बनाए गए हैं। मेरा यह दावा नहीं है कि यह गणना बिलकुल सही है क्योंकि मैंने इस मानचित्र में दो वर्षों के ही आंकड़े लिखे हैं और इस अवधि के दौरान मारे गए सभी आदमियों की सूचना मुझे नहीं भेजी गई। इसके अतिरिक्त, जिन लोगों को शेर ने केवल चीर-फाड़ कर घायल किया और जो बाद में मर गए, उनको काटे का निशान और तारीखें नहीं दी गई हैं।

इस काटे का सबसे पहला निशान 15 दिसम्बर 1925 का है और सबसे अंतिम वाला 21 मार्च 1930 का है। उत्तर से दक्षिण काटों के बीच की अधिकतम दूरी पचासी मील तथा पूर्व से पश्चिम तीस मील है। यह 1500 वर्ग मील क्षेत्र पर्वतों और घाटियों वाला क्षेत्र है जहाँ सर्दियों में ऊँची जगहों में गहरी बर्फ पड़ती है और घाटियों में गर्मियों में झुलसाने वाली गर्मी पड़ती है। चौगढ़ के इतने बड़े क्षेत्र पर शेर ने अपने आतंक का साम्राज्य स्थापित कर दिया था। भिन्न-भिन्न आकार वाले गाँव इस पूरे क्षेत्र में फैले हुए है जिसमें किसी की जनसंख्या सौ या उससे कुछ ज़्यादा लोगों की थी तो किसी-किसी गाँव की मात्र एक या दो परिवारों की थी। पगडंडियाँ, जो नंगे पैरों के उनपर चलने से काफी कड़ी बन गई थी, इन गाँवों को परस्पर जोड़ती थी। कई रास्ते इनमें से घने जंगलों से होकर गुज़रते थे और जब कोई नरभक्षी इन रास्तों पर चलने में खतरा बना देता तो गाँवों का पारस्परिक संवाद-संचरण चिल्लाकर ही किया जाता। किसी ऊँची जगह पर खड़े होकर, जो कोई बड़ी चट्टान या मकान की छत हो, एक आदमी पड़ोसी गाँव के लोगों का ध्यान आकर्षित करने के लिए 'कूऽऽ' की आवाज़ लगाता और जब इस कूऽऽ का उत्तर मिल जाता, तो संदेश को, बड़ी ऊँची आवाज में चिल्लाकर कह दिया जाता। एक गाँव से दूसरे गाँव में यह संदेश इसी तरह उछाला जाता और अविश्वसनीय कम समय के अंदर बड़े-बड़े क्षेत्रों में सर्वत्र उसे प्रसारित कर दिया जाता था।

फरवरी 1929 में हुए जिला सम्मेलन (डिस्ट्रिक्ट कान्फ्रेंस) में मैंने इस शेर को मारने की कोशिश करने का जिम्मेदारी लिया। उस समय कुमाऊँ डिवीजन (संभाग) में तीन नरभक्षी घूम रहे थे और चूँकि चौगढ़ के शेर ने सबसे ज़्यादा नुकसान पहुँचाया था इसलिए मैंने वचन दिया कि मैं सबसे पहले इसका ही पीछा करने आऊँगा।

सरकार ने जो काटे और तारीखें लगाई हुई मानचित्र मुझे दिया था वह दिखा रहा था कि यह नरभक्षी काला आगर धार (पर्वतीय धार या ढांग) के उत्तरी और पूर्वी ढलानों (मुखों या रुखों) के गाँवों में सबसे ज़्यादा सक्रिय है। यह पर्वतीय धार लगभग चालीस मील लंबी 8500 फुट तक की ऊँचाई प्राप्त कर लेती है और इसके शिखर पर घने जंगल हैं। पर्वतीय धार के उत्तरी मुख के साथ-साथ वन विभाग की एक सड़क बनी हुई है जो कुछ जगहों में मीलों तक बांज और बुरांस के घने जंगलों में से होकर गुजरती है, तो कहीं-कहीं वह वन और खेतिहर भूमि के बीच की सीमा भी बन जाती है। एक जगह तो यह सड़क एक गोल फंदा (लूप) निर्मित करती है और

इसी फंदे के अंदर काला आगर का वन बंगला बनाया हुआ है। उस बंगले में पहुँचना ही मेरा लक्ष्य था, और चार दिन का पैदल सफर, (मार्च) पूरा करके, जिसके अंतिम भाग में, 4000 फुट ऊँचाई तक कड़ी चढ़ाई भी चढ़नी पड़ी, अप्रैल 1929 में एक संध्या को मैं वहाँ पहुँच गया। इस क्षेत्र में शेर का भक्षण बना, अंतिम मानव शिकार बाईस वर्षीय एक नौजवान था, जो बाहर ढोर चराते समय मारा गया था। पहुँचने के बाद वहाँ अगले दिन सुबह जब मैं नाश्ता कर रहा था इस नौजवान लड़के की दादी मुझसे मिलने आई।

उन्होंने मुझे बताया कि नरभक्षी ने, उससे किसी किस्म की छेड़छाड़ किए बिना ही, इस दुनिया में, उसके एकमात्र सम्बन्धी को मार डाला था। अपने पोते का इतिहास, जब से उसका जन्म हुआ था, बताते और उसके गुणों का बखान करते हुए, उसने अपनी तीन दूध देती भैंसों को शेर के लिए चारा बाँधने के लिए स्वीकार करने को, यह कहते हुए जोर दिया कि यदि मैं उसकी भैंसों की मदद से इस शेर को मार पाया तो मुझे यह सोचकर सन्तोष मिलेगा कि अपने पोते के मारे जाने का बदला लेने में मैंने कुछ सहायता की है। ये भरे-पूरे जानवर मेरे किसी काम के नहीं है, पर यह जानते हुए कि उन्हें स्वीकार करने से इंकार करने पर उसे बुरा लगेगा मैंने उस वृद्ध महिला को इसके लिए धन्यवाद देते हुए विश्वास दिलाया कि ज्योंही वे चार कटड़े, जो मैं नैनीताल से शेर के चारे के लिए साथ लेकर आया था, खत्म हो जायेंगे तो मैं और चारे लेने के लिए आपके पास आऊँगा।

आसपास के गाँवों के प्रधान भी इकट्ठे हो गए। उनसे मुझे पता चला कि वह शेर दस दिन पहले यहाँ से बीस मील दूर पर्वतीय धार के पूर्वी ढलान पर बसे एक गाँव में अंतिम बार देखा गया था, जहाँ वह एक आदमी और उसकी पत्नी को मार कर खा गया था।

दस दिन पुरानी गमनरेखा अनुसरण करने योग्य नहीं थी, इसलिए प्रधानों के साथ लंबे समय तक विचार-विमर्श करने के बाद मैंने पर्वतीय धार के पूर्वी पार्श्व पर बसे डलकानिया गाँव जाना निश्चित किया। डलकानिया काला आगर से दस मील और लगभग इतना ही उस गाँव से दूरी पर है, जहाँ शेर ने उस आदमी और उसकी पत्नी को मार डाला था।

डलकानिया और उसके आसपास के गाँवों पर लगे काट चिह्नों की संख्या से लग रहा था कि इन गाँवों के पास-पड़ोस ने ही शेर का मुख्यालय बना होने का गौरव प्राप्त कर लिया है।

अगली सुबह नाश्ता करने के बाद मैंने काला आगर छोड़ वन मार्ग का अनुसरण किया जिसके विषय में मुझे बताया गया था कि यह मझे पर्वतीय धार के अन्त तक पहुँचा देगी, जहाँ पहुँचने पर मुझे सड़क छोड़नी और पहाड़ी की दो मील उतराई चलकर डलकानिया जाने वाला रास्ता पकड़ना था। पर्वतीय धार के किनारे तक सीधे, घने जंगलों में होकर जाती यह सड़क, बहुत कम उपयोग की जाती थी तथा उस पर चलते और पशु गमन-मार्गों का निरीक्षण करते हुए मैं लगभग 2 बजे दिन के उस जगह पहुँच गया जहाँ से दूसरा रास्ता जाता था। यहाँ मुझे डलकानिया के कई लोग मिले। उन्होंने कूऽऽ करने की संवाद-संचरण विधि से अपने गाँव में मेरे जाने के बारे में बताया था और पर्वतीय धार पर वे मुझे यह बताने आए थे कि आज सुबह ही शेर ने स्त्रियों की एक टोली पर आक्रमण किया था जब वे डलकानिया से उत्तर दस मील दूर अपने गाँव में अपनी फसल काट रही थी।

मेरे कैम्प के सामान ढोने वाले लोग आठ मील चल चुके थे, और आगे चलने के लिए भी पूरी तरह राजी थे परन्तु गाँव वालों से यह जानकर कि दस मील दूर उस गाँव को जाने वाला रास्ता बहुत ही ऊबड़-खाबड़ है और घने जंगलों से होकर जाता है, मैंने अपने आदमियों को गाँव वालों के साथ डलकानिया भेजना और शेर के आक्रमण करने की जगह को अकेले ही देखने जाना निश्चित किया। मेरा नौकर तुरन्त मेरे लिए भरपेट खाना तैयार करने में लग गया और 3 बजे दिन, भली भाँति मज़बूत बन, मैं दस मील की यात्रा पर

निकल पड़ा। अनुकूल दशाओं में दस मील चलना ढाई घंटे का काम है। परन्तु दशाएँ यहाँ और कैसी भी क्यों न रही हों अनुकूल तो नहीं थी। पर्वत के पूर्वी मुख के साथ-साथ जाने वाला रास्ता गहरे खड्डों में कभी घुसता तो कभी उनसे निकलता हुआ घूम-घूम कर जाता था और उसके किनारे कहीं चट्टानें थी तो कहीं घना निम्नरोह (या झाड़-झंखाड़) और वृक्ष, और उस समय, जब प्रत्येक रुकावट में, भूखे नरभक्षी के रूप में अचानक आने वाली मौत भी छिपी हो सकती थी, सावधानी से ही उनकी तरफ बढ़ा जा सकता था, इसलिए मेरी प्रगति आवश्यकतावश धीमी थी। अपने लक्ष्य से अभी मैं कई मील दूर था कि ढल रहे दिन ने मुझे चेताया कि अब ठहर जाने का समय हो गया है।

अन्य कोई क्षेत्र होता तो सूखी पत्तियों का बिछौना बनाकर तारों की छांव में सो जाने पर रात आराम से बिताना सुनिश्चित हो जाता परन्तु यहाँ ज़मीन पर सो जाना अप्रीतिकर रूप में मृत्यु के पीछे भागना ही होगा। उपयुक्त वृक्ष का चुनाव करने के लंबे अभ्यास तथा उस पर अपने को आरामदेह बना पाने की अपनी योग्यता से पेड़ पर चढ़कर सोना मेरे लिए मामूली बात हो गई थी। इस मौके पर मैंने एक बांज का वृक्ष चुना और उसकी शाखा पर राइफल को मजबूती से बाँधकर मैं कुछ घंटो ही सो पाया कि पेड़ के नीचे कई जानवरों के चलने से हई पत्तों की खडखड़ाहट से मेरी नींद खुल गई। वह आवाज़ आगे बढ़ गई, अब मुझे पेड़ की छाल पर, पंजे को खुरचने की अवाज़ सुनाई दी तो मेरी समझ में आया कि कोई भालू परिवार काफल वृक्षों पर चढ़ रहा है, जिन्हें मैंने पहाड़ी पार्श्व से कुछ नीचे हटकर रास्ते में देखा था। भालू खाते समय बहुत झगड़ालू बन जाते हैं और जब तक भरपेट खाकर वे वहाँ से चले न जाते, सो पाना नामुमकिन था।

काफल, पहाड़ों पर 6000 फुट से अधिक ऊँचे स्थानों पर पाया जाता है। यह वृक्ष बढ़कर लगभग चालीस फुट ऊँचाई तक जाता है और इस पर छोटी, लाल, बड़ी मीठी बदरियाँ लगती हैं जिन्हें मानव और भालू दोनों ही बहुत पसंद करते हैं।

सूरज को निकले हुए दो घंटे हो चुके थे। जब मैं गाव पहुँचा, जिसमें केवल दो झोंपड़ियाँ और एक गौशाला था, जिन्हें चारों तरफ जंगल से घिरे हुए वृक्षादि काटकर साफ बनाई हुई पाँच एकड़ जमीन में बनाया गया था। वहाँ बसा हुआ छोटा-सा समुदाय बड़े आतंक की स्थिति में जी रहा था और मुझे वहाँ आता देखकर अत्यधिक खुश हुआ। झोंपड़ियों से कुछ गज़ की दूरी पर गेहूँ के खेत थे जहाँ पेट के बल लेटे हुए शेर को समय रहते हुए देख लिया गया था। वह जगह, जहाँ फसल काटने के लिए गई तीन स्त्रियों के पीछे वह लगा था, बड़ी आतुरतापूर्वक मुझे संकेतित करके दिखाई गई। शेर को देखकर जिस आदमी ने हल्ला मचाकर दूसरों को सावधान किया था। उसने मुझे बताया कि शेर जंगल में जाकर छिप गया था, जहाँ उसके साथ एक अन्य शेर आकर मिल गया था और दोनों जानवर पहाड़ी पार्श्व से उतरकर नीचे घाटी में चले गए थे। दोनों झोंपड़ियों में रहने वाले लोग पूरी रात सो नहीं सके थे क्योंकि दोनों शेर पूरी रात थोड़े-थोड़े समय बाद बोलकर अपने शिकार पर आते रहे और उनका बोलना मेरे पहुँचने से कुछ देर पहले ही बंद हुआ था। इस बयान ने कि शेर दो थे, उन रिपोर्टों की पुष्टि कर दी जो मुझे मिलीं थी कि नरभक्षी के साथ एक भरापूरा शेर का बच्चा भी था।

पहाड़ी लोग बड़े मेहमान नवाज़ होते हैं और जब गाँव वालों को पता चला कि रात मैंने जंगल में बिताई थी और मेरा पड़ाव डलकानिया में है तो उन्होंने मेरे लिए खाना तैयार करने की पेशकश की। मैं यह जानता था कि इससे उस छोटे से समुदाय के संसाधनों पर भारी असर पड़ेगा, इसलिए मैंने एक प्याले चाय के लिए ही उनसे कहा, परन्तु उस गाँव में चाय नहीं थी, इसलिए उन्होंने बहुत ज़्यादा गुड़ डालकर मीठा बनाया हुआ ताजा दूध मुझे पीने को दिया। यह बड़ा सन्तोषप्रद और खास अप्रीतिकर नहीं, पेय होता है यदि कोई इसका अभ्यस्त बन जाए। अपने आतिथेयों की प्रार्थना पर जब गेहूँ की फसल काटी जा रही थी, तो मैंने उनके लिए पहरा दिया और दोपहर को लोगों की सद्भावनाएँ साथ लिए मैं उस दिशा में, जिधर शेरों को बोलते सुना गया था, घाटी में नीचे की तरफ चल दिया।

यह घाटी लध्या, नंधौर और पूर्वी गौला नामक तीन नदियों के पनढर से शुरू होकर दक्षिण-पश्चिम दिशा में बीस मील तक चली गई थी और यह घने जंगलों से भरी हुई है। जानवरों का इसमें गमनमार्ग खोज पाना असंभव था और शेरों को देख पाने की मेरी आशा केवल उन्हें अपनी तरफ आकर्षित कर पाने अथवा पीछा करके उनका पता लगाने में जंगलवासियों की मदद मिलने पर निर्भर थी।

आप लोगों में से जिनको पैदल नरभक्षी का शिकार करने के खेल में लगने की रुचि है उनके लिए यह जानना रुचिकर होगा कि जंगल के पशु-पक्षियों और आकाश की चारों हवाओं का खेल के इस रूप में महत्त्वपूर्ण भाग रहता है। जंगल के इन वासियों के नाम बताने की जगह यह नहीं है जिनकी खतरे की पुकारों पर शिकारी काफी अधिक सीमा तक अपनी सुरक्षा और अपनी खोज के पशु की गतिविधियाँ जानने के लिए निर्भर रहता है। क्योंकि ऐसे इलाकों में जहाँ पहाड़ी से तीन या चार मील ऊपर अथवा उतना ही नीचे की तरफ चलने पर स्थल की ऊँचाई में कई हज़ार फुट का अंतर पड़ जाता है, वहाँ पेड़-पौधों से भली-भाँति भरे हुए जंगलों में पशु-पक्षियों में बहुत विभिन्नता पाई जाती है। किन्तु, हवा सभी ऊँचाइयों पर एक जैसी ही चलती है और नरभक्षी का पैदल शिकार करने के सम्बन्ध में इसके महत्त्व से संगत दो-चार बातें बताना यहाँ अप्रासंगिक नहीं माना जाएगा।

शेर को यह नहीं पता कि मानवों में घ्राण चेतना नहीं होती, इसलिए जब कोई शेर नरभक्षी बन जाता है तो मानवों के साथ वह वैसा ही व्यवहार करता है जैसा जानवरों के साथ करता है। अर्थात् वह अपने अपेक्षित शिकार की तरफ नीचे से ऊपर की तरफ चलती हवा में बढ़ता है अथवा ऊपर से नीचे की तरफ चलती हवा में उनकी प्रतीक्षा करता लेटा रहता है।

इस बात का महत्त्व उस समय स्पष्ट होगा जब यह समझ लिया जाएगा कि यदि शिकारी शेर को देख पाने की कोशिश में लगा हुआ है तो इस बात की पूरी संभावना है कि शेर भी शिकारी का पीछा कर रहा है अथवा कहीं उसकी प्रतीक्षा में लेटा हुआ है। दोनों का यह मुकाबला शेर की ऊँचाई? उसके रंग, बिना आवाज़ किए चलने की योग्यता के कारण बहुत बे-बराबरी का हो जाता यदि शिकारी के लिये हवा वाला कारक कार्य न करता।

उन सभी मामलों में जहाँ गमनमार्ग का पीछा करके अथवा छिपकर शिकार को मारा जाता है, शिकार पर पीछे की तरफ से पहुँचा जाता है। इसी कारण से शिकारी के लिए घने जंगल में घुसना, जहाँ उसे यह विश्वास करने के लिए प्रत्येक कारण मौजूद है कि नरभक्षी कहीं आस-पास ही मंडरा रहा होगा उस समय तक आत्महत्या करने के समान होगा जब तक वह हवा की लहरों का पूरा-पूरा उपयोग करने में समर्थ न हो। उदाहरणार्थ, मान लीजिए कि शिकारी को भूमि की प्रऔति के कारण उस दिशा में जाना पड़ा जिधर से हवा चल रही है तो खतरा उसके पीछे की तरफ से होगा जिससे निपटने में वह बहुत कम समर्थ होगा। परन्तु हवा के आर पार बारम्बार मार्ग बदल कर वह उस खतरे को कभी अपनी दाईं तरफ तो कभी बाईं तरफ एकान्तरित कर सकता है। यह योजना यहाँ छपे अक्षरों में शायद आकर्षक न लगे, परन्तु व्यवहार में यह बहुत ही महत्त्वपूर्ण है। और पीछे की तरफ चलने को छोड़कर मुझे नीचे से ऊपर चलती हवा में ऐसे घने जंगलों में, जहाँ नरभक्षी आसपास कहीं मंडरा रहा हो, चलने को इससे अच्छा और अधिक निरापद कोई अन्य तरीका मेरी समझ में नहीं आता।

मैं घाटी के ऊपरी सिरे पर संध्या होने तक पहुँच गया। शेर को कहीं देखे बिना और जंगल में उसके होने की कोई सूचना किसी पक्षी या जानवर से मिले बिना। एकमात्र बस्ती जो उस समय दिखाई दे रही थी वह गोशाला थी जो घाटी के उत्तरी ओर ऊचाई पर बनी हुई थी।

दूसरी रात भी वृक्ष का चुनाव करने में मैं सावधान ही रहा और उसका पुरस्कार रात में मुझे निर्विघ्न मिली नींद से मिला। अँधेरा होते अधिक देर नहीं हुई थी कि शेर बोलने लगे और उसके कुछ मिनट बाद भरवां बंदूक दो बार चलाई जाने की प्रतिध्वनि पूरी घाटी में गूंज गई जिसके बाद गोशाला में रुके चराई करने वालों का शोरगुल काफी सुनाई दिया। इसके उपरान्त पूरी रात शांति बनी रही।

दूसरे दिन के अपराह्न तक मैंने घाटी का चप्पा-चप्पा देख लिया था और डलकानिया में अपने आदमियों से जाकर फिर मिल जाने के इरादे से घास लगे ढलान से ऊपर चढ़ ही रहा था कि मैंने गोशाला की दिशा में आती एक लंबी खिंची कूऽऽऽ की आवाज़ सुनी। कूऽऽऽ की यह आवाज़ फिर-फिर दुहराई गई और उत्तर वाली कूऽऽऽ की आवाज़ उन तक भेजने पर मैंने एक आदमी को बाहर की तरफ निकली एक चट्टान पर चढ़ते देखा और उस जगह से उसने यह पूछने के लिए नीचे घाटी में चिल्लाया कि नैनीताल से नरभक्षी को मारने के लिए आया साहब क्या मैं ही हूँ। मेरे द्वारा यह बताने पर कि वह साहब मैं ही हूँ उसने मुझे सूचित किया कि दोपहर में लगभग घाटी के उस तरफ वाले पार्श्व के खड्ड से डंगर भगदड़ मचाते भाग निकले थे और उनके गोशाला में पहुँचने पर उन्होंने अपनी गायों को गिना तो देखा कि एक सफेद रंग की गाय उनमें नहीं थी।

उसे सन्देह हुआ कि गाय को शेरों ने मार दिया है जिन्हें उसने पिछली रात, जहाँ मैं खड़ा था, उससे पश्चिम की तरफ आधा मील दूर, बोलते हुए सुना था। मैं इस जानकारी के लिए उसको धन्यवाद देकर उस खड्ड का मुआयना करने निकला। खड्ड के किनारे-किनारे मैं थोड़ी दूर तक ही चला होऊँगा कि मैं भगदड़ मचाते ढोर-डंगरों द्वारा अपनाए गए मार्ग पर पहुँच गया। इन मार्गों का अनुसरण पीछे की तरफ चलकर करने पर मुझे वह जगह ढूँढने में कोई कठिनाई नहीं हुई जहाँ गाय मारी गई थी। गाय को मारने के बाद शेर उसको तीखे पहाड़ी पार्श्व से खड्ड में ले गया। गाय को खींच कर ले जाने के मार्ग पर चलना उचित नहीं था इसलिए घाटी में नीचे जाकर मैं लंबा चक्कर लगाते हुए उस जगह के पास गया, मुझे जहाँ आशा थी कि मारी गई गाय खड्ड की उस तरफ से यहाँ ही होगी। खड्ड का पार्श्व उस पार्श्व की तुलना में जिससे मारी गाय को इधर नीचे लाया गया था, कम ढलवां था। इस पर गहरी श्येनपणर्णांग उगी हुई थी उसके ऊपर चल गमनमार्ग अनुसरण के लिए आदर्श भूमि थी। चुपके-चुपके छाया की भाँति और एक-एक कदम चलके, मैंने इस श्येनपर्णांग से होकर जाता रास्ता पार किया। पर्णांग मेरी कमर तक थी। जब मैं खड्ड की तली से लगभग तीस गज़ दूर रहा होऊँगा तो सामने की हलचल की तरफ मेरी नज़र गई। अचानक एक सफेद टाँग हवा में उछली और बड़े जोर-जोर से प्रकम्पित हुई और फिर अगले ही क्षण भरे हुए गले की गुर्राहट सुनाई पड़ी शेर अपने मारे हुए शिकार पर जुटे हुए थे और खाने के दाँतों में आने वाले मांस के टुकड़े पर परस्पर मतभेद चल रहा था उनमे।

मैं कई मिनट तक चुपचाप खड़ा रहा, टाँग उसी तरह कंपती रही, परन्तु गुर्राना नहीं हुआ फिर से। उनकी ओर अधिक जाना उचित नहीं था क्योंकि यदि मैं बिना दिखाई पड़े, वह तीस गज़ की दूरी किसी तरह पार करके उनमें से किसी एक शेर को मार देता, यह हो भी सकता था या नहीं भी। दूसरा मेरे द्वारा थोड़ी सी भूल से वो मेरे पर टूट पड़ते और जिस भूमि पर मैं खड़ा था, उससे मुझे अपनी बचाव करने का कोई मौका भी नहीं मिल पाता। बाईं तरफ मेरे सामने बीस गज़ और लगभग उतनी ही दूर उन शेरों से, चट्टान से बाहर की तरफ, दस से पंद्रह फुट ऊँचा एक टुकड़ा था। मैं बिना दिखाई पड़े यदि चट्टान के इस टुकड़े पर पहुँच जाऊँ तो बहुत संभावना है कि मुझे शेरों पर गोली चलाने की आसानी होगी। अपने हाथ और घुटने को नीचे करके और राइफल को आगे ढकेल श्येनपर्णांग से होता हुआ मैं चट्टानी आश्रय की तरफ सरका, साँस लेने के लिए मिनट भर रुका और यह सुनिश्चित किया कि राइफल में गोलियाँ भरी हुई हैं, और फिर चट्टान पर चढ़ा। मेरी आँखें जब शिखर स्तर की बराबरी पर आई तो मैंने उधर से देखा और मुझे दोनों शेर दिखाई पड़े।

उन शेरों में से एक गाय के पिछे का हिस्सा खा रहा था और दूसरा पास ही लेटकर अपने पंजे को चाटकर साफ कर रहा था। दोनों शेर लगभग एक ही आकार के थे परन्तु उनमें जो अपने पंजे चाटने में लगा

हुआ था, दूसरे शेर से कुछ हल्का लग रहा था। यह परिणाम निकाल कर कि उसका हल्का रंग उसकी उम्र के कारण होगा और वह बूढ़ी मादा नरभक्षी होनी चाहिए मैंने

राइफल की दर्शिका (साइटस) बड़ी सावधानी से उस पर सधाई और गोली चला दी। गोली लगने पर वह पहले पीछे की तरफ झुकी और फिर पीछे की ओर गिर पड़ी। दूसरा शेर खड्ड में से नीचे की तरफ भागा और राइफल का दूसरा घोड़ा (ट्रिगर) मैं दबा पाता इससे पहले ही वह दृष्टि से ओझल हो गया। मैंने जिस शेर को गोली मारी थी, वह फिर नहीं हिला और पत्थर फेंककर यह निश्चय कर लेने के बाद कि वह मर चुका है, मैं उसके पास पहुँचा और वहाँ मुझे बहुत निराशा हुई। पास जाकर नज़र डालने भर से मुझे दिखाई पड़ गया कि मेरे से गलती हो गई और मैंने शेर के बच्चे को मार दिया है। यह मेरी गलती थी जिसकी वजह से आगे आने वाले बारह महीनों में उस जिले को पन्द्रह जानें खोनी पड़ी और घटनावश मेरी अपनी जान भी जाते-जाते बची।

मेरी निराशा में कुछ इस विचार से कमी हुई कि यह जवान शेरनी, चाहे इसने वास्तव में स्वयं किसी मानव की जान न ली हो, संभावना है, अपनी बुढ़िया माँ को उन्हें मारने में जरूर मदद की है (यह अनुमान मैंने बाद में सही पाया), और जैसा भी हो, मानव मांस पर पोषित होने के कारण इससे मेरी भावनाओं पर मरहम सा लगा नरभक्षियों में रखा जा सकता है। इसे भी संभावनापूर्ण खुली भूमि पर सहायता उपलब्ध हो, और अपेक्षित उपकरण भी मिल जाएँ तो शेर की खाल निकालना बड़ा आसान होगा। परन्तु यहाँ यह काम और कुछ ही रहा हो, आसान नहीं था क्योंकि मैं अकेला घने जंगल से घिरा हुआ था और उपकरण के नाम पर मेरे पास केवल एक पेंसिल तराश चाकू था। हालाँकि नरभक्षी की तरफ से आक्रमण होने की कोई वास्तविक खतरा नहीं था क्योंकि शेर कभी भी अपनी जरूरत से ज़्यादा जानवरों को नहीं मारते, तथापि मेरे दिमाग में यह बेचैनी भरी भावना भी छिपी हुई थी कि शेरनी वापस लौट आई है और मेरी प्रत्येक हरकत पर अपनी नज़र रखी है।

सूरज छिपने वाला था और उससे पूर्व मुझे यह कठिन कार्य पूरा करना होगा, इसीलिए मुझे एक रात और जंगल में रहकर गुज़ारनी पड़ेगी। मैंने यह तय किया कि मैं जहाँ हूँ वहीं रहूँगा। शेरनी बहुत बूढ़ी थी, जो कि मुझे उसके पगचिह्नों से दिखाई दिया और अपनी जिन्दगी उस जिले में बिताने के कारण, जहाँ लगभग उतने ही आग्नेयास्त्र हैं, जितने वहाँ लोग हैं, जो उन्हें उपयोग में लाते हैं, उसे आदमियों और उनके तौर-तरीके जानने के लिए कुछ भी नहीं बचा था। फिर भी ऐसा हो सकता था, कि संयोगवश रात में किसी भी समय वह अपने मारे हुए शिकार पर लौट आए और सुबह, प्रकाश होने तक वहीं आसपास कहीं रहे।

उपयुक्त वृक्ष का चुनाव करना मेरे लिए आवश्यकतावश सीमित था और जिस वृक्ष पर चढ़ कर मैंने वह रात बिताई, सवेरा होने पर वह उन वृक्षों में सबसे ज़्यादा बे-आरामी वृक्ष सिद्ध हुआ जिसपर मैंने कभी अपने बारह घंटे बिताए होंगे। रात में शेरनी बार-बार वहीं आकर बोलती रही और ज्यो-ज्यों सवेरा पास आया उसकी पुकार मन्द से मन्दतर होती गई और अन्ततः मेरी जगह से ऊपर पर्वतीय धार पर समाप्त हो गई।

मैं पिछले साठ घंटों से अकड़ा हुआ, सख्त बना और भूखा कुछ नहीं खाया था कपड़े बदन से चिपके हुए थे, रात के एक बजे तक वर्षा हुई जब आसपास की वस्तुएँ साफ-साफ दिखाई देने लगी, तब मैं पेड़ से उतरकर नीचे आया, और शेर की खाल को कोट में बाँधकर डलकानिया की तरफ चल पड़ा।

मैंने शेर की कच्ची खाल का वज़न कभी नहीं किया और यदि खाल, उसके साथ सिर और पंजे, जिन्हें मैं उस दिन पन्द्रह मील तक ढोकर ले गया, प्रारम्भ में 40 पौण्ड वज़न के रहे होंगे तो मैं कसम खाकर कहता हूँ कि गन्तव्य स्थल तक पहुँचने तक उनका वज़न 200 पौण्ड हो गया होगा।

आँगन में पहुँचने पर जिसमें नीले स्लेट-पत्थर की बड़ी-बड़ी सिल्लियाँ लगी हुई थी और जो दर्जन भर मकानों का एक ही इकट्ठा आँगन था मैंने देखा कि मेरे आदमी कोई सौ या उससे भी ज़्यादा ग्रामवासियों के साथ बातचीत करने में लगे हैं। दो घरों के बीच में छोड़ी हुई गज़ भर चौड़ी गली में से होकर आते हुए मुझ पर किसी का ध्यान नहीं गया। लिसढ़ा, रक्त से सना जब मैं वहाँ बैठे हुए उन लोगों में लड़खड़ाता हुआ गिरा तो मेरा ऐसा स्वागत हुआ वह जब तक मेरी स्मृति कायम रहेगी सर्वदा स्मृति में बना रहेगा।

मेरा 40 पौण्ड वज़न वाला तम्बू ठूंठों पर खेतों में गाँव से सौ गज़ की दूरी पर खड़ा किया गया था और मेरे पहुँचे ही गाँव वालों से उधार माँग कर दो सूटकेस और कुछ तख्ते मिलाकर बनाई मेज़ पर मेरे लिए चाय दी गई। बाद में गाँव वालों ने बताया मुझे कि मेरे आदमियों ने जो वर्षों से मेरे साथ थे और इस तरह के कई अभियानों पर मेरे साथ गए थे यह विश्वास करने से इन्कार कर दिया था कि नरभक्षी ने मेरा शिकार कर लिया है और मेरे लौटने की उम्मीद में रात-दिन चाय की केतली उबलती हुई तैयार रखी थी और उसके अलावा बड़े जोर-शोर से डलकानिया और आसपास के गाँवों के प्रधानों की इस बात का विरोध किया था कि अल्मोड़ा और नैनीताल इस खबर को भेज दिया जाए कि मेरा कोई पता नहीं है।

परिस्थितिवश खुले में गर्म पानी में स्नान और सभी ग्रामवासियों के सामने ही मैं इतना ज़्यादा गंदा बना और थका हुआ था कि मुझे कौन देख रहा है इसकी मुझे कोई परवाह ही नहीं थी और उसके बाद काफी भोजन किया। मैं रात में सोने जाने की सोच ही रहा था कि बिजली कड़की और उसके बाद ज़ोरों से बादल गरज उठे जिसने तूफान आने की पूर्व सूचना हमें दी। खेत में गड़ी खूंटियाँ काम चलाने में असमर्थ थी इसलिए जल्दी-जल्दी बड़े-बड़े खूंटे मंगाकर जमीन में गाड़े गए और तम्बू की रस्सियाँ इन खूंटों से बाँधी गई। सुरक्षा के लिए पड़ाव में उपलब्ध सभी रस्सियों का तम्बू के ऊपर ताना-बाना बना दिया गया। आँधी पानी का तूफान एक घंटे तक चला और इस तम्बू द्वारा झेला जाने वाला यह सबसे खराब तूफान था। कितनी ही सहायक रस्सियाँ कैनवस फटकर तम्बू से अलग हो गई परन्तु खूंटे और ताना-बाना बनाई रस्सियाँ ठीक-ठाक बनी रही। मेरी अधिकांश वस्तुएँ पूरी तरह तर हो गई। और कुछ इंच गहरा छोटा-सा नाला तम्बू के एक सिरे से दूसरे सिरे तक बहने लगा। मेरा पलंग, किन्तु अपेक्षतयाँ सूखा बना रहा। दस बजे तक मेरे सभी आदमी सुरक्षित बंद दरवाजों वाले मकान में पहुँचाए जा चुके थे जिसको गाँव वालों ने इनके लिए दे दिया था। मैं अपनी भरी राइफल साथ लिए सोने लेट गया और अगले बारह घंटो तक सोता रहा।

अगले दिन सामान को सुखाने तथा शेर की खाल साफ करने और खूँटियों पर उसे फैलाने में व्यतीत हुआ। जब यह काम चल ही रहा था, तो गाँव वालों ने, अपने खेत कार्यों से एक दिन की छुट्टी लेकर, मेरे पास आकर मेरे अनुभव सुनने और अपने अनुभव मुझे सुनाने के लिए, भीड़ लगा दी। जो भी आदमी वहाँ उपस्थित था उसका एक या उससे अधिक सम्बन्धी मारा गया था, और कई लोगों के शरीर पर नरभक्षी द्वारा दाँतों और पंजों से किए आघात के चिह्न भी थे जिसको वे मरकर अपने साथ ही ले जाएँगे। मेरे इस दुःख का, कि नरभक्षी को मारने का मौका मेरे हाथ से निकलता जा रहा है, समर्थन जमा हुए लोगों ने नहीं किया। यह सच है कि नरभक्षी पहले एक ही था परन्तु विगत महीनों में जब बचाव दल उनका शिकार बने मानवों के अवशेष ढूँढ कर लाने के लिए गए, तो उन्हें मारे गए शिकार पर दो शेर मिले और एक पखवाड़ा पूर्व ही, एक आदमी और उसकी पत्नी दोनों एक साथ मारे गए, जो उनके लिए इस बात का पर्याप्त प्रमाण था कि दोनों शेर पके-पकाए नरभक्षी बन चुके थे।

पहाड़ी की एक नोक पर मेरा तम्बू लगाया हुआ था और यहाँ से घाटी का दृश्य दूर-दूर तक दिखाई पड़ रहा था। मेरे ठीक नीचे नंधौर नदी की उपत्यका थी जिसमें एक पहाड़ी थी, जिसमें कहीं खेती नहीं की जा रही थी और जो दूर जाकर 9000 फुट तक ऊँची थी। जब मैं उस शाम खेतों के किनारे अच्छी दूरबीन लिए, सरकारी मानचित्र फैलाए, बैठा था तो गाँव वालों ने सही-सही वो जगहें मुझे दिखाई जहाँ पिछले तीन वर्षों में

शेर ने बीस लोगों को मारा था। मारे गए लोगों के स्थान चालीस वर्ग मील क्षेत्र में लगभग समानरूप से फैले हुए थे।

इस क्षेत्र के जंगल चराई करने के लिए खुले हुए हैं और उन तक जाने वाले गो पथों पर मैंने अपने लाए चार जवान कटड़े बंधवाने का फैसला किया।

अगली दस दिनों के दरम्यान मुझे शेरनी की कहीं कोई खबर नहीं मिली और इस दिन मैंने सुबह अपने कटड़े देखने जाने, दिन में जंगल में उसकी खोज करने और शाम को फिर कटड़ों को बंधवाने में खर्च किया। ग्यारहवें दिन मेरी आशाएँ यह समचार पाकर बढ़ गई कि मेरे तम्बू से ऊपर वाली पहाड़ी के खड्ड में एक गाय मारी गई है। मारे जाने की जगह को देखकर, किन्तु मुझे संतोष हो गया कि यह गाय एक बुड्ढे तेन्दुए ने मारी है जिसके पगचहिन मैं कितनी ही बार देख चुका हूँ। ग्रामवासियों ने शिकायत की कि यह तेन्दुआ पिछले कई वर्षों से हमारे ढोर-डंगरों और बकरियों का भारी नुकसान करता आ रहा है इसलिए मैंने उसे मारने के लिए बैठने का निश्चय किया। मारी गाय के पास ही बनी एक कम गहरी गुफा में बैठने का आश्रय मिल गया जिसकी मुझे जरूरत थी। गुफा में थोड़ी देर ही मैं बैठा होऊँगा कि मुझे खड्ड की दूसरी तरफ से नीचे आता हुआ तेन्दुआ दिखाई पड़ा और उस पर गोली चलाने के लिए मैं राइफल उठा रहा था कि गाँव की दिशा से एक बहुत घबराहट भरी आवाज़ मुझे पुकारते हुए, सुनाई पड़ी।

इस तात्कालिक पुकार का कारण एक ही हो सकता है और अपना टोप पकड़ मैं तेजी से गुफा मे से निकला, जिससे तेन्दुआ भी हैरत में पड़ गया, और पहले वह जमीन पर लेट कर चौड़ा हुआ और फिर नाराज़ी भरी आवाज करता तेजी से उसी रास्ते जिससे वह आया था, वापस भाग गया और मैं खड्ड की अपने वाली तरफ से, उसे पकड़-पकड़ ऊपर चढ़ उसके शिखर पर पहुँचा और चिल्लाकर उस आदमी से कहा कि मैं आ रहा हूँ और पूरी रफ्तार से उससे मिलने के लिए दौड़ा।

वह आदमी गाँव से पहाड़ी चढ़ता सारे रास्ते दौड़ता हुआ आया था और जब उसकी साँस कुछ दुरुस्त हुई तो उसने बताया कि गाँव के दूसरी तरफ लगभग आधा मील की दूरी पर एक स्त्री को उस नरभक्षी ने अभी मार डाला है। हम जब पहाड़ी ढलान पर दौड़ते नीचे आ रहे थे तो मैंने उस आँगन में, जिसकी ओर संकेत किया जा चुका है लोगों की भीड़ इकट्ठा होते देखा। एक बार फिर तंग गली से होकर आते हुए मुझे कोई नहीं देख पाया और जमा हुए लोगों के सिरों के ऊपर से नज़र मार कर मैंने भूमि पर बैठी हुई एक लड़की को देखा।

उसके वस्त्रों का ऊपरी भाग उसके युवा शरीर से फटकर अलग हो चुका था सिर पीछे की तरफ फिंका हुआ था और उसके हाथ उसे सहारा देने के लिए जमीन पर टिके हुए थे। उसकी छाती के उठने गिरने के अलावा उसमें किसी प्रकार की आवाज या हलचल नहीं हो रही थी। छाती के गड्ढे में उसके चेहरे और गर्दन से बहकर आ रह रक्त एकत्र होकर चिपकता जमा हुआ पिण्ड बनता जा रहा था।

मेरे आने का पता जल्दी ही लग गया और लड़की के पास पहुँचने को मेरे लिए रास्ता बना दिया गया। जब मैं उसके जख्मों का निरीक्षण कर रहा था, तो पहाड़ी लोगों ने, सभी एक साथ बोल रहे थे, मुझे बताया कि लड़की पर यह आक्रमण अपेक्षतया अधिक खुली भूमि पर और बहुत सारे लोगों के इसे पूरी तरह देखते हुए किया गया है जिनमें इस लड़की का पति भी था। उन लोगों के मिलकर जोर से चिल्लाने पर शेरनी ने लड़की को छोड़ दिया और जंगल की तरफ चली गई। लड़की को मर गई समझ उसके साथी उसे वहीं छोड़ गाँव में भाग गए कि मुझे खबर करें। लड़की को बाद में होश आया और वह गाँव वापस आ गई। और इसमें कोई सन्देह नहीं कि जख्मों के कारण दो चार मिनट में यह लड़की जरूर मर जाएगी। फिर वे उसे वहाँ ले जाएँगे जहाँ शेरनी ने उस पर आक्रमण किया था और उसकी लाश पर बैठकर मैं उस शेर को मार सकूँगा।

यह जानकारी जब मुझे दी जा रही थी तो उस लड़की की आँखें मेरे चेहरे से बिलकुल नहीं हटी और मेरी प्रत्येक गतिविधि का वह किसी घायल और डरे हुए जानवर की तरह विनय करती दृष्टि से पीछा करती रही। बिना बाधा के इधर-उधर चलकर मेरे औसान ठीक हो सकें तथा लड़की को साँस लेने के लिए स्वच्छ हवा आने की जगह बनाना आवश्यक था और मुझे खेद है कि उन्हें पाने के लिए जो तरीके मैंने अपनाए वे उतने शालीन नहीं थे जितने कि वे हो सकते थे। जब आखिरी आदमी हड़बड़ी में वहाँ से उठा तो मैंने स्त्रियों को जो अब तक पृष्ठभूमि में रही थी, पानी गर्म करने तथा अपनी कमीज़ फाड़कर जो अभी साफ और सूखी थी, उसकी पट्टियाँ बनाने में लगाया, और एक अन्य लड़की को, जो दौरा पड़ जाने के करीब थी गाँव में जाकर कैची ढूँढ कर लाने के लिए भगा दिया। उस लड़की के लौट आने से पहले जिसे मैंने कैची लाने के लिए भेजा था, पानी और पट्टियाँ तैयार हो चुकी थी। वह लड़की कैची लेकर आई और बताया कि पूरे गाँव में यही एक कैची मिली। यह कैची एक दर्जी के घर मिली जो काफी समय हुआ मर चुका था और उसकी विधवा उसे आलू खोदने के काम लाती थी। जंग लगे, उसके आठ इंच लंबे फलक किसी एक जगह मिलते ही नहीं थे और काफी कोशिश व्यर्थ करने के बाद मैंने रक्त से पपड़ाए बालों के घने कुण्डलों को वैसे ही रहने देने का फैसला किया।

दो बड़े घाव थे जो पंजों के काटने से हुए थे, जिनमें से एक आँखों के बीच से शुरू होकर सिर पर होता हुआ नीचे गर्दन की गुद्दी तक चला गया था जिससे उसकी खोपड़ी दो भागों में बंट कर लटक गई थी और दूसरा पहले वाले घाव के पास से ही शुरू होकर माथे पर होता हुआ कान तक चला गया था। इन भद्दे खुले घावों के अतिरिक्त उसके दाएँ वक्ष, दाएँ कन्धे और गर्दन पर भी कई जगह मांस गहरा खुरच गया था, दाएँ हाथ की ऊपरी तरफ गहरा कटाव था, जो स्पष्ट है, उसे उस समय लगा होगा जब लड़की ने अपना सिर बचाने की नाकाम कोशिश में अपना हाथ उसके आगे अड़ा दिया होगा।

मेरे एक डाक्टर मित्र जिसे मैं एक बार शेर के पैदल शिकार पर साथ ले गया था। एक उत्तेजना भरी प्रातःकाल को वापस लौटते समय मुझे पीले द्रव की एक-दो औंस की शीशी भेंट की थी जिसे, उसने मुझे सलाह दी थी कि जब भी शिकार पर जाऊँ, जरूर साथ लेकर जाऊँ। एक वर्ष तक मैं उसे अपनी शिकारी जाकेट की भीतरी जेब में रखकर ले जाता था और द्रव का कुछ भाग वाष्पित होकर उड़ भी गया था, परंतु शीशी के तीन भाग अब भी द्रव भरे थे। लड़की का सिर और शरीर पानी से साफ करने के बाद मैंने शीशी की गर्दन तोड़ी और द्रव आखिरी बूँद तक जख्मों पर उंडेल दिया।

इतना होने के बाद सिर पर पट्टी बाँधी ताकि खोपड़ी अपनी जगह रुकी रहे, फिर लड़की को उठाकर उसके घर पहुँचा दिया। घर एक कमरा मात्र था जिसमें रहना-सोना, रसोई और बच्चों का खेलना-फिरना सब कुछ होता था, स्त्रियाँ मेरे पीछे-पीछे साथ गई।

कड़ी से लटकी दरवाजे के पास एक खुली टोकरी टँगी थी जिसमें लेटा हुआ बच्चा भोजन के लिए चिल्ला रहा था। मामला यह जटिल था जिससे निपटना मेरे बस की बात नहीं थी, इसलिए उसका समाधान करना मैं जमा हुई स्त्रियों पर छोड़कर चला आया। अपने दस दिन बाद वापस लौटने से पूर्व संध्या को जब मैं उस लड़की को अंतिम बार देखने गया तो पाया कि वह अपने घर की चौखट पर बैठी हुई थी और बच्चा उसकी गोद में सोया हुआ था।

गर्दन की गुद्दी में लगे रिसते ज़ख्म को छोड़कर, जहाँ मांस में शेर के पंजे सबसे ज्यादा गहरे धंसे थे, उसके सारे घाव ठीक हो गए थे और अपने काले-औष्ण केशों की विपुल सम्पत्ति को विभाजित करके, मुझे दिखाने के लिए कि खोपड़ी पूरी तरह जुड़ गई है, उसने मुस्कुराकर कहा कि उसे बहुत खुशी थी कि उसकी छोटी बहन गलती से ही सही दर्जी की विधवा से गलत कैची माँग कर लाई (केशविहीन सिर विधवा होने का

चिह्न होता है)। यदि मेरा डाक्टर मित्र कभी मेरी लिखी ये पंक्तियाँ पढ़े, तो मैं उसे बताना चाहूँगा कि पीले द्रव की उस छोटी-सी शीशी ने, जो उसने बड़ी सोच-समझ से मुझे दी थी, एक बहुत ही वीर युवा माता की जान बचाई है।

मैं जब इस लड़की की परिचर्या में लगा था तब मेरे आदमी एक बकरा ले आए थे। लड़की के रक्त स्राव से बनी पंक्ति का उलटा अनुसरण करते हुए मुझे वह जगह मिल गई जहाँ उस पर आक्रमण हुआ था और वहाँ एक झाड़ी से बकरा बाँधकर मैं एक बौने बांज वृक्ष पर चढ़ गया। आसपास के क्षेत्र में यही एक वृक्ष था और रातभर चौकसी करने के लिए सारी तैयारी कर ली। सोना थोड़ी-देर के लिए भी संभव नहीं था क्योंकि मेरा आसन भूमि से कुछ फुट भर ही ऊँचा था और शेरनी को अभी तक रात का भोजन नहीं मिला था। तथापि, उस पूरी रात में वह कहीं नहीं दिखाई पड़ी और न उसके बोलने की आवाज़ ही कहीं सुनाई दी।

भूमि की सुबह जाँच-पड़ताल करने पर पिछली रात मुझे ऐसा कर पाने का समय ही नहीं मिला था मैंने पाया कि आक्रमण करने के बाद शेरनी घाटी में आधा मील तक गई जहाँ पर एक गो-पथ नंधौर नदी पार करता था। दो मील तक उसने इसी मार्ग का अनुसरण किया। तब वह पथ डलकानिया से ऊपर वाली पर्वतीय धार पर बनी वन सड़क से मिल जाता है। यहाँ सख्त भूमि पर मैं उसका रास्ता भूल गया था।

आसपास के गाँवों के लोग दो दिनों तक सुविधाओं के अभाव के कारण जितना भी संभव हो सका उतना बस्ती में अपने घरों के पास ही रहे, तब तीसरे दिन चार हरकारों ने आकर मुझे यह सूचना दी कि नरभक्षी ने डलकानिया के पश्चिम पाँच मील दूर बसे लोहाली गाँव में एक और आदमी मार डाला है। हरकारों ने बताया कि वन विभाग की सड़क द्वारा दूरी दस मील है परन्तु लघुपथ से, जिससे वे मुझे ले जाना चाहते हैं, यह दूरी पाँच मील है। मेरी जाने की तैयारियाँ जल्दी ही पूरी हो गई और दोपहर के कुछ देर बाद अपने उन चार मार्गदर्शकों के साथ मैं रवाना हो गया।

हमारे दो मील की बहुत सख्त चढ़ाई ने डलकानिया के दक्षिण की लंबी पर्वतीय धार के शिखर पर पहुँचा दिया, वहाँ से तीन मील नीचे घाटी दिखाई दे रहा था जिसमें, हमें बताया गया था, शेरनी ने अपना शिकार मारा है। मेरे मार्गदर्शक कोई ब्यौरा नहीं दे पाए। वे लोहाली के निकट वाली एक मील दूर बसे गाँव के रहने वाले थे और 10 बजे सुबह ऊपर से बताए हुए उन्हें सन्देश मिला कि नरभक्षी ने एक स्त्री को मारा है और हिदायत मिली थी कि डलकानिया जाकर यह जानकारी मुझे पहुँचा दें।

जिस शिखर पर हम खड़े थे पहाड़ी के वह वृक्षविहीन नंगी थी और जब मेरी साँस कुछ जमी और मैंने सिगरेट पी लिया तो मेरे साथियों ने कुछ भूमिचिह्नों की ओर संकेत किया। जहाँ हम विश्राम कर रहे थे उसके पास एक और बड़ी चट्टान के आश्रय से नीचे एक छोटी सी खण्डहर बनी झोंपड़ी थी जिसके पास कांटों से घेरा हुआ गोल बाड़ा था। झोपड़ी के बारे में पूछने पर उन लोगों ने मुझे यह कहानी सुनाई। चार साल पूर्व एक भोटिए (सीमा पार से आया हुआ व्यक्ति) ने जो पूरी सर्दियों गुड़, नमक और अन्य वस्तुओं के बड़े-बड़े बंडल पर्वतपार के बाजार से ला-लाकर जिले के अन्दरूनी भागों में भेजता था, यह झोपड़ी विश्राम करने और गर्मियों व बरसात में अपने बकरे-बकरियों का रेवड़ जुटाने और अगली सर्दियों में उन्हें काम के लायक तैयार करने के लिए बनाई थी। कुछ सप्ताह बाद बकरे-बकरियाँ पहाड़ी से नीचे उतरे और इधर-उधर भटकने लगे और उन्होंने मेरे संवाददाता की फसल को भी हानि पहुँचाई। इसकी शिकायत करने वे यहाँ आए तो देखा झोंपड़ी खाली पड़ी थी और भेड़-रक्षक, जो ये लोग रात में अपने पड़ावों की रखवाली के लिए सर्वदा साथ रखते हैं, लोहे के खूंटे से बँधा मर गया है। किसी ने इसके साथ बुरा किया है इसका सन्देह हुआ और अगले दिन आसपास के गाँव वाले इकट्ठा होकर खोज किए। बिजली गिरने से झुलसे लगभग चार सौ गज दूर खड़े

बांज वृक्ष की ओर संकेत करते हुए मेरे संवाददाता ने बताया कि उस व्यक्ति के अवशेष खोपड़ी व हड्डियों के टुकड़े और कुछ कपड़े पड़े मिलें है। चौगढ़ नरभक्षी का यह पहला मानव शिकार था।

हम लोग जहाँ बैठे थे वहाँ से इस अत्यधिक ढलवां पहाड़ी से नीचे उतरने का कोई रास्ता नहीं था और मेरे आदमियों ने बताया कि हमें पर्वत की धार-धार आधा मील और चलना चाहिए जहाँ हमें एक बहुत ढलवां और ऊबड़-खाबड़ रास्ता मिलेगा जो हमें सीधा नीचे ले जाकर उनके गाँव से होकर लोहाली पहुँचा देगा, जिसे हम घाटी में नीचे देख सकते हैं। हमें जितनी दूर धार पर चलना था, उसका आधा ही हम चल पाए थे कि एक दम और उसका कोई कारण बता पाने में असमर्थ हूँ, हमें ऐसा लगा कि कोई पीछा कर रहा है हमारा। अपनी इस भावना पर तर्क-वितर्क करना व्यर्थ था। इस समूचे क्षेत्र में एक ही नरभक्षिणी थी और उसने तीन मील की दूरी पर अपने लिए एक शिकार मारा था और वह उसे छोड़ने वाली नहीं थी। फिर भी, यह बेचैनी भरी भावना गई नहीं और चूँकि अब हम घासीय धार के सबसे चौड़े भाग पर आ गए थे मैंने आदमियों को बैठा दिया और उन्हें अनुदेश दिया कि जब तक मैं वापस न आऊँ वे यहाँ से हिलें नहीं और मैं खोज करने के दौरे पर निकल पड़ा। पीछे लौटकर उसी जगह आकर जहाँ हम धार पर चढ़े थे, जंगल में घुसा और बड़ी सावधानी से खुली भूमि और उस जगह का, जहाँ हमारे लोग बैठे थे चारों तरफ से चक्कर लगाया। किसी भी जानवर या चिड़िया की भयभीत पुकार मुझे सुनाई नहीं दिया कि कहीं पर शेर है। परन्तु वहाँ से मैंने चारों आदमियों को अपने आगे-आगे चलने को कहा, पिछली तरफ मैं स्वयं, राइफल के सुरक्षाग्राह (सेफ्टी कैच) पर अंगूठा रखे और निरन्तर पीछे की निगरानी करते हुए चला।

उस छोटे गाँव में हम जब पहुँचे जहाँ से मेरे साथी चले थे, उन्होंने मुझे छोड़कर वापस जाने की अनुमति माँगी। मैं इस प्रार्थना पर बहुत खुश हुआ क्योंकि अभी मुझे एक मील और घने क्षुद्ररोह जंगल से होकर जाना था और यद्यपि मेरी यह भावना कि कोई हमारा पीछा कर रहा है, काफी समय हुए दूर हो चुकी थी, मैंने इस बात से अपने को अधिक सुरक्षित और अधिक आराम में पाया कि अब मुझे केवल अपनी ही जान की रक्षा करनी है। बाहर बने जीनेदार खेतों से थोड़ा नीचे और जहाँ से घना क्षुद्ररोह वन शुरु हो गया था, स्फटिक स्वच्छ पानी का एक झरना था जिससे गाँव अपना जल प्रदाय लिया करता था। मुलायम गीली भूमि पर यहाँ मुझे नरभक्षी के ताजा पगचिह्न मिले।

गाँव की इस दिशा से आते हुए उन पगचिह्नों, जिसकी तरफ मैं जा रहा था, ने उस बेचैन भरी भावना से मिलकर, जो मुझे पहाड़ी धार पर अनुभव हुई थी, मुझे यकीन दिला दिया कि मारे गए शिकार के साथ कुछ-न-कुछ गलत हो गया है और मेरी खोज निष्फल रहेगी। जब मैं क्षुद्ररोह वन से बाहर निकला तो लोहाली दृष्टि में आ गया, जिसमें पाँच या छह छोटे घर ही थे। इन घरों में से एक घर के दरवाजे पर लोगों का झुण्ड इकट्ठा हुआ था।

ढलवां खुली भूमि और जीनेदार खेतों से होकर आते उन लोगों ने मुझे देखा और दरवाजे के पास जमा हो गए लोगों की भीड़ में से कुछ लोग अलग होकर मेरे से मिलने के लिए आगे बढ़े। उनमें से एक बुड्ढा आदमी मेरे पैर छूने के लिए झुका। उसकी गालों से होकर आँसुओं की धारा बह रही थी और वह अपनी लड़की की जान बचाने के लिए मुझसे मिन्नतें कर रहा था। उसकी कहानी जितनी छोटी थी उतनी ही त्रासद थी। उसकी विधवा लड़की, जो इस दुनिया में उसकी एकमात्र सम्बन्धी थी, लगभग दस बजे, दोपहर का खाना पकाने के लिए सूखी लकड़ियाँ लेने गई थी। घाटी में होकर एक छोटा-सा नाला बहता है और गाँव से नाले की दूसरी तरफ पहाड़ का ढलान एकदम तीखा होकर ऊँचा उठ जाता है। उस पहाड़ के निचले ढलान पर कुछ जीनेदार खेत बने हुए हैं। सबसे निचले खेत के सिरे पर, घर से लगभग 150 गज की दूरी पर, उस स्त्री ने लकड़ियाँ बीनना शुरू किया। इसके कुछ देर बाद कुछ स्त्रियों ने जो नाले पर अपने कपड़े धो रही थी, एक चीख सुनी और देखने वाले लोगों ने उस स्त्री और एक शेर को घनी कंटीली झाड़ियों में घुसकर ओझल होते

पाया। ये झाड़ियाँ खेतों के कोने से लगकर ठीक नीचे नाले तक फैली थीं। गाँव में वापस भागकर स्त्रियों ने शोर मचाया। डरे हुए ग्रामवासियों ने बचाव करने का कोई प्रयास नहीं किया और घाटी में ऊपर के गाँव में मदद देने के लिए एक सन्देश भिजवाया। वहाँ से यह सन्देश फिर उस गाँव में उसी तरह से पहुँचाया गया जहाँ से मुझे ढूँढने के लिए चार आदमी रवाना हुए थे। सन्देश भेजे जाने के आधे घंटे बाद घायल स्त्री रेंगती हुई घर पहुँची। उसकी कहानी यह थी कि उसने शेर को उसी समय देखा जब वह उस पर कूदने ही वाला था, और चूँकि भागने के लिए कुछ भी समय नहीं था, वह उसी लगभग खड़ी पहाड़ी से नीचे कूद गई और जब हवा में थी शेर ने उसे दबोच लिया और वे दोनों पहाड़ी पर से गिरते-गिरते नीचे आ गए। इसके बाद क्या हुआ, उसे कुछ याद नहीं है। फिर उसे चेत हुआ तो उसने अपने को नाले के पास पड़ा पाया और मदद के लिए किसी को पुकारने में असमर्थ होने के कारण वह अपने हाथों और घुटनों के बल रेंगती हुई गाँव में वापस आ गई।

हम इस घर के दरवाजे पर जिस समय पहुँचे तब यह कहानी सुनाई जा रही थी। लोगों को दरवाजे से हटकर खड़ा होने के लिए कहकर उस कमरे की चारदीवारों में बाहर की तरफ इधर ही खुला था मैंने रक्तसनी चादर उस स्त्री से अलग की, उसकी दयनीय दशा का वर्णन करने का प्रयत्न मैं नहीं करूँगा। यदि मैं सुयोग्य डाक्टर होता, और जेब में थोड़ा सा पोटेशियम परमैंगनेट   लिए मामूली आदमी होने के बजाए आधुनिक उपकरण लिए हुए होता, तो भी मैं नहीं समझता कि उस स्त्री की जान बचा पाना संभव है। उसके चेहरे, गर्दन और शरीर के अन्य भागों में दाँतों और पंजों से हुए गहरे घाव उसे हवा न आने-जाने वाले गर्म कमरे में रहने से पहले ही सड़ गए थे। यही गनीमत थी कि वह अर्द्ध चेतन अवस्था में थी। उसका बुड्ढा बाप मेरे साथ कमरे में आया और कोई लाभ होने की उम्मीद के बजाए उसके मनस्तोष के लिए ही उस स्त्री के सिर और शरीर का पपड़ाया हुआ रक्त मैंने धोया और अपने रूमाल और परमैंगनेट के गाढ़े विलयन से जितना संभव हो पाया उतना जख्म मैंने साफ किया।

अब तक इतनी देर हो चुकी थी कि पड़ाव लौटने की बात सोची भी नहीं जा सकती थी इसलिए रात गुजारने के लिए कोई जगह ढूँढना आवश्यक था। गाँव से थोड़ी दूरी पर, जो उस जगह से ज्यादा दूर नहीं था, जहाँ स्त्रियाँ अपने कपड़े धो रही थी, पीपल का एक बड़ा वृक्ष था जिसकी जड़ों के चारों तरफ फुट भर ऊँचा चौतरा बना हुआ था जिसे गाँव के लोग धार्मिक उत्सवों के लिए उपयोग करते थे।

मैं चौतरे पर कपड़े को उतारकर और नाले में जाकर नहाया और हवा ने तौलिए का काम पूरा कर दिया, फिर कपड़े पहने, वृक्ष पर अपनी पीठ टिकाई और पास में भरी हुई राइफल रखकर रात को किसी तरह निकलने की तैयारी में लगा। निस्सन्देह मानता हूँ कि रात बिताने के लिए यह बहुत ही अनुपयुक्त जगह थी, परन्तु उस गाँव से, और उस अँधेरे कमरे से जिसका वातावरण गर्म, बदबूदार और भनभनाती मक्खियों के झुण्ड से भरा था, और वहाँ दर्द से तड़प रही एक स्त्री साँस लेने के लिए बेबस थी, कोई भी जगह ज्यादा अच्छी थी।

रात में स्त्रियों का रोना-धोना यह संकेत दे दिया कि पीड़ा झेलने वाली के दु:खों का अन्त हो गया है और जब अगला दिन होने पर मैं गाँव से होकर गुज़रा तो उसके दाहकर्म की तैयारियाँ काफी प्रगति कर चुकी थी।

इस अभागन स्त्री और डलकानिया की उस लड़की के अनुभवों से यह बात स्पष्ट हो गई थी कि बुढ़िया शेरनी जिस पर आक्रमण करती थी उसे मारने के लिए बहुत हद तक अपने बच्चे पर निर्भर थी। प्रायः नरभक्षी शेरों द्वारा आक्रान्त प्रत्येक सौ व्यक्तियों में से कोई एकाध व्यक्ति ही बचता था परन्तु इस नरभक्षी के मामले में यह लग रहा था कि सीधे एकदम मारे जाने की तुलना में कहीं ज्यादा आदमी चीरे-फाड़े जाएँगे और सबसे नज़दीकी अस्पताल पचास मील दूर था, इसलिए जब मैं नैनीताल वापस आया तो मैंने सरकार से अपील की कि उन क्षेत्रों के सभी प्रधानों को प्रतिपूरक दवाएँ और पट्टिया भिजवाई जाएँ जहाँ कोई नरभक्षी सक्रिय बना

हुआ है। बाद में दूसरी बार वहाँ आने पर मुझे यह जानकर खुशी हुई कि मेरी प्रार्थना स्वीकार कर ली गई और प्रतिपूरक या रोगाणुनाशक दवाओं ने कितने ही लोगों के प्राण बचाए हैं।

और एक सप्ताह मैं डलकानिया ठहरा और शनिवार को घोषण कर दी कि आने वाले सोमवार को मैं घर चला जाऊँगा। नरभक्षी के क्षेत्र में मैं लगभग एक महीने से पड़ा हुआ था और खुले तम्बू में निरन्तर सोने का दबाव और दिन में इस आशंका के साथ कि कहीं अगला कदम ही अंतिम कदम न हो, मीलों चलना मेरी चेता ग्रन्थियों पर अपना कुप्रभाव डालने लगा था। ग्रामवासियों ने मेरी घोषणा बड़ी हैरानी से सुनी और मेरा फैसला बदलवाने की कोशिशें करने से तभी रुके जब मैंने उन्हें वचन दिया कि पहला मौका हाथ आते ही मैं फिर वापस आ जाऊँगा।

रविवार को नाशता करने के बाद डलकानिया के प्रधान मेरे से मिलने आए और मुझसे निवेदन किया कि जाने से पहले मैं उनके लिए कुछ शिकार जरूर मार कर देता जाऊँ। यह निवेदन मैंने बड़ी खुशी से मान लिया और आधा घंटे बाद चार गाँव वालों को साथ ले अपने आदमियों में से एक आदमी सहित 275 राइफल और कुछ कारतूसों से लैस हो मैं नंधौर नदी के पार दूर वाली पहाड़ी की तरफ रवाना हो गया जिसके ऊपरी ढलानों पर मैंने अपने पड़ाव से बार-बार घुड़लों को चरते देखा था।

साथ जाने वाले ग्रामवासियों में से एक लंबा, लांगड़, बुरी तरह बदशक्ल बने चेहरे वाला आदमी भी था। वह मेरे पड़ाव पर निरन्तर आता रहता था और मुझे अच्छा श्रोता पाकर नरभक्षी के साथ हुई भिड़न्त का अपना किस्सा उसने इतनी बार सुनाया ओर दुहराया था कि मैं बिना परिश्रम किए पूरी कहानी को सोते सोते भी दुहरा सकता था। उसकी यह भिड़न्त अब से चार वर्ष पहले हुई थी और उसी के शब्दों में इसको सुनाना अच्छा रहेगा।

"वह जो चीड़ का पेड़ है, पहाड़ी के कन्धे वाले घासीय ढाल की तली में खड़ा, देख रहे हैं न साहब? हाँ, वही चीड़ का वृक्ष जिसके पूरब की तरफ, बड़ी सफेद चट्टान है। हाँ, तो इसी घासीय ढलान के ऊपरी कोने पर नरभक्षी ने मेरे ऊपर हमला किया था। घासीय ढलान एकदम मकान की दीवार की तरह सीधा खड़ा है। और एक पहाड़ी के सिवाए कोई भी उस पर पैर नहीं जमा सकता। मेरा लड़का, जो उस समय आठ वर्ष का था, और मैंने उस बदकिस्मती वाले दिन उसी ढलान से घास काटी थी और उसे बांहों में उठाए उन वृक्षों की मेखला तक, जहाँ भूमि समतल है, लिए आ रहा था।

जब मैं ढलान के ठीक किनारे नीचे झुका घास का बड़ा गट्ठर बनाकर बाँध रहा था कि शेर मुझ पर कूदा और उसने अपने दाँत, एक मेरी दाई आँख के नीचे, एक मेरी ठुड्डी में और बाकी दो यहाँ मेरी गर्दन के पीछे गड़ा दिए। शेर का मुँह मुझे भारी मुक्के की तरह लगा और मैं पीठ के बल गिर पड़ा और शेर छाती से छाती अड़ाए, मेरे ऊपर चढ़ा हुआ, उसका पेट मेरी टांगों के बीच आ रहा था। पीछे गिरते हुए मैंने अपनी हाथों को बाहर की तरफ फैला दिए थे, तो मेरा बायां हाथ बांज के बालवृक्ष से छू गया। मेरी उँगलियों ने उस बालवृक्ष को पकड़ा, तब मेरे मन में एक विचार आया। मेरी टांगें मुक्त थी और यदि मैं उन्हें ऊपर उठाकर अपने पैर शेर के पेट के नीचे घुसा उससे अड़ा दूँ तो शेर को पीछे धकेलकर उसे भगा दूँगा। शेर ने मेरे चेहरे की दाईं तरफ वाली सारी हड्डियाँ कुचल दी थी इसलिए मुझे असह्य दर्द हो रहा था, परन्तु मैंने अपना होश नहीं खोया, क्योंकि आप देख ही रहे हैं, साहब, कि उस समय मैं जवान था और पूरे पहाड़ में ऐसा कोई आदमी नहीं था जो ताकत में मेरा मुकाबला कर सकता था। बहुत धीरे-धीरे ताकि शेर कहीं गुस्से में न आ जाए मैंने अपनी टांगें उसकी छाती पर अड़ाकर उसे अपनी पूरी ताकत से ढकेलने और ठोकरें मारने लगा। मैंने शेर को जमीन से सीधे उठा लिया और चूँकि हम उस सीधे खड़े पार्श्व के ठीक किनारे पर थे शेर लड़खड़ाता हुआ नीचे जा गिरा और उसी तरह वह मुझे भी अपने साथ ले जाता यदि उस बालवृक्ष पर मेरी पकड़ अच्छी न होती।

लड़का मेरा इतना डर गया था कि वह भाग ही नहीं पाया और जब शेर चला गया तो मैंने उसकी लंगोटी उससे ली और अपने सिर पर बाँध ली, फिर उसका हाथ पकड़कर गाँव में वापस आ गया। घर पहुँच कर मैंने अपनी पत्नी को, अपने सभी इष्ट मित्रों को बुलाकर लाने को कहा क्योंकि मैं चाहता था कि मरने से पूर्व मैं उनका मुँह तो देखता जाऊँ। जब मेरे दोस्त आकर जमा हो गए, मेरी हालत देखी तो वे चाहते थे चारपाई पर लादकर मुझे पचास मील दूर अल्मोड़ा

अस्पताल लेकर जाएँ, लेकिन मैं इसके लिए राजी नहीं हुआ, क्योंकि मेरी पीड़ा बहुत ज्यादा थी और इस बात पर निश्चित हो जाने से कि मेरा समय आ गया है, मैं चाहता था कि जहाँ मेरा जन्म हुआ है, और जहाँ मैं अपने पूरे जीवन भर रहा, वहीं मरूँ। मैंने पानी मंगवाया, क्योंकि मुझे बड़ी प्यास लगी थी और मेरे सिर में आग जल रही थी, परन्तु जब मेरे मुँह में पानी गया, तब सारे का सारा गर्दन में हुए छेदों में से निकल बाहर बह गया। इसके बाद न जाने कितने समय तक मेरे मन में भारी उलझन, और मेरे सिर और गर्दन में भारी पीड़ा रही और मैं प्रतीक्षा करता मृत्यु को बुला रहा था कि वह आकर मेरे दुःखों का अन्त कर दे, लेकिन मेरे जख्म अपने-आप भर गए, और मैं ठीक हो गया।

और आप मुझे अब देख ही रहे हैं, साहब, कि मैं कैसा हूँ, बुड्ढा और दुबला-पतला, सफेद केशों और ऐसे चेहरे वाला, जिसे घृणा प्रकट किए बिना कोई देख ही नहीं सकता। मेरा दुश्मन जिन्दा है और लोगों का शिकार पर शिकार कर रहा है, परन्तु यह सोचकर धोखे में न आइए कि यह कोई शेर है, क्योंकि यह शेर नहीं है। एक दुष्टात्मा भूत है, इसे जब नरमांस की जरूरत होती है तो थोड़ी देर के लिए शेर का रूप धारण कर लेता है। परन्तु लोगों का कहना है, साहब कि आप साधू हैं और जो प्रेतात्मा साधुओं की रक्षा करती हैं, वे इस दुष्ट प्रेतात्मा से ज्यादा ताकतवर होती हैं, जो इसी तथ्य से सिद्ध हो गया है कि आपने तीन दिन और तीन रातें अकेले जंगल में बिताई है और वहाँ से जैसा आपके आदमियों ने कहा था कि तुम निकल जाओगे जिन्दा और बिना किसी चोट के आप निकल आए हो।"

इस आदमी के डीलडौल को देखकर उसका चित्रण एक सचमुच के राक्षस के रूप में करना सुगम था और शक्ति में भी जरूर वह राक्षस ही होगा क्योंकि कोई भी आदमी जब तक उसे औसत से अधिक ताकत न मिली हो एक शेरनी को हवा में उठाकर अपने सिर के पार्श्व से उसकी पकड़ को फाड़कर अलग करते हुए इसके साथ, जैसा हुआ भी, उसका आधा चेहरा भी चला जा रहा था, उसे ढकेल कर चट्टान से नीचे नहीं फेंक सकता था।

स्वयं को मेरे लांगड़ मित्र ने हमारा मार्गदर्शक बना लिया और पतला होते जाने वाले दस्ते की सुन्दर पालिशदार कुल्हाड़ी, कन्धे पर रख, वह टेढ़े-मेढ़े ढलवां रास्तों से हमें घाटी में नीचे ले गया। नंधौर नदी का समतल पुल (उत्तार) पारकर हमने कई चौड़े जीनेदार खेत पार किए और पहाड़ी की जड़ में पहुँच कर हमने वह यात्रा शुरू की जो जंगलों में से होते हुए ऊपर के घासीय ढलानों तक पहुँचने के लिए एक बहुत ही कड़ी चढ़ाई सिद्ध हुई। मेरा मित्र लांगड़ तो है ही परन्तु फेफड़े भी उसके कमज़ोर नहीं थे और हालाँकि, तगड़ा तो मैं भी था, फिर भी उसे बार-बार ठहरने को कहकर दृश्यों की प्रशंसा करने के लिए उसके साथ चल नहीं पा रहा था।

वन वृक्ष से बाहर आकर हम घासीय ढलान के आड़े पार हुए और एक चट्टानी चोटी की तरफ चले जो एक हजार या उससे ज्यादा ऊँचाई तक उठी थी। ये वह चोटी थी जिस पर छोटी-छोटी घास के गुच्छे फैले हुए थे, जहाँ मैंने अपने पड़ाव से घुड़ल चरते देखा था। हम सौ गज के लगभग ही गए होंगे कि इन पहाड़ी छोटे-छोटे बकरों (घुड़ल) में से एक खड्ड से बाहर आने लगा और मेरी गोली लगने पर पीछे की तरफ मुड़ा और फिसलता हुआ दृष्टि से ओझल हो गया। राइफल की गोली चलने से घबरा कर दूसरा घुड़ल जो चोटी की जड़ में है, सोया पड़ा रहा, उछलकर खड़ा हो गया और चट्टान स्तर पर चढ़ गया, जैसा वह या उसके बड़े भाई

धार ही कर सकते थे। जैसे वह ऊपर चढ़ने लगा, मैंने लेट कर राइफल की साइट (दर्शिका) 200 गज दूरी स्थिति पर लगाई और उसके रुकने की प्रतीक्षा की। उसने जल्द ही बाहर की तरफ बढ़ी हुई एक चट्टान पर पहुँचकर, हम पर एक दृष्टि डालने के लिए किया। मेरी गोली लगते ही वह लड़खड़ाया, उसने फिर से अपने पैर जमाए और धीरे-धीरे ऊपर चढ़ने लगा। दूसरी गोली लगते ही वह गिर गया, एक या दो मिनट तक सँकरे पुश्ते पर लटका रहा और फिर अन्तरिक्ष में होता हुआ उसी घासीय ढलान पर जा गिरा जहाँ से उसने चढ़ना शुरू किया था।

भूमि पर गिरने के बाद वह उलटता-पुलटता लुढ़कता हमसे सौ गज की दूरी के अंदर आ गया और अन्ततः एक सौ पचास गज नीचे जाकर एक गो-पथ पर पहुँच कर रुका।

जितने सालों से मैं शिकार खेलता आ रहा हूँ उनमें मुझे केवल एक बार ऐसा दृश्य देखने का मौका मिला, जैसा अगले कुछ मिनटों में यहाँ हमने देखा और उस अवसर पर हत्यारा एक तेन्दुआ था।

अभी घुड़ल मुश्किल से रुक ही पाया था कि एक बड़ा हिमालयी भालू शोर मचाता खड्ड से बाहर निकल घासीय ढलान की तरफ आया और बिना बीच में कहीं ठहरे या पीछे की तरफ देखे गो-पथ वाले रास्ते होता तेजी से दौड़ता हुआ आया। मरे बकरे के पास पहुँचकर वह बैठा और उसे गोद में उठा लिया। अब उसने अपना नाक बकरे पर लगाया तो मैंने गोली चला दी। हो सकता है गोली चलाने में मैंने कुछ जल्दबाज़ी कर दी हो या कोण बनाने के लिए अवकाश ज्यादा रख दिया था। कारण जो भी हो, गोली थोड़ा नीचे गई और उसकी छाती में लगने के बजाए भालू के पेट में लगी।

हम लोग जो बड़ी ध्यान से उसे देख रहे थे, ऐसा प्रतीत हुआ कि भालू ने गोली के चटाक को घुड़ल द्वारा किया आक्रमण समझा, क्योंकि पीछे की तरफ मुड़कर उसने जानवर को अपने पास से दूर फेंक दिया और नाराज़ गुर्राहट करता हुआ टापें मारता रास्ते पर आ गया। जैसे ही वह हमारे नीचे करीब सौ गज़ होकर निकला मैंने अपना पाँचवाँ और अंतिम कारतूस भी उस पर चला दी। यह गोली, जैसा मैंने बाद में देखा, उसके पिछे के मांसल भाग से होकर बाहर निकल गया।

दोनों घुड़ल को उठाकर आदमी लेकर आएँ तब मैं रक्त-सनी रेखा की जाँच करने के लिए नीचे उतरा। रास्ते पर पड़े रक्त से दिखाई पड़ा कि भालू को गहरी चोट लगी है परन्तु इतना होने पर भी खाली राइफल लिए उसका पीछा करने में खतरा था क्योंकि अच्छे से अच्छे समय भी भालू बड़े बदमिजाज़ होते हे और घायल हो जाने पर उनसे निपटते समय तो वे बड़े भयंकर प्राणी बन जाते हैं।

वे लोग जब फिर आकर मुझे मिले तो छोटी-मोटी युद्ध परिषद वहाँ बैठी। पड़ाव साढ़े तीन मील की दूरी पर था। संध्या के तीन बज चुके थे इसलिए वहाँ से और गोली-बारूद लेकर आना, भालू का पीछा कर उसे मारना और अँधेरा होने तक वापस घर लौटन असंभव हो जाएगा। इसीलिए सर्वसम्मति से यह तय हुआ कि हम लोग जख्मी जानवर का पीछा करें और उसे पत्थर मारकर कुल्हाड़ी से खत्म करने का प्रयास करें।

ढलवां पहाड़, निम्नरोह से काफी मुक्त था और भालू से ऊपर रह कर हमारे लिए अपना काम करना किसी तरह की दुर्घटना हुए उस काम को पूरा कर पाना सरल था। इसलिए हम आगे कि ओर चल पड़े मैं पथप्रदर्शित करता हुआ, फिर मेरे पीछे तीन आदमी और पिछे दो आदमी, जिनमें से प्रत्येक की कमर पर पट्टे से एक-एक घुड़ल बँधा हुआ था। उस जगह पर पहुँचकर, मैंने जहाँ अपनी आखिरी गोली चलाई थी, रास्ते पर पड़े अतिरिक्त रक्त ने मुझे बहुत उत्साहित किया। दो सौ गज़ आगे जाने पर रक्त-रेखा बढ़ती-बढ़ती एक गहरे खड्ड में पहुँच रही थी। दो आदमी उसकी तरफ गए, मैं और कुल्हाड़ी वाला नज़दीक वाली तरफ रहे, घुड़ल को ले जा रहे आदमी हमारे पिछे-पीछे चले। आदेश मिल जाने पर हमने पहाड़ से नीचे की तरफ जाना शुरू कर दिया, खड्ड की तली में हमसे पचास गज़ नीचे बौने रह गए बाँसों का घना टुकड़ा था, और जब एक

पत्थर उस झुण्ड में फेंका गया तो भालू गुस्से से चीखता हुआ खड़ा हो गया। छहों आदमी अपना अगला पैर बढ़ाकर सीधे पहाड़ पर चढ़ गए। मुझे इस तरह की कसरत का प्रशिक्षण नहीं मिला था और पीछे मुड़कर यह देखने के लिए कि भालू कहीं ज्यादा पास तो नहीं है, मैंने देखा, जिससे मुझे राहत मिली, कि वह उतनी ही तेजी से, नीचे की तरफ जा रहा है, जितनी तेजी से हम ऊपर की तरफ आ रहे थे। साथियों को चिल्लाकर बुलाना, तेजी से दिशा-परिवर्तन और हम पूरे जोर से चिल्लाते हुए अपनी खोज के निकट पहुँचते जा रहे थे। निशाना साधकर फेंके कुछ पत्थर चलाए गए, गुस्से में भालू भी गुर्राया, कि खड्ड में एक तीखा मोड़ आ जाने पर, हमारा सावधानी से आगे बढ़ना आवश्यक हो गया और हमारा सम्पर्क भालू से टूट गया। रक्त-रेखा का अनुसरण करते जाना आसान रहता पर यहाँ खड्ड बड़े-बड़े ढोकों से भरा पड़ा है, जिसमें किसी के भी पीछे भालू घात लगाए बैठा हो सकता है, इसलिए रुके हुए लोग विश्राम करने बैठ गए और खड्ड के दोनों तरफ देखा गया। मेरे साथी खड्ड में नीचे झाँकने के लिए आगे बढ़े और मैं चट्टनी-चोटी का निरीक्षण करने, जो दो सौ फुट के करीब सीधी नीचे चली गई थी, दाईं तरफ गया। एक वृक्ष के सहारे मैं नीचे की तरफ उस पर झुका तो देखता क्या हूँ कि मेरे ठीक चालीस फुट नीचे भालू एक सँकरे पुश्ते पर लेटा हुआ है। मैंने लगभग तीस पौण्ड वज़न का एक पत्थर उठाया और किनारे की तरफ आगे बढ़कर और स्वयं नीचे गिर जाने का खतरा उठाते हुए, दोनों हाथों से पत्थर को अपने सिर से ऊपर उठाकर, उसे मारा।

वह पत्थर भालू के सिर से कुछ इंच दूर पुश्ते पर जाकर गिरा और भालू हड़बड़ाकर अपने पैरों पर खड़ा होकर और दृष्टि से ओझल हो गया, फिर एक मिनट बाद पहाड़ी की तरफ पुनः प्रकट हुआ। उसका पीछा एक बार फिर शुरू हो गया। यहाँ जमीन ज्यादा खुली थी और उसमें चट्टानों की बाधाएँ भी कम थी और हम चारों हल्के-हल्के दौड़ रहे थे, इसलिए हमें उसके साथ-साथ पीछा करने में कोई कठिनाई नहीं हुई। एक मील या उससे कुछ ज्यादा दूर तक हम पूरी तेजी से दौड़ते रहे और अन्ततः जंगल से बाहर निकल जीनेदार खेतों में आ पहुँचे। वर्षा के जल ने खेतों को आर-पार काट कर उनमें कई गहरी और सँकरी नालियाँ बना डाली थी और इनमें से एक नाली में जाकर भालू छिप गया।

हमारी टोली में विऔत चेहरे वाला व्यक्ति ही एकमात्र हथियार से लैस आदमी था और उसे ही सर्वसम्मति से हत्याकारी चुन लिया गया। उसे कुछ भी नापंसद नहीं था, वह सावधानी से भालू की तरफ बढ़ा और अपनी सुन्दर कुल्हाड़ी ऊपर घुमाते हुए उसने उसका वर्गाकार सिरा भालू की खोपड़ी पर मारा। परिणाम जितना भयोत्पादक था उतना ही अप्रत्याशित भी। कुल्हाड़ी का सिरा भालू की खोपड़ी पर लगकर ऐसे वापस लौटा जैसे किसी रबड़ के पिण्ड पर उसे मारा गया हो और गुस्से से चीखता हुआ वह जानवर अपनी पिछली टांगों पर उठकर खड़ा हो गया। उसने उसने सौभाग्य से अपने मिलते लाभ का और अनुसरण नहीं किया क्योंकि हम गुच्छाबद्ध हुए खड़े थे और चौड़ने की कोशिशा में एक दूसरे के रास्ते में पड़ गए थे।

भालू को शायद खुली ज़मीन पसंद नहीं आ रही थी और कुछ दूरी तक नाली में नीचे जाकर वह फिर से छिप गया। कुल्हाड़ी चलाने की जाब मेरी बारी आई, किन्तु एक बार चोट खा जाने के बाद भालू मेरे आगे बढ़ने पर नाराज़ हुआ और काफी पैतरेबाजी करने के बाद ही मैं अन्नतः उतनी दूरी तक पहुँच पाया कि उस पर वार कर सकें। जब मैं लड़का ही था तो मेरी बहुत आकांक्षा थी कि मैं कैनाडा जाकर लक्कड़वाला (लम्बरमैन) बनूँ और माचिस की तीलियाँ कुल्हाड़ी से चीरने में मैंने काफी दक्षता प्राप्त की थी। मुझे इसलिए कुल्हाड़ी के झलक जाने और पत्थर पर लगकर उसके क्षतिग्रस्त हो जाने का कोई डर नहीं था, जैसा उस कुल्हाड़ी के स्वामी को था और जिस क्षण मैं वार कर सकने की दूरी के अंदर पहुँचा मैंने उसका पूरा फलक भालू की खोपड़ी में धंसा दिया।

हमारे पहाड़ी लोग हिमालयी भालुओं की खाल को बहुत अच्छा मानते हैं और कुल्हाड़ी का स्वामी उस समय बहुत गर्वभरा और दूसरों की ईर्ष्या का व्यक्ति बन गया, मैंने जब उसे कहा कि घुड़ल के मांस का

दुगुना हिस्सा पाने के अलावा उसे यह खाल भी मिल जाएगी। उन लोगों को वहीं छोड़कर, जिनकी संख्या गाँव से खाल निकालने और मांस का बंटवारा लेने आ रहे नए लोगों के कारण तेज़ी से बढ़ जा रही थी, मैं पहाड़ी चढ़कर गाँव में पहुँचा और जैसा बता ही चुका हूँ, उस ज़ख्मी हुई लड़की को अंतिम बार देखने गया। यह दिन बहुत मेहनत भरा रहा और यदि नरभक्षी उस रात मिलने चली आयी होती तो वह मुझे 'सोते हुए' ही पकड़ लेती।

डलकानिया आते हुए जो सड़क मैंने पकड़ी थी उससे वृक्षविहीन पहाड़ी पर जाने के लिए कई टीलों की कड़ी चढ़ाइयाँ चढ़नी पड़ती थी, इसलिए जब इस सड़क की यह बे-आरामगी मैंने गाँव वालों को बताई तो उन्होंने सुझाया कि मुझे हैराखां के रास्ते वापस लौटना चाहिए। इस उस रास्ते से गाँव के ऊपर पहाड़ी धार पर जाने के लिए एक चढ़ाई पड़ेगी जिसके बाद सारे रास्ते रानीबाग तक उतराई ही है। वहाँ से आगे मैं अपनी नैनीताल तक की यात्रा कार से पूरा कर सकता हूँ।

पिछली रात ही मैंने अपने आदमियों को काफी सुबह चलने की तैयारी करने के लिए बोल दिया था और सूर्योदय होने से कुछ पहले उन्हें बाँधा-जूड़ी करने और पीछे-पीछे आने के लिए कहकर अपने डलकानिया के मित्रों को मैंने अलविदा कहा और पर्वतीय धार के ऊपर की वन सड़क तक पहुँचाने वाली दो मील की चढ़ाई के लिए निकाल पड़ा। मैं जिस पगडंडी से चला वह वो नहीं थी जिससे मेरे आदमी और बाद मे मैं भी डलकानिया आए थे परन्तु उनमें से एक थी, जिन्हें गाँव वाले पर्वतीय चरणों में बनाए बाज़ारों में जाने और वहाँ से लौटकर आने के लिए उपयोग में लाया करते थे।

यह रास्ता खड्डों में घुसता और उनसे होकर निकलता हुआ चक्कर खाता, बांज और चीड़ के घने वनों और सघन निम्नरोह के बीच से होकर जाता था। एक सप्ताह से शेरनी का कोई समाचार नहीं मिला था। समाचार का न मिलना मुझे और भी अधिक सावधान कर दिया और पड़ाव छोड़ने के एक घंटे बाद मैं बिना किसी दुर्घटना के पहाड़ी के शिखर के पास एक खुले वन क्षेत्र में पहुँच गया जो उस वन मार्ग से कोई सौ गज़ की दूरी के अंदर ही था।

यह खुला वन क्षेत्र नाशपाती की तरह था और मोटे तौर पर सौ गज़ लंबा और पचास गज़ चौड़ा था। इसके बीच से वर्षा जल का एक ताल था जिसका जल बहकर कहीं बाहर नहीं जाता था। सांभर और अन्य शिकार बनने वाले जानवर इसका पानी पीते और उसमें लोटते-डूबते रहते थे। इसके पास बने गमनमार्गों को देखने के लिए उत्सुकता में मैंने वह मार्ग पकड़ा जो इस वन क्षेत्र के बाएँ हाथ वाली दिशा से होकर चट्टानी टीले के नीचे से गुजरता हुआ, वहाँ से आगे वन मार्ग तक जाता था। जैसे ही उस ताल के पास पहुँचा मैं तो मुझे उस ताल के किनारे मुलायम ज़मीन पर शेरनी के ताजे पगचिह्न दिखाई दिए। उस ताल पर शेरनी उसी दिशा से आई थी जिससे मैं आया था और स्पष्ट था कि मैंने उसके काम में विघ्न डाल दिया था और ताल को पार कर वह उस वनक्षेत्र के दाएँ हाथ वाले घने वृक्षों और क्षुद्ररोह (झाड़-झंखाड़) जंगल में चली गई थी। एक अच्छा अवसर हाथ से जाता दिखाई दिया क्योंकि यदि मैंने सामने की तरफ देखभाल रखने की उतनी ही सावधानी बरती होती, जितनी मैंने पिछे की तरफ रखी थी तो उससे पूर्व कि वह मुझे देखती, मैं उसे जरूर देख लेता। तथापि, यद्यपि वह मौका मेरे हाथ से निकल गया उसके 'लाभ' अब सारे मेरी ही तरफ थे और स्पष्टतः वे मेरे पक्ष में ही थे।

वो शेरनी मुझे देख चुकी थी अन्यथा वह ताल को पार करके हड़बड़ी में आश्रय के लिए न भागती, जैसा कि उसके गमनमार्ग ने दिखाया, कि उसने ऐसा ही किया था। मुझे देखने के बाद उसने यह भी देख लिया होगा कि मैं अकेला हूँ तो उसने यह भी समझ लिया होगा कि मैं भी ताल पर पानी पीने आ रहा हूँ, जैसा कि उसने भी किया था। मेरी गतिविधियाँ अभी तक पूरी तरह से स्वाभाविक रही थी और यदि मैं उसे यह सोचने देते

रहता कि मुझे उसकी उपस्थिति का कोई भान नहीं है तो, संभव है, वह मुझे दूसरा मौका देगी। नीचे झुककर और टोप के नीचे से तीक्ष्ण देखभाल रखते हुए, मैंने कई बार खांसा, इधर-उधर पानी के छींटे फेंके, फिर धीरे-धीरे चलते हुए और रास्ते से सूखी लकड़ियाँ बीनते हुए मैं उस ढालू चट्टान की जड़ में पहुँच गया। मैंने यहाँ छोटी-सी आग जलाई और चट्टान पर पीठ टिकाकर सिगरेट जलाई। जब तक सिगरेट पूरी हुई आग भी जलकर बुझ चुकी थी। तब मैं लेट गया और बाँह का तकिया बनाकर, अपनी राइफल और उंगली उसके घोड़े पर लगाए, ज़मीन पर रख दी।

मेरे ऊपर की चट्टाने इतनी अधिक ढलवां थी कि कोई भी जानवर उस पर पैर नहीं टिका सकता था। इसलिए मुझे सामने वाली दिशा की ही रखवाली करनी थी और भूमि का जंगल कहीं भी मेरी जगह से बीस गज़ से कम दूरी पर नहीं पड़ता था। मुझे इस बीच अभी तक कुछ भी सुनाई या दिखाई नहीं पड़ा, मुझे फिर भी, इसके बावजूद भरोसा था कि शेरनी मुझे पर निगाहे रखी हुई है। मेरे टोपी के घेरे से आँखों पर पूरी तरह छाया हो रहा था, परन्तु वह मेरी दृष्टि को बाधित नहीं कर रहा था और इंच-इंच करके मैंने अपनी दृष्टि के अंदर पड़ते जंगल का पत्ता-पत्ता समझ लिया था। हवा की रमक तक नहीं चल रही थी, घास का पत्ता या तिनका तक नहीं हिल रहा था। मेरे आदमी जिन्हें मैंने साथ-साथ रहने और पड़ाव छोड़ने के बाद गाते हुए चलने की हिदायत दी थी, जब तक वो वन मार्ग पर आकर मेरे से न मिल जाएँ, वो डेढ़ घंटे तक वहाँ पहुँचने वाले नही थे, और इतने समय के बीच यह संभावना से भी कहीं ज्यादा सही था कि शेरनी अपनी छिपी हुई जगह से ज़रूर बाहर निकलेगी और मेरा पीछा करने या मुझ पर हमला करने की कोशिश करेगी।

बहुत बार ऐसे भी अवसर आते हैं जब समय धीरे-धीरे आगे घिसटता है और ऐसे भी जब समय उड़ता है। मेरी बाईं बाँह जिसको तकिया बनाकर मैंने अपना सिर उस पर रखा था, वह ऐसी बन गई थी कि उसमें काँटा चुभाने पर भी कुछ नहीं होता था, और वह निश्चेतन हो चुकी थी, परन्तु इतना होने पर भी नीचे घाटी में मेरे आदमियों द्वारा गाया जा रहा गान मेरे पास कुछ जल्दी ही पहुँच गया। उसकी आवाज़ तीव्रतर होती गई और जब वे एक तीखा मोड़ घूमकर सड़क पर निकले तो वे मुझे दिखाई भी दे गए। लगता था कि इसी मोड़ से शेरनी ने जब वह पानी पीकर वापस जाने को पीछे मुड़ी होगी, मुझे देखा था। एक बार पुनः विफलता और इस यात्रा का अंतिम अवसर भी हाथ से निकल गया।

मेरे आदमी जब विश्राम कर चुके थे तब हम ऊपर चढ़ सड़क पर पहुँचे और उस यात्रा पर बढ़ चले तो हैराखां के वन विश्रामगृह तक यह बीस मील का बहुत लंबा सफर सिद्ध हुआ। खुली भूमि पर दो-सौ-एक गज़ चलने के बाद सड़क बहुत घने जंगल के अंदर घुस गया और यहाँ मैंने अपने आदमियों को आगे चलाया, मैं स्वयं पिछली तरफ रहा। इस क्रम से चलते हुए लगभग दो मील हम गए होंगे कि घुमाव पर मुड़ते ही मैंने एक आदमी को भैंस चराते हुए सड़क पर बैठे देखा। नाश्ता करने को ठहरने का समय हो गया था, इसलिए मैंने उस आदमी से पूछा कि पानी कहाँ मिलेगा। उसने सीधे सामने की पहाड़ी से नीचे जाने का संकेत दिया मुझे और कहा कि वहाँ उसके नीचे एक झरना है, जहाँ से उसका गाँव, जो पहाड़ी के कन्धे से घूमकर, ऊपर की तरफ है, अपना जलप्रदाय लिया करता है। परन्तु पानी के लिए हमें पहाड़ी से नीचे उतरने की कोई आवश्यकता नहीं है, क्योंकि और थोड़ी दूर चलने पर हमें सड़क पर ही एक अच्छा झरना मिल जाएगा।

घाटी के ऊपरी सिरे पर गाँव था जिसमें पिछले सप्ताह ही लोहाली की स्त्री मारी गई थी और उसने बताया कि उस घटना के बाद नरभक्षी की कोई खबर नहीं मिली और यह भी कहा कि संभवतः वह जानवर अब जिले के दूसरे सिरे की तरफ गया हुआ है। इस बात पर यह बताकर कि अभी-अभी ताल पर मैंने उसके ताज़े पगचिह्न देखे हैं, उसके मन का भ्रम दूर कर दिया और बहुत जोर देकर उसे अपनी भैंसें को इकट्ठा कर गाँव लौट जाने की सलाह दी। उसकी भैंसों की संख्या दस थी, इधर-उधर सड़क पर आवारा फिर रही थी और उसने कहा, जहाँ वह बैठा है, वहाँ तक उनके घास चर लेने के बाद वह जल्दी ही यहाँ से चल देगा। सिगरेट

देकर अंतिम चेतावनी देते हुए, मैं उसे छोड़कर वहाँ से चल दिया। मेरे चले जाने के बाद वहाँ पर क्या घटा यह मुझे गाँव के लोगों ने बताया, जब मैं कुछ महीने बाद दूसरी बार उस जिले में आया।

वह आदमी जब उस दिन अन्ततः घर पहुँचा तो जमा हुए लोगों को उसने मुझसे मिलने और मेरी चेतावनी के बारे में बताया और कहा कि सौ गज़ की दूरी पर एक मोड़ को घूमकर जाते मुझे देख लेने के बाद वह सिगरेट सुलगाने लगा, मैंने जो उसे दी थी। हवा चल रही थी और माचिस की लपट बुझने से बचाने के लिए वह आगे की तरफ झुका। इसी हालत में किसी ने उसका दाहिना कन्धा पकड़ कर उसे पीछे की तरफ खींचा। पहले उसे यह खयाल आया कि उस टोली में से ही कोई होगा जो अभी यहाँ उससे मिलकर गई है, परन्तु दुर्भाग्य से, सहायता के लिए उसकी पुकार वे न सुन पाए। तथापि, सहायता पास ही उपलब्ध थी और जैसे ही शेरनी की गुर्राहट से मिली हुई उसकी चीख-चिल्लाहट उन्होंने सुनी वे सड़क की तरफ दौड़कर आई और शेरनी को भगा दिया। उस आदमी के कन्धे और बाँह की हड्डियाँ टूट गई थी और बड़ी कठिनाई से वह अपनी बचाने वाली वीर भैंसों में से किसी एक की पीठ पर चढ़ पाया, और झुण्ड की बाकी भैंसों को पीछे-पीछे लिए अपने घर पहुँचा। गाँव वालों ने, जितना अच्छा कर सकते थे किया, उसका ज़ख्म बाँधा और बिना कहीं बीच में रुके, तीस मील दूर, उसे हल्द्वानी अस्पताल ले गए, जहाँ भर्ती किए जाने के कुछ समय बाद ही वह मर गया।

जब एट्रोपोस, जो जीवन के धागे कुतरती है, कोई धागा भूल से कुतरना छोड़ जाती है, तो उसकी जगह दूसरा धागा कट जाता है और हम जो यह नहीं जानते कि कोई धागा क्यों छूट गया और दूसरा धागा क्यों कट गया इसे भाग्य, किस्मत अथवा जो भी कहना चाहें, कह देते हैं।

एक महीने मैं खुले तम्बू में, निकटतम मानव से भी सौ गज की दूरी पर था और दिन निकलने से संध्या होने तक जंगलों में भटकता रहा और कई अवसरों पर स्त्री का वेश भी मैंने धारण किया था और ऐसी-ऐसी जगह जाकर घास काटी थी जहाँ कोई स्थानीय व्यक्ति जाने का साहस तक नहीं जुटा पता था। इस अवधि के दौरान, यह संभव है, नरभक्षी ने मारकर मुझे अपने झोले (या पेट) में डालने के बहुत से अवसर खो दिए होंगे और अपना अंतिम प्रयत्न करते समय वह संयोग से उस अभागे मनुष्य से जा टकराई होगी और उसे अपना शिकार बना लिया था।

(2)

मैं अगली फरवरी में, फिर डलकानिया वापस आ गया। इस जिले से पिछली गर्मियों में चले जाने के बाद काफी विस्तृत क्षेत्र में कितने ही आदमी मरे और उससे कहीं ज्यादा घायल किए गए थे और चूँकि शेरनी कहाँ पर है, इसका कोई पता नहीं था और उसके किसी एक जगह टकरा जाने के उतने ही अच्छे अवसर थे जितने किसी दूसरी जगह टकराने के, इसलिए मैंने लौटकर उसी भूमि पर पड़ाव डालने का निर्णय किया जिससे मैं अब तक पूरा परिचित हो गया था।

मुझे डलकानिया पहुँचे ही यह बताया गया कि पिछली शाम उस पहाड़ी पर एक गाय मारी गई थी, जिसके ऊपर भालू ने शिकार किया था। जिस आदमी ने गाय-बैलों के झुण्ड की उस समय रखवाली की थी, उनको इस बात का पक्का यकीन था कि जिस जानवर को उन्होंने गाय को मारते हुए देखा था वह शेर ही होगा। मारी गई गाय परती छोड़े हुए खेत के किनारे लगी झाड़ियों के पास ही पड़ी थी, और उस जगह से, जहाँ मेरा तम्बू लगाया जा रहा था, साफ-साफ दिखाई दे रही थी। मरे हुए जानवर पर गिद्ध मंडरा रहे थे और अपनी दूरबीन से मैंने देखा कि इनमें से कई पक्षी मारी गई गाय की बाईं तरफ खड़े एक वृक्ष पर बैठे हुए थे। इस तथ्य को देखते हुए कि मारी गई गाय खुले में पड़ी है और गिद्ध उसपर उतर कर नीचे नहीं आए थे, मैंने यह परिणाम

निकाला कि (क) इस गाय को तेन्दुए ने मारा होगा, और (ख) या तेन्दुआ मारे गए जानवर के निकट ही कहीं लेटा होगा।

इस खेत के नीचे वाली भूमि, जहाँ गाय पड़ी हुई थी, बहुत ज्यादा ढलवां थी और उस पर घनी झाड़ियाँ लगी हुई थी। नरभक्षी का कहीं पता नहीं था, उस भूमि पर इसलिए पहुँचना उचित नहीं था। इसके दाईं ओर एक घासीय ढलान (बुग्याल) था परन्तु यहाँ भूमि इतनी खुली थी कि बिना देखे मारे गए शिकार तक पहुँचना मेरे बस की बात नहीं थी। घना गहरा जंगल वाला खड्ड जो पहाड़ी के शिखर से शुरु होकर दाएँ तरफ नीचे तक चला गया था, मारे गए इस शिकार से थोड़ी दूरी पर से गुजरता था। जिस वृक्ष पर गिद्ध जमा हुए थे वह उस खड्ड के किनारे पर उगा था। मैंने उसी खड्ड पर उधर बढ़ने की रेखा बनाना निश्चित किया। मैं जब गाँव वालों की सहायता से, जिनको इस ज़मीन का इंच-इंच पता था, शिकार का पीछा करने की योजना बनाने में लगा हुआ था, मेरे आदमियों ने मेरे लिए चाय तैयार कर दी। दिन अब ढलने लगा, परन्तु तेज़ी से काम किया जाए तो अब भी मेरे पास मारी हुई गाय को जाकर देखने और रात पड़ने से पहले-पहले पड़ाव में लौट आने के लिए आवश्यक समय था।

निकलने से पहले मैंने अपने आदमियों को सतर्क रहने का अनुदेश दिया। यदि गोली चलने के बाद वे खुली भूमि पर मुझे मारे गए शिकार के पास देखें तो उनमें से तीन-चार आदमियों को तत्काल पड़ाव छोड़कर, खुली भूमि से होते हुए मेरे पास आकर मेरे साथ मिल जाना चाहिए। इसके विपरीत, यदि मैं गोली न चलाऊँ और सुबह तक न लौट सकूँ तो खोजी दल संगठित किया जाना चाहिए।

खड्ड के ऊपरी हिस्से में रसभरी की झाड़ियाँ उग आई थी और बड़ी-बड़ी चट्टानों पर वे उसमें जैसे-तैसे फैली थी और चूँकि हवा पहाड़ से नीचे की ओर चल रही थी, मेरा आगे बढ़ना बहुत धीरे-धीरे हो रहा था। एक कठिन चढ़ाई चढ़ने के बाद अन्ततः मैं उस वृक्ष तक पहुँच गया, जिस पर गिद्ध जमे हुए थे। पर वहाँ जाकर पता लगा कि उस जगह से मारा गया शिकार दिखाई नहीं देता। परती छोड़ा खेत, जो दूरबीन से मुझे सीधा-सादा दिखाई पड़ा था उसे यहाँ पहुँचने पर देखा तो अर्द्धचन्द्राकार था जिसकी आर-पार की अधिकतम चौड़ाई दस गज़ थी और जो दोनों किनारों पर छोटी होती हुई एक बिन्दु भर रह गई थी। इसके बाहरी सिरे के किनारों पर घना झाड़-झंखाड़ उगा था और भीतरी सिरे पर पहाड़ी तीखे ढाल से नीचे आ गई थी। जिस जगह मैं खड़ा था वहाँ से खेत का केवल दो-तिहाई भाग दिखाई पड़ता था, और बाकी एक-तिहाई माग को देखने के लिए, जिस पर मारी गई गाय पड़ी थी, या तो थोड़ा चक्कर लगाकर दूर वाले सिरे से वहाँ पहुँचना पड़ता अथवा उस पेड़ पर चढ़कर जाना होता जिस पर गिद्ध अड्डा जमाए हुए थे।

बाद वाले उपाय को मैंने अपनाना तय किया। जहाँ तक अन्दाज़ा लगा पाया गाय वृक्ष से लगभग बीस गज़ की दूरी पर पड़ी थी और इस बात की पूरी संभावना थी कि जिस जानवर ने उसे मारा था वह उससे मेरे से भी कम दूरी पर होगा। हत्यारे को विघ्न पहुँचाए बिना मेरा उस वृक्ष पर चढ़ पाना असंभव ही होता और यदि वहाँ गिद्ध न हुए होते तो उसकी कोशिश भी न की जाती। वृक्ष पर उस समय तक लगभग बीस पक्षी हो चुके थे और नये-नये गिद्धों के आने के कारण उनकी संख्या बढ़ती ही जा रही थी और चूँकि ऊपरी शाखाओं पर जगह कम थी इसलिए वे अपने पंख को फड़फड़ाते हुए अपास में झगड़ा भी कर रहे थे। वृक्ष पहाड़ी पर बाहर की तरफ हटकर झुका हुआ था और उसका एक बड़ा भाग ढलवां पहाड़ी पार्श्व के ऊपर भूमि से करीब दस फुट ऊपर प्रक्षेप किए हुए था। राइफल से दिक्कत होने के कारण मैं बहुत मुश्किल से इस भाग तक पहुँच पाया। इन गिद्धों में फिर कोई नया झगड़ा खड़ा होने का इन्तज़ार करते-करते मैं एक शाखा का सहारा लेता, नीचे यह सन्तुलन बनाए रखने का भारी करतब था, जिसमें मामूली-सी फिसलन या गलत कदम पड़ जाने का परिणाम सैकड़ों फुट क्या उससे भी ज्यादा नीचे चट्टानों पर गिरना होता। एक दुशाखे पर पहुँचा, और वहाँ जाकर बैठ गया।

जिस गाय को मार गया था शेरनी द्वारा उसका कुछ पौण्ड मांस ही खाया गया था और अब वह पूरी तरह से दिखाई दे रही थी। इस स्थिति में मैं करीब दस मिनट रहा होऊँगा और अपना बैठना वहाँ मुझे कोई खास आरामदेह नहीं लगा, कि दो गिद्ध जो ऊपर चक्कर काट रहे थे और वृक्ष पर उतर आने पर उनका स्वागत कैसा होगा, इस बारे में अनिश्चित थे, गाय से थोड़ी दूर जमीन पर नीचे उतरे। वो मुश्किल से बैठे ही थे कि फिर से उड़ लिए और उसी समय मारी गई गाय के मेरी तरफ वाली झाड़ियाँ थोड़ी-थोड़ी हिलने लगी और उनमें से निकलकर एक सुन्दर नर तेन्दुआ खुले में बाहर आया।

जिन लोगों ने कभी अपने प्राऔतिक वातावरण की अनुकूल दशाओं में तेन्दुए को नहीं देखा वे अपने भारतीय जंगलों के जानवरों में से इस सबसे ज्यादा शानदार और सबसे अधिक सुन्दर जानवर की गतिविधियों की गरिमा, रंगों की सुन्दरता के बारे में कोई विचार अपने मानस में नहीं ला सकते। उसका आकर्षण बाहरी रूपरंग तक ही सीमित नहीं था, क्योंकि यदि पौण्ड बराबर पौण्ड वज़न की दृष्टि से देखा जाए तो इसकी शक्ति किसी भी अन्य जानवर से कम नहीं हैं और साहस की तो इसमें बिलकुल कमी नहीं है। ऐसे जानवर को पीड़क जन्तु वर्ग में रखना, जैसा भारत के कुछ भागों में किया जाता है, ऐसा अपराध है जिसे केवल वही लोग कर सकते हैं जिनका तेन्दुओं से सम्बन्धित ज्ञान केवल उसके अभागे, अल्पपोषित खजियल नमूनों तक सीमित है, जिन्हें उन्होंने बन्दी हालत में देखा है।

परन्तु यह सुन्दर नमूना जो मेरे सामने खड़ा था, इसकी जान को तभी जब्त कर लिया गया था जब इसने गाय-बैलों को मारना शुरू किया था और मैंने डलकानिया और अन्य गाँवों के लोगों को वचन दिया था कि अपने अंतिम बार आने पर मैं उनके इस छोटे शत्रु से, यदि मौका मिल गया तो, उन्हें मुक्ति दिलाऊँगा। और वह अवसर आ गया था और मेरा खयाल है कि जिस गोली ने तेन्दुए की जान ली, उसकी आवाज़ भी उसने सुनी नहीं होगी।

मनुष्यों की समझ में न आने वाली बहुत-सी ऐसी घटनाओं में से, जो जीवन में उसके सामने घट जाती हैं, सबसे मुश्किल ऐसे घटनाओं का कारण बता पाना है, जिसमें दुर्भाग्य किसी व्यक्ति या किसी परिवार के पीछे हाथ धोकर ही पड़ जाए। इसी गाय के मालिक का उदाहरण लें जिसकी लाश पर बैठकर मैंने तेन्दुए को मारा था। यह आठ वर्ष की उम्र का अकेला लड़का था। दो वर्ष हुए उसकी माँ गाय के लिए घास काटने गई थी, वहाँ नरभक्षी उसको मारकर खा गया था। और, उस घटना के बारह महीने बाद उसके बाप की भी वैसी ही हालत हुई थी। परिवार की सम्पत्ति में जो दो-चार बर्तन-भांडे बचे थे वे उसके बाप द्वारा छोड़ा गया कर्ज चुकाने में बिक गए थे और उस लड़के ने अपना जीवन उस एक गाय मात्र के मालिक के रूप में आरम्भ किया था। इसी गाय को उस गाँव के दो या तीन सौ जानवरों के झुंड में से तेन्दुए ने अपने लिए चुना था और उसे मार डाला। (मुझे भय है कि उसका टूटा दिल जुड़ाने के लिए किए गए मेरे प्रयत्न बहुत अधिक सफल नहीं रहे क्योंकि नई, लाल गाय, यद्यपि कदकाठी में अच्छी पशु थी, वह इस लड़के के जीवन की साथिन, उस सफेद गाय के चले जाने की कमी पूरी नहीं कर पाई)।

मेरे जवान कटड़ों की देखभाल उस आदमी ने, जिसके जिम्मेदारी पर मैं उन्हें छोड़कर गया था, भली भाँति की थी और अपने लौटकर आने के दिन से ही मैंने उन्हें बाँधना आरम्भ कर दिया था, यद्यपि मुझे इस बात की उम्मीद कम ही थी कि शेरनी अपने चारे के लिए उन्हें स्वीकार करेगी।

नंधौर घाटी से पाँच मील नीचे एक बड़े पहाड़ी टीले की तलहटी में एक छोटा गाँव बसा था। वह टीला कुछ हज़ार फुट या उससे भी अधिक ऊँचा है। पिछले कुछ महीनों के दौरान नरभक्षी ने इस गाँव के बाहर वाले इलाके में चार लोग मारे थे। तेन्दुए को मार देने के बाद इस गाँव का एक शिष्टमण्डल मेरे पास यह प्रार्थना लेकर आया कि मैं अपना पड़ाव डलकानिया से हटाकर एक अन्य जगह पर ले जाऊँ, जो उनके गाँव के पास

उन लोगों ने मेरे पड़ाव के लिए चुनी है। मुझे बताया गया कि गाँव से ऊपर टीले पर शेर को कितनी ही बार देखा गया है और ऐसा प्रतीत होता है कि उसने टीले के मुख में बनी हुई बहुत-सी गुफाओं में से किसी एक गुफा में अपना घर बनाया है। उसी सुबह मुझे सूचना दी गई कि घास काटने गई कुछ स्त्रियों ने शेर को देखा है और गाँव वाले अब भारी आतंक की स्थिति में थे और इतने डरे हुए थे कि घर से बाहर तक नहीं निकलते थे। शिष्टमण्डल को यह वचन देकर कि उनकी मदद करने के लिए मेरे लिए जो कुछ भी करना संभव होगा मैं ज़रूर करूँगा, अगले दिन सुबह बहुत जल्दी मैं उस गाँव के सामने वाली पहाड़ी पर चढ़ गया और एक घंटे या उससे भी ज़्यादा समय तक अपनी दूरबीन से उस टीले को ध्यानपूर्वक देखा। फिर मैंने घाटी पार की और एक बड़े गहरे खड्ड में से होता हुआ उस गाँव के ऊपर वाले टीले पर चढ़ गया। यहाँ बहुत ही कठिन था चलना और यह मुझे बिलकुल भी पसंद नहीं था क्योंकि गिर पड़ने के खतरे के अलावा, जिसका परिणाम मेरी गर्दन टूट जाना होता, ऐसी भूमि पर शेर का आक्रमण होने का भी खतरा था, जिससे अपना बचाव कर पाना मेरे लिए असंभव था।

दोपहर के 2 बजे तक उस चट्टानी टीले को मैंने इतना अधिक देख लिया था जितना कि आगे मैं शायद ही कभी देखना चाहूँ और अपने पड़ाव की तरफ ऊपर जाने और नाश्ता करने की सोच रहा था कि डलकानिया की तरफ की कठिन चढ़ाई चढ़ना शुरू करने से पूर्व पीछे मुड़कर देखने पर मैंने दो आदमियों को उस दिशा से अपनी तरफ दौड़ते हुए देखा जिससे मैं अभी-अभी आया था। आदमी मेरे पास पहुँचकर मुझे बताया कि शेर ने अभी-अभी उस खड्ड में, जिसमें से होकर दिन के पूर्व भाग में मैं ऊपर गया था, एक बैल को मारा है। उन आदमियों में से एक को ऊपर अपने पड़ाव में जाने को और नौकर को चाय और कुछ खाना लाने को कहकर मैं वापस मुड़ा और दूसरे आदमी को साथ लेकर फिर अपने कदम नीचे घाटी की तरफ बढ़ा लिया।

बैल जिस खड्ड में मारा गया था वह लगभग दो सौ गज गहरा और एक सौ गज़ चौड़ा था। जब हम खड्ड के पास पहुँचे तो मैंने कई गिद्धों को वहाँ से ऊपर उड़ते देखा और हम मारे गए पशु के पास पहुँचे तो देखा कि गिद्धों ने चाट-चाटकर उसकी सफाई कर दी है और वहाँ केवल खाल और हड्डियाँ पड़ी है। उस जगह जहाँ बैल के अवशेष पड़े हुए थे गाँव से केवल सौ गज की दूरी पर थी परन्तु उस अति ढलवां तट से ऊपर जाने का कोई रास्ता नहीं था, इसलिए मेरा पथ-प्रदर्शक मुझे खड्ड से चौथाई मील नीचे की तरफ ऐसी जगह ले गया जहाँ गाय-बैलों का एक पथ उसे पार करता था। ऊँची भूमि पर जाकर यह रास्ता घने क्षुद्ररोह वन में चक्करदार पथों से घुस और फिर बाहर निकलकर अन्ततः उस गाँव में पहुँच जाता था। गाँव में पहुँचकर मैंने प्रधान को बताया कि गिद्धों ने मारे गए बैल का सत्यानाश कर दिया है और उसे एक जवान कटड़ा और थोड़ी-सी मजबूत रस्सी देने को कहा। जब इन दोनों को मँगाने की व्यवस्था की जा रही थी, मेरे दो आदमी डलकानिया से खाना लेकर आ गए, जिसे मैंने वहाँ से मँगाया था।

मैं जब खड्ड में फिर से घुसा तो सूरज डूबने ही वाला था, मेरे पीछे कुछ आदमी एक ओजस्वी जवान कटड़ा लिए आ रहे थे जिसे मेरे लिए प्रधान ने पास के एक गाँव से खरीदा था। जहाँ बैल मारा गया था उस जगह से पचास गज की दूरी पर, ऊपर की पहाड़ी से बहकर नीचे आए हुए चीड़ के वृक्ष का एक सिरा उस खड्ड के तल की गहराई में नीचे दब गया था। कटड़े को मजबूती से चीड़ के बाहर दिखाई पड़ते सिरे से बाँधकर वे लोग वापस गाँव चले गए। आसपास कहीं वृक्ष का नाम तक नहीं था और वहाँ बैठने की एकमात्र संभव जगह खड्ड की तली वाली तरफ एक तंग पुश्ते के ऊपर ही थी। बड़ी मुश्किलों से मैं उस पुश्ते पर चढ़ा जो लगभग दो फुट चौड़ा पाँच फुट लंबा तथा खड्ड की तली से बीस फुट ऊपर था। पुश्ते से थोड़ा-सा नीचे चट्टान भीतर की ओर चली गई थी जिससे वहाँ गहरी रिक्त जगह बन गई थी, जो पुश्ते से दिखाई नहीं पड़ती थी। पुश्ता नीचे की तरफ बड़ा बे-आराम कोण बनाता हुआ मोड़ खाता था और जब मैं उसपर आसन जमाकर

बैठा गया तो मेरी पीठ उस दिशा की तरफ थी जिधर से मुझे शेर के आने की उम्मीद थी जबकि रस्सी में बँधा कटड़ा मेरे बाएँ सामने तथा मुझसे लगभग तीस गज़ की दूरी पर था।

सूरज डूब रहा था, जो कटड़ा लेटा हुआ था, उठकर खड़ा हो गया और अपना मुँह उसने खड्ड की ओर कर लिया, और उसके एक क्षण बाद ही ऊपर से एक पत्थर लुढ़कता हुआ नीचे आया। मेरे लिए यह संभव नहीं हो सकता था कि मैं उस दिशा में जिधर से आवाज आ रही थी गोली चलाऊँ, इसलिए अपना पता न लगने देने के लिए मैं बिलकुल चुपचाप बैठा रहा। कुछ समय बाद कटड़ा धीरे-धीरे बाईं तरफ को घूमा और ठीक मेरे सामने पड़ती दिशा में हो गया। इससे पता चल रहा था कि जिस किसी से भी वह डर रहा था मैं देख सकता था कि वह जरूर डरा हुआ है वह मेरे नीचे वाली खाली जगह में ही है। शेर के सिर पर गोली आपातकाल में ही चलाई जा सकती है और मेरी तरफ से कुछ भी हरकत होती तो उससे उसको मेरे वहाँ होने का पता लग जाता। एक-दो लंबी मिनटों तक उसका सिर बिलकुल निश्चल बना रहा और फिर एकदम बाहर की तरफ तेजी से बढ़, एक बड़ी झपट लेकर, शेर कटड़े पर जा पहुँचा। कटड़े का मुँह, जैसा मैंने बताया, शेर की तरफ ही था और सामने से आक्रमण करने की संभावना बचाकर, जिसमें उसे कटड़े के सींगों से चोट भी पहुँच सकती थी, शेर की झपट ने उसे कटड़े की बाईं तरफ, पहुँचा दिया, और समकोण बनाते हुए उसपर आक्रमण किया। दाँत गड़ाने में कोई अनाड़ीपन नहीं कोई संघर्ष नहीं दो भारी शरीरों के टकराने के अतिरिक्त कोई आवाज़ नहीं, जिसके पश्चात कटड़ा, नि:शब्द हुआ कटड़ा नीचे पड़ा था और शेर थोड़ा-सा उसके ऊपर आया हुआ उसे गले से पकड़े हुए था। आमतौर से विश्वास किया जाता है कि शेर अपने शिकार को उसकी गर्दन पर टुकड़े-टुकड़े कर देने वाला प्रहार करके मारते हैं। यह बात सही नहीं। शेर दाँतों से अपने शिकार को मारते है।

शेर का दायाँ पैर मेरी तरफ था तो मैंने बड़ी सावधानी से अपनी 275 राइफल का, जो उस दिन सुबह पड़ाव से चलते समय मेरे साथ थी, निशाना साधकर गोली चला दी। कटड़े पर अपनी पकड़ छोड़, बिना कोई आवाज किए शेर मुड़ा और तेज़ी से दौड़ता हुआ खड्ड की ओर मेरी दृष्टि से ओझल हो गया। साफ था कि गोली चूक गई जिसका कोई कारण बताने में मैं असमर्थ था। यदि शेर ने मुझे या राइफल की चमक को देखा नहीं होतो तो इस बात की संभावना थी कि वह जरूर लौटेगा। इसलिए राइफल में दुबारा कारतूस डाल मैं वहीं बैठ गया।

शेर द्वारा छोड़ दिए जाने के बाद कटड़ा बिना हिले-डुले लेटा था, और मेरा यह विश्वास बढ़ता गया कि शेर के बदले मैंने उसे ही गोली से मारी थी। तब तक दस-पन्द्रह मिनट धीरे-धीरे बीत चुके थे कि शेर का सिर फिर दुबारा मेरे नीचे के उस रिक्त स्थान में से प्रकट हुआ। फिर लंबी शांति छाई रही और उसके बाद बहुत धीरे-धीरे शेर निकला और कटड़े के पास तक गया और खड़ा होकर उसे देखने लगा। उसकी कमर की पूरी लंबाई का लक्ष्य लेकर इस बार मैं फिर से कोई गलती नहीं करना चाहता था, बड़ी सावधानी से मैंने दर्शिकाएँ ठीक की और धीरे से राइफल का घोड़ा दबा दिया, परन्तु मर कर गिर पड़ने के बजाए, जैसी मुझे उसके होने की आशा थी, वह बाईं तरफ उछला और खड्ड को थोड़ा-सा फाड़ता ढलवां पार्श्व पर ऊपर चढ़ते हुए पत्थरों को उनकी जगह से लुढ़काता हुआ चला गया।

लगभग तीस गज़ की दूरी से अपेक्षतया अच्छे प्रकाश में दो गोलियाँ चली थी, जिन्हें मीलों दूर चारों तरफ आतुर लोगों ने भी सुना था। और उन्हें दिखाने के लिए मेरे पास जो कुछ था, वह यही मरे हुए कटड़े में बना हुआ निश्चयपूर्वक एक या हो सकता है, दो गोली लगने से बने हुए छेद। स्पष्ट था कि मेरी दृष्टि ठीक से काम नहीं दे रही थी, अथवा हो सकता है चट्टान पर चढ़ते समय राइफल की अग्रदर्शिका सही जगह से उखड़ गई थी। परन्तु कुछ छोटी-छोटी वस्तुओं पर नज़र डालने पर मैंने पाया कि मेरी दृष्टि में कोई खराबी नहीं है और

नाल पर नज़र डालने से पता चला कि दर्शिकाएँ भी सही-सलामत हैं, इसलिए एकमात्र कारण जो मैं शेर को मारने में दो बार चूक जाने के लिए समझ सका, वह खराब ढंग से गोली चलाना ही हो सकता था।

तीसरी बार शेर के लौटकर आने की कोई संभावना नहीं थी और यदि वह फिर से आ गया तो खराब रोशनी में गोली मारकर जख्मी बना पाने का जोखिम उठाने से कोई लाभ होने वाला नहीं था, जबकि अपेक्षतया अच्छी रोशनी में मैं उसे मार नहीं पाया था। इन परिस्थितियों में उस पुश्ते पर और अधिक मेरे बैठे रहने का कोई मतलब नहीं था।

पहले की गई कोशिशों के कारण दिन के मेरे कपड़े अभी तक गीला है, हवा ठंडी चल रही थी और उसके और ज़्यादा ठंडी हो जाने की संभावना थी, मेरा निक्कर पतले खाकी कपड़े का था, चट्टान कड़ी और ठंडी थी तथा गरमागर्म चाय का प्याला गाँव में मेरा इन्तजार कर रहा था। ये कारण काफी अच्छे थे परन्तु मेरे वहीं बने रहने का जहाँ मैं था इनसे भी अच्छा और यकीन दिलाने वाला कारण था—नरभक्षी। अब तक काफी अंधेरा हो चुका था। पत्थरों भरे खड्ड में चौथाई मील तक घने निम्नरोह में से होकर जाता चक्करदार रास्ता मेरे और उस गाँव के बीच में अड़ा हुआ था। लोगों के सन्देहों को छोड़कर कि जो शेर उन्होंने पिछले दिन देखा होगा और जिसपर स्पष्ट है मैंने अभी गोली चलाई थी नरभक्षी ही था। नरभक्षी की जगहों की मुझे कोई निश्चित जानकारी नहीं है और इस समय यद्यपि वह पचास मील दूर भी हो सकती थी, यह भी संभव था कि वह पचास गज़ की दूरी से मुझे देख रही हो, इसलिए यद्यपि मेरी बैठने की जगह बहुत बे-आरामी की थी, मेरी बुद्धि ने मुझे आदेश दिया कि जहाँ मैं था वहीं बैठे रहना चाहिए। जैसे-जैसे वह लंबा समय धीरे-धीरे खत्म होता गया, यह विचार मेरे मन में आया कि रात में नरभक्षी का शिकार करना ऐसा शौक नहीं है, जो मुझे पसंद आता हो, और यदि यह जानवर दिन में प्रकाश के समय गोली से नहीं मारा जा सकगा तो इसे छोड़ दो, बूढ़ी होकर यह अपने समय पर आप ही मर जाएगी। इस धारणा को उस समय और भी बल मिला जब ठंडा और कड़ा होकर मैं गोली चलाकर शिकार मारने के लिए पर्याप्त प्रकाश रहते हुए नीचे उतरने लगा और फिसल कर ओस से भीगी चट्टान पर आ जाने से नीचे उतरने का मेरा काम पूरा हो गया जिससे मेरे पैर हवा में ऊपर हो गए। सौभाग्य से मैं रेत के स्तर पर गिरा जिससे मुझे या मेरी राइफल को क्षति नहीं पहुँची। अभी देर नहीं हुई थी और गाँव पहुँचने पर मैंने गाँव को चलता-फिरता पाया और बहुत जल्दी मैं एक छोटी-सी भीड़ के मध्य में था। सभी तरफ से किए जा रहे तीखे प्रश्नों के उत्तर में मैं इतना ही कह पाया कि मैं काल्पनिक शेर पर खाली गोलियाँ ही चलाता रहा था।

केतली की पूरी चाय जो तेजी से जल रही आग के निकट बैठकर मैंने पी थी मेरे भीतरी और बाहरी मनुष्य को पुनः गरमी पहुँचाने का काफी ज़्यादा काम किया और तब मैं इकट्ठे हुए गाँव के अधिकांश लोगों और सभी लड़कों को साथ लेकर खड्ड के ऊपर बाहर की तरफ मेरे रात के महाकार्य के ठीक ऊपर निकली हुई चट्टान तक ले गया। जमा हुई उस भीड़ को मैंने समझाया कि शेर किस तरह मेरे नीचे की रिक्त जगह में से प्रकट हुआ और तेजी से कटड़े पर उछला था और मेरे द्वरा गोली चलाने के बाद वह तेज़ी से भागता हुआ उस दिशा में चला गया था। जब मैंने खड्ड की ओर संकेत किया तो लोग उत्तेजित होकर जोर से चिल्लाएँ "देखो, साहब, वह शेर मरा पड़ा है"। मेरी आँखें सारी रात चौकसी करके थक गई थी परन्तु फिर भी उधर दूर आगे और पीछे देखने के बाद इस तथ्य से इंकार नहीं किया जा सकता था कि शेर वहाँ मरा हुआ पड़ा था। एक अन्य स्वाभाविक प्रश्न के उत्तर में कि बीस या तीस मिनट बाद मैंने दूसरी गोली क्यों चलाई थी, मैंने कहा कि शेर दूसरी बार फिर ठीक उसी जगह से प्रकट हुआ था और मैंने उस पर तब गोली चलाई थी जब वह कटड़े के पास खड़ा हुआ था और तब वह उस पार्श्व वाले खड्ड की तरफ चला गया था इस पर लोग फिर से चिल्लाएँ, जिसमें योग देने के लिए अब स्त्रियाँ और लड़कियाँ भी आकर सम्मिलित हो गई थी, "देखो साहब, एक और

शेर वहाँ मरा पड़ा है"। दोनों ही शेर का आकार लगभग एक ही जैसा लग रहा था और दोनों उस जगह से, जहाँ से मैंने गोली चलाई थी, साठ गज़ की दूरी पर पड़े थे।

दूसरे वाले शेर के विषय में प्रश्न करने पर गाँव वालों ने बताया कि जब चार लोग मारे गए हैं और पिछले दिन भी, जब बैल मारा गया था, एक ही शेर देखा गया था। शेरों का समागम काल बहुत लचीला होता है और यह नवम्बर से अप्रैल तक चलता है और यदि दृष्टि में पड़े हुए दोनों शेरों में से प्रत्येक शेर नरभक्षी था तो स्पष्ट है अपने को समागम के लिए प्रस्तुत किया था।

चट्टान के बड़े वाले मुख से नीचे होकर खड्ड में जाने का एक मार्ग उस जगह से, जहाँ मैं बैठा था, कोई दो सौ गज़ नीचे खोजा गया, गाँव की पूरी जनसंख्या को साथ लिए मैं मरे हुए कटड़े के पास से होकर उस जगह जा पहुँचा जहाँ पहला शेर पड़ा हुआ था। जैसे-जैसे उसके पास मैं पहुँचा मेरी आशाएँ ऊँची उठती गई क्योंकि वह बूढ़ी शेरनी ही थी। अपनी राइफल अपने पास के निकटतम आदमी को पकड़ा घुटनों के बल मैं उसके पैरों का निरीक्षण करने बैठ गया। उस दिन शेरनी ने जब गेहूँ काटने वाली स्त्री का पीछा किया था तो उसने खेत के किनारे कुछ सुन्दर पगचिह्न बना छोड़े थे। नरभक्षी के मेरे द्वारा देखे गए वे सबसे पहले पगचिह्न थे और मैंने बड़ी सावधानी से उनकी जाँच की थी। उनसे पता लगा था कि शेरनी बहुत बुढ़िया हो चुकी थी और उम्र के साथ उसके पैर भी बाहर की तरफ आ गए थे। अगले पैरों की गद्दियों में गहरी लीक पड़ गई थीं और उनमें से एक गहरी लीक सीधी सामने के दाएँ पैर की गद्दी के आर-पार चली गई थी और उँगलियाँ बढ़कर इतनी लंबी हो गई थी जितनी उससे पहले मैंने किसी शेर में हुई नहीं देखी थी। ऐसे स्पष्टतः भिन्न पैरों के कारण नरभक्षी शेर को सौ मरे हुए शेरों में से भी बड़ी आसानी से अलग किया जा सकता था। मेरे सामने जो जानवर पड़ा था, बहुत अफसोस के साथ मैंने यह पाया कि वह नरभक्षी नहीं था। जब यह बात वहाँ पर जमा हुए लोगों को मैने बताई तो सभी तरफ से तीव्र असहमति की मर्मर ध्वनि उठी। यह बात जोर देकर कही गई कि स्वयं मैंने पिछली बार यहाँ आने पर घोषित किया था कि नरभक्षी बुड्ढी शेरनी है और ऐसे जानवर जिसको मैंने उस जगह से कुछ गज़ मात्र की दूरी पर गोली मारी थी, जहाँ थोड़ा समय होते ही, उनके चार आदमी मारे गए थे, इस यकीन दिलाने वाले साक्ष्य के सामने पैरों के साक्ष्य का क्या मूल्य था? क्योंकि सभी शेरों के पैर एक जैसे ही तो होते हैं।

दूसरा वाला शेर इन हालात में कोई नर ही हो सकता था और जब मैंने शेरनी की खाल निकालने की तैयारियाँ की तो लोगों की एक टोली को उसे लाने के लिए भेज दिया। खड्ड का पार्श्व बहुत अधिक ढलवां और सँकरा था और काफी चिल्लाने और हँसी-मखौल करने के पश्चात दूसरे शेर को, बहुत ही सुन्दर नर शेर लाकर उस शेरनी के पास ही डाल दिया गया।

दोनों ही शेरों के खाल निकालना, जिन्हें मरे हुए चौदह घंटे हो चुके थे और धूप मेरी कमर को पीटे डाल रही थी और निरन्तर बढ़ती जा रही भीड़ चौतर्फा दबाव डाले जा रही थी, उन बहुत ही अप्रिय कार्यों में से एक था, जिन्हें मैं ही पूरा करता। पूर्व अपराह्न तक यह काम पूरा हो गया और खालों को स्वच्छता से अपने आदमियों द्वारा ले जाए जाने के लिए बँधवा कर मैं अपने पड़ाव तक वापस पाँच मील चलने के लिए तैयार हो गया।

सुबह आस-पास के गाँवों के प्रधान और अन्य लोग आ गए थे और चलने से पहले मैंने उन्हें विश्वास दिलाया कि चौगढ़ का नरभक्षी अभी मरा नहीं है और उन्हें चेताया कि सावधानियों को ढीला करने से शेरनी को वह मौका मिल जाएगा, जिसकी वह प्रतीक्षा कर रही है। यदि मेरी चेतावनी पर ध्यान दिया जाता तो नरभक्षी इतने ज़्यादा लोगों की जान न ले पाती, जितने लोगों की जान उसने आने वाले महीनों में ली थी।

उस नरभक्षी का फिर कोई समाचार नहीं मिला और डलकानिया में कुछ सप्ताह ठहर कर मैं तराई में जिला अधिकारियों से मिलने का ठहराव पूरा करने के लिए चला गया।

(3)

मार्च 1930 में हमारा जिला आयुक्त (कमिश्नर), विवियन नरभक्षी क्षेत्र में दौरा कर रहे थे तभी उस महीने की 22वीं तारीख को उसकी तरफ से मुझे काला आगर जाने का त्वरित निवेदन मिला, जहाँ, उन्होंने कहा, कि वे मेरी प्रतीक्षा करेंगे। नैनीताल से काला आगर मोटे तौर पर पचास मील दूर है और विवियन का पत्र मिलने के दो दिन बाद मैं समय रहते काला आगर वन के बंगले में नाश्ता लेने के लिए पहुँच गया जहाँ श्रीमती और श्री विवियन टिके हुए थे। नाश्ता करते समय विवियन दम्पत्ति ने मुझे बताया कि 21वीं तारीख के अपराह्न में वे बंगले में पहुँच चुके थे और वो जब बरामदे में बैठकर चाय पी रहे थे तो छह स्त्रियों में से जो बंगले के आँगन में घास काट रहीं थी एक स्त्री को मार कर नरभक्षी उठा ले गया था। घसीट कर ले जाने के रस्ते का विवियन ने अनुसरण किया और उस मृत स्त्री को एक बांज वृक्ष की जड़ में झाड़ियों के नीचे अटके हुए पाया। भूमि का निरीक्षण करने पर बाद में मैंने पाया कि विवियन की टोली के पहुँचने पर शेरनी पहाड़ी के नीचे चली गई थी और बाद की सारी गतिविधियों के दौरान मारी गई स्त्री से पचास गज़ की दूरी पर रसभरी की झाड़ियों के झुण्ड में पड़ी रही थी। विवियन के लिए बांज पर मचान बँधवाया गया तथा वन मार्ग के निकट दो अन्य वृक्षों पर, जो मारी गई स्त्री की जगह से ऊपर तीस गज़ की दूरी से होकर जाती थी, मचान बाँधे गए, जो उसके कर्मचारियों (स्टाफ) के लिए थे। मचान तैयार हो जाने पर लोग उन पर बैठ गए। यह टोली रातभर वहाँ बैठी रही परन्तु उन्हें शेरनी का कुछ भी देखने को नहीं मिला।

अगली सुबह उस स्त्री की लाश को दाहक्रिया के लिए वहाँ से हटा दी गई और बंगले से लगभग आधा मील की दूरी पर एक जवान कटड़ा वन सड़क पर बँधवाया गया जिसे शेरनी ने उसी रात मार दिया था। उससे अगले वाली शाम विवियन दम्पति फिर उस कटड़े पर बैठे। उस रात चाँद नहीं था और जैसे ही दिन का प्रकाश मद्धिम पड़ने लगा और आसपास की वस्तुएँ अस्पष्ट होने लगी, पहले उन्होंने आवाज़ सुनी, फिर देखा कि पहाड़ी पर कोई जानवर चढ़ रहा था। जिसे अनिश्चित प्रकाश में उन्होंने भ्रमवश भालू समझा। यदि उन्होंने यह दुभाग्यपूर्ण भूल न की होती तो उनके खिलाड़ी जैसे प्रयत्न का परिणाम उस नरभक्षी को मार गिराना होता क्योंकि विवियन दम्पति बहुत अच्छा राइफल चलाने वाले थे।

विवियन दम्पति 25 को काला आगर से चले गए और दिन में मेरे चार कटड़े डलकानिया से चलकर यहाँ पहुँच गए। शेरनी अब इस तरह का चारा स्वीकार करने के लिए प्रस्तुत लगने लगी थी। इसलिए बीच-बीच में समय छोड़कर मैं उन्हें वन सड़क से कुछ सौ गज़ की दूरी पर बाँध देता। एक के बाद दूसरी करके तीन रात तक शेरनी उन्हें छुए बिना उनके कुछ फुटों तक पास होकर गुज़री परन्तु चौथी रात बंगले के सबसे निकट वाला कटड़ा मार लिया गया। सुबह उस जगह का निरीक्षण करने पर यह देखकर निराश हो गया कि कटड़े को तेन्दुए के जोड़े ने मारा है जिन्हें मैंने पिछली रात बंगले से ऊपर बोलते सुना था। मुझे इस इलाके में गोलियाँ चलाने का विचार पसंद नहीं था क्योंकि ऐसा करने पर, मुझे डर था कि शेरनी यहाँ से दूर चली जाएगी, परन्तु यह बात स्पष्ट थी कि यदि तेन्दुओं को मारा न गया तो वे मेरे तीन बचे हुए कटड़ों को भी मार डालेगी इसलिए मैंने उसका पीछा किया।

मरे हुए कटड़े से थोड़ा ऊपर कुछ बड़ी चट्टानों पर पड़े वे धूप खा रहे थे तो मैं वहाँ पहुँच गया और दोनों को मार दिया।

काला आगर बंगले से वन सड़क पश्चिम की तरफ कई मील तक चीड़, बांज और बुरांस के बड़े सुन्दर वनों में से होकर जाती है और कुमाऊँ के बाकी भागों की तुलना में इन वनों में प्रचुर पक्षी सम्पति के अतिरिक्त

सांभर, काकड़ और सुअरों के रूप में काफी मात्रा में आखेट भी मिलता है। इस वन में दो अवसरों पर मुझे शेरनी द्वारा सांभर मारे जाने का सन्देह हुआ था, और यद्यपि दोनों बार मुझे रक्त से सनी वह जगह मिल गई थी, जहाँ जानवर को मारा गया था, मैं उन मारे गए जानवरों की खोज करने में विफल था।

आने वाले चौदह दिनों तक दिन के उजाले में रहने का अपना सारा समय मैंने या तो वन सड़क पर, जिस पर मुझे छोड़ कोई और कभी कदम नहीं रखता था, या जंगल में बिताया और इस अवधि में केवल दो बार शेरनी के निकट गया। पहले अवसर पर मैं काला आगर पहाड़ी धार के दक्षिण मुख पर था, और वहाँ से लौटते हुए एक गो-पथ का अनुसरण किया जो पहाड़ी धार के ऊपर से होकर वन सड़क की दूर वाली दिशा में उतर कर नीचे जाता था, जब चट्टानों से मैं दूर पहुँचा तो मुझे एकाएक ऐसा अनुभव हुआ कि आगे खतरा है। पहाड़ी धार से वन सड़क का फासला लगभग तीन सौ गज़ रहा होगा। पर्वत की धार को छोड़कर रास्ता, कुछ गज़ों तक तीखे ढाल से होता हुआ बाईं तरफ मुड़ गया था और पहाड़ी को पार करता सौ गज़ तक आड़ा होकर जाता था। चट्टानों का दूह इस रास्ते की लंबाई में दाएँ हाथ की दिशा में लगभग आधे में पड़ता था। चट्टानों से आगे एक अत्यन्त तीखा मोड़ उस रास्ते को बाईं तरफ ले जाता था, और उससे आगे भी एक तीखा मोड़ इसे नीचे की ओर ले जाकर इस वन सड़क से मिला देता था।

मैं इस रास्ते से होकर कितनी बार जा चुका था लेकिन यह पहला अवसर था कि जब मुझे चट्टानों को पार कर जाने में हिचकिचाहट हुई। इनसे बचने के लिए या तो मुझे कई सौ गज़ तक घने झाड़-झंखाड़ से होकर जाना पड़ता अथवा उनके चौतर्फा और उनसे ऊपर होकर जाने में लंबा-चौड़ा चक्कर लगाना पड़ता। पहले उपाय में मुझे एक बहुत बड़े खतरे का सामना करना पड़ता और दूसरे उपाय को अपनाने का मेरे पास समय नहीं था, क्योंकि सूरज छिपने वाला था और मेरा अभी दो मील और चलना बाकी था। इसलिए, मैं इसे चाहता या नहीं भी चाहता, चट्टानों का सामना करने के अलावा और कुछ नहीं बचा था। हवा पहाड़ पर ऊपर चलती जा रही थी इसलिए मैं रास्ते के बाईं तरफ के जंगल को अनदेखी कर सकता था और अपना सारा ध्यान अपनी दाईं ओर की चट्टानों पर केन्द्रित रख सकता था। सौ गज़ चलकर मैं खतरे के क्षेत्र से बाहर हो जाऊँगा और यह दूरी मैंने फुट-फुट करके चट्टानों की तरफ मुँह करे कन्धे पर राइफल रखे किनारे दर किनारे चलते हुए पूरी की। यदि कहीं कोई वहाँ देखने वाला होता तो उसे आगे बढ़ने का यह तरीका कितना विचित्र लगता।चट्टानों से तीस गज़ की दूरी पर एक खुला वन क्षेत्र था जो रास्ते के दाएँ हाथ वाले पार्श्व से शुरू होकर पचास या साठ गज़ चल पहाड़ी तक जाता था और चट्टानों को झाड़ियों की झालर की ओट में छिपा देता था। एक काकड़ इसी क्षेत्र में चर रहा था। इससे पहले कि वह मुझे देख पाए मैंने उसे देखा और अपनी आँख के कोने से उस पर दृष्टि लगा दी। मुझे देखते ही उसने अपना सिर तुरन्त ऊपर उठाया और चूँकि मैं उसकी दिशा में बिना देखे धीरे-धीरे आगे बढ़ रहा था, वह एकदम निश्चेष्ट होकर खड़ा हो गया, क्योंकि इन जानवरों को ऐसा करने की आदत होती है, जब वे इस खयाल में होते हैं कि उन्हें किसी ने नहीं देखा है। अत्यधिक तीखे मोड़ पर आकर मैंने कन्धों से सिर ऊपर उठाकर देखा कि काकड़ ने फिर सिर झुका लिया और वह फिर से घास चरने लग गया है।

मोड़ को पार करके मैं रास्ते पर थोड़ी दूरी तक ही चला होऊँगा कि काकड़ ताबड़-तोड़ भागता पहाड़ी पर चढ़ने लगा, वह दौरा पड़ने की तरह चिल्ला रहा था। जल्दी-जल्दी कुछ डग भरकर मैं फिर से मोड़ पर लौट आया और ठीक समय पर ही मैंने मार्ग के निचले पार्श्व पर झाड़ियों में कुछ हलचल होती देखी। काकड़ ने शेरनी को देख लिया, यह बात स्पष्ट थी, और एकमात्र जगह जहाँ वह उसे देख सकता था, वह मार्ग ही था। जिस हलचल को मैंने देखा, वह किसी पक्षी के उड़कर जाने से हो सकती थी या इसके विपरीत उस शेरनी द्वारा की गई भी हो सकती थी। जो भी हो, अपने मार्ग पर आगे बढ़ने से पूर्व कुछ खोज-अन्वेषण कर लेना जरूरी था।

चट्टान के नीचे से रिस-रिस कर आती पानी की पतली धार ने रास्ते की लाल चिकनी मिट्टी को, जिससे वह बनाया गया था, गीला कर दिया था, जिससे वह रास्ते पर निशान बनने के लिए आदर्श स्तर बन गयी थी। मेरे पैरों के निशान इस गीली चिकनी मिट्टी में भी बन गए थे और इन्हीं पगचिन्हों के ऊपर मुझे शेरनी के ठुके हुए पंजों के पगचिह्न उस जगह से, जहाँ वह चट्टानों से कूदी थी और जब तक काकड़ ने उसे देखा नहीं था मिला और खतरे की पुकार नही दे दी, मेरा पीछा किया था, जिसके बाद शेरनी रास्ता छोड़कर झाड़ियों में घुस गई थी, जहाँ मैंने हलचल होती देखी थी। निस्सन्देह शेरनी इस भूमि के चप्पे-चप्पे से परिचित थी और चट्टानों पर मुझे मारने का मौका न पाकर और अत्यधिक तीखे मोड़ पर मुझे खत्म कर पाने का अवसर काकड़ द्वारा खराब कर दिये जाने से कदाचित् वह घनी झाड़ियों में से होते हुए अगले मोड़ पर रास्ते में मुझे रोकने के लिए आगे आ रही थी।

इस रास्ते से और आगे बढ़ना अब उचित नहीं था इसलिए काकड़ के साथ-साथ मैं खुले क्षेत्र में ऊपर की तरफ गया और बाईं तरफ मुड़कर नीचे की ओर खुली भूमि पर होता नीचे वन सड़क की तरफ चल पड़ा। यदि पर्याप्त दिन प्रकाश होता तो मुझे विश्वास था कि उस शाम शेरनी का पासा पलट देता क्योंकि चट्टानों का आश्रय उसके द्वारा छोड़ दिए जाने के बाद वहाँ की सारी दशाएँ मेरे पक्ष में ही थी। मैं भूमि को भी उतना ही जानता था जितनी शेरनी और जबकि उसके प्रति मेरा सही इरादा क्या है उस पर सन्देह करने का उसके पास कोई कारण नहीं था, मुझे बड़ी स्पष्टता से अपने प्रति उसका इरादा जानने का भी लाभ प्राप्त था। तथापि, यद्यपि दशाएँ मेरे पक्ष में थी, उनका लाभ उठाने में, संध्या में अधिक देरी हो जाने से मैं समर्थ नहीं था।

अन्यत्र मैं उस मनोभावना का उल्लेख कर चुका हूँ जो हमें आने वाले खतरों की चेतावनी दे देती है और उस विषय में इतना कहने के अतिरिक्त कि यह एक वास्तवकि मनोभावना है मैं उसे जानता नहीं हूँ, इसलिए यह भी नहीं समझा सकता कि यह कैसे काम करने लग जाती है। इस विषय पर कुछ और लिख-बताने का परिश्रम मैं नहीं करूँगा। इस अवसर पर शेरनी को न तो मैंने देखा था और न ही सुना था और न किसी पशु या पक्षी से उसके होने का कोई संकेत ही मुझे मिला था, फिर भी मुझे बिना सन्देह के पता था कि मेरे इन्तज़ार में वह चट्टानों में छिपी लेटी हुई है।

मैं उस दिन कितने ही घंटे बाहर रहा और सावधानी में बिना किसी कमी के कितने ही मील जंगल में चला था, परन्तु एक क्षण के लिए भी मुझे कोई बेचैनी महसूस नहीं हुई थी, और तब पहाड़ी धार के शिखर पर चट्टानों के सामने पड़ते ही मैं जान गया था कि मेरे लिए वहाँ खतरा है और कुछेक मिनटों बाद ही जगंलवासियों को दी गई खतरे की चेतावनी पुकार और मेरे द्वारा अपने ही पदचिह्नों के ऊपर बनाए हुए नरभक्षी के पगचिह्नों की खोज करने से उसकी पुष्टि भी हो गई।

(4)

मेरे उन पाठकों को जिन्होंने मेरे वर्णन में यहाँ तक मेरा साथ देने का धैर्य दिखाया है मैं शेरनी के साथ हुई अपनी पहली और अंतिम भेंट का स्पष्ट और विस्तृत वर्णन भी सुनाना चाहूँगा।

मेरी उससे यह भेंट काला आगर पहुँचने के उन्तीस दिन बाद 11 अप्रैल 1930 को पूर्व अपराह्न में हुई थी।

2 बजे मैं उस दिन वन सड़क पर चुनी हुई जगहों पर अपने तीन कटड़े बँधवाने के इरादे से गया कि बंगले से एक मील की दूरी पर एक जगह, जहाँ सड़क पहाड़ी धार को पार करती है और काला आगर पर्वत माला के उत्तर से पश्चिम मुख की तरफ जाती है, मुझे लोगों की एक बड़ी टोली मिली जो जलाऊँ लकड़ियाँ बीनने के लिए निकले थे। इस टोली में एक बूढ़ा आदमी भी था जिसने पहाड़ी से नीचे, जहाँ हम खड़े थे, उससे कोई पाँच सौ गज की दूरी पर उगे हुए नये बांज वृक्षों के एक झुण्ड की ओर संकेत करते हुए कहा कि यही वह झुण्ड

है जहाँ एक महीना पहले नरभक्षी ने उसके एकमात्र पुत्र,अठारह वर्ष के लड़के को मार डाला था। मैंने अपने बेटे के मारे जाने का उसके पिता द्वारा दिया गया वृतान्त नहीं सुना था, इसलिए जब हम सड़क किनारे बैठे धूम्रपान कर रहे थे तो हमें उसने अपनी कहानी, वह जगह दिखाते हुए सुनाई, जहाँ लड़का मारा गया था और जहाँ उसका, जो कुछ बचा-खुचा था, अगले दिन पाया गया। अपने लड़के की मृत्यु का आरोप उसने उन पच्चीस लोगों पर लगाया जो उस दिन भी जलाऊँ लकड़ियाँ बटोरने के लिए निकले थे, और बहुत कटु होकर कहा कि वे उसे शेर द्वारा मारे जाने के लिए छोड़कर भाग गए थे। मेरे पास बैठे कुछ आदमियों ने, जो उन पच्चीस आदमियों की टोली में भी सम्मिलित थे, जोर-जोर से लड़के की मृत्यु में अपनी जिम्मेदारी का प्रतिवाद किया और उसी पर आरोप लगाया कि यह चीखकर कि उसने शेर को गुर्राते हुए सुना है और सभी को जान बचाने के लिए भाग जाने को कहकर, भगदड़ मचवाने के लिए वही उत्तरदायी था। बुड्ढे को इससे सन्तोष नहीं हुआ, उसने सिर हिलाकर कहा "तुम बड़े आदमी हो, और वह तो बच्चा ही था, तुम भाग निकले, और उसे मरने के लिए छोड़ गए।" मैंने उन प्रश्नों को पूछने के लिए खेद प्रकट किया जिसके कारण यह गरमागर्म विवाद शुरू हो गया था और कुछ फायदा होने की जगह उस वृद्ध पुरुष को शान्त करने के लिए ही कहा कि अपना एक कटड़ा मैं उसी जगह के पास बाधूँगा जहाँ उसने बताया था कि उसका लड़का मारा गया था। अतः अपने दो कटड़े बंगले में वापस ले जाने के लिए टोली को सौंप कर अपने दो आदमियों को बचा कटड़ा पकड़ाकर, अपने पीछे-पीछे लिए मैं वहाँ से चल पड़ा।

एक पगडंडी, जो वहाँ से फूटती थी जहाँ हम बैठे थे पड़ाव से उतर कर नीचे घाटी तक जाती थी और टेढ़ी-मेढ़ी होकर सामने के चीड़ों से भरे ढलान पर चढ़ दो मील आगे जाने पर वन सड़क में मिल जाती थी। यह पथ खुली भूमि के एक टुकड़े के पास होकर गुज़रता था जिसके किनारे बांज का झुण्ड था जिसमें लड़का मारा गया था। भूमि के उस टुकड़े पर जो लगभग तीस गज़ वर्ग का था एक अकेला चीड़ का वृक्ष था। यह मैंने काट दिया। इसके ठूंठ पर मैंने कटड़े को बाँधा, एक आदमी को उसके लिए घास काटकर लाने को भेजा और दूसरे आदमी, माधो सिंह, को जिसने विश्व महायुद्ध के दौरान गढ़वाली पल्टन में सेवा की थी और अब संयुक्त प्रान्त सिविल पायनियर फोर्स में सेवा कर रहा था, यह अनुदेश देकर कि वह बांज वृक्ष पर चढ़ कुल्हाड़ी के मोटे सिरे से सुखी टहनियों पर चोट करे और अपनी पूरी आवाज़ से चिल्लाए, जैसा पहाड़ी लोग अपने पशुओं के लिए पत्तियाँ काटते समय किया करते हैं। फिर मैंने उस खुली भूमि के निचले कोने पर लगभग चार फुट ऊँची चट्टान के ऊपर अपना मोर्चा जमा दिया। चट्टान से आगे पहाड़ी बड़े तीखे ढलान से उतरती नीचे घाटी में जाती थी और पहाड़ी घने वृक्षों व क्षुद्ररोह जंगलों से ढकी हुई थी।

भूमि वाला वह आदमी घास लेकर आने के कई चक्कर लगा चुका था और माधो सिंह एकान्तर से मस्ती में कभी चिल्ला तो कभी गाना गा रहा था, और मैं चट्टान पर बैठा अपनी बाईं बाँह की बगल में राइफल रखे धूम्रपान कर रहा था कि अचानक मुझे पता लगा कि नरभक्षी आ पहुँचा है। भूमि पर काम कर रहे आदमी को तुरन्त अपने पास आने का इशारा देकर मैंने माधोसिंह का ध्यान आकर्षित करने के लिए सीटी बजाई और उसे चुपचाप रहने का संकेत दिया। भूमि तीन तरफ से अपेक्षतया खुली हुई थी। वृक्ष पर चढ़ा माधोसिंह बाईं ओर मेरे सामने था, घास काटने वाला आदमी ठीक सामने था और कटड़ा बेचैनी के चिह्न प्रकट करने लगा था मेरे दाईं तरफ सामने ही। इस क्षेत्र में शेरनी मेरे द्वारा उसे देखे बिना नहीं आ सकती थी। और अब वह आ ही चुकी थी, इसलिए एक ही जगह बची थी जहाँ वह अब हो सकती थी, और वह थी मेरे पीछे और ठीक मेरे ही नीचे।

मैंने अपनी जगह को संभालते हुए देखा कि चट्टान के आगे वाला पार्श्व ढलवां और चिकना था और पहाड़ी से नीचे आठ या दस फुट तक चला गया था और उसका नीचे का भाग घनी झाड़ियों और चीड़ के नये बाल वृक्षों से ढककर छिप गया था। इससे होकर शेरनी का चट्टान पर चढ़ पाना थोड़ा कठिन, परन्तु संभव

अवश्य था और अपनी सुरक्षा के लिए मैंने, यदि वह आक्रमण करे तो, झाड़ियों में उसके आने की आवाज़ सुनने पर निर्भर रहना तय किया था।

इस बात से मुझे कोई सन्देह नहीं हुआ कि शेरनी माधोसिंह द्वारा किए जा रहे कोलाहल से आकर्षित होकर, जैसा मैंने सोचा था कि वह ज़रूर होगी, चट्टान पर आ गई और उसी समय जब वह ऊपर की तरफ मुझे देख रही थी और अपनी अगली चाल की योजना बना रही थी, मुझे पता लग गया कि वो यहीं है। मेरे मोर्चा बदलने ने मेरे आदमियों की चुप्पी के साथ मिलकर, उसे संशयालु बना दिया। जो भी हो, कुछ मिनट बाद मैंने एक सूखी टहनी को पहाड़ी से कुछ दूर नीचे टूटते सुना। इसके बाद मेरी बेचैनी की भावना जाती रही और तनाव कम हो गया। एक अवसर हाथ से गया परन्तु फिर भी मेरे लिए गोली चलाने का अच्छा मौका अभी था क्योंकि बिना अधिक विलम्ब किए वह फिर वापस आएगी और जब हमें वहाँ से चला गया देखेगी तो कदाचित् कटड़े को मारकर ही सन्तुष्ट हो जाएगी। दिन के प्रकाश बने रहने के अभी चार-पाँच घंटे बचे थे और घाटी पार कर सामने वाले ढाल से ऊपर चढ़कर मैं समूचे पहाड़ी पार्श्व का निरीक्षण कर पाऊँगा जिसपर कटड़ा रस्सी से बँधा हुआ था। यह गोली, यदि उसे चलाने का मौका मिला तो, दो या तीन सौ गज़ की दूरी से चलाई लॉग ग्राफ होगी परन्तु 275 बोर की राइफल, जिसे मैं लिया था, बहुत सही-सही थी और यदि मैं शेरनी को घायल करने में ही सफल हुआ तो उसका रक्त गिरकर बनी रेखा उसका पीछा करने को मिल जाएगी, जो सैंकड़ों वर्गमील में फैले जंगल में उसे ढूँढते की अपेक्षा, जो मैं पिछले कई महीनों से करता रहा हूँ, अधिक अच्छा होगा।

आदमियों का होना एक कठिनाई था। उन्हें बंगले में वापस भेजना उनकी हत्या करने से कुछ कम नहीं होता। इसलिए मजबूरी में उन्हें अपने साथ ही रख लिया।

कटड़े को ठूंठ से इस तरह बाँधकर कि शेरनी को उसे उठाकर ले जाना असंभव हो जाए, मैंने वह खुली जगह छोड़ी और अपनी वह योजना, जिसकी रूपरेखा ऊपर बताई है, पूरी करने के लिए फिर से पथ पर आ गया। यह योजना सामने वाली पहाड़ी से उस पर गोली चलाने की कोशिश करने की थी।

सौ गज़ तक लगभग पथ पर चलने के बाद मैं खड्ड पर पहुँचा। दूर वाले पार्श्व की ओर यह पथ भारी झाड़-झंखाड़ में से होकर जाता था, और चूँकि दो आदमियों को साथ लेकर इस घने जंगल में जाना उचित नहीं था, मैंने खड्ड तक जाने, घाटी में सड़क के साथ मिलने के स्थल तक उसी पर चलते जाने, फिर घाटी में से ऊपर चढ़, झाड़-झंखाड़ दूर पड़ने वाले पार्श्व का रास्ता फिर लेने का निर्णय किया।

खड्ड लगभग दस गज़ चौड़ा और चार या पाँच फुट गहरा था और जैसे ही मैं नीचे की तरफ उतरा तो एक उल्लू उस चट्टान पर से, जिसपर मैंने अपना हाथ रखा था, फड़फड़ा कर वहाँ से उड़ा। वह जगह, जहाँ से पक्षी उड़ा था, देखने पर मुझे वहाँ दो अंडे दिखाई पड़े। भूसे जैसे रंग के, जिनपर अच्छे भूरे रंग के निशान बने थे, बहुत असामान्य आकार के थे, इनमें एक लंबा और नुकीला था और दूसरा कंचे की तरह गोल था। चूँकि मेरे संग्रह में उल्लू का अंडा नहीं था इसलिए मैंने इन विचित्र अंडों को उससे मिलाने का निर्णय लिया। अण्डों को रखकर ले जाने के लिए मेरे पास कोई पात्र नहीं था इसलिए बाएँ हाथ को प्याली बनाकर उसमें मैंने इन अण्डों को रख लिया और उनके चारों तरफ थोड़ी-सी काई लगाकर उन्हें पैक कर लिया।

मैं जैसे-जैसे खड्ड में नीचे उतरा उसके किनारे और ज़्यादा ऊँचे होते गए और उस जगह से, जहाँ पर मैं उसमें नीचे उतरा था, कोई साठ गज़ जाने पर ऐसी जगह पहुँचा जहाँ बारह से चौदह फुट का गहरा गिरान था। जो पानी बरसात में इन पहाड़ी खड्डों में तेजी से बहकर नीचे जाता है उसने चट्टान को घिसकर काँच जैसा चिकना बना दिया था और चूँकि यह इतना अधिक ढलवां था कि उस पर पैर नहीं जमाया जा सकता मैं राइफल उन आदमियों को दे, किनारे पर बैठ, नीचे की तरफ सरकने लगा। मेरे पैर मुश्किल से उसकी रेतीली

तली से लग पाए थे कि मेरे दोनों आदमी एक-एक कर, उड़ती छलांग लगाते, मेरे दाएँ-बाएँ आ-आकर नीचे गिरे और राइफल मेरे हाथ में थमा, बड़े उत्तेजित हो मुझ से पूछा कि क्या मैंने शेर की आवाज़ सुनी है। वास्तव में मैंने कुछ नहीं सुना था, संभव है मेरे कपड़ों की चट्टान पर रगड़ होने की वजह से, तो पूछने पर उन आदमियों ने बताया कि जो उन्हें सुनाई पड़ा वह कहीं बहुत ही पास से भारी गले से हो रही गुर्राहट थी, पर वह ठीक-ठीक किस दिशा से आ रही है, बताने में समर्थ नहीं थे। शेर गुर्राकर अपनी उपस्थिति प्रकट करने की गलती नहीं करते जब उनको अपने भोजन की खोज रहती है और इसका एक ही और बड़ा असन्तोषप्रद स्पष्टीकरण, यही दिया जा सकता है कि खुली भूमि छोड़ने के बाद से शेरनी निरन्तर पीछे लगी रही थी और हमें खड्ड में नीचे उतरते देख उसने आगे निकल कर खड्ड में ऐसी जगह संभाल ली थी जहाँ उसकी चौड़ाई घटती-घटती आधी हो गई थी और जब वह मेरे ऊपर उछलने वाली थी, मैं नीचे सरक उसकी दृष्टि से ओझल हो गया था जिससे मिली निराशा को उसने अप्रयास हल्की गुर्राहट से अभिव्यक्त किया था। यह सन्तोषजनक कारण नहीं है यदि यह न मान लिया जाए बिना किसी तर्क के कि अपने रात्रि भोजन के लिए उसने मुझे चुना था, इसलिए उन दो आदमियों में उसकी रुचि नहीं रह थी।

अभी हम तीनों जहाँ गुच्छा बने खड़े थे, वहाँ हमारे पिछली तरफ चिकनी ढलवां चट्टान, हमारे दाएँ चट्टानी दीवार, पन्द्रह फुट ऊँची और खड्ड के ऊपर थोड़ी झुकी हुई और हमारे बाएँ तीस से चालीस फुट ऊँची बड़ी-बड़ी चट्टानों का ढहा हुआ किनारा था। रेतीली तली जिस पर हम खड़े थे, लगभग चालीस फुट लंबी और दस फुट चौड़ी थी। रेतीली तली के निचले किनारे आर-पार चीड़ का बड़ा वृक्ष गिरा हुआ था और इस तरह बने बाँध से ही वहा रेत इकट्ठी हो गई थी। ऊपर लटकी चट्टानी दीवार गिरे हुए वृक्ष से बारह या पन्द्रह फुट की दूरी पर खत्म हो गई थी और रेत पर चलने से आवाज़ न करते हुए चट्टान के किनारे पहुँचा तो सौभाग्य से पाया कि रेतीला तल चट्टान के ठीक पिछे तक चला गया है।

इस चट्टान का, जिसके बारे में मैंने इतना अधिक लिखा है, सबसे अच्छा वर्णन स्कूल की महाकाय स्लेट के रूप में दिया जाता है। निचले सिरे पर यह दो फुट मोटी लंबे पार्श्व पर पूरा लम्ब बनाती तो नहीं खड़ी हुई थी।

मैं जैसे ही इस महाकाय स्लेट से नीचे आया तो पीछे की तरफ मुड़ दाएँ कन्धे से ऊपर सीधे शेरनी के चेहरे पर ही दृष्टि पड़ी।

इस स्थिति का मैं स्पष्ट चित्र आपको देना चाहता हूँ।

चट्टान के पीछे वाली रेतीली तली बिलकुल समतल थी। दाईं और पंद्रह फुट ऊँची बाहर की तरफ कुछ झुकती चिकनी चट्टान और बाईं ओर रगड़ा हुआ ढलवां किनारा था। वह भी पन्द्रह फुट ऊँचा था जिसपर उगी कंटीली झाड़ियों का घना उलझाव नीचे की तरफ लटका हुआ था, दूर वाले सिरे पर वैसी ही फिसल-सीढ़ी (स्लाइड) थी जैसी से मैं नीचे उतरा था, पर यह उससे थोड़ी ऊँची थी। इन तीन प्राऔतिक दीवारों से घिरी रेतीली तली लगभग बीस फुट लंबी और उससे आधे जितनी चौड़ी थी और इसी पर पड़ी, अगले पंजे बाहर निकाले और पिछली टांगों को अपने नीचे अच्छी तरह मोड़े हुए शेरनी बैठी थी। उसका सिर पंजों से कुछ ऊपर उठा था मेरे से आठ फुट (बाद में नापा गया) की दूरी पर था, चेहरे पर मुस्कान थी, ठीक उस जैसी जो लंबी अनुपस्थिति के बाद मालिक के घर लौटने पर स्वागत करते कुत्ते के मुख पर दिखाई देती है।

मेरे मन में दो विचार बिजली की तरह कौंधे पहला, कि खेल की पहली चाल मुझे ही चलनी है, दूसरा यह कि चाल इस तरह चली जाए कि उससे शेरनी घबरा या परेशान न हो जाए। राइफल छाती के आरपार आड़ी दाएँ हाथ में पकड़ी हुई थी और उसका सुरक्षा-ग्राह (सेफ्टी कैच) खुला हुआ था, तथा शेरनी पर निशाना साधकर गोली दागने के लिए राइफल को तीन-चौथाई वृत में घुमाना आवश्यक था।

उस राइफल को घुमाने का कार्य एक हाथ से धीरे-धीरे करना आरम्भ किया जो मुश्किल से ही दिखाई पड़ सकता था और वृत का चौथाई भाग पूरा हुआ, कुन्दा मेरा दायाँ हाथ स्पर्श करने लगा, अब हाथ फैलाना आवश्यक था और जैसे ही कुन्दा मेरी बगल से हटा बाकी घुमाना भी धीरे-धीरे बढ़ाया जाता रहा। मेरी बाँह पूरी फैल चुकी थी और राइफल का बोझ भारी पड़ने लगा था। नाल को अब थोड़ा आगे जाना बाकी था और शेरनी, जिसने एक बार भी मुझ पर से आँखें नहीं हटाई अब भी मुझे ही देख रही थी और उसके चेहरे पर प्रसन्नता का भाव पूर्ववत् विद्यमान था।

राइफल को तीन-चौथाई वृत पूरा करने में कितना समय लगा यह बताने की स्थिति में मैं नहीं था। मेरे लिए, जो शेरनी की आँखों में ही देख रहा था, नाल की हरकत का अनुसरण करना संभव नहीं था। ऐसा लग रहा था कि मेरे हाथ में लकवा मार दिया है अथवा घुमाव कभी पूरा ही नहीं हो पाएगा। तथापि, अन्ततः यह गतिविधि भी पूरी गई और जैसे ही राइफल की नाल शेरनी की तरफ संकेत करने लगी मैंने उसका घोड़ा दबा दिया।

मैंने उसकी चलने की आवाज सुनी जो उस सीमित स्थान में कुछ अतिरंजित हो गई थी, उसके पिछले हिस्से की तरफ लगा धक्का अनुभव किया और राइफल चली थी, इसके इन दृश्यमान प्रमाणों के अतिरिक्त मेरा खयाल है कि यदि उस गोली से उत्पन्न हुए सभी परिणामों को एक तरफ रहने दें, तो मैं जरूर उन भयानक दिवास्वप्नों की जकड़न में आ गया था जिनमें राइफल क घोड़ा बार-बार खींचा जाने पर भी क्रान्तिक समय पर राइफल चलने से इन्कार कर देती है। अनुभव संभव कुछ क्षणों तक शेरनी बिलकुल निश्चेष्ट बनी रही, उसके बाद बहुत धीरे-धीरे उसका सिर बाहर की तरफ आगे फैले उसके पंजों में डूब गया और उसी समय गोली से बने छिद्र से रक्त की पतली धार फूटी। गोली ने उसकी रीढ़ घायल करते हुए हृदय का ऊपरी भाग तोड़-फोड़ डाला था।

दोनों आदमी जो कुछ गज़ की दूरी पर मेरे पीछे-पीछे आ रहे थे और चट्टान की मोटाई द्वारा शेरनी से अलग हो गए थे। उन्होंने जब मुझे रुकते और सिर मोड़ते देखा तो वे भी रुक गए। स्वभाववश वे जान गए कि मैंने शेरनी को देखा है और मेरे व्यवहार से उन्होंने जाँच लिया कि यह बिलकुल पास ही कहीं है। बाद में माधोसिंह ने मुझे बताया कि वह मुझे पुकार कर कहना चाहता था कि मैं अण्डे गिराकर दोनों हाथ राइफल पर लगा दूँ। जब मैंने गोली चलाई और राइफल का सिरा अपने पंत्री पर टिका दिया था, तो इशारा करने पर माधोसिंह उसे मुझसे लेने आगे आया, क्योंकि एकदम अचानक मेरी टाँग मुझे संभालने से जवाब देने लगी, इसलिए मैं उस गिरे हुए वृक्ष की तरफ बढ़ा और जाकर उसके ऊपर बैठ गया। शेरनी के पैरों की गद्दीयाँ देखने से पहले ही मैं जान गया कि यह चौगढ़ की शेरनी है जिसे मैंने यमलोक में पहुँचा दिया था तथा वह कैथी जिसने चौंसठ मानव जीवनों की रस्सियाँ काटने में उसकी सहायता की थी। जिले के लोगों ने यह संख्या इससे दुगुनी बताई थी अब, जबकि बाज़ी उसी के हाथ में थी स्थिति उलट गई थी और उसी के अपने जीवन की रस्सियाँ काट डाली थी।

मेरी तीन बातें जो आपको मेरे विपक्ष में रही प्रतीत हो सकती है, वास्तव में मेरे पक्ष में जाती हैं। ये बाते इस प्रकार हैं (1) मेरे बाएँ हाथ में अंडे होना, (2) हल्के राइफल होना जिसे मैं लिए हुए था, और (3) शेरनी का नरभक्षी होना। यदि मेरे हाथ में वो अण्डे न होते तो मेरे दोनों हाथ राइफल पर होते और जब मैं पीछे की तरफ देखता और शेरनी को अपने इतने निकट पाता तो स्वभावतः मैं घूमकर अपना चेहरा उसकी तरफ करने का प्रयत्न करता जो उसकी उछाल मेरे कोई हरकत न करने से रुकी रह गई, कोई सन्देह नहीं इसमें कि वह जरूर ही की जाती। और यदि राइफल हल्की न होती तो मैं उसे इस तरह से घुमा न पाता, जिस तरह इसे घुमाना और अपनी बाँह पूरी तरह फैलाकर इसे चलाना मेरे लिए आवश्यक हो गया था और अन्ततः यदि इसकी जगह कोई साधारण शेर होता, कोई नरभक्षी न होता तो, इस तरह अपने को कोने में घिरा पाकर वह

खुली जगह की तरफ जाता और मुझे अपने रास्ते से पीछे हटा दूर करता। और किसी शेर द्वारा रास्ते से हटाए जाने के परिणाम प्रायः सांघातिक होते हैं।

वो आदमी जब चक्कर लगाकर पहाड़ी पर चढ़ा, कटड़े को खोलने और उसकी रस्सियाँ लाने गए जिनकी एक अन्य और अधिक मनपसंद प्रयोजन के लिए आवश्यकता थी, तो मैं चट्टान के ऊपर चढ़ा और उन अण्डों को उनकी सही जगह पर फिर से रखने के लिए खड्ड के ऊपर गया।मैं खुद को अपराधी मानता हूँ कि मैं अपने शिकारी भाइयों की तरह अंधविश्वासी हूँ। एक पूरे वर्ष के दौरान तीन लंबी-लंबी अवधियों में मैंने शेरनी पर गोली चलाने के लिए कोशिशें, बल्कि जी-जान वाली कोशिशें की और उनमें विफल रहा और अब उन अण्डों को उठाने के बाद चंद मिनटों के अंदर उन अण्डों ने मेरा भाग्य बदल दिया था।

वो अंडे जो इतने समय तक मेरे बाएँ हाथ की गदेली में सुरक्षित थे अब भी गर्म थे जब मैंने उन्हें फिर से चट्टान के उस छोटे गड्ढे में रख दिया जो उनके नीड का काम देता था और आधा घंटे बाद उसी रास्ते होता फिर गुजरा तो अपनी अंडे सेती माँ के तले वे अदृश्य बन चुके थे जिसका रंग उस चितकबरी चट्टान के साथ इतना मेल खाता था कि मेरे लिए भी जो जगह को सही-सही जानता था कि नीड कहाँ पर है, उसे आसपास के चतुर्दिकावरण से अलग करना मुश्किल था।

जो कटड़ा, महीनों की देखरेख के पश्चात पालतू बन गया था और कुत्ते की तरह पीछे लगा फिरता था, आदमियों के पीछे-पीछे पहाड़ी से नीचे आ गया तो उसने नाक लगाकर शेरनी को सूँघा और रेत पर लेट सन्तोष से जुगाली करने लगा, उधर हमने रस्सियों द्वारा शेरनी को मजबूत बल्ली से कसकर बाँधा जिसको मेरे आदमी काटकर लेकर आए थे। मदद लाने के लिए मैंने माधोसिंह को बंगले वापस भेजने की कोशिश की परन्तु वह ऐसा करने की बात तक सुनने को तैयार नहीं था। वह और उसका साथी नरभक्षी को ले जाने के गौरव में किसी को भी हिस्सा लेने देने को तैयार नहीं थे और यदि इस काम में मैं उनका हाथ बटाऊँ तो, उन्होंने कहा, बीच में कई जगह रुक-रुक कर उनके लिए यह काम करना कठिन नहीं होगा। हम तीनों हट्टे-कट्टे आदमी थे, दो जिन्हें बचपन से ही भारी बोझ ढोने का अभ्यास था और तीनों बाहर खुले में जीवन बिताकर कठोर-शरीर बना चुके थे, परन्तु इतना होने पर भी, वह काम, जिसे करने की हमने ठान ली थी, एक बहुत भारी काम था।

हम जिस रास्ते से नीचे आए थे, वह उस बल्ली के लिए बहुत तंग और चक्करदार था, जिससे शेरनी को हमने रस्सियों से बाँधा था, इसलिए साँस जमाने और गद्दियों को फिर ठीक से लगाने के लिए ताकि बल्ली कन्धे के पुट्ठों में ज़्यादा गहराई से काटने न लग जाए, हम रसभरी और ब्रायर की झाड़ियों के उलझाव में से होते हुए सीधे ऊँची पहाड़ी पर पहुँचे। झाड़ियों के काँटों पर हमारे कपड़ों के और कुछ खाल के टुकड़े भी अटक रहे थे, जिसकी वजह से कितने ही दिनों तक नहाना भी हमारे लिए कष्टकर कार्य बन गया।

आसपास की पहाड़ियों पर सूर्य उस समय भी चमक रहा था जब तीन बिखरे हालचाल वाले किन्तु बड़े खुश आदमी, जिनके पीछे-पीछे एक कटड़ा चला आ रहा था, एक शेरनी को ढोकर काला आगर वन बंगले में लाए और उस दिन की संध्या के बाद, पर्वतों और घाटियों के सैंकड़ों वर्ग मील में फैले हुए इस क्षेत्र से आज दिन तक न तो कोई आदमी मारा गया न जख्मी हुआ, जिस पर चौगढ़ की शेरनी ने पाँच वर्षों तक अपनी हुकूमत चलाई थी।

मानचित्र के पूर्वी कुमाऊँ पर, जो मेरे सामने की दीवार पर टंगा हुआ है, मैंने एक काटा और तारीख लगा दिया है जिसे इस नरभक्षी ने अर्जित किया है। यह काटा काला आगर से पश्चिम दो मील की दूरी पर लगा है और इसके नीचे तारीख पड़ी है 11 अप्रैल 1930।

शेरनी का पंजा टूट चुका है और बाहर की तरफ झुर्रिदार बन गए थे। उसका एक श्वदंत टूटा हुआ था, और सामने वाले दाँत हड्डी तक घिस चुके थे। यही वो दोष था जिन्होंने उसे नरभक्षी बनाया था और उन्हीं के कारण वह उस दिन के बाद से, जब उससे उसके बच्चे की सहायता छिन गई, जिसे मैंने पहली बार यहाँ आने पर, गलती से गोली चला मार डाला था, उसने जितने आदमियों पर आक्रमण किया उसके काफी बड़े समानुपात को, अपने स्वयं के प्रयत्नों से, एकदम मार डालने में समर्थ नहीं रह गई थी।

पवंलगढ़ का कँवारा शेर

शीतकालीन निवास से हमारे तीन मील दूर वन के हृदय में चार सौ गज़ लंबा और उससे आधा चौड़ा मरकत घास से युक्त और चारों तरफ बड़े-बड़े वृक्षों से घिरा हुआ और बीच-बीच में वेत्र लताओं की झालरों वाला एक खुला क्षेत्र है जिसकी सुन्दरता में कोई अन्य क्षेत्र उसके बराबर नहीं है, उसी में सबसे पहले मैंने वह शेर देखा जो संयुक्त प्रान्त (अब उत्तर प्रदेश) में सर्वत्र "पवंलगढ़ का कँवारा शेर" नाम से जाना जाता था और 1920 से 1930 तक इस प्रान्त में सर्वाधिक चाहा जाने वाला बड़े आखेट का विजयोपहार था।

एक दिन सुबह सर्दियों में जब सूर्य उदय हुआ ही था कि मैं खुले क्षेत्र से ऊपर दिख रही ऊँची भूमि के शिखर पर गया। उसके दूर वाली तरफ कुछ लाल जंगली मुर्गियाँ बिल्लौर जैसी स्वच्छ जलधारा के किनारे गिरी सूखी पत्तियाँ कचोड़ रही थी और मरकत-हरी घास पर, जो उसपर पड़ी ओस के कारण बीच-बीच में चमक उठती थी पचास या उससे कुछ ज्यादा चीतल फैलकर चर रहे थे। वृक्ष के उस ठूंठ पर बैठकर वहाँ धूम्रपान कर रहा मैं कितनी ही देर से यह दृश्य देख रहा था कि मेरे पास ही खड़ी माँदा चीतल ने अपना सिर उठाया, मेरी तरफ मुड़ी और बोलने लगी और उसके एक क्षण बाद मेरे नीचे वाली घनी झाड़ियों में से बाहर निकल कंवारे शेर ने खुली भूमि में पदार्पण किया, अपना सिर ऊँचा उठाए कुछ क्षणों तक वह इस दृश्य का सर्वेक्षण करता रहा और फिर बिना कोई जल्दीबाज़ी किए धीर-धीरे कदम बढ़ाता उस खुले क्षेत्र को पार करने लगा। अपनी शीतकालीन सम्पन्न खाल में, जिसे नवोदित सूर्य प्रकाशित कर रहा था वह एक भव्य दृश्य था क्योंकि अपना सिर कभी दाईं तरफ तो कभी बाईं तरफ घुमाता हुआ, वह उस चौड़ी गली में से होता, जो हरिणों ने उसके लिए बना दी थी, नीचे की ओर चला गया। वह नाले पर जाकर लेट गया, फिर उसने अपनी प्यास बुझाई और नाले के पार कूद गया और उसके पार वाले घने जंगल में घुसा और जंगलवासियों द्वारा दिए सम्मान को स्वीकार करते हुए तीन बार बोला। जिस समय वह खुली भूमि में प्रविष्ट हुआ था, तब से प्रत्येक चीतल बोल रहा था, प्रत्येक जंगली मुर्गी कुड़कुड़ाई थी और वृक्षों पर चढ़े वानर दलों का प्रत्येक सदस्य रिरियाया था।

उस सुबह कँवारा शेर उस क्षेत्र में काफी दूर चला आया था क्योंकि उसका घर वहाँ से छह मील खड्ड में था। ऐसे क्षेत्र में रहते हुए जहाँ शेरों का अधिकांश हाथियों पर सवार हो मारा जाता था उसने अपने घर का चुनाव बुद्धिमत्तापूर्वक सोचकर ही किया था। पहाड़ की तली तक जाता यह खड्ड आधा मील लंबा, दोनों तरफ ढलवां और कई हजार फुट तक ऊँचा था। खड्ड के ऊपरी सिरे पर लगभग बीस फुट ऊँचाई से गिरता जल प्रपात था और निचले सिरे पर जहाँ पानी ने लाल चिक्कण को काट दिया था, संकीर्ण होता होता यह चार फुट ही रह गया था। इसलिए कोई भी शिकारी, जिसकी कंवारे शेर के साथ फैसलाबाज़ी करने की इच्छा हो, जब वह घर पर हो तो, ऐसा वह पैदल रहकर ही कर सकता था। उसका यह आश्रय सुरक्षित था और सरकार द्वारा रात्रि-शिकार प्रतिबन्धित कर दिए जाने से कंवारे को अपनी अत्यधिक अभीप्सित खाल पर अपना ही आधिपत्य बनाए रखना संभव हो गया था।

कटड़े का चारा लगा, जिसकी सहायता से उसे मारने के लिए अनेक बार किए गए प्रयत्नों के बावजूद कंवारे पर कभी गोली नहीं चल पाई, हालाँकि, जहाँ तक मुझे पता है, दो बार वह मृत्यु से बचा था। पहली बार, अच्छी तरह हांका कराने के बाद, एक सहायक रस्सी, जिससे बनाकर मचान लटकाया गया था, क्रान्तिक क्षण में फ्रेड एण्डरसन के राइफल इधर-उधर करते समय बीच में पड़ गई और दूसरी बार, कँवारा

हांका शुरू हाने से पहले ही मचान पर आ धमका और वहाँ उसे हुइश ऐडी पाइप भरते मिला। इन दोनों अवसरों पर उसे केवल कुछ फुट की दूरी से देखा गया था और फ्रेड एण्डरसन ने उसे शेटलैंड खच्चर जितना बड़ा बताया पर ऐडी ने कहा कि वह गधे के आकार का था।

इन सभी असफल प्रयत्नों के पश्चात पड़ी सर्दियाँ में अपने कमिश्नर, विंडहम को साथ लेकर जिसको भारत में अन्य किसी व्यक्ति से ज्यादा शेरों की जानकारी है, एक आग बुझाने के लिए बनाए पथ पर, जो खड्ड के ऊपरी सिरे के साथ लगा हुआ था, जिसमें कँवारा रहता था, मैं शेर के ताजा पगचिह्न दिखाने गया जिन्हें उसी सुबह मैंने आग बुझाने के लिए बने पथ के पास देखा था। विंडहम के साथ उनके दो अनुभवी शिकारी भी थे और हम तीनों ने जब उन पगचिन्हों की सावधानी से जाँच कर ली तो विंडहम ने कहा कि मेरे मत से खूँटियों के बीच फैलाने पर यह शेर दस फुट का है, एक शिकारी ने कहा कि वक्रों के ऊपर 10.5 फुट का, दूसरे शिकारी ने कहा कि यह 10.6 फुट या इससे कुछ ज्यादा का है। इसी बात से तीनों एकमत हो गए कि इससे ज्यादा बड़े शेर के पगचिह्न उन्होंने कभीनहीं देखे थे।

वन विभाग ने सन् 1930 में कंवारे शेर के घर को घेरने वाले क्षेत्र में विस्तार से वृक्षपातन शुरू कराया तो इस तरह विघ्न पड़ जाने से परेशान होकर उसने अपना घर बदला था। यह बात मुझे उन दो शिकारियों ने बताई जो उस शेर का शिकार करने के उद्देश्य से शिकार खेलने का अनुमति-पत्र लिया था। शिकार खेलने की अनुमति प्रत्येक मास में पन्द्रह दिन के लिए दी जाती है और उन पूरी सर्दियों के दौरान एक के बाद दूसरी करके कई शिकारी टोलियाँ वहाँ आई परन्तु कोई टोली शेर से सम्पर्क नहीं कर पाई।

सर्दियों के समाप्त होने पर एक बुड्ढा डाक वाला जो हमारे घर के फाटक के पास से होकर रोज सुबह-शाम जंगल से होता हुआ सात मील की यात्रा करके अपने पहाड़ी गाँव जाया करता था शाम को मेरे पास आया और उसने मुझे बताया कि रास्ते में मैंने शेर के इतने ज्यादा बड़े पगचिह्न देखे हैं, जितने अपनी तीस वर्ष की नौकरी में इससे पहले कभी नहीं देखा। उसने बताया कि यह शेर पश्चिम से आया है और दो सौ गज तक सड़क पर चलने के उपरान्त वह रास्ता पकड़ जो बादाम के वृक्ष के पास से निकलता है, पूरब की तरफ चल गया है। यह वृक्ष हमारे घर से लगभग दो मील की दूरी पर था और बहुत प्रसिद्ध अभिचिह्न था। जो रास्ता शेर ने पकड़ा था वह आधे मील तक बहुत घने जंगल से होकर जाता था, फिर एक चौड़ी जलधारा पार करके गो-पथ से मिल जाता था जो गहरी वृक्षभरी घाटी में प्रविष्ट होने से पूर्व पहाड़ियों की जड़ के पास होकर जाता था। यह घाटी क्षेत्र शेरों के घूमने-फिरने का सबसे प्रिय जगह था।

अगली सुबह जल्दी ही मैं, मेरे पीछे-पीछे रॉबिन, पड़ताल करने निकल पड़ें, मेरा लक्ष्य उस स्थान तक जाना था, जहाँ गो-पथ घाटी में प्रविष्ट होता था, क्योंकि इस जगह घाटी में आने या वहाँ से जाने वाले सभी जानवरों के रास्ते आकर मिल जाते थे। जिस समय हम घर से चले, तभी से लगता है, रॉबिन जान गया था कि कोई विशेष कार्य हमारे हाथ में है और उसने उस जंगली मुर्गी पर जिसने हमारे काम में विघ्न डाला, उस काकड़ पर जिसने हमें अपने बहुत करीब आने दिया, और दो सांभरों पर, जो खड़े होकर हमारी तरफ घनघनाते रहे कुछ भी ध्यान नहीं दिया। जहाँ गायों के आने-जाने का रास्ता (गो-पथ) घाटी में प्रविष्ट होता था, वहाँ की ज़मीन बहुत ही कड़ा और पथरीला था और जब हम इस जगह पहुँचे तो रॉबिन ने अपना सिर नीचे टिकाकर बड़ी सावधानी से पत्थरों को सूँघा और मेरी तरफ से संकेत पाकर वह मुड़ा और नीचे की तरफ रास्ते पर रवाना हो गया और मुझ से गज़ भर आगे ही बना रहा। उसके व्यवहार से मैं बता सकता था कि वह शेर की गंध पर चल रहा था और वह गंध गर्म थी। नीचे की तरफ सौ गज़ आगे जाकर वहाँ रास्ता समतल हो गया था और पर्वतपाद के किनारे-किनारे जाता था, ज़मीन मुलायम थी। यहाँ मैंने शेर के पगचिह्न देखे और उनपर नज़र डालने से ही सन्तुष्ट हो गया कि हम कंवारे शेर के पीछे-पीछे जा रहे हैं और वह हमसे एक या दो मिनट चलने भर की दूरी पर आगे है।

उस मुलायम भूमि से आगे तीन सौ गज़ तक रास्ता पत्थरों से होकर जाता है इसके बाद बहुत ढलवां वन नीचे उतरकर खुले मैदान में पहुँच जाता है। यदि शेर इसी रास्ते से चलता रहा होगा तो इस खुली भूमि पर वह हमें दिख जाना चाहिए। हम पचास गज़ ही और चले होंगे कि रॉबिन रुक गया और रास्ते के बाईं ओर की घास की एक पत्ती पर अपनी नाक ऊपर नीचे रगड़ कर मुड़ा और घास में चला गया जो यहाँ लगभग दो फुट ऊँची थी। घास के दूसरी तरफ लगभग चालीस गज़ चौड़ा भांरगी का टुकड़ा था। घने टुकड़ों में यह पौधा बढ़कर पाँच फुट तक का हो जाता है, इसकी पत्तियाँ चौड़ी और फैली हुई होती हैं और फूलों का शीर्ष उस चेस्टनट से भिन्न तरह का नहीं होता। शेर, सांभर और सुअर इससे मिलती छाया के कारण इसे बहुत पसंद करते हैं। जब रॉबिन भारंगी के पास पहुँचा तो वह ठहर गया और मेरी तरफ मुड़ा और इस तरह मुझे बताया कि आगे की झाड़ियों में उसे दिखाई नहीं पड़ रहा है और वह चाहता है कि मैं उसे उठाकर चलूँ। मैंने उसे उठाकर उसकी पिछली टांगें अपने बाएँ हाथ वाली जेब में डाल दी और जब उसने अपने अगले पैर मेरी बाईं बाँह में अटका लिए और यह पूर्णतः सुरक्षित हो गया तो मेरे दोनों हाथ राइफल संभालने के लिए मुक्त हो गए। ऐसे मौकों पर रॉबिन बिलकुल संजीदा बना रहता था और उसे चाहे कुछ भी दिखाई पड़े और गोली चलने के पूर्व और उसके पश्चात हमारी खोज का पशु कैसा भी आचरण क्यों न करे वह बिलकुल न हिलता डुलता न मेरा निशाना चूकने देता और न मेरी दृष्टि में बाधा बनता। आगे धीरे-धीरे बढ़ते हुए हम भारंगी में से आया रास्ता ही चल पाए थे तो मैंने सीधे अपने सामने की झाड़ियाँ हिलती देखी। जब तक शेर झाड़ियों में से निकलकर बाहर नहीं आत तब तक प्रतीक्षा करते हुए मैं उसे लगभग खुले जंगल में ही देखने की आशा करके थोड़ा आगे बढ़ा परन्तु वह कहीं दिखाई नहीं दिया और जब मैंने रॉबिन को नीचे उतार दिया तो वह बाईं तरफ मुड़ा और मुझे संकेत किया कि शेर पास के गहरे और सँकरे खड्ड में जा चुका है। यह खड्ड एक अलग-थलग पहाड़ी की तह तक जाता था जिसमें गुफाएँ थी जिनमें शेर आते-जाते रहते थे और चूँकि मेरे पास बहुत निकट से शेर से निपटने के लिए उपयुक्त हथियार नहीं था और इसके अतिरिक्त चूँकि नाश्ता करने का समय हो गया था रॉबिन और मैं वापस मुड़े और घर की तरफ चल दिए।

नाश्ते के पश्चात मैं अकेला ही 450 छिद्र वाली भारी राइफल लेकर वापस आ गया और उस पहाड़ी के पास पहुँचा जो बहुत पुराने दिनों में स्थानीय निवासियों द्वारा गोरखा आक्रमणकारियों के विरुद्ध एकत्र होने के स्थान, रूप और एक व्यक्ति को चिल्लाते हुए सुना। ये आवाज़े पहाड़ी के शिखर से आ रही है, जो समतल और विस्तार में लगभग आधे एकड़ की थी, यहाँ मैंने एक बड़ी भैंस के गले की घण्टी बजती हुए सुनी और ऊपर चढ़ा और वहाँ एक व्यक्ति को वृक्ष पर चढ़े सूखी टहनी पर अपनी कुल्हाड़ी के उलटे सिरे से चोट करते और चिल्लाते हुए देखा जबकि पेड़ की जड़ो पर भैंसे इकट्ठा होकर खड़ी थी। जब उस आदमी ने मुझे देखा तो उसने यह कहते हुए मुझे पुकारा कि मैं उसे और उसकी भैंसों को इस ऊंट जितने आकार वाले शेर से बचाने के लिए समय रहते पहुँच गया हूँ जो घंटों से उन्हें डरा रहा है। मैंने उसकी कहानी से यह समझ लिया कि मेरे और रॉबिन के घर के लिए चल देने के थोड़ी ही देर बाद शेर उस पहाड़ी पर आ गया था और जब उसने अपनी भैंसों के लिए बाँस की पत्तियाँ काटनी शुरू की तो उसने शेर को अपनी तरफ आते देखा। शेर को भगाने के लिए वह चीखा जैसा उसने पिछले अनेक अवसरों पर अन्य शेरों के साथ किया था परन्तु चले जाने की जगह वह शेर तो गुर्राने लगा था। यह वहाँ से भाग गया, भैंसे उसके पीछे-पीछे भागने लगी और वह अपने निकटतम वृक्ष पर चढ़ गया। उसके चीखने पर कुछ ध्यान न देते हुए शेर वहीं गोल घेरे में घूमने लगा, उधर भैंसों ने भी अपना सिर उसकी ओर किए रखे। मुझे संभवतः शेर ने आते हुए देख लिया था क्योंकि मेरे वहाँ पहुँचने से क्षणभर पहले ही वह वहाँ से चला गया। वह व्यक्ति मेरा पुराना मित्र था जिसने अपने गाँव के प्रधान से झगड़ा हो जाने से पहले प्रधान की बंदूक ले कर इन जंगलों में काफी चौर-शिकार किया था। उसने अपने को तथा अपने डंगरों को जंगल से सुरक्षित निकाल कर ले जाने के लिए मिन्नतें की। उसे आगे-आगे चलने को बोलकर, मैं उसके पीछे यह देखता चला कि कोई जानवर इधर-उधर न चला जाए। पहले तो भैंसो ने जो

अपनी व्यूह रचना पास-पास बनाई थी उसको तोड़ने के लिए प्रस्तुत नहीं थी परन्तु थोड़ा मनाने के बाद हमनें उन्हें चला ही दिया और खुले मैदान में होकर हम आधा रास्ता ही चल पाए होंगे, जिसका मैंने ऊपर जिक्र किया है कि हमारी दाहिनी तरफ के जंगल में शेर ने बोला। उस आदमी ने कदम तेज़कर दिए और मैंने भैंसों को टटकारा क्योंकि हमारे और खुली चौड़ी जलधारा के बीच में अभी मील भर का घना जंगल बाकी था, जिससे आगे मेरे मित्र का गाँव और उसकी भैंसों की सुरक्षा थी।

जानवरों को मारने के बजाए उनके छायाचित्र उतारने में अधिक रुचि होने की मुझे प्रसिद्धि मिली हुई थी और अपने मित्र को छोड़कर चलने से पूर्व उसने मुझसे अनुनय की कि कम से कम इस बार तो मैं छायाचित्र उतारना एक तरफ रखकर इस शेर को तो मार ही डालूँ जो, उसका कहना था, इतना बड़ा पेटू है कि खाने के लिए उसे प्रतिदिन एक भैंस चाहिए और पच्चीस दिनों में ही यह उसे बरबाद करके रख देगा। जो भी अच्छे से अच्छा हो सकेगा वह करने का मैंने उसे वचन दिया और खुले मैदान की तरफ लौट पड़ा, जहाँ मुझे ऐसा अनुभव मिलने वाला था जिसकी एक-एक बात मेरी स्मृति में गहरे घुसती चली गई है।

मैं मैदान में पहुँचकर इस इन्तजार में बैठ गया, कि शेर बाहर निकलकर अपना अता-पता बताए या जंगलवासी ही मुझे बताएँ कि शेर कहाँ है। तब तक 3 बज चुके थे और धूप गरमाती और आराम देने वाली थी, इसलिए घुटनों को मोड़कर अपना सिर उसपर नीचे एक-दो मिनर के लिए रखा ही था तभी ऐसा लगा कि शेर के दहाड़ने कि आवाज आई और मैं जग गया। उसके बाद थोड़े-थोड़े अन्तराल पर वह बोलता ही रहा।

पहाड़ी और मैदानों के बीच मैं लगभग आधा मील चौड़ी बहुत ही घने भुररोह वन की मेखला है जो चारों तरफ सैकड़ों मील तक फैली हुई है। मैंने अलात लगाया कि शेर सुत्ररोह वन की दूरवाली तरफ की पहाड़ियों पर मुझ से लगभग पौन मील की दूरी पर होगा और जिस तरह वह बोल रहा था उससे स्पष्ट था कि वह अपने जोड़े की तलाश में था।

मैदान के ऊपरी बाएँ हाथ वाले सिरे से आरम्भ होकर और जहाँ मैं बैठा था उसके पास से ही गाड़ी आने-जाने का एक पुराना मार्ग बना था, जिसे कुछ वर्षों पूर्व वहाँ प्रकाष्ठ निकासी के लिए उपयोग में लाया गया था, जो लगभग सीधा उसी तरफ जाता था जिधर शेर बोल रहा था। यह मार्ग मुझे बोल रहे शेर की दिशा में ले जा सकता था परन्तु पहाड़ियों पर लंबी-लंबी बाँस खड़ी थी और बिना रॉबिन की मदद लिए मुझे उसे देख पाने की उम्मीद कम थी। इसलिए अपने आप को मैंने शेर को खोजने के लिए जाने के बजाए तय किया कि वह आकर मेरे रास्ते अपना पता बताए। मैं उससे इतनी ज्यादा दूर था कि वह मेरी आवाज़ नहीं सुन सकता था इसलिए मैंने कई सौ गज तक उस गाड़ी मार्ग से ऊपर की तरफ दौड़ लगाई, अपनी राइफल नीचे रख दी और एक ऊँचे वृक्ष पर चढ़कर तीन बार उसे आवाज़ दी। शेर ने तत्काल मेरी आवाज़ (पुकार) का उत्तर दिया। मैं पेड़ से उतरकर उसी तरह पुकारते हुए पीछे की तरफ दौड़ा और बिना कोई ऐसी जगह मिले, जहाँ बैठकर मैं शेर की प्रतीक्षा कर सकता था उस मैदान में आ गया। कुछ-न-कुछ करना ही पड़ेगा और वह भी जल्दी क्योंकि शेर बहुत तेजी से निरन्तर पास आ रहा था। सो, एक छोटी-सी खोखल त्यागकर, जिसमें मुझे काला सड़ता हुआ पानी भरा मिला, मैं खुले में, उस जगह से बीस गज़ की दूरी पर, जहाँ वह रास्ता सुत्ररोह वन में प्रविष्ट होता था, सपाट होकर लेट गया। इस जगह से मुझे पचास गज़ तक रास्ता स्पष्टतः दिखाई पड़ा था जिसके बाद एक झाड़ी उस पर झुक आई थी और उससे आगे देखने के लिए मेरी दृष्टि में बाधा डाल रही थी। यदि शेर इस रास्ते से आया, जैसी आशा थी मुझे उसके आने की वैसे ही मैं उस पर जल्दी से गोली चलाने का निश्चय किया।

राइफल को खोलकर यह निश्चय करने के बाद कि उसमें कारतूस भरे हुए हैं, मैंने उसका सुरक्षा-ग्राह (सेफ्टी कैच) हटा दिया और कुहनियाँ आराम से मुलायम ज़मीन पर टिकाकर शेर के प्रकट होने का इन्तजार करने लगा।

बाहर आने के उपरान्त, मैंने शेर की तरह आवाज़ नहीं की थी, मैदान में इसलिए उसे दिशा-निर्देश करने के लिए मैंने मन्द आवाज में पुकार लगाई जिसका उसने लगभग सौ गज की दूरी से तत्काल उत्तर दिया। यदि वह अपनी सामान्य चाल से आया तो मैंने जाँचा कि तीस सेकेंड में वह बाया को पार कर लेगा और बहुत धीरे-धीरे मैं यह संख्या गिनने लगा और गिनता-गिनता अस्सी तक पहुँच गया कि मैंने अपनी आँख के कोने से अपने सामने दाईं ओर कुछ हलचल होती देखी जहाँ झाड़िया मेरे निकट दस गज़ के अंदर तक बढ़ आई थी। उसी दिशा में आँखें घुमाकर मैंने देखा कि एक बड़ा सिर झाड़ियों के ऊपर प्रक्षिप्त हो रहा है जो उस जगह चार फुट ऊँची थीं। झाड़ियों के अंदर शेर एक या दो फुट ही रह गया था परन्तु मुझे उसका सिर ही दिखाई दे रहा था। जैसे ही राइफल की नाल बहुत धीरे-धीरे घुमाई और दर्शिका पर अपनी आँखें फिराई तो मैंने देखा कि उसका सिर मेरी तरफ ठीक सीध में नहीं आया था क्योंकि मैं गोली नीचे से ऊपर की तरफ चलाने वाला था और वह नीचे की तरफ देख रहा था, इसलिए मैंने अपना निशाना उसकी दाईं आँख से एक इंच नीचे पर साधा और राइफल का घोड़ा दबा दिया और अगले आधे घंटे तक डर से लगभग मरने जैसा ही बना रहा।

मर कर एकदम गिर पड़ने के बजाए, जैसी मुझे आशा थी, शेर झाड़ियों से हवा में सीधा ऊपर की तरफ गया और पूरा लंबा होकर पीछे की तरफ गिरता हुआ एक फुट मोटे वृक्ष पर जाकर अटका जो एक तूफान में उखड़ गया था और अब भी हरा था। अविश्वसनीय तेजी से उसने पेड़ पर आक्रमण किया और फाड़कर उसके टुकड़े-टुकड़े कर दिए और ऐसा करते समय निरन्तर दहाड़ता रहा और इससे कहीं ज्यादा खराब रक्त जमा डालने वाला कोलाहल उसने किया जिससे लगा कि वह शायद अपने सबसे खराब दुश्मन से जंगलियों की तरह निपट रहा है। पेड़ की शाखाएँ इधर-उधर इस तरह उछल रही थी कि जैसे उन पर किसी चक्रवात का आक्रमण हुआ है, उधर मेरी तरफ वाली झाड़ियाँ बुरी तरह हिल-हिलकर बाहर की तरफ झुक रही थी और प्रति क्षण ऐसा लग रहा था कि अब यह मेरे ऊपर आया, क्योंकि मैंने जब गोली चलाई तो वह मेरी तरफ ही देख रहा था और मझे पता था कि मैं कहाँ पर हूँ।

मैं इतना डरा हुआ था कि मामूली-सी हरकत या आवाज़ न हो जाए जिससे शेर का ध्यान मेरी तरफ न चला जाए, इस डर से मैं राइफल में दुबारा कारतूस भी नहीं डाल सका, और आधे घंटे तक राइफल के बाएँ घोड़े पर उंगली घरे मैं वहीं लेटा पसीने से तरबतर होता रहा। अन्ततः वृक्ष की शाखाओं और झाड़ियों का इधर-उधर लहराना बंद हुआ और उसका दहाड़ना भी कम बारम्बारता से होने लगा और आखिर में, मुझे राहत देता, बंद भी हो गया। आधा घंटा और मैं वहीं बिलकुल निश्चेष्ट हुआ पड़ा रहा, मेरी बाँहें भारी राइफल के बोझ से अकड़ गई थीं और फिर पैरों की उँगलियों के जोर से मैंने पीछे की तरफ सरकना शुरू किया। इस तरह तीस गज़ पीछे हटने के बाद मैं उठकर खड़ा हुआ और नीचे झुक-झुक कर निकटतम वृक्ष के स्वागत करते आश्रय की ओर बढ़ा। यहाँ मैं कुछ मिनट तक रुका, और चूँकि अब सब कुछ शांत हो चुका था, मुड़ा और घर की तरफ चल दिया।

अगली सुबह अपने एक आदमी को साथ लेकर, जो वृक्ष पर चढ़ने में बहुत दक्ष था, मैं वापस आया। पिछली शाम को मैंने इस बात पर ध्यान दिया था कि खुली भूमि के किनारे, और उस जगह से, जहाँ शेर मर कर गिरा था, लगभग चालीस गज़ की दूरी पर एक पेड़ उगा था। बड़ी सावधानी बरतते हुए हम उस वृक्ष तक पहुँचे और जब वह आदमी उस वृक्ष की चोटी पर चढ़ा तो मैं वृक्ष के पीछे खड़ा रहा। लंबे समय तक और बड़ी सावधानी से पड़ताल करने के बाद उसने नीचे की तरफ देखा और अपना सिर हिलाया और जब पेड़ से

उतर भूमि पर आकर मुझे मिला तो उसने मुझे बताया कि काफी लंबे क्षेत्र की सभी झाड़ियाँ ज़मीन तक नीचे गिरकर समतल पड़ी हुई हैं परन्तु शेर कहीं भी दिखाई नहीं दिया।

मैंने उससे कहा कि वह ध्यानपूर्वक बारीकी से देखता रहे और यदि झाड़ियों में कुछ हिलता-डुलता लगे तो मुझे चेतावनी दे, उस आदमी को फिर से वृक्ष पर उसी जगह बैठने को भेज दिया और उस जगह स्वयं नज़र डालने के लिए आगे बढ़ा जहाँ शेर गरजता था। वह किसी प्रयोजनार्थ ही गरजा था क्योंकि वृक्ष की शाखाएँ और लकड़ी की परतें फाड़ डालने के अलावा उसने कई झाड़ियाँ भी जड़ से उखाड़ और कई अन्यों को दाँतों से काट डाला था। रक्त काफी मात्रा में सर्वत्र छिटका हुआ था और उस जगह के, जहाँ जमे हुए रक्त के दो गर्त से बने हुए थे, निकट दो इंच वर्ग का हड्डी का टुकड़ा भी पड़ा था जिसे मैंने जाँच-पड़ताल के पश्चात शेर की खोपड़ी का भाग पाया।

इस स्थान से आगे रक्त की कोई रेखा नहीं बनी थी और यह, वहाँ बने रक्त के दो गर्तों से मिलकर इस बात का प्रमाण था कि शेर अब भी वहीं है, जहाँ मैं उसे छोड़कर गया था, और जो सावधानियाँ पिछले दिन मैंने बरती थी, उन्हें बरतना आवश्यक था, क्योंकि जब मैंने पीछे हटने की प्रक्रिया शुरू की थी तो मैं उस समय संसार के सबसे खतरनाक जानवर ताजे घायल शेर से केवल दस गज़ ही दूर था। इस जगह के चारों तरफ चक्कर लगाने पर मुझे इधर-उधर पत्तियों पर रक्त के छोटे-छोटे छींटे पड़े मिले जिन्होंने उसके चेहरे से रगड़ खाई थी। कहीं और कुछ नहीं था और ये संकेत शेर के सीधे दो सौ गज दूर खड़े विशालकाय सेमल वृक्ष की ओर जाने का था। मैं पीछे मुड़ा और उस वृक्ष पर जिसपर मेरा आदमी चढ़ा था चढ़ा ताकि मैं वह भूमि जिससे होकर मुझे जाना होगा, एक विहंगम दृष्टि डाल सकूँ, क्योंकि मेरे अंदर एक बहुत बेचैनी भरी भावना थी कि वह शेर मुझे जीवित बचा मिलेगा क्योंकि सिर में गोली लगा शेर कई दिनों तक जीवित रह सकता था, यहाँ तक कि घाव भर कर ठीक भी हो जाता है। ठीक है, इस शेर की खोपड़ी का एक टुकड़ा जाता रहा था और चूँकि मेरी ऐसी हालत वाले जानवर से पहले कभी पाला पड़ा नहीं था, मुझे पता नहीं था कि उसकी कुछ घंटे या कई दिनों तक जीते रहने की संभावना थी अथवा वह बुड्ढा होकर मरने तक जीवित रहेगा। इसी कारण मैंने उसे एक सामान्य घायल शेर मानकर चलना और उसका पीछा करने में कोई भी परिहार्य जोखिम न उठाना, तय किया।

मैंने पेड़ के ऊपर अपनी ऊँची जगह से देखा कि सेमल वृक्ष तक जाने वाली रेखा से थोड़ी बाएँ दो वृक्ष हैं जिनमें ज्यादा पास वाला, उस जगह से, जहाँ रक्त पड़ा हुआ है तीस गज़ और दूसरा जो उससे आगे था, पचास गज़ की दूरी पर है। आदमी को वहीं वृक्ष पर चढ़ा छोड़कर मैं नीचे उतर आया, अपनी राइफल, पक्षी मारने की बंदूक (शॉटगन) और सौ कारतूसों का झोला उठाया और बड़ी सतर्कता से पास वाले वृक्ष तक पहुँचा और उस पर तीस फुट ऊँचाई तक चढ़ गया, अपनी बंदूक और राइफल को अपने पास खींच लिया जिन्हें मैंने एक मजबूत रस्सी के एक सिरे से बाँध दिया था। उस राइफल को वृक्ष के दुशाखे पर जमाकर, जहाँ से जरूरत पड़ने पर उसे उठाना आसान होगा, मैं गज़-गज़ करके दूर वाले वृक्ष की तली तक की झाड़ियों पर छर्रों की बौछार करता बन्दूक चलाने लगा। ऐसा मैंने शेर को ढूँढने के उद्देश्य से किया, यह मानकर कि वह जिन्दा और उसी क्षेत्र में है, और घायल शेर अपने निकट गोली चलने की आवाज़ सुनकर या छर्रा लगने पर वह या तो गुर्राएगा अथवा आक्रमण करेगा। शेर के यहाँ होने का कोई संकेत न पाकर मैं दूसरे वृक्ष पर गया और सेमल के वृक्ष से कुछ गज़ दूरी के अंदर की झाड़ियों पर छर्रें बरसाए और अंतिम छर्रा सीधा उस वृक्ष को साधकर मारा। इस अंतिम छर्रे के बाद मुझे लगा कि मुझे एक हल्की-सी गुर्राहट सुनाई पड़ी है परन्तु उसे दुबारा दुहराए जाते नहीं सुना तो सोच लिया मेरा मनोभ्रम मेरा कारतूसों का झोला अब खाली हो चुका होगा। इसलिए मैंने अपने आदमी को साथ लेकर दिन का काम पूरा हुआ कहा और घर चला गया।

इसके अगली सुबह मैं जब फिर वहाँ लौटा तो मैंने अपने भैंस वाले मित्र को मैदान में भैंस चराते देखा। मुझे वहाँ देखकर उसे बहुत चैन मिली ऐसा मुझे लगा और इसका कारण क्या था, यह मुझे बाद में पता चला। घास अब भी ओस से भीगी हुई थी परन्तु हमें एक सूखी जगह मिल गई और उस पर बैठ हम धूम्रपान करने और अपने-अपने अनुभव सुनाने लगे। मेरे दोस्त ने, जैसा मैं पहले बता चुका हूँ, काफी चोर-शिकार किया था और इस शेरों-भरे जंगल में अपनी भैंसें चराते या शेरों का शिकार करते उसने सारी जिंदगी बिता दी थी, इसलिए जंगल के बारे में उसे बहुत ज्ञान था।

उस दिन के बाद, मैं जब उसे चौड़ी खुली जलधारा पर छोड़कर गया, वह जंगल पारकर दूर वाली तरफ चला गया था, और उस दिशा से, जिधर मैं गया था, आने वाली आवाजें सुनने के लिए बैठ गया था। उसने दो शेरों को बोलते सुना था, उसने मेरी गोली चलने की आवाज और उसके बाद शेर के निरन्तर दहाड़ने की अवाज़ भी सुनी थी और स्वभावतः यह परिणाम निकाला कि मैंने उनमें से एक शेर को घायल कर दिया है और उसने मुझे मार डाला है। अगली सुबह उसी जगह फिर से आने पर वह सौ बार गोलियाँ चलने की आवाज सुनकर बड़े भारी रहस्य में पड़ गया था, इसलिए आज सुबह अपनी उत्सुकता को और अधिक रोक पाने में असमर्थ होकर वह यह देखने चला आया कि यहाँ क्या हुआ है। रक्त की गंध से आकर्षित होकर उसकी भैसों ने दिखा दिया था कि शेर कहाँ पर गिरा है और उसने सूखे रक्त के जमे धक्के भी देखे थे और हड्डी का टुकड़ा भी उसे मिला था। उसके मत से कोई भी जानवर जिसकी खोपड़ी टूट गई हो वह संभवतः कुछ घंटे से अधिक जिन्दा नहीं रह सकता और उसे शेर के मर चुके होने का इतना यकीन था कि उसने अपनी भैंसों को ले जाकर मेरे लिए शेर को ढूँढने की अपनी पेशकश कर दी। मैंने भैंसों की सहायता से शेर को ढूँढने की बात सुनी तो थी परन्तु इसे स्वयं आजमाकर कभी देखा नहीं था और मेरे मित्र द्वारा उसकी भैंसों को यदि कुछ क्षति पहुँची तो उसके लिए मुआवज़ा स्वीकार करना मान लिए जाने के बाद मैंने उसकी पेशकश स्वीकार कर ली।

अपनी भैसों की, जिनकी संख्या पच्चीस थी, गोलबन्दी करके और उस रेखा पर रहते हुए जिसपर पिछले दिन मैंने छर्रों का छिड़काव कर डाला था, हम सेमल के वृक्ष की तरफ चले, भैंसें हमारे पीछे-पीछे चलीं। आगे चलने में हमारी प्रगति मन्द थी क्योंकि हमें न केवल ठोढ़ी तक ऊँची झाड़ियों को अपने हाथों से यह देखने के लिए हटाना पड़ता था कि हम अपना पाँव कहाँ रखें, बल्कि उसके साथ-साथ भैंसों को उनकी बहुत स्वाभाविक भटकने की प्रवत्ति से भी उन्हें बार-बार रोकना पड़ता था। हम जब सेमल वृक्ष के पास पहुँचे, जहाँ झाड़ियाँ कुछ कम घनी थी, तो मैंने सूखी पत्तियों से भरा हुआ एक छोटा गड्ढा देखा, जो दबकर समतल बन गया था और जिस पर रक्त के कई थक्के पड़े थे कुछ सूखे, कुछ रक्त जमते जाने की प्रक्रिया में, और एक ताजे रक्त का था। मैंने जब अपना हाथ इस ज़मीन पर रखा तो वह गर्म लगी। अविश्वसनीय चाहे यह कितनी ही प्रतीत हो, पिछले दिन, मैंने जब अपने सौ कारतूस खत्म कर डाले थे, तब यह शेर इस खोखले गड्ढे में पड़ा हुआ था, तथा हमें और भैंसों को यहाँ आते हुए देखकर ही यहाँ से हटा था। भैंसों का रक्त उसे मिल गया था और वे अपने खुर ज़मीन पर बार-बार पटककर बोल रही थी। चूँकि मुझे आक्रमण करते शेर और नाराज भैंसों के बीच में फँस जाने की संभावना कुछ अच्छी नहीं लगी इसलिए मैंने अपने मित्र की बाँह पकड़ी उसे पीछे ले गया और हम खुले मैदान में लौट आए। भैंसें भी पीछे-पीछे आ गईं। हम जब सुरक्षित भूमि पर वापस आ गए तो मैंने उस आदमी को घर जाने के लिए कहा और अगले दिन मैं अकेला ही आकर इस शेर से निपटूँगा।

जंगलों से होकर जाता रास्ता जो मैं प्रतिदिन घर से वहाँ आने और वापस घर लौटने के लिए उपयोग में लाता था वह कुछ दूरी तक मुलायम भूमि पर से होकर जाता था और इसी मुलायम ज़मीन पर इस चौथे दिन मुझे एक बड़े नर शेर के पगचिह्न मिले। इन पगचिह्नों का अनुसरण करके मैंने पता लगा लिया कि शेर सेमल से बाईं और सौ गज की दूरी पर घने झाड़ी वन में जाकर घुसा है। यहाँ एक अप्रत्याशित उलझन हो गई थी यदि

कोई शेर मुझे जंगल में अब दिखाई दिया तो मैं यह नहीं जान पाऊँगा कि यह वही घायल शेर है अथवा कोई दूसरा शेर जो घायल नहीं है। परन्तु इस स्थिति से भी निपटना पड़ेगा, जब वह सामने आ ही जाएगी और तब तक इस पर चिंता करने का कोइ लाभ नहीं है, इसलिए मैं झाड़ियों में घुसा और सेमल वृक्ष की जड़ के पास वाली खोखल की तरफ चला।

यहाँ पर अनुसरण करने के लिए कोई रक्त-रेखा नहीं बनी थी इसलिए मैं झाड़ियों से मुड़ता हुआ, जिनसे होकर कुछ इंचों से ज्यादा आगे देख पाना असंभव था एक घंटे या उससे भी ज्यादा समय तक चलता रहा और एक दस फुट चौड़ी सूखी जलधारा पर पहुँचा। इस जलधारा में नीचे उतरने के पूर्व मैंने ऊपर की तरफ देखा और तब मुझे शेर की पिछली टाँग और पूँछ दिखाई पड़ी। वह बिलकुल ही चुपचाप खड़ा था। उसका शरीर और सिर वृक्ष की ओट में था, बस यही एक टाँग दिखाई पड़ रही थी। मैंने राइफल कन्धे तक उठाई और फिर उसे नीचा कर लिया। टाँग को तोड़ डालना आसान होता, क्योंकि शेर मात्र दस गज़ की दूरी पर था, परंतु ऐसा करना तभी ठीक काम होता, जब यह टाँग उस घायल शेर की होती। परन्तु इस क्षेत्र में दो शेर थे और यदि मैं गलत शेर की टाँग तोड़ डालता तो उससे मेरी कठिनाइयाँ दुगुनी हो जाती, जो कि पहले ही काफी ज्यादा थी। फिर टाँग अंदर वापस चली गई और शेर को भी मैंने वहाँ से चले जाते सुना। मैं फिर उस जगह पहुँचा, जहाँ वह खड़ा था, तो देखा कि रक्त की कुछ बूँदें वहाँ पड़ी हैं परन्तु अब तो उस टाँग को तोड़ने पर अफसोस करने के लिए काफी देर हो चुकी थी।

वहाँ से चौथाई मील की दूरी पर एक छोटा नाला था और यह संभव था कि वह शेर जिसके घाव ठीक हो रहे थे, अब उसी नाले की तरफ जा रहा था। उसे बीच में ही घेर लेना, यदि ऐसा न हो पाया तो, उस पानी पर उसकी प्रतीक्षा करने के उद्देश्य से मैंने एक शिकारियों वाला रास्ता पकड़ा, जो मुझे पता था, उस जलधारा तक जाता था, और उस पर कुछ दूर ही चला था कि मेरी बाईं तरफ एक सांभर बोला और चौकड़ी जंगल होता चला गया। इससे यह स्पष्ट हो गया कि मैं शेर से आगे चल रहा था और दो-चार कदम ही चला होऊँगा कि मैंने सूखी लकड़ियाँ टूटने की बड़ी जोरदार तड़ाक की आवाज सुनी जैसा कि कोई भारी जानवर उस पर गिर पड़ा हो। यह आवाज पचास गज़ की दूरी से आई थी, ठीक उसी जगह से जहाँ से वह सांभर बोला था। सांभर ने अपने निर्भान्त स्वर से जंगलवासियों को शेर की उपस्थिति के प्रति सचेत किया था और इसीलिए ये लकड़ियाँ उसी जानवर के कारण टूटी हो सकती थी। अतः अपने हाथों और घुटनों के बल चलकर मैंने उसी दिशा में सरकना शुरू कर दिया जिधर से वह आवाज आ रही थी।

झाड़ियाँ यहाँ छह से आठ फुट तक ऊँची थी जिनकी ऊपर की शाखाओं पर घनी पत्तियाँ आई हुई थीं और तने पर पत्तियाँ बहुत ही कम थी, इसलिए उनमें से झाँककर मैं दस पन्द्रह फुट तक आगे देख सकता था। मैंने तीस गज़ का फासला, यह तीव्र आशा करते हुए पूरा कर दिया कि यदि शेर ने मुझ पर आक्रमण किया तो वह सामने से ही आएगा (क्योंकि मैं किसी भी दूसरी दिशा में गोली नहीं चला सकता था) कि किसी लाल-सी वस्तु पर मेरी दृष्टि पड़ी जिसे, ऊपर की पत्तियों से छनकर नीचे आ रहा सूरज चमका रहा था। यह सूखी हुई पत्तियों का गुच्छा भी हो सकता था। इसके विपरीत यह शेर भी हो सकता था। दाईं ओर से दो गज की दूरी से यह वस्तु मुझे अधिक अच्छी तरह से दिखाई दे सकती थी, इसलिए अपना सिर नीचे झुकाकर, यहाँ तक कि मेरी ठुड्डी ज़मीन पर छू गई, मैं अपना पेट ज़मीन पर लगाकर कुछ दूर रेंग कर गया और सिर उठाया तो शेर मेरे सामने था। वह नीचे दुबक कर बैठा मेरी तरफ देख रहा था। सूरज की किरणें उसके बाएँ कन्धे पर पड़ रही थीं, और मेरी दो गोलियाँ खाकर वह बिना कोई आवाज़ किए अपने पार्श्व में लुढ़क गया।

मैं जब उसके पास खड़ा था और उसके शानदार समानुपात पर अपनी दृष्टि मैने दौड़ाई तो पाया कि यह जानने के लिए कि मेरे सामने पवंलगढ़ का कँवारा शेर पड़ा है, उसकी गद्दियों की जाँच करने की कोई आवश्यकता नहीं है।

चार दिन पहले ही उसे मारी गई गोली उसके भीतर घुसकर खाल की झुर्रियों से ढककर छिप गई थी और उसके सिर के पीछे की तरफ बड़ा-सा छेद हो गया था और जो आश्चर्य की बात थी, पूरी तरह से साफ और स्वस्थ था।

मेरे द्वारा राइफल चलाने की आवाज़, मैं जानता था घर पर सुन ली गई है, इसलिए उनकी चिंता दूर करने के लिए मैं घर की तरफ भागा और जब अपने शिकार का अंतिम अध्याय मैं उन्हें सुना रहा था और चाय का पूरा पॉट पी चुका तो मेरे आदमी इकट्ठा होने लगे थे।

अपनी बहन और रॉबिन के साथ, बीस आदमियों की टोली लेकर, मैं उसी स्थान वापस आया, जहाँ शेर पड़ा था और रस्सियों से बल्ली में बाँधे जाने से पूर्व मेरी बहन और मैंने उसकी नाक से लगाकर उसकी पूँछ की नोक तक, और फिर पूँछ की नोक से उसकी नाक तक, उसे नापा। घर पर पहुँचकर हमने उसे पूर्णतया सुनिश्चित करने के लिए कि हमने पहले कोई गलती नहीं की थी, उसको एक बार फिर से नापा। इन नापों का कोई मूल्य नहीं है क्योंकि इन्हें प्रमाणित करने के लिए कोई स्वतन्त्र साक्षी नहीं था। तथापि वे यह सुतथ्यता दर्शाने की दृष्टि से रोचक है जिससे अनुभवी जंगलवासी पगचिह्नों से ही शेर की लंबाई जाँच लेते हैं। विंडहन ने, स्मरण होगा आपको कहा था कि शेर खूँटियों के बीच में दस फुट का था जो वक्रों के ऊपर उसकी लंबाई को मोटे तौर पर 10'5' बनाएगा। एक शिकारी ने कहा था कि वक्रों के ऊपर उसकी लंबाई 10'509 फुट है तथा दूसरे शिकारी ने कहा था कि यह 10'6' या इससे थोड़ा ज्यादा है। इन अनुमानों के सात वर्ष बाद गोली से मारे जाने पर मेरी बहन और मैंने वक्रों के ऊपर शेर की लंबाई 10'7' नापी थी।

मैंने यह कहानी कुछ विस्तारपूर्वक सुनाई है क्योंकि मुझे यकीन था कि जो लोग 1920 और 1930 के दरम्यान शेर का शिकार खेलने यहाँ आए हैं उनको यह जानने में जरूर रुचि होगी कि पवंलगढ़ के कंवारे शेर का अन्त किस प्रकार से हुआ।

मोहन का नरभक्षी शेर

(1)

मोहन का नरभक्षी शेर हिमालय क्षेत्र में हमारे ग्रीष्म निवास से अट्ठारह मील की दूरी पर पूरब से पश्चिम जाती कोई 9000 फुट ऊँची एक लंबी पर्वतीय धार है। इस धार के पूर्वी सिरे के ऊपरी ढलानों पर जई घास अतिप्रचुर मात्रा में होती है, इस घास से नीचे पहाड़ी गहरे ढाल में नीचे की ओर चट्टानी टीलों की शृंखला बनाती नीचे की कोसी नदी तक गिरती जाती है।

एक दिन इस पर्वतीय धार के उत्तरी मुख पर गाँव से आई हुई स्त्रियों और लड़कियों की एक टोली जई घास काटने में गई थी कि अचानक एक शेर उनके मध्य आ गया। इसके बाद जो भगदड़ मची उसमें एक अधेड़ आयु वाली स्त्री का पैर नीचे जम नहीं पाया और वह तीखे ढाल से नीचे लुढ़कती हुई टीले पर आकर अदृश्य हो गई। शेर भी स्त्रियों की चीख-पुकार से, स्पष्ट है, भयभीत होकर उतने ही रहस्यपूर्ण ढंग से भाग गया जितने से वह प्रकट हुआ था, और जब स्त्रियाँ फिर से इकट्ठा हुई और अपने डर से उबरी तो वे घासीय ढलान से होती नीचे की तरफ गई और टीले पर नज़र मारने पर उन्होंने अपनी साथिन को अपनी जगह से नीचे कुछ दूरी पर एक पुश्ते पर पड़े हुए देखा।

स्त्री ने बताया कि उसे बहुत चोट लगी है, बाद में जाकर पता चला कि उसकी एक टाँग और कई पसलियाँ टूट हुई थी और वह चलने में असमर्थ थी। उसे बचाकर ले जाने के उपायों पर विचार विमर्श हुआ और अन्त में यह निर्णय किया गया कि यह काम पुरुषों का है। और चूँकि उस जगह उस स्त्री के पास रहने के लिए कोई भी राजी नहीं हो रहा था उन्होंने उस चोट लगी हुई स्त्री को बताया कि वे मदद लेने के लिए गाँव में वापस जा रही हैं। उस स्त्री ने उनसे उसे अकेला छोड़कर न जाने के लिए विनती की और उसके अनुनय-विनय करने पर सोलह साल की एक लड़की उसके साथ वहीं रहने को तैयार हो गई। अतः टोली की बाकी स्त्रियाँ गाँव की तरफ चल दी तो वह लड़की दाईं तरफ नीचे उतरी, जहाँ टीले में एक दरार पड़ी थी जिससे उसे पुश्ते पर अपना पैर जमाने का अवसर मिल गया।

यह पुश्ता, टीले के मुख पर उसके आधे भाग तक चला गया था और उस जगह से कुछ गज़ की दूरी पर जहाँ वह स्त्री पड़ी हुई थी एक कम गहरे गड्ढे में जाकर खत्म होता था। इस डर से कि कहीं वह पुश्ते से गिर सैकड़ों फुट नीचे चट्टानों से टकरा कर मर न जाए उस स्त्री ने उस लड़की को गड्ढे तक ले जाने के लिए कहा। यह कठिन खतरनाक करतब लड़की ने सफलतापूर्वक सम्पन्न किया। उस गड्ढे में केवल एक ही व्यक्ति के लिए जगह थी, इसलिए वह लड़की उस स्त्री की तरफ मुँह करके पुश्ते पर उकड़ूँ बैठ गई जैसे कि कोई भारतीय ही बैठ सकता है।

उस जगह से गाँव चार मील ही दूर था और एक बार, फिर एक बार पुश्ते पर बैठी दोनों स्त्रियाँ इस बात का अंदाजा लगा रही थी कि उनकी साथिनों को वापस गाँव में पहुँचने में कितना समय लगेगा और दिन में उस समय गाँव में कौन-कौन आदमी मिलेंगे और जो कुछ यहाँ घटा है उसे उन्हें समझाने में कितना समय लगेगा और अन्ततः बचाव टोली को यहाँ पहुँचने में कितना समय लगेगा।

इस डर से कि शेर कहीं आसपास ही न मंडरा रहा हो और उनकी आवाज न सुन ले बातचीत कानाफूसी में हो रही थी कि अचानक उस स्त्री ने निःश्वास छोड़ा और लड़की ने उसके चेहरे पर भय की छाया और उस

दिशा की तरफ देखकर, जिधर वह देख रही थी अपना सिर घुमाया और अपने कन्धों के ऊपर शेर को टीले की दरार से बाहर निकलकर पुश्ते पर आते देखा।

मेरा खयाल है कि हममें से बहुत कम लोग उन सबसे निकृष्टतम दुःस्वप्नों से बच पाए होंगे जिनमें हमारे शरीर के सभी अंगों और ध्वनि तन्त्रों को डर से लकवा मार देता है जब कोई भयानक आकृति, कोई डरावना पशु हमें नष्ट करने के लिए हमारी तरफ बढ़ता है। जब उस दु:स्वप्न से, जिसमें डर से लोमछिद्र पसीने-पसीने हो जाते हैं, चीखते हुए जागकर हम कहते हैं कि भगवान तेरा लाख-लाख शुक्र है कि यह एक स्वप्न ही था। इस अभागी लड़की के लिए उस दु:स्वप्न से इस तरह प्रसन्न होकर जागना नहीं हुआ और उस दृश्य को चित्रित करने के लिए कल्पना की कोई जरूरत नहीं है।

सँकरा पुश्ता, जो अंशतः एक चट्टानी टीले से होकर जा रहा था, जो एक छोटे-से गड्ढे में जाकर समाप्त हो जाता है, जिस पर एक चोट खाई स्त्री पड़ी है और एक शेर जो धीरे-धीरे उसकी तरफ बढ़ रहा है, सभी दिशाओं में पीछे हट पाना कठिन है और पास से किसी की मदद नहीं मिल सकती।

गाँव में जब वे स्त्रियाँ पहुँची तो वहाँ मेरा एक पुराना मित्र, मोतीसिंह, एक बीमार लड़की को देखने के लिए गाँव में आया था, उसी ने बचाव टोली का नेतृत्व संभाला। जब यह टोली नीचे उस घासीय ढलान (बुग्याल) पर पहुँची और टीले की तरफ देखा तो पाया कि वह स्त्री बेहोश पड़ी थी और उस पुश्ते पर रक्त के छींटे पड़े हुए थे।

वह स्त्री जिसको चोट लगी है उसको गाँव ले जाया गया और जब वह होश में आयी तो उसने पूरी कहानी बताई। मोतीसिंह मेरे से मिलने के लिए अट्ठारह मील की अपनी यात्रा पर निकल पड़ा। वह साठ से ऊपर का बुड्ढा आदमी था परन्तु मेरा यह सुझाव उसने एकदम अमान्य कर दिया कि वह थका हुआ है और उसे आराम करने की जरूरत है। अतः हम दोनों खोज़-पड़ताल करने के लिए चले, परन्तु मुझे करने के लिए कुछ भी नहीं बचा था क्योंकि घटना हुए चौबीस घंटे बीत चुके थे और उस वीर लड़की की, जो उस चोट लगी स्त्री के पास ठहरी रहने के लिए अपनी मर्जी से तैयार हुई थी, हड्डियों के कुछ टुकड़े और फटे हुए उसके रक्त-सने कपड़ों के सिवाए कुछ भी शेर ने बाकी नहीं छोड़ा था।

पहला यह मानव शिकार था जिसे उस शेर ने किया था, जिसे सरकारी आलेखों में आगे चलकर 'मोहन का नरभक्षी शेर' नाम की पहचान मिली।

उस लड़की को मारने के बाद यह शेर सर्दियों के लिए नीचे की ओर कोसी घाटी में चला गया और रास्ते में अन्य लोगों के अतिरिक्त सार्वजनिक निर्माण विभाग के दो कर्मचारियों और विधान परिषद के हमारे सदस्य की पुत्रवधू को भी मारता गया। जब गर्मियाँ आई तो यह पुनः अपने प्रथम मारे शिकार की जगह लौट आया और उसके बाद कई वर्षों तक इसकी आवाजाही कोसी घाटी में ककड़ीघाट से गार्गिया तक करीब चालीस मील की दूरी चलती रही और अन्ततः इसने अपना मुकाम कार्तकानौला नामक गाँव के पास मोहन से ऊपर पहाड़ी पर बना लिया।

जिला सम्मेलन में, जिसका संदर्भ पिछली कहानी में आ चुका है, उस समय कुमाऊँ डिवीजन (कमिश्नरी) में जो तीन नरभक्षी शेर कार्यशील थे, हत्यानुसार उनको निम्न क्रम में रखा गया।

पहला चौगढ़, जिला नैनीताल

दूसरा मोहन, जिला अल्मोड़ा

तीसरा काण्डा, जिला गढ़वाल

चौगढ़ वाले शेर को निपटाने के बाद हमारे अल्मोड़ा के उपायुक्त (डिप्टी कमिश्नर) बैंस ने मुझे याद दिलाया कि सम्मेलन में दिया गया मेरा वचन अंशतः ही पूरा हुआ है और सूची में अगले नम्बर पर मोहन का शेर है। उसने बताया कि यह शेर प्रतिदिन ज्यादा सक्रिय और अधिकाधिक मुसीबत बनता जा रहा है और पिछले सप्ताह ही इसने कार्तकानीला निवासी तीन आदमियों को मारा है। बैंस ने सुझाया कि अब मुझे इसी गाँव में जाना चाहिए।

मैं जब चौगढ़ शेर के साथ उलझा था तो बैंस ने कुछ शिकारियों को कार्तकानीला जाने के लिए तैयार किया था परन्तु यद्यपि वे मारे गए मानव और जानवरों पर बैठे वे नरभक्षी से सम्पर्क नहीं कर पाए और रानीखेत डिपो में वापस चले गए। मुझे बैंस ने सूचित किया कि अब यह मोर्चा मुझे अपने आप ही संभालना होगा। एक बहुत आवश्यक सावधानी के साथ क्योंकि नरभक्षी का शिकार करने में लगने पर आदमी थककर ढीले पड़ जाते हैं और जब एक ही जानवर का शिकार करने में दो या उससे अधिक टोलियाँ लगी हो तो परिणामस्वरूप कभी-कभी दुर्घटनाएँ भी घट जाती हैं।

(2)

मई का वह फफोले डाल देने वाला गर्म दिन था, जब मैं अपने दो नौकर और छह गढ़वाली साथी को लेकर जिन्हें मैं नैनीताल से लेकर आया था, रेलगाड़ी से 1 बजे रामनगर में उतर कार्तकानौला की अपनी चौबीस मील की पैदल यात्रा पर रवाना हुआ। पहला पड़ाव हमारा सात मील दूर था परन्तु गार्गिया पहुँचते-पहुँचते संध्या हो गई। बैंस का पत्र पाकर मैं घर से जल्दीबाजी में निकल पड़ा था और गार्गिया वन बंगले में ठहरने की अनुमति माँगने के लिए भी मेरे पास समय नहीं था, इसलिए मैं रात को खुले मैदान में सोया।

गार्गिया में कोसी नदी के दूर वाले किनारे कई सौ फुट ऊँचा एक टीला है और जब मैं सोने की कोशिश में लगा था तो मुझे एक आवाज सुनाई दी जिससे मुझे ऐसा लगा कि टीले से चट्टानों पर नीचे पत्थर लुढ़क रहे हैं। आवाज ठीक वैसी ही थी जैसी दो पत्थरों को बड़ी तेजी से एक साथ भिड़ाने पर होती है। कुछ समय बाद यह आवाज मुझे बेचैन करने लगी, जैसा गर्म रात को प्रायः करती है और चूँकि चाँद ऊपर चढ़ आया था और चाँदनी इतनी अधिक अच्छी खिली हुई थी कि उसमें साँपों के ऊपर पैर आ जाने से बचा जा सकता था मैं तम्बू के अपने पलंग से उठा और जाँच-पड़ताल करने निकल पड़ा। इससे मुझे पता चला कि यह आवाज सड़क किनारे की दलदल में रहने वाले मेंढ़कों की एक टोली कर रही है। मैंने दुनिया के विभिन्न भागों में भूमि, जल और वृक्ष मेंढकों को आवाज़ करते सुना है परन्तु कहीं भी मेंढकों को इतनी विचित्र आवाज करते नहीं सुना जैसी गर्मियों के मई महीने में यहाँ मेंढक कर रहे थे।

सुबह अगले दिन बहुत जल्दी रवाना होकर हमने मोहन तक जाने के बारह मील धूप के गर्म हो जाने से पहले-पहले पूरे कर लिए और जब मेरे आदमी अपना खाना पकाने और मेरा नौकर मेरा नाश्ता तैयार करने में लगा था, बंगले का चौकीदार, दो वन रक्षक और मोहन बाजार के कई आदमियों ने मुझे नरभक्षियों की कहानियाँ सुनाकर मेरा मनोरंजन किया जिसमें सबसे ताजी कहानी का सम्बन्ध एक मछुआरे के कारनामे से था जो कोसी नदी में मछलियाँ पकड़ने में लगा हुआ था। एक वन रक्षक का इनके एक कारनामे में नायक होने का दावा था और उसने शब्दों से चित्र-सा बनाकर खड़ा करते हुए वर्णन दिया कि कैसे एक दिन उस मछुआरे के साथ बाहर गया हुआ था और जब वह नदी के मोड़ पर घूमा तो उनके सामने मुँह-दर-मुँह नरभक्षी पड़ गया था, और कैसे मछुआरे ने बँसी फेंक दी थी और उसके वन रक्षक के कन्धे पर रखी राइफल छीन ली थी, और कैसे वे अपनी जान बचाने के लिए भागे थे और उनके पीछे शेर लगा हुआ था। मैंने पूछा तो "क्या तुमने पीछे मुड़कर देखा था?" तो उसने उत्तर दिया "नहीं साहब" और मेरे अज्ञान पर दया करते हुए आगे कहा "नरभक्षी

से अपनी जान बचाने के लिए भाग रहा व्यक्ति, कैसे पीछे देख सकता है?" और कैसे वह मछुआरा जो उससे थोड़ा-सा आगे था, घने घास के गुच्छो में सो रहे भालू पर भागते हुए गिर पड़ा था, जिसके बाद इतना शोर मचा और चीख पुकार हुई कि क्या कहा जाए, और हर कोई जिसमें वह भालू भी था, अलग-अलग दिशाओं में भाग निकले, और मछुआरा कहीं खो गया, और फिर कितनी ही देर बाद वह मछुआरा रास्ता ढूँढता हुआ, आखिरकार वापस बंगले पर पहुँचा और उसे वन रक्षक को अपनी राइफल लेकर दौड़ जाने और उसे खाली हाथ नरभक्षण करने वाले शेर कि ओर से गुस्से भरे हुए भालू से निपटने के लिए छोड़ जाने के विषय में कितनी ही बातें सुनाई। वन रक्षक ने अपनी किस्सागोई यह कहकर खत्म की कि अगले दिन वह मछुआरा यह कहकर मोहन चला गया कि जब वह भालू के ऊपर गिरा तो उसकी टाँग में चोट आ गई थी, और बात चाहे कुछ भी हो, उस दिन कोसी नदी में पकड़ने के लिए मछलियाँ ही नहीं थी।

हम दोपहर तक अपनी यात्रा जारी रखने के लिए तैयार हो गए थे और लोगों की उस छोटी-सी भीड़ की, जो हमे विदा करने के लिए वहाँ इकट्ठा हुई थी, कितनी ही चेतावनियों सहित, कि घने जंगल में होकर जाते समय हम नरभक्षी से, जो हमें आगे मिलने वाला है, बहुत सावधानी से चौकसी बरतें, हम कार्तकानौला की चार हजार फुटी चढ़ाई पर चल पड़े।

हम धीरे-धीरे ही जा पाए क्योंकि मेरे आदमी भारी बोझ लिए चल रहे थे और रास्ता अत्यधिक ढलवां और गर्मी बहुत ज्यादा थी। थोड़ी समय बाद ऊपर के गाँवों में कुछ झगड़ा हो गया था जिसकी वजह से नैनीताल से एक छोटी-सी पुलिस पार्टी वहाँ भेजना जरूरी हो गया और मुझे सलाह दी गई थी कि मैं अपनी और अपने साथ के सभी आदमियों की जरूरत की सभी वस्तुएँ साथ लेकर चलूँ, क्योंकि वहाँ के अव्यवस्थित हालात में मेरे लिए स्थानीय रूप से कुछ भी प्राप्त करना संभव नहीं हो पाता। इसी कारण मेरे आदमी भारी बोझ ढोकर ले जा रहे थे।

कितनी ही बार रास्ते में ठहर कर देर-अपराह्न में हम खेती की जाने वाली ज़मीनों के किनारे पहुँच गए और अब चूँकि मेरे आदमियों को नरभक्षी से आशंकित कोई खतरा नहीं रह गया था, मैं उन्हें वहीं छोड़कर अकेला फोरेस्टर्स हट (वानिक का मकान) की तरफ चला जो मोहन से ही दिखाई पड़ रहा था, जिसे वनरक्षकों ने मुझे कार्तकानौला में ठहरने के लिए सबसे अच्छी जगह बताई थी।

वह मकान मोहन से दिखाई पड़ती धार की ऊँची पहाड़ी पर बना था और जब मैं पहाड़ी का मुख पार कर सड़क के समतल टुकड़े से होता हुआ उस पर पहुँचा तो खड्ड के किनारे मुड़ते हुए जहाँ कुछ-कुछ झाड़ियाँ थी, लकड़ी की नाली से बूँद-बूँद बहकर आते पानी से अपना मिट्टी का घड़ा भर्ती हुई एक स्त्री से मिला। यह सोचकर कि रबर-तल्ले वाले जूते पहने मेरे वहाँ जाने से वह डर जाएगी, उसका ध्यान अपनी तरफ खींचने के लिऐ मैंने खांसा और इस बात पर ध्यान दिया कि ज्योंही मैंने ऐसा किया वह तेजी से चल पड़ी और उससे आगे कुछ गज़ और चलकर अपनी सिगरेट सुलगाने को मैं रुक गया। एक-दो मिनट बाद बिना अपना सिर घुमाए उससे मैंने पूछा कि इतनी सुनसान जगह में किसी का यहाँ होना क्या सुरक्षित है तो थोड़ी हिचकिचाहट के बाद उस स्त्री ने उत्तर दिया कि ऐसा करना सुरक्षित नहीं है, परन्तु पानी तो लाना ही है और चूँकि उसके साथ आने को घर में कोई नहीं था, वह अकेली ही यहाँ आई थी। कोई आदमी नहीं था? "हाँ एक आदमी था, लेकिन वह खेत में हल चला रहा था और जो भी हो पानी लाना तो स्त्रियों की ही जिम्मेदारी है"। "घड़ा भरने में कितना समय लगेगा?" बस थोड़ी देर और"। स्त्री का भय और संकोच जाता रहा। अब उलटे वही बारीकी से सवाल जवाब कर मुझसे जिरह करने लगी। "क्या मैं पुलिसवाला हूँ?" "नहीं", "क्या मैं वन अधिकारी हूँ?", "नहीं" "फिर मैं कौन हूँ?" "बस एक आदमी हूँ।" "मैं यहाँ क्यों आया हूँ?" "कार्तकानौला के लोगों की मदद करने की कोशिश करने।" "कैसे?" नरभक्षी को गोली से मारकर। नरभक्षी के बारे में मैंने कहाँ सुना? मैं अकेला ही क्यों आया हूँ? मेरे साथ के आदमी कहाँ हैं? कितने आदमी हैं? यहाँ मैं कितने समय तक

ठहरूँगा? आदि-आदि। जब तक घड़े को भरा नहीं तब तक उस स्त्री की उत्सुकता प्रश्न पूछने में था और जब वह भर गया तब पीछे-पीछे चली तो उसने पहाड़ी के दक्षिण मुख से नीचे की तरफ जाती कई पर्वतीय धारों में से एक की ओर संकेत किया और घासीय ढलान पर खड़े एक वृक्ष की ओर इंगित करते हुए बताया कि तीन दिन पहले नरभक्षी ने इसी पेड़ के नीचे एक स्त्री को मारा था। यह वृक्ष मैंने रुचिपूर्वक ध्यान देकर देखा। मेरे उद्देश्य स्थल-वानिक का मकान केवल दो या तीन सौ गज़ की दूरी पर था। अब हम पहाड़ी के ऊपर जाने वाली पगडंडी पर पहुँच गए थे तो वह स्त्री उस पर बढ़ी और उसने मुझे बताया कि वह गाँव, जहाँ से वह आई थी, इस पहाड़ी के स्कन्ध के ठीक पास में है और अब वह पूरी तरह से सुरक्षित है।

आप में से जो भारत की स्त्रियों से परिचित है, यह बात समझ गए होंगे कि मैंने काफी काम पूरा कर लिया था, विशेषतः यदि यह भी याद कर लिया जाए कि पिछले दिनों पुलिस को लेकर इस क्षेत्र में थोड़ा हंगामा भी हो गया था। इसलिए उस स्त्री को डराने और इस तरह पूरे देहात की शत्रुता मोल लेने के बजाए, उसके पास खड़े होकर, जब वह अपना घड़ा भर रही थी, और उसके कुछ प्रश्नों के उत्तर देकर, मैंने अपना एक मित्र बना लिया था, जो कम से कम संभव समय के अंदर गाँव की पूरी आबादी को मेरे यहाँ आने से अवगत करा देगी कि मैं किसी किस्म का कोई अफसर नहीं हूँ और मेरे यहाँ आने का एकमात्र प्रयोजन उन्हें नरभक्षी से मुक्ति दिलाने की कोशिश है।

(3)

फोरेस्टर्स हट (वानिक का मकान) सड़क की बाईं तरफ, उससे कोई बीस गज़ की दूरी पर एक छोटी-सी चोटी पर बनी हुई थी और चूँकि उसका दरवाजा एक जंजीर से ही बंद किया गया था मैं खोलकर उसके अंदर चला गया। कमरा लगभग 10 फुट वर्ग का था और काफी स्वच्छ था परन्तु उपयोग नहीं करने से उससे फफूंदियाई दुर्गन्ध आ रही थी। मुझे बाद में पता चला कि नरभक्षी के उस क्षेत्र में आगमन के बाद पिछले अट्ठारह महीनों से उसमें कोई नहीं रहता था। जो प्रधान कमरा था उसके दोनों तरफ दो तंग कोठारियाँ थी जिसमें एक रसोई घर और दूसरी ईंधन रखने के काम आती थी। यह मकान मेरे आदमियों के लिए सुरक्षित आश्रय होगा और कमरे में से होकर हवा का झोंका बहकर आने-जाने के लिए उसका पिछला दरवाजा खोलकर मैं बाहर चला आया तथा उस मकान और सड़क के बीच मैं अपना 40 पौण्ड भार वाला तम्बू लगाने के लिए एक स्थान चुन लिया। उस मकान में किसी प्रकार का कोई फर्नीचर नहीं था, अतः मैं सड़क के किनारे एक चट्टान पर बैठकर अपने आदमियों के आने का इन्तजार कर रहा था।

इस जगह पर्वतीय धार लगभग पचास गज़ चौड़ी थी और चूँकि यह मकान गाँव के दक्षिणी किनारे पर और गाँव पहाड़ी के उत्तरी मुख पर था, इस मकान से गाँव दिखाई नहीं देता था। मैं उस चट्टान पर कोई दस मिनट तक ही बैठा होऊँगा कि गाँव की दिशा में शिखर पर पहले एक सिर ऊपर निकला, उसके बाद दूसरा और फिर एक तीसरा सिर। पानी भर कर ले जाने वाली मेरी मित्र ने गाँव को मेरे आने की खबर पहुँचाने में ढिलाई नहीं की थी।

भारत में जब दो अजनबी आपस में मिलते हैं और एक दूसरे से किसी खास विषय की जानकारी प्राप्त करना चाहते हैं तो प्रथा यही है कि उस विषय को आरम्भ करने में अंतिम क्षणों तक कतराया जाए जिसकी वजह से, देववशात या निश्चित प्रयोजन से वे दोनों वहाँ आए हैं और बीच का समय एक दूसरे की घरेलू और निजी बातों से सम्बन्धित जानकारी मालूम करके भरा जाए जैसे कि उदाहरणतः क्या वह विवाहित है, बच्चे कितने हैं, कितने लड़के और कितनी लड़कियाँ है, उनकी उम्र क्या है। यदि अविवाहित है तो विवाह क्यों नहीं हुआ, काम क्या करते हैं, वेतन कितना है, आदि-आदि। जिन प्रश्नों से संसार के अन्य भागों में कोई भी

अप्रसन्न हो जाएगा उन्हें भारत में विशेषतः हमारे पहाड़ों में इतने बेढंगेपन से और सर्वत्र ही पूछा जाता है कि कोई आदमी जो इन लोगों में रहा है, उनसे नाराज़ होने की स्वप्न में भी कल्पना नहीं कर सकता।

मैंने उस स्त्री के साथ हुए वार्तालाप में ऐसे बहुत-से बने-बनाए प्रश्नों के उत्तर दिए थे और अब घरेलू किस्म के प्रश्न, जिन्हें स्त्रियों द्वारा किसी पुरुष से पूछे जाने की अनुमति नहीं है, मुझसे पूछे जाने लगे जब वहाँ मेरे आदमी भी पहुँच गए। उन्होंने उस छोटे-से झरने से एक केतली पानी भरकर चूल्हे पर चढ़ा दी और अकल्पनीय थोड़े से समय में सूखी लकड़ियाँ एकत्र करके आग जलाई गई और केतली का पानी उबलने लगा, चाय और बिस्कुट भी आ गया। मैंने जब जमे हुए दूध का डिब्बा खोला तो उन लोगों को अपने आदमियों से यह पूछते सुना कि ताजे दूध की जगह जमा हुआ दूध क्यों उपयोग में लाया जा रहा है जिसका उत्तर उन्हें यह दिया गया कि ताजा दूध नहीं है। इस क्षेत्र में हुए पिछले किसी झंझट के कारण, ताजा दूध यहाँ नहीं मिल पाएगा, इसलिए टिन बंद काफी दूध वे अपने साथ लेकर आए थे। यह सुनकर वे लोग बहुत दुःखी हुए और आपस में कानाफूसी करने के पश्चात, उनमें से एक ने, जो मुझे बाद में पता चला, कार्तकानौला का प्रधान था, मुझे संबोधित किया और कहा कि जब इस गाँव के सारे संसाधन आपके उपयोग के लिए उपलब्ध हैं तो टिन बंद दूध लेकर आना उनका अपमान है। मैंने अपनी गलती मानी, और मैंने उनसे प्रार्थना से बोला कि यदि मेरी दैनिक जरूरतों के लिए थोड़ा-सा दूध उनके पास बच सकता है तो मैं बड़ी खुशी से खरीद लूँगा, परन्तु दूध के अलावा मुझे और कुछ नहीं चाहिए। मैं इस जगह के लिए अजनबी हूँ, और मेरा बोझ अब खोता जा रहा था, तब तक गाँव से वहाँ और भी लोग आ गए थे और जब मैंने अपने नौकरों को कहा कि मेरा तम्बू उन्हें किस जगह बड़ा, करना है तो वहाँ जमा हुए ग्रामवासी डर के मारे एकदम बोल उठे, "तम्बू में रहेंगे, सचमुच क्या मुझे इस तथ्य की जानकारी नहीं है कि इस क्षेत्र में नरभक्षी आया हुआ है और वह हर रात इसी सड़क से आता-जाता है। यदि मुझे उनकी बात पर सन्देह है तो हमारे साथ चलकर उसके पंजों के निशान उन घरों के दरवाजे पर ही जाकर देख लो जहाँ वह सड़क गाँव के ऊपरी भाग से होकर जाती है। इसके अलावा, यदि शेर ने मुझे तम्बू में न खाया तो उस मकान में मेरे आदमियों को तो वह अवश्य ही खा जाएगा, यदि उनकी रख वाली करने को मैं उनके पास नहीं रहूँगा। इस अंतिम विवरण पर मेरे आदमियों ने अपने कान पकड़ लिए और ग्रामवासियों की सलाह के साथ अपनी मिन्नतें भी मिला दी इसलिए अन्ततः मैं प्रधान कमरे में ही ठहरने को राजी हो गया, मेरे दोनों नौकर रसोई घर में और छहों गढ़वाली ईंधन रखने वाली कोठरी में रुक गए।

मेरे लिए नरभक्षी का विषय शुरू हो जाने पर, बिना यह स्वीकार किए कि यही एकमात्र विषय था जिसे मैं पर्वतीय धार से पहले आदमी के सिर ऊपर उठाने के क्षण से ही शुरू करना चाहता था, उस पर बातचीत करते जाना संभव हो गया। वह रास्ता जो उस वृक्ष तक जाता था, जहाँ शेर ने अपना सबसे बाद वाला शिकार मारा था, मुझे संकेत से बताया गया तथा दिन का समय और वे परिस्थितियाँ जिनमें वह स्त्री मारी गई, मुझे समझाई गई। जिस सड़क पर शेर रात को रोज आता जाता था वह, मुझे बताया गया, पूर्व की तरफ बेतालघाट जाती थी जिसकी एक शाखा सड़क मोहन जाती थी और पश्चिम की तरफ जाने वाली सड़क गाँव के ऊपरी भाग और खेतिहर ज़मीन में से आया मील तक होती हुई पहाड़ के मुख पर दक्षिण कि ओर मुड़ जाती थी और जिस पर्वतीय धार पर यह मकान बना है, फिर उससे आ मिलने पर धार के साथ-साथ नीचे ठीक चकनाक्त तक जाती है। कार्तकनौला और चकनाक्त के बीच सड़क का यह कोई छह मील लंबा टुकड़ा बहुत ही खतरनाक समझा जाता है और नरभक्षी के आगमन के बाद कोई उस पर नहीं चलता था। बाद में पाया कि औषि भूमि को छोड़ने के बाद सड़क धने वृक्षों और क्षुद्ररोह वन में चली जाती है जो नीचे सीधा नदी तक फैला हुआ है।

कार्तकनौला गाँव की मुख्य खेती पर्वत के उत्तरी मुख पर होती है और इस औषि भूमि से परे कई छोटी-छोटी बार हैं जिनके बीच में गहरे खड्ड पड़े हुए हैं। इन पर्वतीय धारों में सबसे निकटवाली धार पर बने

'वानिक का मकान' से हजारेक गज़ की दूरी पर एक बड़ा चीड़ वृक्ष है। इसी वृक्ष के पास कोई दस दिन हुए शेर ने एक स्त्री को मारकर और उसे थोड़ा-सा खाकर छोड़ दिया था और तीनों शिकारी जो चार मील दूर वन बंगले में ठहरे हुए थे, इस चीड़ वृक्ष पर चढ़ नहीं पाए थे और गाँव वालों ने तीन अलग-अलग वृक्षों पर, मारी गई स्त्री से सौ से एक सौ पचाय गज़ तक की भिन्न-भिन्न दूरी पर तीन मचान बनाए थे और उन मचानों पर शिकारी और उनके नौकर दिन छिपने से पहले बैठ भी गए थे। चाँद उस समय नया निकलना शुरू हुआ था और उसके डूब जाने पर गाँव वालों ने कई गोलियाँ चलने की आवाज सुनी और जब उन्होंने अगले दिन सुबह नौकरों से पूछा तो नौकरों ने कहा, हमें पता नहीं कि गोलियाँ किस पर चलाई गई थी क्योंकि हमें तो कुछ दिखाई ही नहीं दिया था। दो दिन बाद एक गाय के मार दिए जाने पर शिकारी उस पर बैठे, और फिर जैसा पिछली बार हुआ था, चाँद अस्त हो जाने के बाद गोलियाँ चलाई गई। यह स्वीकार करना ही होगा कि नरभक्षियों को मारने के ऐसे शिकारीवत परन्तु विफल प्रयत्न ही उन्हें इतना ज्यादा होशियार और इतना अधिक समस्या बना देती हैं कि जितना अधिक वे जीते हैं उन्हें मार पाना शेर के बारे में गाँव वालों ने मुझे एक बहुत रोचक खबर दी। उन्होंने बताया कि जब शेर गाँव में आता है तो उसकी हल्की कराहती आवाज होने पर उन्हें उसका पता लग जाता है। अधिक बारीकी से प्रश्न करने पर मुझे पता चला कि शेर की यह आवाज कभी-कभी जब वह घरों के बीच में से होकर जाता है, निरन्तर चलती रहती है तो कभी-कभी थोड़े समय के लिए तो कभी लंबे समय के लिए बंद भी हो जाती है।

मैंने इस जानकारी से परिणाम निकाला कि (अ) शेर को किसी प्रकार का जख्म लगा हुआ है, और (आ) घाव ऐसा है कि शेर को उसका दर्द चलते हुए ही महसूस होगा (इ) घाव शेर की एक टाँग में लगी होगी। मुझे यकीन हो गया कि शेर को किसी स्थानीय शिकारी या रानीखेत से आए शिकारी ने ही घायल किया होगा जो उसे मारने के लिए मचान पर बैठे थे। तथापि, इसका कोई खास महत्त्व नहीं था क्योंकि शेर कितने ही वर्षों से नरभक्षी बना हुआ था, और मुझे विश्वास था वह घाव ही, जिससे वह पीड़ित था, उसके नरभक्षी बनने का मूल कारण होगा। यह बहुत रोचक बात थी, और ऐसी बात जिसको शेर के मर जाने के बाद उसकी जाँच करके स्पष्टतः जाना जा सकता था।

यह जानने को लोग उत्सुक थे कि शेर द्वारा की जाने वाली आवाज़ में मेरी इतनी ज्यादा रुचि क्यों है और जब मैंने उन्हें बताया कि शेर की टाँग में कोई घाव लगा हुआ है और यह घाव गोली लगने से अथवा कांटों से लगा है तो वे मेरे तर्कों से सहमत नहीं हुए और कहा कि जब-जब उन्होंने शेर को देखा तो वह उन्हें ठीक-ठाक हालत में दिखाई पड़ा था और इसके अतिरिक्त जिस आसानी से वह अपने शिकार को मारता और उसे उठाकर ले जाता था, इस बात का प्रमाण था कि वह किसी भी तरह से पंगु नहीं था। तथापि, मैंने जो भी उन्हें बताया वह उन्हें याद रहा और उसी कारण मुझे दूसरी दृष्टि से वरदान पाए हुए व्यक्ति की प्रसिद्धि प्राप्त हुई।

रामनगर से गुजरते हुए वहाँ के तहसीलदार को मैंने अपने लिए दो जवान कटड़े खरीद कर उन्हें मोहन भेजने के लिए कहा था, जहाँ मेरे आदमी उन्हें संभाल लेंगे।

गाँव वालों को मैंने बताया कि मेरा इरादा उनमें से एक को उस वृक्ष के पास बाँधने का था जहाँ तीन दिन हुए एक स्त्री को मार दिया गया था और दूसरा चकनाल जाने वाली सड़क पर और उन्होंने कहा था कि इससे अच्छी जगह सोची भी नहीं जा सकती परन्तु मिलकर वे आपस में विचार करेंगे और यदि उनके पास कोई दूसरा सुझाव हुआ तो सुबह आकर बताएँगे। रात होने जा रही थी और जाने से पूर्व प्रधान ने आसपास के सभी गाँवों में सुबह मेरे आने, जाने के कारण की खबर भिजवाने का वादा किया था। उनपर इस बात के लिए जोर भी दिया था कि यदि उनके क्षेत्र में शेर किसी को मारे या किसी पर आक्रमण करे तो बिना समय गंवाए वे तुरन्त मुझे उसकी जानकारी देंगे।

उस कमरे की फफूंदियाई गंध काफी कम हो गई थी हालाँकि यह अब भी महसूस की जा सकती थी। तथापि, मैंने उस पर कुछ ध्यान नहीं दिया तथा नहाने और रात का भोजन कर लेने के बाद दरवाजे के साथ दो पत्थर अड़ा कर रख दिए उन्हें बंद रखने का कोई अन्य उपाय नहीं था, और दिन भर की मेहनत के बाद मेरी हड्डीयाँ थक चुकी थी, इसलिए बिस्तर पर लेटते ही सो गया। मुझे नींद हल्की आती है, और दो या तीन घंटे बाद जंगल में फिर रहे किसी जानवर की आवाज सुनकर मैं जाग गया। वह ठीक पिछले दरवाजे पर ही आ गया था। मैंने राइफल और टार्च अपने साथ रखकर पत्थर अपने पैर से एक तरफ हटाए और जैसे ही दरवाजा खोला, एक जानवर को वहाँ से दूर भागते सुना। वह जो आवाज़ कर रहा था, उससे लगता था कि वह शेर ही होगा परन्तु वह कोई तेन्दुआ या सेही भी हो सकता था। तथापि, जंगल इतना घना था कि कुछ भी दिखाई नहीं दे रहा था कि वह क्या है। कमरे में लौटकर, पत्थरों को एक बार फिर ठीक जगह लगाया, तो मुझे लगा कि मेरा गला खराब हो गया है, मैंने इसका कारण यह लगाया कि मोहन तक तेजी से चलकर जाने के बाद हवा में बैठा था परन्तु जब मेरा नौकर दरवाजा धकेल कर खोलने के बाद सुबह जल्दी वाली चाय लेकर आया तो मैंने पाया कि मुझ पर कंठशोधकोप (लैरिनजाइटिस) का आक्रमण हुआ है, संभवतः उसका कारण यह था कि मैं लंबे समय तक अप्रयुक्त पड़े रहे मकान में सोया था जिसकी छत चमगादड़ों से भरी थी। मेरे नौकर ने बताया कि वे यह रोग लगने से बच गए थे परन्तु ईंधन रखने वाली कोठरी के सभी छह गढ़वाली इसी रोग से ग्रस्त हैं जो मुझे हुई है। मेरे दवाई भण्डार में आयोडीन की दो-औंस वाली एक शीशी और कुनैन की कुछ गोलियाँ ही थी और बंदूक के खोल में तलाश करके मैंने परमैंगनेट का छोटा, कागज़ वाला पैकेट निकाला जो पिछली बार मेरी बहन ने मेरे लिए दिया था। यह पैकेट बंदूक के तेल से भीगा था परन्तु इसके स्फट अब भी विलेय थे और मैंने काफी सारे स्फटों (क्रिस्टलों) की मात्रा गर्म पानी के टिन में डाली और उसमें थोड़ी-सी आयोडीन भी मिला दी। परिणामी कुल्ला काफी शक्तिवान रहा और उससे मेरे दाँत काले तो पड़ गए परन्तु मेरे गले को उससे काफी आराम मिल सका।

मैंने जल्दी नाश्ता करने के बाद चार आदमियों को दोनों कटड़े लाने के लिए मोहन भेजा और स्वयं उस ज़मीन का मुआयना करने चल दिया, जहाँ वह स्त्री मारी गई थी। जो अनुदेश मुझे रात दिए गए थे उनसे मुझे वह जगह ढूँढने में कोई दिक्कत नहीं हुई, जहाँ शेर ने आक्रमण करके उस स्त्री को मार डाला था, जब वह अपनी काटी हुई घास का गट्ठर बाँध रही थी। घास और रस्सी, जिससे वह काम करती थी, वैसे ही वहाँ पड़े थे, जैसे उन्हें छोड़ा गया था, उसी तरह घास के वे दो गट्ठर भी, जिन्हें उसकी साथिनों ने छोड़ा था जब वे डरकर गाँव में दौड़ गई थी। मुझे लोगों ने बताया था कि उस स्त्री की लाश नहीं मिली परंतु इस तथ्य से कि रस्सी के तीन अच्छे लंबे टुकड़े और मृत स्त्री की दराँती जंगल में पड़ी है मेरा खयाल है कि उसको ढूँढने का कोई प्रयास नहीं किया गया था।

एक छोटे-से भूस्खलन के ऊपरी सिरे पर वह स्त्री मारी गई थी और शेर उसे उस फिसलान से नीचे की ओर झाड़-झंखाड़ के घने टुकड़े में लेकर गया था। यहाँ शेर ने कुछ देर रुककर, संभवतः अन्य दो स्त्रियों को दृष्टि से ओझल हो जाने का समय देने के लिए, फिर उस धार को पार किया था, जो उस मकान से दिखाई पड़ता था, फिर उसके बाद अपने शिकार को लिए वह पहाड़ी से सीधे नीचे एक मील या उससे भी ज्यादा चलकर घने वृक्षों और क्षुद्ररोह जंगल में चला गया था। उसके जाने का रास्ता चार दिन पुराना हो गया था इसलिए उसका अनुसरण कर आगे जाकर कुछ भी नहीं मिलता, इसलिए मैं वापस उस 'मकान' में लौट गया।

धार पर वापस चढ़ना बहुत ही तीखे ढाल वाला था और जब मैं लगभग दोपहर को वापस 'मकान' पर पहुँचा तो देखा कि बराम्दे में भिन्न-भिन्न रूप और आकार के बर्तन भाण्डे सजाए हुए रखे हैं और सभी में दूध भरा है। एक दिन पहले के अकाल के विपरीत आज प्रचुरता थी, वास्तव में इतना काफी दूध था कि उससे मैं स्नान भी कर सकता था। मेरे नौकरों ने बताया कि उन्होंने इसका विरोध किया था परन्तु उसका कोई परिणाम

नहीं निकला। हर आदमी ने अपने दूध का बर्तन बराम्दे में रखते हुए कहा कि वह इस बात का ध्यान रखेगा कि अब मुझे जमा हुआ दूध, जब तक मैं उनके बीच यहाँ रहूँ, उपयोग न करना पड़े।

अपने लोगों की कटड़े लेकर मैंने, रात होने से पूर्व मोहन से लौटकर आ जाने की प्रत्याशा की थी, इसलिए दोपहर का भोजन करने के बाद मैं चकनाल की तरफ जाने वाली सड़क पर नज़र डालने के लिए निकल गया।

पहाड़ी उस 'मकान' से आगे धीरे-धीरे ढाल में ऊँचे होती लगभग पाँच हजार फुट तक पहुँच गई थी और शक्ल में लगभग वहाँ तिकोनी थी। आधा मील तक खेती किए जा रहे क्षेत्र में से होकर यह सड़क एकदम बाएँ मुड़ गई थी और एक बड़ी तीखी चट्टानी पहाड़ी को पार कर फिर उसी धार पर आ गई थी और तब दाहिनी ओर मुड़कर पर्वतीय धार के साथ-साथ नीचे की ओर तीखे ढाल से उतर गई थी। इसका तीखा ढाल किसी जगह अत्यधिक तीखा मोड़ डालकर सरल कर दिया गया था।

अपराह्न का पूरा समय मेरे पास था और मैंने लगभग तीन मील तक बड़ी सावधानी से इस सड़क का निरीक्षण किया। जब कोई शेर किसी सड़क को नियमपूर्वक उपयोग करता है तो वह उस सड़क के पार्श्वों में खुरचने के चिह्न लगाकर अपने मार्ग के निशान उस पर छोड़ जाता है। खुरचने के ये प्रयास उसी प्रयोजन के लिए लगाए जाते हैं जिसके लिए पालतू बिल्लियाँ और बिहाल वंश के सभी अन्य सदस्य ऐसे चिह्न बनाते हैं और शिकारियों के लिए ये बड़ी भारी दिलचस्पी के होते हैं क्योंकि उनसे उन्हें निम्नलिखित बहुत उपयोगी जानकारी मिलती है (1) जो जानवर यह चिह्न बनाए हैं वह नर है या मादा, (2) वह दिशा जिस तरफ वह जा रहा है (3) उसके वहाँ होकर जाने के बाद कितना समय हो चुका है, (4) उसके मुख्यालय की दिशा और उसकी अनुमानित दूरी (5) मारे गए शिकार की प्रकृति, और (6) अन्ततः कि उस जानवर ने अभी-अभी नरमांस खाया है या नहीं। आसानी से मिल जाने वाली इस जानकारी का मूल्य उस शिकारी के लिए कितना ज्यादा है जो किसी अजनबी भूमि पर नरभक्षी का शिकार करने में लगा हुआ है, सरलता से समझा जा सकता है। शेर जिन सड़कों पर चलता हैं उनके पगचिह्न भी पड़े जाते हैं और इन पगचिह्नों से बहुत सारी उपयोगी जानकारी प्राप्त की जा सकती है, उदाहरणार्थ, वह दिशा और गति, जिधर वह जानवर चल रहा था, उसका लिंग और उम्र, उसके चारों पाँव सही सलामत है या नहीं और यदि सही-सलामत नहीं है तो उसका कौन-सा बाजू या पैर दोषपूर्ण है।

मैं जिस सड़क पर था, वह लंबे समय तक उपयोग में नहीं थी जिसके कारण उस पर छोटी-छोटी घास उग गई थी, इसलिए एक-दो गीली जगह छोड़कर यह ऐसा अच्छा माध्यम नहीं रह गई थी, जिस पर शेर के पगचिह्न बने हो सकते थे। एक ऐसी गीली जगह, जहाँ सड़क पर्वतीय धार से बाहर निकल आई थी, उससे ठीक नीचे कुछ गज़ों के अंदर ही, रुके हुए जल कि जगह थी, जिसमे सांभर नियमपूर्वक आकर पानी पीते थे।

उस किनारों के चारों तरफ जहाँ सड़क खेतों को छोड़कर बाईं तरफ मुड़ गई थी, मुझे ज़मीन खुरचे जाने के कई चिह्न मिले जिनमें सबसे ताजा चिह्न तीन दिन पहले का था। खुरचने के इन चिह्नों से दो सौ गज़ की दूरी तक सड़क की एक-तिहाई चौड़ाई, ऊपर लटक रही चट्टान के नीचे से होकर जाती थी। यह चट्टान दस फुट ऊँची थी और उसके शिखर पर दो या तीन गज़ चौड़ा समतल ज़मीन का टुकड़ा था जो सड़क से तभी दिखाई देता था जब चट्टान पर गाँव वाली तरफ से पहुँचा जाता था। पर्वतीय धार पर मुझे खुरचने के पगचिह्न मिले परन्तु अत्यधिक तीखे मोड़ से पूर्व मुझे पगचिह्न बिलकुल नहीं मिले। यहाँ मोड़ काटते समय शेर ने अपना रास्ता छोड़ दिया था और वह कुछ मुलायम मिट्टी पर कूदकर नीचे चला गया था। ये गमनमार्ग एक दिन पहले का था। थोड़े विओत भी हो गये थे, फिर भी यह देखा जा सकता था कि ये किसी बड़े, बुड्ढे, नर शेर के पैरों से बने हैं।

कोई व्यक्ति जब ऐसे इलाके में चलता है जिसमें नरभक्षी भी क्रियशील है तो उसकी प्रगति आवश्यकतावश, बहुत धीमी हो जाती है, क्योंकि उसके चलने की रेखा में आने वाली प्रत्येक रुकावट चाहे वह वृक्ष हो, झाड़ी हो, चट्टान हो अथवा भूमि की ही कोई गैर बराबरी (विषमता) हो, उसमें मृत्यु भी छिपी हुई मिल सकती है, तो उनकी तरफ सावधानी से बढ़ना होता है, और उसके साथ-साथ उसी समय यदि हवा न चल रही हो उस शाम हवा नहीं चल रही थी तो सावधानी से निरन्तर पीछे और अपनी दोनों तरफ देखभाल करके चलना चाहिए। इसके अलावा, दिलचस्पी से देखने के लिए और भी बहुत कुछ रहता है क्योंकि वह मई का महीना था जब इतनी ऊँचाई 4000 से 5000 फुट पर ऑर्किड (पीनशिफ) अपने सर्वोत्तम काल में होते हैं और मैंने कहीं इससे ज्यादा किस्में या इससे बढ़कर पुष्प सम्पत्ति नहीं देखी जितनी इस पहाड़ी के वनों में इस समय दिखाई दे रही थी। सुन्दर श्वेत तितली-पीनशिफ (बटरफ्लाई ऑर्किड) सबसे अधिक प्रचुरता में खिला हुआ था और किसी भी आकार का क्यों न हो, हर दूसरे वृक्ष ने उनसे अपना शृंगार किया हुआ था।

मैंने यहीं सबसे पहले वह पक्षी देखा जिसको बाद में बम्बई प्रकृति इतिहास परिषद् के श्री प्रेटर ने मेरे लिए छिपाकर पहचान करके बताया कि वह गिरि शैल चटी (माउंटेन कैग मार्टिन) है। इस पक्षी का रंग पूरा राखिया होता है परन्तु वक्ष पर हल्का-सा गुलाबी रंग होता है और आकार में यह पाटल सारिक (रोजी पेस्टर) से कुछ छोटी होती है। इन पक्षियों के बच्चे उनके साथ ही थे और जब बच्चे एक ब्यांत में चार-चार किसी ऊँचे वृक्ष की चोटी पर किसी सूखी टहनी पर पंक्ति बनाकर बैठे रहते तब जननी-जनक पक्षी कीड़ा पकड़ने के लिए बहुधा दो या तीन सौ गज़ की दूरी तक झपट्टे मारती रहती थी। वह जिस गति से उड़ते थे अचरज में डालने वाली थी और मुझे पक्का यकीन है कि उत्तर भारत में कोई भी ऐसा पक्षी नहीं है, जिनमें शीतकाल में बाहर से मेहमान बनकर आने वाले हमारे बड़े तिब्बती भाण्डीक (स्वालो) भी असम्मिलित नहीं हैं, जिन्हें ये चटी (मार्टिन) चक्कर न कटा सकती हों। इन पक्षियों की एक विशेषता है कि इनकी दृष्टि आश्चर्यजनक है। कभी-कभी ऐसा होता है कि बिना मुड़े और वापस आए ये कई सौ गज़ तक एकदम सीधे उड़ते चले जाते हैं। जिस रफ्तार से वे उस समय उड़ रहे होते हैं उससे यह संभव नहीं लगता कि इन लंबी उड़ानों पर वे कीड़ों का पीछा कर रहे होते हैं क्योंकि ऐसी प्रत्येक उड़ान के पश्चात् ये पक्षी सर्वदा कोई छोटी-सी वस्तु बच्चों के खुले मुँह में आकर डाल देते थे। मेरा विश्वास है कि वे कीड़ों को इतनी दूरी से देख पाने में समर्थ थे जितनी दूरी तक सबसे शक्तिशाली क्षेत्र दूरबीन लगाकर मानव की आँख भी नहीं देख सकती।

गर्दन को बचाने का उपाय करते, शेर के मार्ग की टोह लगाते, प्रऔति का सामान्यतः आनन्द उठाते और जंगल की सभी आवाजों को सुनते हुए मोहन की दिशा में पहाड़ी पार्श्व से एक मील नीचे कोई सांभर जंगलवासियों को शेर की उपस्थिति की चेतावनी दे रहा था और एक काकड़ व एक लंगूर चकनाल जाने वाली सड़क पर दूसरे जंगलवासियों को तेन्दुए के होने की चेतावनी दे रहे थे समय जल्दी ही निकल गया और जब सूरज डूब ही रहा था तो मैंने अपने को सड़क के ऊपर लटक रही चट्टान पर पाया। मैं जब चट्टान की तरफ बढ़ा तो इस बात पर ध्यान दिया कि जितनी भूमि पर मैं चला-फिरा हूँ उसमें सबसे खतरनाक जगह यही हो सकती है। चट्टान के ऊपर घास से ढकी भूमि के टुकड़े पर सोते हुए शेर को सड़क से होकर ऊपर जाते या नीचे आते व्यक्ति की इसके नीचे आने या उसके पास से होकर गुजरने की प्रतीक्षा भर करनी होगी और वह व्यक्ति उसकी दया होने पर ही जीवित बच पाएगा सचमुच यह बहुत ही खतरनाक जगह थी और ऐसी कि इसे याद रखना आवश्यक था।

मैं जब वापस उस 'मकान' पर पहुँचा तो देखा कि दोनों कटड़े आ गए हैं परन्तु देर इतनी अधिक हो गई थी कि उस शाम उनसे कुछ किया नहीं जा सकता था।

मेरे आदमियों ने पूरे दिन उस मकान में आग जला रखी थी जिसकी हवा अब मधुर और स्वच्छ हो गई थी, फिर भी मैं उस बंद कमरे में दुबारा सोने का जोखिम उठाने को तैयार नहीं था। अतः सोने जाने से पूर्व मैंने

उनसे दो कंटीली झाड़ियाँ कटवाई और उनकी पच्चर बनवाकर उसे दरवाजे पर मजबूती से लगवा दिया। इस रात पिछले दरवाजे पर जंगल में कोई हलचल नहीं हुई और गहरी नींद सोने के बाद जब अगले दिन मैं जागा तो मेरा गला पहले से काफी अच्छा हो चुका था।

मैंने सुबह का अधिकांश समय गाँव के लोगों से बातचीत करने और नरभक्षी के बारे में जो कहानियाँ सुनाने के लिए उनके पास थी और शेर को मारने के जो-जो प्रयत्न किए गए थे, उन्हें सुनने में लगा दिया और दोपहर का खाना खाने के बाद एक कटड़ा उस छोटी पर्वतीय धार पर बँधवा दिया, जिसको शेर ने उस स्त्री को उठाकर ले जाते समय पार किया था और दूसरा उस अत्यधिक तीखे मोड़ पर, जहाँ मैंने उसके पगचिह्न देखे थे।

मैंने अगली सुबह दोनों कटड़ों को उस भारी घास-चारे का अधिकांश भाग खा लेने के बाद जो उनके लिए रखवा दिया था, आराम से सोते हुए पाया। दोनों जानवरों की गर्दन में मैंने घंटियाँ बाँध रखी थी और इन घंटियों की कोई आवाज न आने पर जब मैं उनके पास पहुँचा तो प्रत्येक कटड़े से मुझे दो-दो निराशाएँ मिली, क्योंकि जैसा मैंने कहा है, दोनों को सोते पाया। मैंने उस शाम को दूसरे कटड़े की जगह बदल दी और अत्यधिक तीखे मोड़ वाली जगह से हटाकर उसे उस जगह बँधवाया जहाँ रुके हुए जलगर्त के पास सड़क बाहर निकल कर पर्वतीय धार पर आती थी।

शेर का शिकार खेलने में जो रीतियाँ साधारणतः उपयोग में लाई जाती हैं उन्हें संक्षेप में इस तरह बताया जा सकता है (अ) शिकार पर बैठना, और (आ) हांका कराना तथा इन दोनों तरीकों में चारे के लिए कटड़े उपयोग में लाए जाते हैं। इनमें जो प्रक्रिया अपनाई जाती है उसमें बैठने या हांका कराने के लिए सबसे सुविधाजनक क्षेत्र का चुनाव करना और काफी साँझ ढल जाने के बाद उस चारे को रस्सियों से बाँध देना, जिन्हें चारा बनाया गया कटड़ा तो नहीं, पर शेर तोड़ सकता है, और शेर द्वारा मारे गए किसी आदमी या पशु पर बैठने के लिए वृक्ष पर बाँधे गए मचान अथवा हांका कराने के लिए चारे को जंगल में ले जाया जाता है, जिसमें मारा गया पशु ले जाया गया है।

इन दोनों रीतियों में से वर्तमान स्थिति में किसी को भी अपनाना संभव नहीं था। मेरा गला पहले से यद्यपि काफी अधिक अच्छा हो गया था, फिर भी उसमें खराश थी और मेरे लिए खांसे बिना ज्यादा देर तक बैठना संभव नहीं था और घने जंगलों से भरे और टूटी-फूटी ज़मीन वाले क्षेत्र में हांका कराना, यदि इसके लिए हजारेक आदमियों को इकट्ठा कर भी लिया जाता, तो कोई फायदा नहीं था, इसलिए मैंने शेर का पीछा करने का फैसला किया और इसके लिए मैंने अपने दो कटड़ों के लिए सावधानी से जगह चुनी और चारा एक-इंची रस्सियों से मजबूत वृक्षों से बँधवाया और पूरे चौबीस घंटों के लिए उन्हें जंगल में छोड़कर आ गया।

रोज़ सुबह बारी-बारी से फिर शाम को भी, जब गोली चलाकर शिकार खेलने लायक काफी उजाला हो जाता, मैं प्रत्येक कटड़े के पीछे जाता, क्योंकि शेर चाहे नरभक्षी हो या न हो, एक क्षेत्र में, जहाँ उन्हें परेशान नहीं किया जाता, उतनी ही तत्परता से दिन में शिकार मार लेते हैं जितनी तत्परता से वे रात को शिकार मारते हैं तो जब मैं दूर-दराज के गाँवों से खबर आने का इन्तजार करते हुए अपने गले की तीमारदारी और विश्राम में लगा हुआ था, मेरे छह गढ़वाली कटड़ों को खिलाने-पिलाने में लगे हुए थे।

चौथी शाम, जब मैं सूर्यास्त के पश्चात पर्वतीय धार पर बँधे कटड़े को देखने के बाद वापस लौटा था, और जैसे ही सड़क के ऊपर झुक आई चट्टान से तीस गज़ दूरी पर सड़क के एक मोड़ पर घूमा तो कार्तकनौला में आने के बाद पहली बार मुझे ऐसा लगा कि मैं किसी खतरे में हूँ और वह खतरा, जो मुझे डरा रहा है, मेरे सामने की चट्टान पर है। पाँच मिनट तक बिलकुल निश्चेष्ट बना अपनी आँखें चट्टान के ऊपरी किनारे पर जमाए मैं खड़ा रहा और इधर-उधर होती हलचल देखता रहा। थोड़ी दूरी पर अक्षिकोटर की मामूली झपक तक

आँखों की पकड़ में आ जाती परन्तु इतनी छोटी-सी हरकत भी नहीं हुई, मैं तब दस कदम आगे बढ़कर, फिर खड़ा हो गया और कई मिनट तक ध्यान से देखता रहा। यह तथ्य कि कोई हरकत नहीं दिखाई पड़ी मुझे, किसी प्रकार निश्चित नहीं कर पाया नरभक्षी चट्टान के ऊपर था, इसका मुझे पक्का यकीन था, प्रश्न यह था कि उसका मैं क्या करने वाला हूँ? पहाड़ी, यह मैं आपको बता ही चुका हूँ, बहुत अधिक ढलवां थी और बड़ी-बड़ी चट्टानें उसमें से बाहर की तरफ निकली थी, और उस पर लंबी-लंबी घास, वृक्ष और क्षुद्ररोह जंगल उगे हुए थे। जाना तो खराब था ही, यदि ऐसा दिन के पूर्वतर भाग में करना पड़ता तो मैं पीछे लौटकर चक्कर लगाते हुए शेर के ऊपर की तरफ पहुँच जाता और उसके ऊपर गोली चलाने का अवसर निकालने का प्रयास करता पर दिन के उजाले का आधा घंटा ही बचा था और मील का काफी ज्यादा हिस्सा अभी चलना बाकी था, इसलिए सड़क छोड़कर कहीं और जाना निरा पागलपन था। इसलिए सुरक्षा-ग्रह को हटाकर, राइफल कन्धे पर रखकर मैंने उस चट्टान को पार करना शुरू किया।

लगभग सड़क आठ फुट चौड़ी थी और अधिक बाहरी तरफ रहकर मैंने केकड़े की तरह अपना बोझा पैरों पर डालने से पूर्व प्रत्येक कदम रख उसे अनुभव करते हुए बढ़ना शुरू किया जिससे मैं कहीं खाली जगह में ही कदम न रख दूँ। मेरी प्रगति धीरे-धीरे और कठिनाई से हो रही थी और जब मैं सड़क पर ऊपर लटक रही चट्टान के समतल भाग पर आ गया और उससे होकर आगे जाने लगा तो मेरी यह आशा हो गई कि जब तक मैं सड़क के उस भाग तक नहीं पहुँच जाता, जहाँ से चट्टान से ऊपर की भूमि का वह समतल टुकड़ा, जिस पर वह लेटा हुआ है, दिखाई नहीं देता, शेर जहाँ है, वहीं बना रहेगा। परन्तु शेर जो मुझे असावधान पाकर पकड़ने में असमर्थ रहा था कोई जोखिम नहीं उठा रहा था, और मैं जब चट्टान से आगे निकला ही था, तो मैंने अपने ऊपर की तरफ एक मन्द कुड़कुड़ाती गुर्राहट सुनी और उसके थोड़ी ही देर बाद एक काकड़ मेरे दाएँ बोलता हुआ भाग गया और तब दो मादा सांभर तिकोनी पहाड़ी की चोटी के पास बोलने लगे।

अपनी जान शेर सही-सलामत बचाकर निकल गया, परन्तु उसी कारण से मैं भी बच गया, तथा यह अफसोस करने का अवसर नहीं था, तथा पहाड़ी की उस जगह पर, जहाँ सांभर ने बताया था कि शेर है, मुझे यकीन था कि वह उस घंटी की आवाज़ जरूर सुनेगा जो मैंने उस कटड़े की गर्दन में बाँधकर लटका दी थी जो उस रुके हुए जल-गर्त के निकट पर्वतीय धार पर बँधा हुआ था।

मैं जब खेतों पर पहुँचा तो लोगों की एक टोली को वहाँ अपनी प्रतीक्षा करते पाया। उन्होंने काकड़ और सांभर को बोलते सुना था और वे बहुत निराश थे कि मैं शेर को नहीं देख पाया था, पर मैंने जब उन्हें कहा कि कल मुझे बहत ज्यादा उम्मीद है, तो वे प्रसन्न हो गये।

(4)

रात में आँधी-तूफान आया और उसके बाद वर्षा हुई तो मुझे यह देखकर बहुत बे-आरामी हुई कि उस मकान की छत बहुत छिद्री थी। तथापि, अन्ततः मुझे ऐसी जगह मिल गई जहाँ पानी अन्य जगहों से कुछ कम ही टपक रहा था। वहाँ अपना तम्बू-पलंग खींचकर ले गया और सोता रहा। अगली सुबह मैं जब सोकर उठा तो दिन बहुत ही स्वच्छ और चमकीला था, वर्षा ने गर्म कुहरा और धूल वातावरण से धोकर निकाल दिए थे तथा वृक्षों का पत्ता-पत्ता और घास का तिनका-तिनका नये उदय हुए सूर्य के प्रकाश में दमक रहा था।

मैं अभी तक निकट वाले कटड़े को पहले जाकर देखता था परन्तु आज सुबह मुझे अपनी दैनिक क्रिया उलट देने की तीव्र प्रेरणा हुई और अपने आदमियों को यह ताकीद करके कि सूरज काफी चढ़ जाने तक इन्तजार करें और उसके बाद ही निकटतर वाले कटड़े को खिलाने-पिलाने के लिए जाएँ, बड़ी उम्मीदें लिए मैं चकनाल जाने वाली सड़क से नीचे की ओर चला। मैंने उससे पूर्व अपनी 450/400 राइफल साफ की, उसमें तेल लगाया। यह बहुत कार्यदक्ष हथियार है और कितने ही वर्षों तक मेरा अच्छा और स्वामिभक्त मित्र रहा है।

सड़क पर लटकी हुई चट्टान ने जिसके पास से होकर पिछली शाम मैं बड़े कष्ट से जा पाया था, अब मुझे एक क्षण की भी बेचौनी नहीं दी और उससे गुजरते ही मैं फिर से शेर के गमनमार्ग खोजने में लग गया, क्योंकि वर्षा ने सड़क की सतह को मुलायम बना दिया था। मैं जब तक सड़क की गीली जगह पर नहीं पहुँचा मुझे कुछ भी दिखाई नहीं दिया। यह सड़क, जैसा मैंने कहा था, पर्वतीय धार के निकट वाले पार्श्व पर है और जलगर्त के निकट, जहाँ कटड़ा बाँधा गया था। यहाँ मुलायम मिट्टी में, मुझे शेर के पगचिह्न मिले जो तूफान आने से पहले के बने हुए थे और पर्वतीय धार की तरफ जा रहे थे। इस जगह के पास सड़क की खड्ड वाली तरफ लगभग तीन फुट ऊँची चट्टान थी। मैंने जब पिछले अवसरों पर गमनमार्ग का अनुसरण नीचे की तरफ किया था तो पाया कि इस चट्टान पर खड़ा होकर मैं सड़क पर बने एक कूबड़ के ऊपर, वहाँ से चालीस-चालीस गज़ दूर बँधे कटड़े को भी देख सकता था। मैं जब चट्टान पर चढ़ा और धीरे से सिर ऊपर उठाया तो देखा कि कटड़ा वहाँ से जा चुका था। यह खोज जितनी नाकाबिले बयान थी उतनी ही दिल तोड़ने वाली थी। कटड़े को उठाकर जंगल के किसी दूर वाले भाग में ले जाने से शेर को रोकने के लिए, जहाँ उस पर गोली चलाने का अवसर पाने के लिए ज़मीन पर या किसी वृक्ष पर ही बैठना होगा जो मेरे गले की हालत देखते हुए निराशाजनक कार्य ही होता मैंने एक इंच मोटी मजबूत चार-चार रस्सियाँ काम में लगाई थी, परन्तु इतना करने पर भी शेर अपना मारा हुआ शिकार लेकर चला गया।

मैं बहुत पतले रबर तले वाले जूते पहना था और बहुत धीरे-धीरे उस वृक्ष तक पहुँचा जिससे कटड़े को बाँधा गया है और वहाँ भूमि का निरीक्षण किया। कटड़ा तूफान आने से पहले मारा गया था। जिन रस्सियों को मैंने बाँध दिया था उनमें से तीन दाँतों से कुतर दिए गए थे और चौथी तोड़ दी गई थी। प्रायः शेर रस्सियों को दाँतों से नहीं कुतरते परन्तु इस शेर ने ऐसा ही किया था और अपने मारे शिकार को मोहन मुखी पहाड़ी से नीचे की ओर उठाकर ले गया था। मेरी योजना बुरी तरह से उलट-पुलट गई थी परन्तु बड़े सौभाग्य से वर्षा मेरी सहायता करने आ गई थी। गिरी हुई पत्तियों की मोटी दरी, जो पिछले दिन, जली हुई लकड़ी की तरह सूखी थी, अब नीली और नरम हो गई थी और बशर्ते कि मैं कोई गलती न करूँ तो जो कष्ट शेर ने अपना मारा शिकार उठाकर ले जाने में उठाया है, वही अब भी उसका विनाश सिद्ध हो सकता है।

ऐसे जंगल में प्रविष्ट होने पर जहाँ जल्दी-जल्दी गोलियाँ चलाना किसी भी क्षण आवश्यक हो जाए मैं तब तक प्रसन्नता अनुभव नहीं करता जब तक अपने को बार-बर संतोष न दिला दूँ कि मेरी राइफल में कारतूस भरे हुए हैं। आपातकाल में घोड़ा खींचना और यमलोक में या कहीं और जाकर आँखें खोलना क्योंकि हथियार में कारतूस भरना रह गया था, लापरवाही बरतने का ऐसा काम होता है जिसके लिए कोई बहाना नहीं किया जा सकता, इसलिए यद्यपि मैं जानता था कि सड़क पर लटक रही चट्टान पर आने से पूर्व मैंने राइफल में कारतूस डाल लिए थे, फिर भी मैंने उसे फिर से खोला और कारतूस बाहर निकाले। उनमें से एक जो बदरंग और खरोंच लगा हो गया था, मैंने बदल दिया और सुरक्षा-ग्राह कई बार ऊपर नीचे चलाकर यह सुनिश्चित किया कि वह ठीक से काम कर रहा है। मैं घोड़ा चढ़ाया हुआ हथियार लेकर कभी नहीं चला और घसीट मार्ग का पीछा करता चल पड़ा।

यहाँ घिसटन (ड्रैग) शब्द, जब इसे शेर द्वारा ज़मीन पर छोड़े गए निशान का वर्णन करने के लिए उपयोग किया जाता है, तब वह अपना मारा शिकार एक जगह से दूसरी जगह लेकर जाता है, कुछ भ्रामक है क्योंकि जब शेर अपना मारा शिकार कुछ दूरी तक (मैंने शेर को भरी-पूरी गाय चार मील ले जाते हुए देखा है) ले जाता है तो वह उसे घसीटता नहीं, उठाकर ले जाता है और यदि मारा गया शिकार ज्यादा भारी होता है तो उसे छोड़ देता है। जिस जानवर को उठाकर ले जाता है उसके आकार और ढंग के अनुसार वहाँ घिसटन स्पष्ट या मद्धिम हो सकती है। उदाहरणार्थ यह मानकर कि मारा गया शिकार सांभर है और शेर उसे उसकी गर्दन पकड़ कर ले जा रहा है तो उसका पिछला भाग ज़मीन पर घिसटने का स्पष्ट निशान छोड़ता चला जाएगा। इसके विपरीत

यदि सांभर को उसने कमर के मध्य से पकड़ा है तो घिसटने का यह निशान बहुत हल्का रहेगा और ऐसा भी हो सकता है कि निशान बिलकुल पड़े ही नहीं।

इस मामले में शेर कटड़े को गर्दन पकड़े उठाकर ले जा रहा था और कटड़े का पिछे का हिस्सा ज़मीन पर लटकता हुआ घिसटते जाने का निशान बनाता जा रहा था जिसका अनुसरण करना आसान था। शेर सौ गज़ तक पहाड़ के मुख को काटता आड़ा चला और फिर उसके ढलवाँ चिक्कण तट पर पहुँचा। इस तट को पार करने के प्रयास में वह फिसल गया और उसने मारे गए शिकार पर से अपनी पकड़ छोड़ दी जो तीस या चालीस गज़ की दूरी तक पहाड़ से नीचे की तरफ लुढ़कता चला गया और एक पेड़ सामने आकर अड़ जाने पर रुका। शेर ने मारे गए शिकार को फिर से संभालकर कमर पकड़ कर उठाया और उसके बाद केवल एक टाँग कभी-कभी ज़मीन छूती जा रही थी जिसका हल्का-सा घिसट निशान बन रहा था, परन्तु इतना होने पर भी पहाड़ी पार्श्व श्येनपणांग की चादर से ढका रहने के कारण उसका अनुसरण करते जाना कठिन नहीं था। गिर जाने के कारण शेर अपनी दिशा भूल गया था और अब उसे अनिश्चित लग रहा था कि मारे शिकार को लेकर वह किधर जाए। पहले वह दो सौ एक गज़ दाईं तरफ गया, फिर सौ गज़ सीधा रिंगाल के घने टुकड़े से होता हुआ पहाड़ी से नीचे की ओर गया। काफी दिक्कत से रिगांल के अंदर से रास्ता बनाता हुआ वह बाईं तरफ मुड़ा और कुछ सौ गज़ तक पहाड़ी पार करता हुआ आड़ा गया और अन्ततः एक बड़ी चट्टान पर पहुँचा जिसके दाईं ओर से वह किनारे-किनारे होता चला। आने वाली दिशा की तरफ यह चट्टान ज़मीन छू रही थी और हल्के-हल्के बीस फुट तक उठते हुए एक खोखल या घाटी के ऊपर प्रक्षेप करती प्रतीत हो रही थी। यदि प्रक्षेप के नीचे कोई गुफा या एकान्त जगह थी तो यह शेर के लिए अपना मारा शिकार ले जाने की अच्छी संभावित जगह हो सकती थी, इसलिए मैं घसीट पथ छोड़कर चट्टान पर चढ़ गया और बहुत धीरे-धीरे नीचे की ज़मीन और अपने दोनों तरफ की ज़मीन का एक-एक गज़ जैसे-जैसे वह मेरी दृष्टि में आता गया, निरीक्षण करता हुआ आगे बढ़ा। प्रक्षेप के सिरे पर पहुँचकर ऊपर देखने पर यह देखकर निराश हो गया कि यहाँ पहाड़ बहुत ज्यादा ढलवां बनकर चट्टान से मिला हुआ था, और उसके बीच में कोई गुफा या तन्हाई नहीं थी जैसा मैंने आशा की थी, कि वहाँ जरूर होगी।

चूँकि चट्टान के शिखर से घाटी और उसके आसपास के जंगल का अच्छा दृश्य सामने आ रहा था और नरभक्षी का आक्रमण होने की दृष्टि से भी अन्य जगहों की तुलना में यह सुरक्षित था, मैं वहाँ बैठ गया और बैठते समय मुझे अपने ठीक नीचे चालीस या पचास गज़ की दूरी पर छोटी-छोटी झाड़ियों के सघन गुच्छे में एक लाल और श्वेत वस्तु दिखाई दी। जब कोई आदमी घने जंगल में शेर की तलाश करता है तो सभी लाल वस्तुएँ, जो उसकी आँखों के सामने पड़ती हैं, उन्हें तत्काल शेर समझ लेता है, और यहाँ मुझे न केवल शेर का लाल रंग दिखाई दे रहा था, उसकी धारियाँ भी नज़र आ रहीं थी। मैं लंबे समय तक उस वस्तु को टकटकी लगाए देखता रहा और तब वह चेहरा, जिसे आपको किसी खयाली चित्र में देखते रहने के लिए कहा जाता है एकाएक बँट जाता है, मैंने उसी तरह पाया कि जिस वस्तु को देख रहा था, वह उसका मारा हुआ शिकार था, शेर नहीं था। लाल उस जगह का, जिसे वह पहले खा रहा था, रक्त था और पट्टियाँ या धारियाँ उसकी पसलियाँ थी, जिन्हें उसने खाल में से फाड़ डाला था। मैंने अपने को धन्यवाद दिया कि उतने समय तक गोली चलाने से रुका रहा क्योंकि इससे मिलती-जुलती कुछ स्थितियों में मैं और मेरे एक मित्र ने एक बहुत ही सुन्दर शेर को मारकर अपनी झोली में डालने का मौका, उसके मारे शिकार पर, जिस पर बैठने का उसका इरादा था, दो गोलियाँ दाग कर गंवा दिया था। सौभाग्य यही रहा कि उसका निशाना बहुत अच्छा था और वे दो आदमी जिन्हें उसने अपने से आगे मारे शिकार को ढूँढ़ने और उसके ऊपर मचान बाँधने के लिए भेजा था, और जो उस समय जब गोली चली थी एक झाड़ी की ओट में, मारे हुए शिकार के पास ही खड़े थे, घायल हो जाने से बच गए थे।

कोई शेर जब बिना किसी तरह बाँधा पड़े अपना मारा शिकार खुले में छोड़ कर चला जाता है, तो यह माना जा सकता है कि वह उसके पास ही कहीं, उस शिकार को गिद्धों और अन्य सफाईदार जानवरों से रक्षा करने के लिए लेटा हुआ होगा और इस तथ्य का, कि मुझे शेर कहीं दिखाई नहीं पड़ रहा था, मतलब यह नहीं था कि वह पास हीं कहीं घनी झाड़ियों में लेटा हुआ नहीं होगा।

मक्खियाँ शेरों को बहुत तंग करती हैं और बहुत देर तक वे एक जगह लेटे नहीं रह सकते, इसलिए जहाँ मैं था, मैंने वहीं ठहरे रहना और हलचल को देखते रहना तय किया परन्तु कठिनता से मैं यह निर्णय ले ही पाया था कि मुझे अपने गले में जलन महसूस हुआ। कंठशोध से मैं पूरी तरह ठीक नहीं हो पाया था और गले की यह जलन तेजी से बढ़ती ही गई और इसने मुझे खाँसना अनिवार्य बना दिया। ऐसे अवसरों पर गिरजाघर में हों या जंगल में, सभी ऐसा किया करते हैं कि साँस रोक कर गुटक लिया जाए, परन्तु इससे मुझे कोई लाभ नहीं हुआ और मेरे लिए खाँसी या फट पड़ने वाली हालत हो गई और हताश होकर मैंने लंगूर की सचेतक बोली निकालकर अपने गले को राहत देने की कोशिश की। ध्वनियों को शब्दों में बताना मुश्किल होता है और आपमें से उन लोगों के लिए जो हमारे जंगलों से परिचित नहीं हैं मैं इस सचेतक बोली का वर्णन देने का प्रयत्न करूँगा, जिसे आधा मील तक सुना जा सकता है, यह थोड़े-थोड़े अन्तराल देकर 'खोक, खोक, खोक जैसी होती है और 'खोकारोंर' पर समाप्त होती है। सभी लंगूर शेर के होने पर यह बोली नहीं निकालते परन्तु हमारे पहाड़ों के लंगूर निश्चय ही ऐसा करते हैं और चूँकि यह शेर अपने जीवन में प्रतिदिन यह बोली संभवतः सुनता होगा, इसलिए यही एकमात्र बोली मैं निकाल सकता था जिस पर वह थोड़ा-सा भी ध्यान नहीं देगा। इस आपाद् स्थिति में मेरा यह बोली बोलना कोई खास आश्वस्तिकारक तो नहीं लगा परन्तु ऐसा करने से मेरे गले की जलन या खराश पर आराम होने वाला प्रभाव अवश्य पड़ा।

(5)

आधा घंटे तक उसके बाद आसपास होती हलचल को देखता और जंगलवासियों से आने वाली खबरों को सुनता हुआ मैं उस चट्टान पर बैठा रहा और जब मुझे संतोष हो गया कि जहाँ तक मैं देख सकता था उस इलाके के अंदर कहीं भी शेर नहीं है, तो अत्यधिक सावधानी बरतते हुए मैं चट्टान से उतरा और नीचे उस मारे हुए शिकार के पास आ गया।

मुझे खेद है कि मैं आपको यह नहीं बता सकता कि भरा-पूरा शेर कितने वज़न मांस अपने एक भोजन में खा जाता है, परन्तु उसकी इस क्षमता का कुछ अन्दाजा आपको मेरे यह बताने से हो जाएगा कि वह एक पूरा सांभर दो दिन में, और भैंस को तीन दिनों में कुछ थोड़ा सा भाग चौथे दिन नाश्ते के लिए छोड़कर खा लेता होगा।

मैंने जो कटड़ा बँधवाया था वह भरा-पूरा तो नहीं था परन्तु किसी भी तरह से वह कोई छोटा जानवर नहीं था और शेर ने उसको लगभग आधा खा लिया था। इतने आकार का भोजन पेट में भरकर मुझे पक्का यकीन था कि यह ज्याया दूर नहीं गया होगा और चूँकि ज़मीन अब भी गीली थी और एक-दो घंटे वैसी ही रहने वाली थी इसलिए वह किस दिशा में गया है, इसका पता लगाने और उसका पीछा करने का फैसला किया।

भारे शिकार के पास रास्तों में गड़बड़ी मची थी परतु निरन्तर चौड़े होते जाते वृतों में चक्कर लगाकर मैंने उस रास्ते का पता लगा लिया जिससे होकर शेर यहाँ से गया था। कड़े पैरों वाले जानवरों की अपेक्षा मुलायम पैरों बाले जानवरों के रास्ते का पता लगाना थोड़ा मुश्किल होता है परन्तु लंबे अनुभव के पश्चात् रास्ते का पता लगाने में बस इतना सा ही प्रयत्न करने की आवश्यकता पड़ती है जितना बंदूक अनुवर्ती कुत्ते को गंध के पीछे-पीछे जाने में होती है। छाया की तरह चुपचाप और धीरे-धीरे यह जानते हुए कि शेर भी कहीं इसके पास

ही होगा, मैंने वह रास्ता पकड़ा। वहाँ से सौ गज़ चलने के बाद मुझे समतल ज़मीन का एक टुकड़ा मिला जो लगभग 20 फुट वर्ग का था जिस पर छोटी मुलायम घास की उस किस्म की दरी-सी बिछी हुई थी जिसकी जड़ें बहुत गंधयुक्त होती हैं। शेर उस घास पर कुछ समय लेटा था और उसके शरीर की उस पर पड़ी छाप साफ दिखाई दे रही थी।

मैं जब यह छाप देख ही रहा था और अन्दाजा लगा रहा था कि जिस जानवर की यह छाप है वह कितने बड़े आकार वाला होगा, मैंने घास की कुछ पत्तियों को जो दबकर नीचे पड़ गई थी फिर उठकर खड़ी होते देखा। इससे संकेत मिला कि शेर एक-दो मिनट पहले ही यहाँ से आगे गया है। भूमि के अभिविन्यास का कुछ अन्दाजा आपको मेरे यह बताने से लग जाएगा कि शेर अपने मारे शिकार को नीचे उत्तर की तरफ से लेकर गया था और उसे छोड़कर वह पश्चिम की तरफ गया था और वह चट्टान, जिस पर मैं बैठा था, मारा गया शिकार और वह जगह जहाँ मैं अब खड़ा हुआ था, तीनों एक त्रिभुज के कोने बन जाते हैं, जिसकी एक भुजा चालीस गज की और उसकी दो अन्य भुजाएँ सौ-सौ गज़ लंबी थी।

घास को उठकर जल्दी खड़े होते देखने पर मेरा पहला विचार यह बना कि शेर मुझे देखकर ही यहाँ से आगे गया है परन्तु बाद में सोचा तो पाया कि ऐसा नहीं हो सकता क्योंकि इस घास-क्षेत्र से न तो चट्टान और न मारा शिकार ही दिखाई पड़ता था, और उसने मुझे नहीं देखा था और यहाँ से आगे वह मेरे उसके रास्ते पर चलना शुरू करने के बाद ही गया था इसका मुझे पक्का यकीन था। फिर वह अपना आरामदेह यह बिस्तर छोड़कर आगे क्यों चला गया? मेरी गर्दन के पीछे की तरफ चमक रहे सूरज ने इसका उत्तर दिया। एक अनभाती गर्म मई की सुबह के नौ बज चुके थे और तरुशिखरों पर, जहाँ सूरज आ चुका था, सूरज की तरफ नज़र डालने से दिखाई दे गया कि पिछले दस मिनटों से इस घास पर उसकी किरणें पड़ रही थी। स्पष्ट है, शेर को यह कुछ ज्यादा ही गर्म लगा होगा और मेरे यहाँ आने से कुछ पहले वह किसी छायादार जगह की तलाश में यहाँ से चला गया था।

आपको मैं पहले बता ही चुका हूँ कि वह घास क्षेत्र बीस फुट वर्ग का था, उससे दूर वाली तरफ से उस तरफ तक जिधर से मैं वहाँ पहुँचा था, एक गिरा हुआ वृक्ष उत्तर-दक्षिण पड़ा हुआ था। यह वृक्ष लगभग चार फुट व्यास का था और चूँकि यह उस घास क्षेत्र के मध्य, जहाँ मैं खड़ा था, किनारे पड़ा था, इसकी दूरी मेरे से दस फुट थी। वृक्ष की जड़ वाला सिरा पहाड़ी पार्श्व पर टिका हुआ था, जो यहाँ खड़ी चढ़ाई में ऊपर उठ गया था, और जिसपर झाड़ी-जंगल उग गया था, तथा शाखाओं वाला सिरा (जो वृक्ष गिरते समय टूट कर अलग हो गया था)। पहाड़ी के ऊपर से प्रक्षेप कर रहा था। इस वृक्ष से आगे पहाड़ी लगभग खड़ी ही प्रतीत होती थी और इसके मुख को पार करता हुआ चट्टान का एक सँकरा पुश्ता था जो तीस गज़ आगे चल घने जंगल में पहुँच कर अदृश्य हो जाता था।

मैं अपनी अटकल में शेर का अपनी जगह बदलने का कारण सूरज को माना, मैं सही था, वहाँ आश्रय लेने के लिए उसके पास वृक्ष के पिछले भाग के अलावा कोई अन्य उपयुक्त जगह नहीं थी और इस मुद्दे पर संतुष्ट होने के लिए मेरे पास चुपके-चुपके पेड़ तक जाने और वहाँ जाकर देखना एक ही उपाय था। यहाँ पंच में बहुत समय पहले देखा हुआ एक चित्र मेरी स्मृति में कौंध गया। चित्र एक शिकारी का था जो सिंहों का आखेट करने गया था। जिसने अफ्रीका में ऊपर नज़र उठाने पर जब वह चट्टान के पास होता गुज़र रहा था, एक महाविशाल सिंह के दाँत निकाले चेहरे की तरफ सीधे देखा। चित्र के नीचे लिखा था "जब आप शेर को तलाशने निकलें तो पक्का निश्चय कर लें कि तुम्हें वह देखना ही है"। सच है, उससे थोड़ा-सा अंतर रहेगा कि मेरे मित्र ने अफ्रीका में ऊपर की तरफ शेर के चेहरे पर देखा, और मैं नीचे की तरफ शेर के चेहरे पर देखूँगा। अन्यथा, दोनों मामलें, यदि यह मान लिया जाए कि वृक्ष के दूर वाली तरफ शेर था परस्पर बहुत मिलते-जुलते हैं।

मैंने अपने पैर को एक बार में एक इंच आगे बढ़ाकर मुलायम घास पर सरका-सरका कर वृक्ष की तरफ बढ़ना शुरू किया और उसके और अपने बीच की दूरी आधी पूरी कर लेने पर, मुझे चट्टानी पुश्ते पर लगभग तीन इंच लंबी एक-काली और पीली वस्तु दिखाई पड़ी, जिसे मैंने देखा कि वह एक बहु प्रयुक्त आखेट-पथ था। कितनी देर तक इस गतिशून्य वस्तु को मैं घूरता रहा जब तक कि मुझे यकीन न हो गया कि वह शेर की पूँछ की नोक है। यदि पूँछ का सिरा, मुझ से दूर होने का संकेतक था तो स्पष्ट था, सिर मेरी ही ओर होगा और पुश्ता चूँकि कोई दो फुट चौड़ा था तो शेर दुबका बैठा हुआ और मेरा सिर वृक्ष के तने से ऊपर दिखाई पड़ने के क्षण ही मुझ पर उछलने के इन्तजार में होगा। पूँछ की नोक मेरे से बीस, फुट दूर थी और शेर की लंबाई बैठे होने पर आठ फुट मानी जाए, तो उसका सिर मुझसे बारह फुट दूर था। परंतु उसे लगभग लूला बना देने वाली गोली चलाने के लिए, यदि यहाँ से मुझे अपने पैरों से ही वापस जाना पड़े तो मुझे उसका शरीर काफी ज्यादा दिखाई पड़ना चाहिए, और ऐसा होने से पूर्व मुझे उसके और ज्यादा पास पहुँचना पड़ेगा। और तब जिन्दगी में पहली बार मुझे बिना कॉक चढ़ाई राइफल लेकर चलने की अपने आदत पर अफसोस हुआ। मेरी 450/400 राइफल का सुरक्षा-ग्राह (सेफ्टी कैच) हटाया जाने पर एक खास तरह की क्लिक करता है और कोई भी आवाज होने पर अब शेर सीधा मेरे सिर पर आ कूदेगा अथवा गोली चलाने की दूरी के अंदर मेरे आने की संभावना से पहले ढलवां पहाड़ी पार्श्व से नीचे उतर यहाँ से दूर चला जाएगा।

मैंने इंच-इंच करके फिर से आगे सरकना शुरू किया जब तक कि उसकी सारी पूँछ और उसके पिछे का हिस्सा मेरी दृष्टि में नहीं आ गया। मैंने जब उसका पिछला भाग देखा तो खुशी से चिल्ला सकता था, क्योंकि उसने दिखा दिया था कि शेर बैठा हुआ और उछलने को तैयार बैठा हुआ, नहीं बल्कि लेटा हुआ था। चूँकि उस दो फुट चौड़े पुश्ते पर सिर्फ उसके शरीर के लिए ही जगह थी, इसलिए उसने अपनी पिछली टांगें बाहर की तरफ फैला दी थी और उन्हें वह बांज के बाल वृक्ष की ऊपरी शाखाओं पर रखे हुए था जो लगभग उस खड़े पर्वतीय पार्श्व के आनन पर उगा हुआ था। एक कदम आगे बढ़ने पर उसका पेट भी दिखाई देने लगा और जिस नियमित ढंग से वह ऊपर उठ और नीचे गिर रहा था, मैं जान गया कि वह सोया हुआ है। पूर्वापेक्षा कम धीरे-धीरे अब मैं आगे बढ़ा और तब उसका कच्चा और फिर पूरा शरीर मेरी दृष्टि के सामने आ गया। उसके सिर का पिछला भाग उस घासीय भूखण्ड के किनारे पर टिका हुआ था और जो उस गिरे हुए वृक्ष से तीन या चार फुट आगे तक चला गया था। उसकी आँखें पूरी तरह बंद थी और उसकी नाक आकाश की तरफ संकेत कर रही थी।

मैंने उसके माथे को राइफल की दर्शिका की सीध में लाकर घोड़ा दबाया और मजबूती से उसपर दबाव बनाए रखकर उसका सुरक्षा-ग्राह (सेफ्टी कैच) भी ऊपर धकेल दिया। मुझे बिलकुल पता नहीं था कि राइफल की नियम-विधि को उलट देने से काम चलेगा या नहीं, परन्तु उससे काम चल ही गया। और जब इतनी कम दूरी से उसकी मारी गोली उसका माथा तोड़कर उसमें घुसी तो उसके शरीर में कोई खास कम्पन तक नहीं हुआ। उसकी पूँछ सीधी बाहर की तरफ फैली ही रही, उसकी पिछली टांगें उस बाल वृक्ष की ऊपरी शाखाओं पर पूर्ववत् टिकी रही और उसका नाक आकाश की और संकेत करता रहा। उसकी स्थिति तब भी नहीं बदली जब मैंने पहली गोली के बाद दूसरी, और बिलकुल अनावश्यक गोली, उस पर दाग दी। एक मात्र परिवर्तन जो दिखाई पड़ा वह यह था कि उसके पेट का उठना-गिरना बंद हो गया था और उसके माथे में बने, आश्चर्यजनक रूप से छोटे दो छिद्रों से रक्त निकलकर बह रहा था।

मुझे यह पता नहीं कि शेर के बहुत पास होने की प्रतिक्रिया दूसरों पर क्या होती है परन्तु मुझ पर तो यह सदा एक साँस रुक जाने वाली भावना संभवतः भय के कारण भी उतनी ही जितनी वह उत्तेजना के कारण होती है तथा थोड़ा आराम करने की चाहत छोड़ जाती है। मैं उस गिरे हुए वृक्ष पर बैठ गया और सिगरेट सुलगाई जिससे अपना गला खराब हो जाने के दिन से स्वयं को वंचित कर रखा था और अपने खयालों को

इधर-उधर भटकने के लिए मुक्त कर दिया। कोई काम भली-भाँति पूरा हो जाने पर सन्तोष देता है और जो काम अभी पूरा हुआ था वह इसका कोई अपवाद नहीं था। मेरा उस जगह उपस्थित रहने का कारण उस नरभक्षी को मारना ही था और उस समय से जब दो घंटे पहले मैंने सड़क छोड़ी थी ठीक उस क्षण तक जब मैंने सुरक्षा-ग्राह ऊपर की तरफ धकेला था, सभ कुछ, उसमें लंगूर की बोली बोलना भी सम्मिलित है ठीक-ठीक ढंग से और बिना कोई गलती हुए चला था। इसमें बहुत सन्तोष था, उसी तरह का सन्तोष, जैसा मेरा खयाल है, एक लेखक को अनुभव होता होगा जब वह उस कथानक के नीचे 'इति' लिखता है जो चरण-चरण करके अपने को उस तरह खोलता जाता है जैसा होने की उसने इच्छा की थी। मेरे मामले में, किन्तु, अन्त सन्तोषजनक नहीं रहा क्योंकि मैंने उस जानवर को अपने से पाँच फुट की दूरी पर सोते पड़े हुए मारा था।

मेरी व्यक्तिगत भावनाएँ इस मामले में, मैं जानता हूँ, दूसरों की दिलचस्पी की नहीं हैं, परन्तु मुझे लगता है कि संभवतः आप भी ऐसा सोचते होंगे कि यह ठीक ईमानदारी का काम नहीं हुआ, और यदि, ऐसा ही हो तो, आपके सामने भी मैं वह तर्क रखना चाहूँगा, जो मैंने अपने पर उपयोग किए थे, इस आशा में कि आपको वे उससे कहीं ज्यादा सन्तोषप्रद लगेंगे, जितना वे मुझे लगे थे। ये तर्क इस प्रकार है (अ) यह शेर नरभक्षी था, जिसका जीवित रहने से मर जाना ही ज्यादा अच्छा था (आ) इसलिए इस बात से कोई फर्क नहीं पड़ता कि जब उसे मारा गया वह जगा हुआ था या सोया हुआ (इ) मैंने जब उसके पेट को ऊपर उठते और नीचे गिरते देखा यदि मैं उसे छोड़कर चला गया होता तो उन सभी मानवों की मृत्यु के लिए, जिन्हें वह उसके बाद मारता, मैं ही नैतिक दृष्टि से उत्तरदायी होता। आप मानेंगे कि जिस तरह मैंने आचरण किया था, उसके लिए ये सभी अच्छे और बलवान तर्क हैं परन्तु यह खेद फिर भी बचा रह जाता है कि अपने को होने वाले परिणामों के भय अथवा उस एकमात्र मौके को, जो कभी मुझे मिल सकता था, गंवा देने के भय अथवा इन दोनों के संयोग के कारण मैंने सोते हुए जानवर को जगाया और उसे खिलाड़ी जैसा मौका नहीं दिया।

वह शेर मर चुका था, और यदि मेरे विजयोपहार को नीचे घाटी में गिरने और बरबाद हो जाने से बचाना था तो उसे यथासंभव कम से कम देर किए पुश्ते पर से हटाना उचित था। राइफल को गिरे हुए वृक्ष से नीचे टिकाकर, जिसकी अब मुझे जरूरत नहीं थी, मैं फिर ऊपर चढ़ सड़क पर आ गया और एक बार फिर खेतों के किनारे आकर दोनों हाथों को मिला प्याला बनाकर पहाड़ियों और घाटियों पर प्रतिध्वनित होती कूऽऽऽ की आवाज लगाई। मुझे यह पुकार दुहराने की आवश्यकता नहीं पड़ी क्योंकि मेरे आदमियों ने मेरी दो गोलियों की आवाज़ सुन ली थी, जब वे पहले कटड़े को खिलाने पिलाने के बाद वापस आ रहे थे और उस 'मकान' में, जितने आदमी आवाज सुनने की दूरी में थे, उनको इकट्ठा करने के लिए दौड़ गए थे। अब मेरी कूऽऽऽ सुनकर पूरी की पूरी भीड़ सडक से भागकर मुझे मिलने आ गई।

जब मजबूत रस्सियाँ और एक कुल्हाड़ी आ गई तो मैं उस भीड़ को अपने साथ फिर वहीं ले गया और शेर को चारों तरफ रस्सियों से कसकर बाँधने के बाद रजामंद लोगों ने उसे आधा उठा और आधा घसीट कर पहले पुश्ते से उस गिरे हुए वृक्ष पर और फिर घास के उस क्षेत्र पर उतारा। मैं यहाँ उसका खाल निकाल लेता परन्तु ग्रामवासियों ने मुझसे मिन्नतें की कि मैं ऐसा न करूँ, यह कहते हुए कि कार्तकनौला और पासपड़ोस के गाँवों की स्त्रियाँ और बच्चे बहुत खुश होंगे यदि उन्हें यह शेर अपनी आँखों देखने और इस बात से सन्तुष्ट होने का अवसर दिया जाएगा कि वह नरभक्षी जिसके डर में वर्षों से रह रहे थे, जिसने सारे जिले में आतंक का राज्य स्थापित कर रखा था वास्तव और सचमुच में मारा जा चुका है।

शेर को जब उस 'मकान' तक वापस ले जाने में मदद देने के लिए दो-एक बालवृक्ष काटे जा रहे थे तब मैंने कुछ आदमियों को शेर के हाथों-पैरों पर हाथ फिराते हुए देखा और जान गया कि वे अपने को सन्तुष्ट कर रहे थे कि उनका यह कहना कि शेर किसी भी पुराने या लंगड़ा-लूला करने वाले जख्म से आहत नहीं था, सही है। 'मकान' पर पहुँचने पर शेर एक विस्तृत फैले वृक्ष की छाया में रखवा दिया गया और गाँव वालों को

सूचित किया गया कि उनके देखने के लिए वहाँ दो बजे तक रखा रहेगा इससे ज्यादा मैं उनके लिए उसे नहीं रख सकता था क्योंकि दिन बहुत अधिक गर्म था और डर था कि उसके बाल निकलने लगेंगे और खाल बरबाद हो जाएगी।

मैंने स्वयं ही शेर को अच्छी तरह से ध्यान से नहीं देखा था परन्तु दो बजे दिन के जब खाल उतारने के लिए उसे पीठ के बल लिटाया गया तो मैंने देखा कि उसकी आगे की बाईं टाँग के भीतरी ओर के अधिकांश भाग पर बाल नहीं थे और खाल में भी कितने ही छोटे-छोटे छेद बने हुए थे जिनमें से पीला द्रव बाहर निकल रहा था। मैंने इन छिद्रों की तरफ किसी का ध्यान नहीं दिलाया और उस टाँग की खाल उतारना, जो दाईं टाँग के मुकाबले काफी पतली थी, अन्त में करने के लिए छोड़ दिया। जब जानवर के शेष शरीर की खाल उतार ली गई तब छाती से लगाकर उस खराब टाँग की गद्दी तक मैंने एक लंबी काट लगा दी और जब उसकी खाल उतारने लगा तो उसके मांस में से एक के बाद एक करके सेही के काँटे खींच कर बाहर निकालता गया जिन्हें चौगिर्दा खड़े लोगों ने आतुरतापूर्वक स्मृतिचिन्ह के रूप में अपने कब्जे में कर लिया। उनमें सबसे लंबा काँटा लगभग पाँच इंच का था और उनकी कुल संख्या पच्चीस और तीस के दरम्यान थी। खाल के नीचे का मांस शेर की छाती से लगाकर पैरों की गद्दी तक साबुन जैसा और गाढ़े पीले रंग का हो गया था। यह कारण काफी था जिसने चलते हुए उस गरीब जानवर को कराहने के लिए विवश कर दिया था और बिलकुल पर्याप्त कारण उसके नरभक्षी बन जाने और बना हुआ रहने का था, क्योंकि सेही के काँटे घुलकर समाप्त नहीं होते चाहे वे कितने ही अधिक समय तक मांस में क्यों न गड़े रहें।

नरभक्षी शेरों के, जिन्हें मैंने मारा है, संभवतः दो सौ के करीब सेही के काँटे मैंने निकाले हैं। इनमें से बहुत-से काँटे नौ इंच से ज्यादा लंबे और पेंसिल जितने मोटे थे। इनमें से अधिकांश कड़ी मांस पेशियों के भीतर जमे हुए थे और कुछ तो हड्डियों के बीच में मजबूती से पच्चर की तरह फँसे हुए थे और सभी खाल के नीचे थोड़ा टूटे हुए थे।

इस बात पर कोई प्रश्न नहीं किया जा सकता कि शेरों में ये काँटे सेही को भोजन के लिए मारते समय ही घुसते हैं परन्तु यह प्रश्न जरूर उठता है जिसका खेद है, कोई सन्तोषप्रद उत्तर मैं नहीं दे सकता कि ऐसा जानवर जिसमें बुद्धि और फुर्ती दोनों हैं शेर क्यों इतना लापरवाह हो जाता है कि उसके शरीर के भीतर ये काँटे गहरे घुस जाते हैं। अथवा अपनी गतिविधि में इतने धीमा पड़ जाता हैं कि सेहियों को, जिनका अपनी रक्षा करने का एकमात्र तरीका पीछे की तरफ चलना होता है ऐसा करने देते हैं, और इससे भी अधिक, कि काँटे छोटे पड़कर क्यों टूट जाते हैं, क्योकि सेही के काँटे भंगुर नहीं होते।

सेहियों के प्रति तेन्दुओं का भी ऐसा ही झुकाव है जितना पहाड़ के शेरों का परन्तु वे काँटों को अपने शरीर में अटकने नहीं देते, क्योंकि वे सेहियों को, जैसा मैंने देखा है, सिर पकड़ कर मारते हैं। और शेर भी वैसा ही सुरक्षित एवं उचित मारने का तरीका क्यों उपयोग में नहीं लाता जो तेन्दुए काम में लाते हैं, और इस तरह अपने को क्षति पहुँचना नहीं रोकते। मेरे लिए यह एक रहस्य ही है।

और अब काफी समय पूर्व हुए जिला सम्मेलन में बताए हुए तीन नरभक्षी शेरों में से दूसरे शेर की, जो कहानी मैं आपकों सुना रहा था, वह पूरी हो गई है। जब अवसर मिलेगा तो मैं आपको सुनाऊँगा कि तीसरा शेर, काण्डा का नरभक्षी, कैसे मारा गया।

मेरे सपनों की मछली

मेरे सपनों की मछलियों से भली-भाँति भरी हुई उस पर्वतीय नदी में महासीर मछलियाँ पकड़ना, मेरी सम्मति में, सभी तरह के शिकारों में सबसे जयादा रोमांचकारी क्षेत्र-शिकार है। हमारे पर्यावरण में, चाहे हम उनकी भूमिका के प्रति निरन्तर सचेत न रहें, फिर भी किसी भी बाह्य मनोरंजनात्मक खेल को क्यों न लीजिए, उससे प्राप्त होने वाले कुल मनोरंजन की तुलना में, यह बहुत ही महत्त्वपूर्ण भूमिका निबाहता है। मुझे पक्का यकीन है कि अपने सपनों की मछली किसी अप्रीतिकर वातावरण में मारने पर मछली पकड़ने वालों को उतना ही कम आनन्द मिलेगा जितना कम आनन्द किसी टेनिस खिलाड़ी को डेविस कप जीतने पर प्राप्त होता है यदि उस प्रतियोगिता का आयोजन सहारा मरुभूमि में किया गया हो।

पिछले दिनों जिस नदी में मैं मछलियाँ पकड़ता रहा हूँ अपनी कुल लंबाई के कोई चालीस मील तक वह बड़े सुन्दर जंगलों से भरी हुई घाटी में से होकर बहती है जिसमें आखेट पशुओं और पक्षियों की बहुत प्रचुरता है। एक ही दिन दिखाई पड़े तरह-तरह के जानवरों और पक्षियों को गिनने के प्रति मेरी बहुत उत्सुकता थी और उस दिन संध्या तक की गई गिनती में सांभर, चीतल, काकड़, घुड़ल, सुअर, लंगूर और ललमुहे बंदर तथा पक्षियों की पचहत्तर किस्में आ चुकी थी जिनमें मोर, लाल जंगली मुर्गी, कलीज़, काला तीतर और झाड़ी में रहने वाला बटेर सम्मिलित थे।

इसके अतिरिक्त नदी में मुझे पाँच उद्र, छोटे-छोटे मकर और एक अजगर भी दिखाई पड़ा। अजगर एक बड़े निश्चल ताल की सतह पर लेटा हुआ था और केवल उसके चौड़े सिर का शिखर और आँखें जो स्वच्छ जल के ऊपर प्रक्षेप कर रहे थे। अजगर वह प्राणी था जिसका छायाचित्र उतारने की मेरी लालसा बहुत समय से चली आ रही थी और ऐसा करने के लिए

नदी पारकर ताल से ऊपर जा, वहाँ से दूसरी तरफ के पहाड़ी पार्श्व पर चढ़ना आवश्यक था परन्तु दुर्भाग्य से उन प्रक्षेपी आँखों ने मुझे देख लिया और जैसे ही सावधानी से मैं पीछे की तरफ चला वह सरीसृप जो लगभग अट्ठारह फुट लंबा प्रतीत हो रहा था, पानी के नीचे डुबकी लगाकर ताल के शीर्ष के पास चट्टा लगाए पत्थरों के अंदर बनाए अपने आन्तभौम घर या बिल में वापस लौट गया।

कुछ जगह यह घाटी जिसमें होकर यह नदी बहती है, इतनी सँकरी है कि एक किनारे से पत्थर दूसरे किनारे पर बड़ी आसानी से फेंके जा सकते है और अन्य जगह चौड़ी होते-होते यह एक मील या उतने से भी ज्यादा की हो जाती है। ऐसी खुली जगहों में अपने सुनहरे फूलों के दो-फुट लंबे गुच्छों वाले अमलतास, करौंदे और सफेद ताराओति फुलों वाली झाड़ियाँ होती है। इनके फूलों की मिली-जुली गंध हवा में भर जाती है जो अत्यधिक सुकोमल एवं मनोहारी सुगन्धों से युक्त पक्षी-झुंडों के वसंती गीतों से आन्दोलित होती रहती है। ऐसे वातावरण में महासीर के लिए बँसी डालकर बैठने को राजाओं के योग्य शिकार कहा जा सकता है। शिकारियों के इस स्वर्ग में जाने का मेरा उद्देश्य, किन्तु, महासीर का शिकार करना नहीं था, परन्तु दिवा प्रकाश में शेर का छायाचित्र खींचने की कोशिश करना था और प्रकाश की दशाएँ अनुकूल रहने के कारण ही अपना मूवी कैमरा एकतरफ रखकर उसकी जगह मैंने बँसी संभाली थी।

एक दिन सुबह होने के बाद ही मैं घंटे दर घंटे गुजरते हुए एक शेरनी और उसके दो बच्चों का छायाचित्र लेने का प्रयास किया था। शेरनी जवान थी और कुछ घबराई हुई थी जैसे सभी जवान माताएँ होती हैं और जितनी बार मैं उसके पीछे लगा वह अपने बच्चों को लिए हुए घने जंगल में जाकर छिप गई। शेरनी की भी

परेशान होने की कोई सीमा होती ही है चाहे वह नौजवान हो या अधेड़ और जब उसके साथ बच्चे भी हों तब तो उसे कष्ट होगा ही, और जब इस अवसर पर वह सीमा पार हो गई, तो मैंने अपनी राजनीति बदल दी और खुले क्षेत्र के ऊपर खड़े वृक्षों पर चढ़कर बैठने और रुके हुए जल के ताल के पास खड़ी ऊँची घास में पड़े रहकर, जिसमें वह और उसके बच्चे पानी पीते थे, कोशिश की परन्तु उसमें भी ज्यादा सफलता नहीं मिली।

जब ढलता सूरज उन खुले स्थानों के ऊपर, जहाँ से मैं शेरनी को देखने में लगा था, अपनी छायाएँ डालने लगा तो मैंने अपना प्रयास करना छोड़ दिया और अपना यह दिन भी अपने उन कई सौ दिनों में जोड़ दिया जिनको मैं शेर का उसके प्राऔतिक वातावरण में छायाचित्र उतारने की कोशिश में लगा चुका था। अपने साथ पड़ाव से मैं जिन दो आदमियों को लेकर आया था, उन्होंने यह दिन नदी की दूसरी तरफ वृक्ष की छाया में गुजारा था। उन्हें मैंने जंगल मार्ग से होते हुए पड़ाव में लौट जाने का अनुदेश दिया और कैमरे की जगह बँसी लेकर नदी किनारे चल दिया, इरादा यह था कि रात को खाने के लिए एक मछली पकड़ कर लेता चलूँ।

विगत वर्षों में बँसी और डोर से मछली पकड़ने का चलन उतना ही बदल गया है जितना स्त्रियों की पोशाकों के फैशन बदले हैं। अचरज होता है कि अट्ठारह फुटी वाली बँसियाँ और उनमें लगने वाले अभंजनशील उपसाधन कहाँ चले गए और उनके साथ उन्हें खींचने वाली मजबूत मांसपेशियाँ भी चली गई और उनकी जगह हल्की एक हत्थी फ्लाई-बँसियों ने लिया है।

मैं ग्यारह फुट टूर्नामेंट ट्राउट (एक प्रकार की मछली-बँसी) पानी में डालने की 50 गज रील, दो सौ गज़ महीन रेशम की पिछली जोड़, एक मध्यम आन्त्र फेंक (गट कास्ट) और घर में बनाया एक इंची पीतल का चम्मच साथ लिए हुए था।

किसी को यदि असीमित अनछेड़ा जल मछलियाँ पकड़ने के लिए मिल जाए तो वह ज्यादा मीन-मेख निकालने वाला हो जाता है। तालाब को इसलिए छोड़ दिया जाता है क्योंकि उस तक ऊबड़-खाबड़ भूमि से हो कर पहुँचना पड़ता है या किसी डोर को इसलिए त्याग दिया जाता है कि उसमें गांठ पड़ जाने की आशंका हो जाती है। इस अवसर पर अंतिम चुनाव करने से पूर्व मैं आधा मील चल चुका था। यहाँ 80 गज़ लंबे गहरे तेलिया बहाव के सिरे के ऊपर की चट्टानों पर सफेद पानी छटपटाते प्रपात की तरह गिर रहा था, और बहने के अन्त में जाकर 200 गज़ लंबा और 70 गज़ चौड़ गहरा स्थिर ताल बन गया था। यही वह जगह थी जहाँ मुझे अपने रात्रि भोजन के लिए मछलियाँ पकड़नी थी।

मैंने सफेद पानी से अलग हटकर चम्मच के डोर में जोड़ के, रील से थोड़ी-सी डोर खोली ही थी और जैसे ही मैंने बँसी को ऊपर उठाया ताकि डोरी कुंडल से निकल कर नीचे पानी में चली जाए कि मेरे चम्मच को तट के पास और उस जगह के निकट ही, जहाँ मैं खड़ा हुआ था, एक मछली ने पकड़ लिया। बड़ी किस्मत की बात थी कि स्लैक डोरी का शेष भाग रील के ड्रम पर ही कस गया और उसने बँसी के पिछले मोटे भाग या रील के हत्थे को किसी तरह खराब नहीं किया, जैसा बहुधा हो जाता है।

और एक क्षणांश में मछली नीचे आती धारा से अलग हो चुकी थी, भली-भाँति तेल लगा अच्छा रील जैसे-जैसे उस पर से डोरी उतरती गई, खुशी के तराने गाने लगा था। 50 गज़ लंबी पानी में डालने की डोरी और उसके पीछे लगाई 100 गज़ की पिच्छल जोड़ डोरी भी खिंचती चली गई और जाते हुए मेरे बाएँ हाथ की उँगलियों पर जलते गड्ढे डालती गई और उसके बाद एकदम उसकी पागल दौड़ एकाएक उसी तरह थम गई जिस तरह एकाएक वह शुरू हुई थी, और डोरी वहीं रुक गई।

ऐसे मौकों पर जैसी अटकलें लोग लगाया करते हैं वैसी अटकलें एक के बाद दूसरी करके मेरे दिगाम में पीछा करने लगी और उसके साथ-साथ थोड़ी कड़ी भाषा भी मेरी भावनाओं को आराम देने उसके साथ आई।

मेरी पकड़ अच्छी थी, इसमें प्रश्न नहीं किया जा सकता। कुछ ही दिन पहले पाइलट गट कम्पनी से मँगाए आंत (गट) के छोटे-छोटे टुकड़ों से बनाया गया था और उसे सावधानी से बाँधा और परीक्षित किया गया था। सन्देह फटे हुए कुण्डल पर केन्द्रित हुआ। संभव है, किसी पिछले अवसर पर वह पत्थर से टकरा तिड़क गया होगा और अब बिलकुल जवाब दे गया था।

साठ गज़ डोरी फिर रील पर लौट आई थी और जब ढीली डोर कई तरफ मुड़ती दिखाई पड़ी और एक क्षण बाद वह ऊपर जाती धारा में मजबूत गड्ढा काट रही थी मछली अभी चल रही है और सफेद पानी की तरफ जा रही है। उसके वहाँ जम जाने पर एक बार ऊपरी धारा से समकोण पर और उसके बाद नीचे जाती धारा से उसे खींच कर वहाँ से उसे डिगा नहीं पाया। समय घिसटता जा रहा था और यह यकीन बढ़ रहा है कि डोरी को किसी गाँठ पर अटका हुआ छोड़कर मछली चली गई है। एक बार फिर ठीक उसी समय जब आशा छूटती जा रही थी, डोरी ढीली पड़ी और उसके एक क्षण उपरान्त फिर से कस गई, क्योंकि मछली दूसरी बार पगलाई हुई नीचे धार में जा रही है।

और लगता है अब, कि उसने नदी का यह क्षेत्र छोड़कर ताल में नीचे प्रपात में जाने का मन बना लिया है। एक मजबूत दृढ़ दौड़ लगा वह ताल के छोर पर पहुँच जाती है। जहाँ पर पानी तेज़ी से बाहर निकलता है और उथला हो जाता है, वह कुछ झिझकती है और अन्ततः ताल में वापस लौट जाती है। कुछ देर बाद पहली बार वह जलस्तर पर दिखाई पड़ती है और यदि यह तथ्य सामने न होता कि बँसी के सिरे पर कसी हुई डोरी ताल के दूसरी तरफ उस अस्पष्ट दिखने वाली वस्तु तक पहुँची हुई है, यह विश्वास कर पाना नामुमकिन था कि उस बड़े तिकोने पंखों की मालिक ही, जो पानी से पाँच इंच ऊपर प्रक्षेपित होती है, मेरे पैरों से एक या दो गज़ की दूरी से फ्लाई चम्मच लेकर चली गई थी।

उन ताल की गहराइयों में वापस आने पर इंच-इंच कर मैं उसे शिथिल जल में खींच लाया। ट्राउट बँसी में फँसी बड़ी मछली को अकेले स्थल पर खींच लाना कोई आसान काम नहीं था, चार बार वह अपने बड़े कन्धों के कुछ भाग सहित पानी से बाहर किनारे पर आई और चार बार ही बड़ी सावधानी से मेरे उसके पास पहुँचने पर वह चाबुक-सा चलती निकल गई थी। ताल में लौट जाने पर उसे फिर इंच-इंच करके वापस खींचने की लड़ाई लड़नी पड़ी। पाँचवें प्रयत्न में बँसी के मोटे सिरे को अपने अँगूठे की टेढ़ में अटका कर उलटा किए हुए, छल्ले को ऊपर करके, जिससे वह रील के हत्थे से संपर्क न कर पाए, उसने मुझे एक हाथ अपने पार्श्वों पर रखने दिया और बहुत धीरे-धीरे उथले पानी में से होते हुए मैं उसे सूखी भूमि पर खींच लाया।

मैं मछली ही पकड़ने गया था और मछली पकड़ी भी थी परन्तु उस रात वह मेरे रात्रि भोजन में कोई भाग नहीं बन पाएगी क्योंकि मेरे और पड़ाव के बीच में साढ़े तीन मील ऊबड़-खाबड़ जमीन थी जिसकी आधी दूरी मुझे अन्धेरे में चलकर पूरी करनी थी।

मैंने अपना ग्यारह पौण्ड वजनी कैमरा वापस भेजते समय उसकी सूती रस्सी अपने पास रख ली थी जिसे मैं पेड़ पर चढ़कर बैठ जाने के बाद कैमरा ऊपर खींचकर अपने पास लाने के लिए उपयोग करता था। इसी रस्सी का एक सिरा मैंने मछली के गलफड़े और मुँह के बीच में से निकाला और उसमें गाँठ लगाकर कसकर बाँध दिया। दूसरा सिरा कसकर वृक्ष की शाखा से बाँध दिया। जब रस्सी ठीक से बँध गई तो मछली खिंचकर चट्टान की एक बड़ी शिला से चिपट कर अपेक्षतया ठहरे हुए पानी में आ गई। खतरा केवल उद्र से था और उसे डराकर दूर रखने के लिए मैंने अपने रूमाल का झण्डा बनाया और वहीं पर तैयार किए हुए झण्डे का डंडा नदी के तल में मछली से कुछ निचे गाड़ दिया।

अगली सुबह जब सूरज पर्वत शिखरों को सुनहरा बना रहा था मैं उस ताल पर आ पहुँचा और पाया कि मछली उसी जगह पड़ी हुई थी जहाँ पिछली शाम उसे छोड़कर गया था। रस्सी को शाखा से खोलकर मैंने

चट्टान की शिला से मछली की तरफ उतरते हुए रस्सी को अपने हाथ में लपट लिया। मेरे आगमन से डरकर अथवा रस्सी का कंपन अनुभव कर मछली में एकाएक जीवन शक्ति आ गई और एक भारी उछाल लेकर वह ऊपर जाती धारा की तरफ तेजी से चली। असुविधाजनक स्थिति में फँसकर मुझे इस ढलवां और रपटीली चट्टान पर पैर जमाने का मौका भी नहीं मिला और एक झटके में मैं सिर के बल ताल में जा गिरा।

इन उपपर्वतीय नदियों की गहराइयों से होकर जाना मुझे खराब लगता है क्योंकि किसी भूखे अजगर द्वारा घेर लिये जाने की कल्पना मुझे बहुत नापसंद है और मुझे इस बात की खुशी है कि जिस तरह उस ताल से छटपटाता हुआ मैं बाहर निकला उसे देखने वाला कोई नहीं था। ताल की दूसरी तरफ किसी तरह पकड़कर मछली को दाएँ हाथ से मैं बाहर निकला ही था कि वे लोग जिन्हें मैंने अपने पीछे आने को कहा था, आ पहुँचे। मछली को नदी के तट पर बने अपने पड़ाव में ले जाने के लिए उन्हें सौंपकर मैं अपने कपड़े बदलने और अपना कैमरा तैयार करने के लिए आगे चला गया।

मेरे पास मछली को तोलने का कोई उपाय नहीं था और उसका मोटा अनुमान करते हुए उन दोनों आदमियों और मैंने इसे 50 पौण्ड की माना।

इस मछली का वजन कितना था, यह कोई खास बात नहीं है क्योंकि ये वजन बहुत जल्दी भुला दिए जाते हैं। परन्तु वे वातावरण इस तरह नहीं भुलाए जाते जिनमें इस तरह के आखेट किए जाते हैं। पर्णांग की झालरें लगे ताल का फौलाद जैसा नीला रंग, जहाँ पानी चट्टान और मोटी बजरी पर प्रपात बनाकर गिरने से पूर्व साँस लेने के लिए कुछ देर ठहर आराम करता है, और उसके बाद फिर दूसरे ताल में चला जाता है जो पहले ताल से अधिक सुन्दर है जिसे उसने अभी-अभी छोड़ा है चमकीले रंगों वाले कौड़िल्लों की जलस्तर को तोड़ते समय की कौंध जो जल से ऊपर उठते समय प्रसन्नता की चहचहाहट के साथ अपनी सिन्दूरी चोंच में मजबूती से छोटी मिन्नाऊ पकड़े हुए अपने पंखों से हीरों की बौछार करते जाते हैं, सांभर की पुकार और चीतलों की लयपूर्ण बोली, कि शेर, जिसके पगचिह्न रेत पर गीले बने ही दिखाई पड़ रहे हैं, जहाँ उसने कुछ मिनट हुए ही, नदी पार की थी, रात्रि भोजन की खोज में निकल पड़ा है। ये ऐसी चीजें हैं जिन्हें भुलाया नहीं जा सकता और एक अयस्कान्त मणि अर्थात चुम्बक की तरह, जो मुझे इस सुन्दर घाटी में वापस बुलाने के लिए, जो मानवी हाथों से अभी विऔत नहीं हो पाई है, मेरी स्मृति में सजीव बनें रहेंगे।

कंदा का नरभक्षी

हमारा अन्य विश्वासों में कितना ही कम विश्वास क्यों न हो, फिर भी अन्य लोगों की तरह हमारे भी कुछ साझा अन्ध विश्वास होते हैं। तेरह लोगों का एक ही मेज पर साथ बैठना, रात्रि भोजन में अंगूरी शराब पिलाया जाना, सीढ़ी के नीचे से होकर निकलना आदि-आदि और हमारे अपने निजी अन्ध विश्वास, यद्यपि हमारे मित्रों के मनोरंजन का कारण बनते हैं, हमारे अपने लिए वे बहुत ही वास्तविक होते हैं।

मैं यह नहीं जानता कि बाकी लोगों की तुलना में शिकारी लोग ज्यादा अन्धविश्वासी होते हैं या नहीं परन्तु मुझे इतना पता है कि अपने अन्धविश्वासों को वे बहुत गंभीरता से लेते हैं। मेरा एक मित्र जब भी वह किसी बड़े आखेट पर जाता है, सदा पाँच कारतूस ही लेकर चलता है, न उससे कम और न ज्यादा और एक दूसरा मित्र है, बिना परिवर्तन सदा सात कारतूस लेकर जाता है। एक अन्य मित्र, उत्तर भारत का बड़े शिकार का सबसे प्रसिद्ध आखेटक है उसने अपना सर्दियों का शिकार मौसम कभी भी, पहले महासीर मारे बिना शुरू नहीं किया। मेरे अपने निजी अन्धविश्वास साँपों से सम्बन्धित हैं। मैं जब नरभक्षियों के पीछे पड़ता हूँ, तो मेरा गहरा जमा हुआ विश्वास रहता है कि चाहे मैं कितनी ही कोशिश क्यों न कर लूँ, मेरे प्रयत्न तब तक सफल नहीं हो पाएँगे, जब तक पहले मैं एक साँप न मार लूँ।

सबसे ज्यादा मई के गर्म दिनों में सुबह से अँधेरा हो जाने तक एक बहुत ही चालाक नरभक्षी की तलाश में घनी कंटीली झाड़ियों से घुसता-निकलता हुआ अकल्पनीय ढलान वाली पहाड़ियों पर ऊपर-नीचे होता, अनगिन मील चढ़-उतरकर, जिससे मेरे हाथ और घुटनों पर बदनुमा खरोंचों का पिंड बन गया था, उस पंद्रहवीं शाम को, कुत्ते की तरह थका अपने दो कमरों वाले वन बंगले में वापस लौटा तो वहाँ मुझे ग्रामवासियों का एक शिष्टमण्डल बैठा मेरा ही इन्तजार करता मिला। इस बहुत स्वागत योग्य समाचार सहित मिला कि नरभक्षी शेर, उस दिन उनके गाँव के बाहरी इलाके में दिखाई दिया था। उस रात कुछ करने के लिए काफी देर हो गई थी, इसलिए शिष्टमंडल को लालटेन देकर इस कड़ी ताकीद के साथ उनको घर भेज दिया, कि अगले दिन कोई भी आदमी गाँव छोड़कर कहीं बाहर न जाएँ।

वह गाँव उस पर्वतीय धार के सबसे दूर वाले कोने पर बसा था जिसपर वह बंगला बना था तथा अलग-थलग पड़ी स्थिति और बंगले को घेरते जंगल के कारण इस गाँव को जिले के किसी भी अन्य गाँव की तुलना में शेर की मारामारी सबसे अधिक झेलनी पड़ी थी। उसका सबसे ताज़ा शिकार यहाँ की दो स्त्रियाँ और एक आदमी था।

अगली दिन सुबह मैंने गाँव का एक पूरा चक्कर लगाया और उससे चौथाई मील नीचे जब अपने दूसरे चक्कर का अधिकांश भाग पूरा किया तब जम्बशिला के कठिन मलबे से किसी प्रकार निकल ढलवां पहाड़ी पार्श्व पर वर्षाजल के बह-बहकर आने से बने हुए छोटे-से नाले पर पहुँचा। नाले के ऊपर नीचे नजर डालने पर मुझे सन्तोष हुआ कि उसमें शेर नहीं है और तब अपने सामने लगभग पच्चीस फुट की दूरी पर हो रही एक हलचल पर मेरी दृष्टि पड़ी। इस जगह नहाने के एक टब के आकार का छोटा-सा ताल था और उसकी दूसरी तरफ एक साँप जो पानी पी रहा था। साँप के सिर ऊपर उठाने पर मेरी दृष्टि उस पर गई थी और जब उसने अपना सिर जमीन से दो-तीन फुट ऊपर उठाकर अपना फण फैला दिया तो मेरी समझ में आया कि वह हैमाड्रापड साँप है। मैंने जितने भी साँप देखे होंगे अब तक यह उनमें सबसे सुन्दर था। इसका गला, जब वह मेरे सामने पड़ा, गाढ़े नारंगी लाल की छाया पड़े रंग से लगाकर उस जगह तक जहाँ उसका शरीर जमीन छू रहा था

सुनहले पीले रंग का था। उसकी जैतूनी हरी पीठ पर आबनूसी रंग के धब्बों वाली पट्टियाँ बनी थी पूँछ की नोक से ऊपर अपनी चार फुट लंबाई तक वह चमकदार काली थी जिस पर सफेद झब्बे बने हुए थे। साँप की कुल लंबाई तेरह और चौदह फुट के बीच थी।

हैमाड्रायड साँपों को छेड़ने पर आक्रामकता और जितनी तेजी से वे भाग सकते हैं, उसके बारे में बहुत से किस्से सुनने को मिलते हैं। यदि मेरे ऊपर साँप आक्रमण करता है, जैसा वह करने वाला था तब मैं पहाड़ी से ऊपर या नीचे की तरफ रहता तो वह घाटे की स्थिति होती, परन्तु मुझे अनुभव हुआ कि शिला के मलबे के आसपास रहने पर मैं अपनी स्थिति ठीक तरह संभाल सकता हूँ। छोटी प्लेट की तरह फैलाए फण पर गोली मार देने से सारा तनाव खत्म हो जाता परन्तु मेरे हाथ में भारी वाली राइफल थी, और जो शेर इतना अधिक थकान भरा इन्तजार और मेहनत करने के बाद दिखाई पड़ा था, उसे विघ्न डालकर विचलित कर देने का मेरा कोई इरादा नहीं था। काफी समय तक जो खत्म होता प्रतीत ही नहीं होता था पर, विलम्ब करते रहने के बाद, जिसमें उसकी लपलपाती द्विशाखी जीभ ही अंदर-बाहर होती दिख रही थी, साँप ने अपना फण बंद कर लिया, सिर जमीन पर नीचा किया और मुड़कर सामने वाले ढलान की तरफ चले गए। अपनी आँखें उस पर से हटाए बिना मैंने पहाड़ी पार्श्व हाथ से टटोला और एक पत्थर उठाया जो मेरी हथेली में क्रिकेट गेंद की तरह आसानी से आ गया। साँप कड़ी चिकनी मिट्टी वाली तीखी धार पर पहुँचा ही था कि मैंने वह पत्थर पूरी ताकत से, जितनी मैं लगा सकता था, उसके सिर के पिछली तरफ मारा। कोई दूसरा साँप होता तो उस प्रहार से वहीं ढेर हो जाता परन्तु इस हेमाड्रायड पर उसका केवल इतना और भयोत्पादक प्रभाव पड़ा कि तेजी से घूमकर वह पलटा और सीधा मेरी तरफ अग्रसर हुआ। दूसरा और उससे भी बड़ा पत्थर उसकी गर्दन पर उस समय पड़ा जब हम दोनों के बीच का फासला आधा पूरा कर चुका था और उसके बाद का काम तो आसान ही था। मैंने बड़ी संतोष भावना से गाँव के चतुर्दिक अपना दूसरा चक्कर पूरा किया और हालाँकि यह भी पहले चक्कर की तरह निष्फल रहा, मैं साँप को मार पाने में सफल रहने से खुशी से फूला न समाता था। बहुत दिनों में पहली बार, मुझमें यह भावना जगी कि नरभक्षी की मेरी खोज सफल रहेगी।

मैंने अगले दिन फिर गाँव के चारों तरफ फैले हुए जंगल में खोज की और शाम के आसपास मुझे एक जोते हुए खेत के किनारे, जहाँ से गाँव दिखाई देता था, शेर के ताज़े पगचिह्न मिले। इस गाँव के निवासी, जिनकी संख्या सौ के लगभग थी, पूरी तरह डरे हुए थे, मैंने उनको विश्वास दिलाया कि अगले दिन मैं जल्दी ही वापस आऊँगा और वन बंगले लौटने की अपने चार मील की अकेले यात्रा पर चला गया।

जहाँ नरभक्षी सक्रिय हो ऐसे क्षेत्र में, जंगलों से होकर सूनी पड़ी सड़कों पर सुरक्षित रहते हुए चलने में बहुत अधिक सावधनी और कितने ही नियमों का कड़ाई से पालन करने की ज़रूरत होती है। ऐसा तभी होता है जब शिकारी का बार-बार उसी तरह से शिकार किए जाने के लिए पीछा किया जाता हो तभी उसकी इन्द्रियाँ अपेक्षित उठान के साथ लयबद्ध हो पाती हैं तथा उन नियमों का कड़ाई से पालन हो पाता है जिनको तोड़ने से नरभक्षी को आसानी से अपना शिकार प्राप्त हो जाता है।

पाठक प्रश्न कर सकते हैं, अकेले ही चलना किसलिए? जबकि संभवतः मेरे पास अपने साथ लेने और पड़ाव पर छोड़ने के लिए भी आदमी उपलब्ध थे। इस अति स्वाभाविक प्रश्न का मेरा उत्तर यह है, पहला, इससे आदमी लापरवाह हो जाता है और अपने साथियों पर कुछ ज्यादा ही भरोसा करने लगता है और दूसरा, कि शेर के साथ किसी तरह का उलझाव हो जाने पर अकेला रहने पर अपना बचाव करने का अपेक्षतया अधिक अच्छा अवसर रहता है।

मैं जब अगली सुबह गाँव पहुँचा तो आतुर लोगों की भीड़ को वहाँ अपना इन्तजार करते पाया और जब उनके इतना निकट पहुँच गया कि उनकी आवाज़ मुझे सुनाई पड़े तो मेरा इस आह्लादक समाचार से स्वागत

किया गया कि रात को शेर ने एक भैंस मारी है। यह भैंस गाँव में ही मारी गई थी और उसे धार पर से घसीटते हुए नीचे पहाड़ी के उत्तरी मुख की सँकरी, गहरी और जंगलों से भरी हुई घाटी में ले जाया गया था।

पहाड़ी धार पर प्रक्षेप करती एक चट्टान पर चढ़, बहुत सावधानीपूर्वक इधर-उधर खोजते हुए मुझे यकीन हो गया था कि ढलवां पहाड़ी से नीचे की तरफ घसीट-रेखा पर बढ़ना उचित नहीं रहेगा। और मैं केवल इतना कर सकता था कि चौड़ा चक्कर लगाकर घाटी के निचले सिरे की तरफ से उसमें प्रवेश करूँ फिर आगे बढ़ते-बढ़ते उस स्थान पर जाऊँ। जहाँ अपना शिकार मिलने की आशा थी।

यह पैंतरा सफलतापूर्वक पूरा हो गया और दोपहर होने तक मैं ऊपर से चिन्हित की गई उस जगह आ पहुँचा जहाँ घाटी पर्वतीय धार से तीन सौ गज़ तक सीधे ऊपर जाने से पूर्व एक सौ गज़ तक समतल बनी हुई थी। समतल बने इस टुकड़े के ऊपरी किनारे पर मैंने मारे गए शिकार और भाग्य रहा तो शेर के भी मिलने की आशा थी। कंटीली झाड़ियों और बौने बाँस के झुण्डों के भीतर से होते हुए घाटी के ऊपर लंबी और कठिन चढ़ाई चढ़ने ने मुझे पसीने से सराबोर कर दिया था और चूँकि ऐसा काम उठाना जिसमें पसीना आए हाथों से जल्दी-जल्दी गोलियाँ चलानी पड़े, ठीक नहीं था इसलिए बहुत ही ज़रूरी आराम और धूम्रपान करने के लिए मैं बैठ गया।

मेरे सामने की जमीन बड़े-बड़े चिकने पत्थरों से भरी हुई थी जिनसे होकर एक छोटा-सा नाला, इधर-उधर मुड़ता हुआ और जहाँ भी संभव होता छोटे, स्फटिक स्वच्छ जल कुण्ड बनाता हुआ बह रहा था। बहुत पतले रबर तल्ले वाले जूते पहने हुए इन पत्थरों के ऊपर होकर चलना मेरे प्रयोजन के लिए आदर्श स्थिति थी और जब मैं कुछ ठण्डा और पसीना-सूखा चुका तो मारे गए शिकार ही टोह लगाने तथा यह आशा लिए हुए निकल पड़ा कि शेर भी उसी के पास कहीं पड़ा सोता हुआ मिलेगा। जब उस भूमि का पौना भाग चलकर पूरा हो गया तो मुझे मारा गया शिकार पर्णांगों के किनारे अटकाया हुआ दिखाई पड़ा। वह उस जगह से जहाँ पहाड़ी पर्वतीय धार से खड़े ढलान पर ऊपर चढ़ती है लगभग पच्चीस गज़ दूर थी। शेर कहीं दिखाई नहीं पड़ा था और मैंने बड़ी सावधानी से मारे शिकार के बराबर स्तर पर आकर एक बड़े सपाट पत्थर पर अपना स्थान बना लिया ताकि वहाँ से दिखाई पड़ने वाली जमीन का इंच-इंच ध्यानपूर्वक देख सकूँ।

सिर पर मंडराते खतरे का पूर्वानुमान हो जाने की बात इतनी ज्यादा प्रसिद्ध और सुस्थापित है कि इस पर टिप्पणी करने की आवश्यकता नहीं है। मैं तीन-चार मिनट तक पूर्णतः स्थिर खड़ा रहा और खतरे का कोई विचार मन में नहीं आया परन्तु उसके बाद एकदम अचानक मुझे ऐसा लगा कि बहुत ही नज़दीक से शेर मेरी तरफ देख रहा हैं उसी भावना से, जिससे आने वाला खतरा मुझे बता दिया था, स्पष्ट है, शेर के साथ भी कुछ उसी तरह से काम किया था और उसे सोते से जगा दिया था। सामने बाईं तरफ समतल जमीन के एक छोटे-से टुकड़े पर कुछ घनी झाड़ियाँ लगी हुई थी। मेरे से पन्द्रह से बीस फुट और मारे हुए शिकार से भी लगभग इतनी ही दूरी पर खड़ी इन झाड़ियों पर मेरा ध्यान केन्द्रित था। ये झाड़ियाँ धीरे-धीरे हिलीं और अगले ही क्षण मुझे ढलवां पहाड़ी पार्श्व पर पूरी तेजी से चढ़कर जाता हुआ शेर दिखाई पड़ा। उस पर गोली चलाने के लिए मेरे राइफल उठा पाने से पहले ही वह लताओं से ढके एक वृक्ष के पीछे जाकर अदृश्य हो गया और जब साठ गज़ की दूरी पारकर वह आगे निकल चुका तो मुझे वह फिर उस समय दिखाई पड़ा जब वह चट्टान के मुख पर से उछलने ही वाला था। मेरी गोली लगने पर वह पीछे की तरफ गिरा और दहाड़ता हुआ पहाड़ी की तरफ देर तक पुकारता हुआ नीचे आया। मैंने निष्कर्ष लगाया कि उसकी कमर पर गोली लगी है जिसके कारण कमर टूट गया है और मैं सोच ही रहा था कि अब आगे उससे किस तरह निपटना होगा जब वह कभी मेरे पास आ पहुँचेगा तो उसका दहाड़ना भी बंद हो गया और उससे अगले ही मिनट उसे अपने को जितना राहत देता देखा उतना ही मुझे निराश करता, पूरे जोर-शोर से और बिना घायल हुए, पहाड़ी पार्श्व से पार होकर उसको जाते देखा। कुछ समय उसकी झलक मुझे दिखाई पड़ी वह ऐसी नहीं थी कि उनसे गोली चलाने का निशाना लिया

जा सके और कुछ सूखे बाँसों को तड़ाक से तोड़ता हुआ पहाड़ी स्कन्ध का चक्कर लगा वह अगली घाटी में जाकर अदृश्य हो गया।

मुझे बाद में पता चला कि मेरी गोली जो पचहत्तर अंश के कोण पर चली थी शेर की बाईं कुहनी पर जाकर लगी थी और उसने उसके हड्डी का एक टुकड़ा तोड़ डाला था जिसे कुछ कटु मसखरों ने फन्नी बोन (तमाशे की हड्डी) नाम दिया है। आगे जाकर गोली चट्टान से लगी और वहाँ से पीछे की तरफ उछलकर उसने उसके जबड़े पर जोरदार प्रहार किया। कोई भी घाव, चाहे वह कितना ही पीड़ादायक क्यों न हो, सांघातिक नहीं था और उनसे बनी बहुत हल्की रक्त रेखा का पीछा करके अगली घाटी में जाने का परिणाम यही निकलता कि वहाँ किसी घनी कंटीली झाड़ी में बैठा हुआ शेर मुझ पर गुर्राने लगता, जिसके अंदर घुसना मेरे लिए आत्मघाती सिद्ध होता।

गाँव में मेरे द्वारा गोली चलाने की आवाज़ सुनाई पड़ी और धार पर खड़ी आशावान भीड़ मेरा इन्तजार कर रही थी। शेर का पीछा करने वाली योजना समझ-बूझ से बनाई गई और उतनी ही सतर्कता से परिपालन की गई। मेरी योजना विफल हो जाने पर वे मुझसे कहीं ज्यादा, निराश हुए थे।

अगली सुबह 'मारे गए शिकार' को देखने पर मैं बहुत ही खुश और उससे कहीं ज्यादा चकित यह देखकर हुआ कि शेर रात को उस पर लेटा था और उसने उसे थोड़ा खाया भी था। दुबारा गोली चलाने का मौका पाने का एकमात्र उपाय अब इस मारे शिकार पर बैठने का ही बचा था, और यहाँ एक कठिनाई सामने आई। मारे शिकार से सुविधाजनक दूरी के अंदर कोई भी उपयुक्त पेड़ नहीं था और एक पिछले अवसर पर मिले अप्रीतिकर अनुभव ने नरभक्षी को मारने के लिए भूमि पर रातभर बैठने के रोग से मुझे भली-भाँति मुक्त कर दिया था। मैं कहाँ बैठूँ यह प्रश्न भी तय नहीं कर पा रहा था कि उस घाटी में, जिससे मैं पिछले दिन ऊपर चढ़ा था, कुछ दूर नीचे से मैंने शेर को बोलते सुना। शेर के बोलने से मेरे सामने शेर को मारने का सबसे अच्छा मन खुश करने वाला स्वागत योग्य अवसर उपस्थित हो गया जिनसे ऐसे जानवरों को मार पाना संभव हो जाता है। जिन दशाओं में शेर को बोली बोलकर ऊपर बुलाया जा सकता है वे इस प्रकार हैं (अ) जब वे जोड़े की तलाश में जंगल को खूँदते फिर रहे हों, और (आ) जब वे थोड़े ज़ख्मी हो गए हों। यह कहने की तो ज़रूरत ही नहीं है कि शिकारी को यह बोली इतनी अच्छी तरह बोलनी चाहिए कि इससे शेर धोखा खा जाए और बोली ऐसी जगह से बोली जानी चाहिए जहाँ शेर स्वभावतः आ जाता हो। घना झुण्ड या भारी घास का कोई टुकड़ा और शिकारी को काफी कम दूरी से उस पर गोली चलाने के लिए तैयार होना चाहिए। मैं अच्छी तरह से जानता हूँ कि बहुत से शिकारी मेरे इस कथन पर सन्देह करेंगे जिसमें मैंने बताया है कि हल्का ज़ख्मी शेर बोली बोलकर बुलाने पर आ जाएगा। ऐसे सभी शिकारियों को मैं कहना चाहूँगा कि वे अपना फैसला तब तक सुरक्षित रखें जब तक अपने आप यह संपरीक्षण करके न देख लें। वर्तमान अवसर पर हालाँकि शेर एक घंटे से ज्यादा समय तक मेरी बोली का उत्तर बोलकर देता रहा, वह ज्यादा निकट नहीं आया और अपनी इस विफलता को मैं उस तथ्य से जोड़ता हूँ कि जिस जगह से मैं बोली बोल रहा था वहीं पर पिछले दिन शेर को एक दुर्भाग्यपूर्ण अनुभव हुआ था।

मैंने जिस वृक्ष को अन्ततः चुना वह खड़े तट के ठीक किनारे पर ही उगा हुआ और भूमि से लगभग आठ फुट ऊँचाई पर उसमें एक सुविधाजनक शाखा थी। इस शाखा पर बैठकर उस पत्थरों भरे खड्ड से तीस फुट की दूरी पर और उसके ठीक ऊपर रहा होऊँगा जिससे ऊपर मुझे शेर के आने की आशा थी। वृक्ष का प्रश्न तय हो जाने के बाद मैं उस पर्वतीय धार पर लौट आया जहाँ मैंने अपने आदमियों को नाश्ता लेकर आने की हिदायत दी थी।

मैं शाम के चार बजे तक आराम से शाखा पर बैठने तथा लंबी और कठिन बैठकी के लिए तैयारी कर चुका था। अपने आदमियों को छोड़कर जाने से पूर्व मैंने उन्हें अगली सुबह सूरज निकल जाने पर पर्वतीय धार पर कूऽऽऽऽऽ करके मुझे बुलाने का निर्देश दिया था। यदि उत्तर में मैं तेन्दुए की बोली बोलूँ तो वे वहीं बैठे रहें और यदि उन्हें कोई उत्तर न मिले तो वे अपनी दो टोलियाँ बनाकर और जितने ग्रामवासी वे इकट्ठा कर सकें उतने आदमी साथ लेकर घाटी के दोनों तरफ से चिल्लाते और पत्थर फेंकते हुए, नीचे आवें।

वृक्ष पर मैंने किसी भी हालत में सो जाने की आदत डाल रखी थी। और, चूँकि मैं थका हुआ था इसलिए यह शाम कुछ बेखुशी सी बीती। जब ढलता हुआ सूरज ऊपर वाले पर्वत शिखरों को सुनहला बनाने लगा तो लंगूर की सचेतक पुकार सुनकर मैं सचेत होकर जाग गया। जल्द ही मैंने उस लंगूर का पता लगाया, वह घाटी की दूर वाली दिशा में एक तरु शिखर पर बैठा था और चूँकि वह मेरी तरफ ही देख रहा था, मैंने यह निष्कर्ष लगाया कि उसने भूल से मुझे तेन्दुआ समझ लिया था। उसकी सचेतक पुकार थोड़ा-थोड़ा अंतर देकर कई बार दुहराई गई और अँधेरा हो जाने पर अन्ततः बंद हो गई।

घंटे तक मैं अपनी आँखों और कानों पर जोर डालता रहा कि पहाड़ी पार्श्व से लुढ़कता हुआ एक पत्थर मेरे वृक्ष से ही आ टकराने से मैं चौंक गया। पत्थर के पीछे-पीछे एक भारी, मुलायम पैरों वाला जानवर, नि:संशय यह शेर ही था, छिपे-छिपे पाँव रखता हुआ, आ रहा थ। पहले यह विचार मन में लाकर कि घाटी से होकर ऊपर आने के बजाए उसका इस दिशा से आना इत्तफाक ही है मैं आराम से हो गया परन्तु जब उसने मेरे ठीक पीछे से ही मन्द गहरी गुर्राहट करनी शुरू की तो यह खयाल जल्दी ही दूर हो गया। बिलकुल स्पष्ट था कि वह घाटी में उस समय आया था जब मैं नाश्ता करने में लगा था और पहाड़ी पर एक जगह खड़ा होकर, जहाँ उस लंगूर ने बाद में उसे देख लिया था, उसने मुझे पेड़ पर चढ़ते हुए देखा था। यह ऐसी स्थिति थी जिसे मैं ध्यान में नहीं ला पाया, और ऐसी थी जिससे सावधानीपूर्वक निपटने की आवश्यकता थी। जिस शाखा ने दिवा प्रकाश बना रहने तक मुझे आरामदेह स्थान दिया था उसमें रात के अँधेरे में कुछ भी परिवर्तन नहीं किया जा सकता था। इतना ज़रूर था कि मैं हवा में

राइफल की गोली चला सकता था परन्तु बहुत ज्यादा पास आए हुए शेर को गोली चलाकर भगाने के प्रयत्नों से होने वाले परिणामों ने, जिन्हें मैंने देखा है, मुझे ऐसा करने से रोक दिया। इसके अलावा, भले ही शेर आक्रमण नहीं करता, अपने इतने निकट भारी राइफल (450/400 की) चलने पर वह यह जगह छोड़कर तो चला ही जाता और मेरा किया हुआ सारा परिश्रम व्यर्थ हो जाता।

मैं यह जानता था कि शेर उछलेगा नहीं क्योंकि ऐसा करने पर वह सीधा तीस फुट नीचे चट्टानों पर जाकर गिरेगा। परन्तु उसे उछलने की कोई खास ज़रूरत नहीं थी क्योंकि अपनी पिछली टाँगों पर खड़ा होकर ही वह मुझ तक पहुँच सकता था। राइफल को गोदी में से उठाकर मैंने उसे उलटा किया और उसकी नाल को अपनी बाई बाँह और पाँवों के बीच में कर लिया। उसकी नाल नीचे करते हुए उसका सुरक्षा-ग्राह (सेफ्टी कैच) भी ऊपर सरका दिया। इस हरकत का स्वागत उसने पहले की गई गुर्राहट से भी अधिक गहरी गुर्राहट से किया। शेर यदि मेरी तरफ पहुँचेगा तो पूरी संभावना है कि उसका संपर्क राइफल से होगा जिसके घोड़े (ट्रिगर) पर मेरी उँगलियाँ अंकुशित थी और यदि उसे मारने में मैं विफल भी रहा तो मेरी गोली चलने के बाद जो गड़बड़ी होगी उसमें मुझे वृक्ष पर और ऊँचे चढ़ जाने पर खिलाड़ियों जैसा मौका तो मिल ही जाएगा। सीसा बने हुए पाँवों पर आरूढ़ समय घिसटता रहा और अन्ततः पहाड़ी पार्श्व पर चक्कर काटने और गुर्राने से थककर, शेर मेरी बाईं तरफ एक छोटे-से खड्ड के ऊपर से कूदा और उसके कुछ मिनट बाद मैंने मारे गए शिकार की हड्डी तोड़े जाने की स्वागत-योग्य आवाज़ सुनी। आखिरकार अपनी बेआरामी की जगह मुझे कुछ राहत मिली और बाकी रात मैं मारे गए शिकार की दिशा से आने वाली आवाज़े ही सुनता रहा।

सूरज कुछ समय बाद ही ऊपर चढ़ा था और घाटी अब भी गहरी छायाओं में शांत थी कि मेरे आदमियों ने पर्वतीय धार के पार से कूऽऽऽऽ की आवाज़ की ओर संकेत किया। मैंने उसके तत्काल बाद शेर को तेजी से, थोड़ा-सा ऊपर चल, अपनी बाईं तरफ पहाड़ी पर, और उसके पार हो, जाते हुए देखा। अनिश्चित प्रकाश और रात भर आँखों पर जोर डाले रखने के कारण निशाना लेना बहुत मुश्किल था फिर भी मैंने निशाना साधा, और मुझे यह देखकर संतोष भी हुआ कि गोली ठीक निशाने पर गई है। बड़े जोर से दहाड़ता हुआ वह सीधा मेरे पेड़ की तरफ आया और उछलने को ही था कि दूसरी गोली, बड़े अच्छे सौभाग्य से, उसकी छाती में जाकर घुस गई। इस भारी गोली के टकराने पर अपनी उछलने की दिशा से भ्रष्ट हो जाने से शेर मुझ से जरा-सा दूर जाकर पेड़ से टकराया और फिर उलटकर सिर के बल सीधा घाटी में जाकर गिरा जहाँ उसका पतन, पहले बताए हुए जल कुण्डों में से एक कुण्ड के कारण बीच में टूट गया। पानी में डूबकर शेर पानी को अपने रक्त से लाल करता हुआ, उससे बाहर निकला और एक लट्टे की तरह लुढ़कता हुआ घाटी में गया और वहाँ पहुँचकर दृष्टि से ओझल हो गया।

मेरे शरीर की मांसपेशियाँ उस कड़ी शाखा पर पन्द्रह घंटे बिताने से अकड़ गई थी और पेड़ से उतारते अपने कपड़ों को रक्त के बड़े-बड़े धक्कों से रंगता हुआ, जिन्हें शेर पेड़ पर लगा छोड़ गया था, मैं नीचे आ गया, अपने सख्त पड़े अंगों की रगड़-रगड़ कर मालिश की, और इतना कर लेने के बाद ही उसका पीछा करने में लग गया। वह थोड़ी दूर ही गया था और चट्टान की तली में एक अन्य जलकुण्ड मरा हुआ पड़ा था।

मेरे आदेशों के विपरीत पर्वत की धार पर इकट्ठा हो गए लोग मेरी गोली चलने की आवाज़ और शेर की दहाड़ के बाद दूसरी गोली चलने के पश्चात एकत्रित होकर पहाड़ी से नीचे उतर आए। रक्त-सने वृक्ष पर आकर, जिसकी जड़ में मेरा मुलायम टोप भी पड़ा हुआ था, उन्होंने यह निष्कर्ष लगाया, जो अस्वाभाविक नहीं था, कि शेर मुझे उठा ले गया है। उनकी भयभीत चीखें सुनकर मैंने उन्हें पुकारा और एक बार फिर वे भागते हुए घाटी से नीचे आएँ, और मेरे रक्त सने कपड़ों को देख आश्चर्य से मुँह खोले वे ऊपर आए। उन्हें आश्वस्त कर दिए जाने के बाद, कि मुझे कोई घाव नहीं लगा है और मेरे कपड़ों पर लगा हुआ रक्त मेरा नहीं है, एक क्षण बाद ही उन्होंने शेर के चारों तरफ भीड़ लगा दी। जल्द ही एक बाल वृक्ष काटा गया और लताओं से उसे शेर के साथ बाँध कर बिना किसी कठिनाई के चीखते-चिल्लाते हुए शेर को ढलवां पहाड़ी से ऊपर खींच कर गाँव में ले जाया गया।

दूर-दराज़ के ऐसे क्षेत्रों में जहाँ जमे-जमाए पक्के नरभक्षी सक्रिय बने रहते हैं बहुत सारे वीरता भरे इतने शानदार कार्य सम्पन्न किए जाते हैं जिन्हें वहाँ के स्थानीय लोग रोज़-रोज़ घटने वाली घटनाएँ मान लेते हैं और बाहर की दुनिया के पास उनके विषय में सुनने तक का कोई साधन नहीं है। मैं एक ऐसे ही कार्य को अभिलिखित करना चाहता हूँ जिसका सम्बन्ध इस काण्डा नरभक्षी के अंतिम मानव शिकार से है। मैं इस घटना के थोड़े समय बाद ही घटना स्थल पर पहुँचा था और लोगों ने जो ब्योरा इसका मुझे दिया और भूमि का सावधानी से निरीक्षण करने के बाद, जिससे इस बीच में कोई छेड़-छाड़ नहीं की गई थी, मैं आपको ऐसी कहानी प्रस्तुत कर सकता हूँ, जो मेरा विश्वास है कि, अपने सभी ब्योरों में पूरी तरह से सही है।

उस गाँव में, जिसके पास मैंने काण्डा के नरभक्षी शेर को मारा, एक वृद्ध आदमी और उसका एकमात्र पुत्र रहते थे। पिता ने 1914-18 के विश्व महायुद्ध के दौरान सेना में नौकरी की थी और उसकी बड़ी भारी इच्छा थी कि, उसका लड़का भी रॉयल गढ़वाल राइफल्स में भर्ती कर लिया जाए। शांति के बीन बजाते दिनों में जब जगहें कम और आवेदनकर्ता ज्यादा होते हैं, यह काम उतना आसान नहीं था जितना आजकल है। लड़के की अट्ठारहवीं सालगिरह हो जाने के कुछ समयोपरान्त लोगों की एक टोली उस गाँव में से होती गुज़री जो लैंसडाउन बाजार की तरफ जा रही थी। उस टोली में लड़का सम्मिलित हो गया और लैंसडाउन पहुँचने पर रेक्रूटिंग (भर्ती कर्ता) अफसर के सामने पेश हुआ। उसके पिता ने उसे सेना के सही-सही ढंग से सैल्यूट करना

और भर्ती कर्ता अधिकारी के सामने किस तरह से आचरण करना चाहिए, यह सिखाया था, इसलिए बिना किसी हिचकिचाहट के उसे ले लिया गया और भर्ती कर लिए जाने के बाद, उसे अपनी छोटी-मोटी वस्तुएँ, जो उसके पास थी घर ले जाकर जमा कर आने के लिए थोड़ी-सी छुट्टी दी गई, जिसके बाद उसका सैनिक प्रशिक्षण शुरू कर दिया जाना तय हुआ था।

पाँच दिनों तक अनुपस्थित रहने के बाद दोपहर लगभग वह घर वापस पहुँचा उसके मित्र जो उसकी खबर जानने के बाद भीड़ लगाकर जमा हुए थे, उसे बताया कि उसका पिता गाँव के दूर वाले कोने पर बने अपने छोटे-से खेत में हल चलाने गए है और रात होने से पूर्व घर नहीं लौट पाए। जिस खेत में वह हल चला रहा था वही खेत था, जिसमें मैंने हेमाड्रायड (फणियर) साँप मारा था, नरभक्षी के पगचिह्न देखे थे। गढ़वाल के लोगों द्वारा पुस्तक के लेखक को भेजी गई याचिका का हिन्दी रूपान्तर पृ०122 पर बताया गया। यह याचिका मिलने पर दिया गया था। प्रेषक,

पट्टी पैनाउन, बुंगी और विकला बादलपुर, जि० गढ़वाल की जनता

सेवा में,
कैप्टन जे.ई. कार्बेट, आई.ए.आर.ओ. कालाढुंगी, जि. नैनीताल
आदरणीय महोदय,

(उपर्युक्त तीन पट्टियों की) जनता, हम लोग विनम्रता और आदरपूर्वक निम्नलिखित पंक्तियाँ आपके दयापूर्ण विचार करने और आवश्यक कार्रवाई के लिए प्रस्तुत करते हैं। कि पिछले दिसम्बर से इस इलाके में एक शेर नरभक्षी बन गया है। आज के दिन तक वह 5 व्यक्तियों को मार तथा 2 को घायल कर चुका है। अतः हम जनता के लोग बहुत मुसीबत में हैं। इस शेर से डर के मारे रात को हम अपनी गेहूँ की फसल की निगरानी नहीं कर पाते, परिणामस्वरूप हरिणों ने उसका लगभग सत्यानाश कर डाला है। चारा घास काटने हम जंगल में नहीं जा पाते, न हम अपने ढोर-डंगरों को जंगल में चरने भेज सकते हैं, जिसके कारण हमारे अधिकांश पशु मरने ही वाले हैं। इन परिस्थितियों में हम लगभग बरबाद होने वाले हैं। वन अधिकारी यह शेर मारने के लिए सभी संभव प्रयत्न कर रहे हैं परन्तु कोई सफलता मिलने की उम्मीद नहीं है। दो शिकारी महानुभावों ने भी उसे गोली से मारने की कोशिश की परन्तु दुर्भाग्य से वह उन्हें मिला ही नहीं। हमारे दयालु जिला मजिस्ट्रेट ने इस शेर को मारने के लिए 150 रूपये का पुरस्कार घोषित किया है, अतः हर कोई इसे मारने का प्रयत्न कर रहा है, परन्तु सफलता नहीं मिली। हमने सुना है कि आप श्रीमान् अनेक नरभक्षी शेरों और तेन्दुओं को मारें हैं। इसके लिए आपका अच्छा नाम भी हुआ है, विशेषतः कुमाऊँ प्रभाग में। नागपुर के प्रसिद्ध नरभक्षी तेन्दुए को आपने ही गोली मारी थी। यह यहाँ की सारी जनता की आवाज़ है कि यह शेर भी आपके हाथों से ही मारा जाए। अतः हम जनता के लोग आपसे प्रार्थना करने की धृष्टता करते हैं कि आप यहाँ इस जगह आने का कष्ट उठाएँ और (हमारे शत्रु) इस शेर को मारें और जनता को इस मुसीबत से बचाएँ। आपकी इस दया के लिए हम जनता के लोग आपके अत्यधिक औतज्ञ होंगे और आपके दीर्घ जीवन और समृद्धि के लिए भगवान से प्रार्थना करते हैं। आशा है कि आप हमारी दशा पर अवश्य विचार करेंगे और इस मुसीबत से हमें बचाने के लिए यहाँ आने का कष्ट करेंगे। यहाँ आने का मार्ग इस प्रकार है, रामनगर से सुलतान, सुलतान से लहाचौड़, लहाचौड़ से काण्डा। यदि आप महामहिम जी रामनगर अपने आने की सूचना हमें दें तो हम अपने आदमियों और गाड़ी को रामनगर आपसे मिलने और आपका साथ देने के लिए भेज देंगे।

दिनांक : झरत
हम रहना चाहेंगे,
18 फरवरी 1930

श्रीमान
पता : ठा० गोविन्दसिंह नेगी,

आपके सर्वाधिक निष्ठावान
ग्राम झरत, पट्टी पैनाउन
ह० गोविन्दसिंह नेगी
डा० बादलगाँव, जि० गढ़वाल, स०प्रा०
प्रधान ग्राम झरत

इसके उपरान्त पैनाउन, बुंगी और बिकला बादलपुर पट्टियों के निवासियों के 40 हस्ताक्षर और 4 अँगूठों के निशान हैं।

लड़के के अनेक कामों में एक काम अपने गाय-बैलों के लिए घास जुटाना भी था और एक पड़ोसी के घर दोपहर का भोजन करने के बाद अन्य लोगों की टोली के साथ वह उनके लिए पत्तियाँ काटकर लाने के लिए घर से चल पड़ा।

मैंने जैसा आपको बताया है यह गाँव, पर्वत की धार पर बसा है और इसके चारों तरफ जंगल घिरा हुआ है। इन जंगलों में घास काटती हुई दो स्त्रियाँ पहले ही नरभक्षी द्वारा मारी जा चुकी थी और कितने ही महीनों से गाय-बैल को गाँव घेरने वाले वृक्षों की पत्तियाँ खिलाकर जीवित रखे जा रहे थे। प्रत्येक दिन लोगों को अपनी ज़रूरतें पूरी करने के लिए जंगल में और ज्यादा आगे जाना पड़ता था और इस खास दिन इन बीस लोगों की यह टोली खेतों को पार करके एक बहुत ही तीखे ढलान वाली चट्टानी पहाड़ी से चौथाई मील नीचे की तरफ घने जंगलों में से होती हुई पूर्व की तरफ आठ मील तक जा रही एक घाटी के सिरे पर पहुँची, जहाँ पहुँचकर घाटी ढिकाला वन बंगले के सम्मुख रामगंगा नदी में मिल जाती है।

घाटी के सिरे पर जमीन लगभग समतल सपाट हो गई है और इस पर बड़े-बड़े वृक्ष उगे हुए हैं। यहाँ लोग एक दूसरे से अलग-अलग हो गए और हर कोई अपनी-अपनी पसंद के वृक्ष पर चढ़ गया और अपनी ज़रूरतों की मात्रा के अनुरूप पत्तियाँ काटकर उन्होंने रस्सियों से, जिन्हें वे इसी प्रयोजन के लिए साथ लेकर आए थे, उनके बोझ बाँध लिए और दो-दो तीन-तीन करके गाँव में वापस आ गए।

उस समय या तो जब टोली वाले आदमी पहाड़ी से नीचे आ रहे थे और अपना हौसला बनाए रखने और नरभक्षी को डराकर दूर रखने के लिए ऊँची आवाज़ में जोर-जोर से बातें कर रहे थे अथवा जब वे पेड़ों पर चढ़े चिल्ला-चिल्लाकर एक दूसरे से बोल रहे थे, तब शेर ने, जो घाटी में आधा मील नीचे घने जंगल के एक टुकड़े में लेटा हुआ था, उन्हें बोलते हुए सुन लिया। जंगल को छोड़कर, जहाँ चार दिन हुए उसने एक मादा सांभर को मार कर खा लिया था शेर ने एक नाला पार किया और एक गो-पथ से होता हुआ, जो पूरी घाटी की लंबाई में होकर जा रहा था, वह जल्दी-जल्दी आदमियों की दिशा में बढ़ा। (जिस गति से शेर किसी ज़मीन पर होकर जाता है, उस पर वह अपने पैरों के निशान छोड़ता जाता है, उसका विनिश्चय बड़ी आसानी से उसके अगले पैरों और पिछले पैरों के पगचिह्नों की आपेक्षिक स्थिति से किया जा सकता है)।

मेरे कहानी वाले लड़के अपने डोर-डंगरों की पत्तियाँ काटने के लिए एक कचनार के वृक्ष का चुनाव किया था। गाँवों के आने-जाने के रास्ते से यह वृक्ष लगभग बीस गज़ दूर हटा हुआ था और इसकी ऊपरी शाखाएँ एक खड्ड के ऊपर झुकी थी जिसमें दो चट्टानें थी। गायों के रास्ते में पड़े एक घुमाव से शेर ने लड़के को पेड़ पर चढ़ते हुए देख लिया और कुछ देर उसे देखते रहने के बाद उसने रास्ते को छोड़ दिया और एक सेमल वृक्ष के पीछे जाकर जो उस खड्ड से कोई तीस गज़ की दूरी पर खड़ा था, छिप गया। जब लड़का अपनी ज़रूरत भर की सारी पत्तियाँ काट लिया तो वह पेड़ से नीचे उतरा और उनका गट्ठर बाँधने की तैयारी में इकट्ठा करके ढेर बनाया। जब वह समतल भूमि पर ऐसा कर रहा था वह अपेक्षतया निरापद था परन्तु दुर्भाग्य से उसने देखा कि उसकी काटी हुई दो शाखाएँ उन दो बड़ी चट्टानों के बीच वाले खड्ड में जा गिरी थी और उन्हें

उठाकर लाने के लिए खड्ड में नीचे उतरकर उसने अपने भाग्य पर मुहर लगा दी। जैसे ही वह लड़का दृष्टि से बाहर हुआ शेर गिरे हुए वृक्ष के अपने आश्रय को छोड़कर खड्ड के किनारे पर बढ़ आया और जब वह लड़का शाखाएँ उठाने के लिए नीचे की तरफ झुका तो वह उस पर कूदा और उसे मार डाला। शेर द्वारा मारे जाने की घटना उस समय घटी जब दूसरे लोग पेड़ों पर चढ़े हुए थे अथवा उनके चले जाने के बाद घटी, यह निश्चय कर पाना मेरे लिए संभव नहीं है।

उस लड़के का पिता अँधेरा होने पर घर लौटा और उसका स्वागत इस दिल खुश कर देने वाली खबर से किया गया कि उसका लड़का सेना के लिए स्वीकार कर लिया गया है और लैंसडाउन से वह कम दिनों की छोटी छुट्टी लेकर घर आया है। यह पूछने पर कि लड़का कहाँ है, उसे बताया गया कि दिन में कुछ समय पहले वह चारा काटकर लाने गया था और इस बात पर आश्चर्य प्रकट किया कि पिता को वह घर पर नहीं मिला है। बैलों को बाँधकर पिता अपने लड़के को ढूँढने के लिए एक के बाद दूसरे घर पर गया। बारी-बारी से उसने उन सभी लोगों से पूछा जो उस दिन बाहर गए थे और सभी के पास वही एक कहानी सुनाने को थी कि घाटी के सिरे पर पहुँचकर हम अलग-अलग हो गए थे और किसी को भी उसके बाद उस लड़के को देखने की याद नहीं थी।

सीढ़ीदार बनाए खेतों को पार करके पिता उस ढलवां पहाड़ी के किनारे पर पहुँचा और वहाँ से उसने अपने लड़के को पुकारा और फिर एक बार पुकारा परन्तु कोई उत्तर नहीं मिला।

रात अब बढ़ने लगी थी। वह आदमी अपने घर लौटा और एक छोटी-सी धुएँ से मद्धम पड़ी लालटेन जलाई और जब वह गाँव के भीतर से होता हुआ गुजरा तो उसने पड़ोसियों को उनके प्रश्नों के उत्तर में यह कहकर भयभीत कर दिया कि वह अपने लड़के की खोज में जा रहा है। उससे पूछा गया कि क्या वह नरभक्षी को भूल गया है, तो उसने उत्तर दिया कि इस नरभक्षी के कारण ही तो उसे अपने लड़के को खोजने की चिंता हो रही है, क्योंकि हो सकता है कि वह पेड़ से गिर गया हो, और उसे चोट लग गई हो, और नरभक्षी के आकर्षित हो जाने के भय से ही उसने पुकार का उत्तर न दिया हो।

अपने साथ उसने किसी को चलने के लिए नहीं कहा और न किसी ने ऐसा करने की पेशकश की और उस पूरी रात, वह घाटी में ऊपर-नीचे उसकी खोज में लगा रहा जहाँ नरभक्षी के आगमन के बाद कोई पाँव धरने की भी हिम्मत नहीं करता था। रात में चार बार वह गायों के आने-जाने के मार्ग से होकर जाते हुए जैसा कि मैंने उसके पगचिह्नों से देखा उस जगह के दस फुट फासले के अंदर होकर गुजरा था, जहाँ शेर लेटा हुआ, उसके लड़के को खा रहा था।

थककर और टूटे हृदय, जब कुछ प्रकाश आने लग गया तो वह चट्टानी पहाड़ी पर कुछ ऊँचाई तक ऊपर चढ़ा और विश्राम करने बैठ गया। इसी उभरी हुई जगह से वह खड्ड के अंदर देख सकता था। सूरज निकल जाने पर उसने उन दो बड़ी चट्टानों पर रक्त की कुछ छींटें पड़ी देखी और दौड़कर नीचे उस जगह जाने पर उसे अपने बेटे का सब कुछ मिला जिसको खाकर शेर ने वहाँ छोड़ा था। इन अवशेषों को उसने इकट्ठा किया और अपने घर उन्हें वापस ले आया और जब उपयुक्त कफन का प्रबन्ध हो गया तो उसके मित्रों ने मन्दाल नदी के किनारे बनाए श्मशान घाट तक उन अवशेषों को ले जाने में उसकी सहायता की।

मैं नहीं समझता कि यह मान लेना सही होगा कि इस तरह के काम ऐसे व्यक्ति किया करते हैं जिनमें कल्पना नहीं होती और इसीलिए जो यह नहीं समझ पाते कि वे कितना भारी जोखिम उठा रहे हैं। पहाड़ों में रहने वाले हमारे लोग अपने पर्यावरण के प्रति बहुत संवेदनशील होने के अलावा बहुत अन्धविश्वासी भी होते हैं और प्रत्येक पहाड़ी चोटी, घाटी और सँकरी राह पर किसी-न-किसी रूप में कोई प्रेतात्मा होने का श्रेय दिया है और प्रत्येक दुष्ट और हत्यारी आत्मा से अँधेरे के समय सबसे अधिक डरना चाहिए। इस तरह की

पृष्ठस्थितियों में पला हुआ और एक वर्ष से ज्यादा समय तक नरभक्षी से सताया हुआ व्यक्ति, जो निहत्था और अकेला, सूर्यास्त से सूर्योदय तक इन घने जंगलों में चल-फिर सकता है, जहाँ उसकी कल्पना के अनुसार दुष्टात्माएँ बसी हैं और जहाँ यह विश्वास करने के लिए प्रत्येक कारण मौजूद है कि एक नरभक्षी मंडराता घूम रहा है उसमें मेरी सम्मति से एक ऐसा गुण और साहस की इतनी मात्रा विद्यमान है जो कम ही लोगों में देखने को मिलती हैं। इससे बढ़कर उसके एक साहसिक कार्य के लिए मैं उसे इस बात के लिए भी श्रेय देता हूँ कि उसे इसकी कोई चेतना ही नहीं थी कि उसने कोई असाधारण उल्लेखनीय कार्य किया है। मेरे निवेदन पर जब वह नरभक्षी के पास बैठा ताकि मैं उसका छायाचित्र ले सकूँ, तो उसने ऊपर देखा और बड़े शान्त और सुलझे हुए स्वर में मुझे कहा "अब मुझे संतोष हो गया है, साहब, क्योंकि आपने मेरे लड़के की मृत्यु का बदला उससे ले लिया है"।

यह उन तीन नरभक्षियों में से अंतिम शेर था जिन्हें मारने का वचन मैंने कुमाऊँ के जिला अधिकारियों और बाद में गढ़वाल के लोगों को दिया था कि उनको उनसे मुक्त कराने के लिए मैं पूरा-पूरा कोशिश करूँगा।

पीपलपानी का शेर

इन सभी तथ्य को छोड़कर, कि उसका जन्म एक खड्ड में हुआ था, जो गहरे चलता-चलता पादपर्वतों तक चला गया था और तीन के परिवार में से एक था, मैं उसके पूर्व इतिहास के बारे में कुछ नहीं जानता।

वह उस समय एक वर्ष का हो चुका था जब एक मादा चीतल के बोलने से आकर्षित होकर, उसके पीछे जाते नवम्बर मास में बहुत सुबह-सुबह एक दिन मुझे उसके पगचिह्न एक छोटे-से नाले के रेतीले पाट में मिले, जिसे स्थानीय तौर पर पीपलपानी कहा जाता था। पहले मैंने सोचा कि यह अपनी माँ की देखरेख से भटक गया है परन्तु जैसे सप्ताह के पश्चात् सप्ताह गुज़रता गया और आखेट पथों पर उसके अकेले जाने के मार्ग दिखाई पड़ने लगे तो मैं इस निष्कर्ष पर पहुँचा कि प्रजनन काल निकट आ जाना ही उसके एकाकी पड़ जाने का पूर्णतः पर्याप्त एकमात्र कारण है। एक दिन ईर्ष्यापूर्वक रखवाली किया, ज़रूरत पड़ने पर माता-पिता की जान देकर रक्षित किया जाने वाला उससे अगले दिन प्रवाह में बहने के लिए छोड़ दिया जाता है, यह सभी जंगलवासियों की नियति होती है। यह अन्तप्रसवन रोकने के लिए प्रओति का तरीका है।

सर्दियों में उसने मोर, काकड़, छोटे सुअर और कभी-कभार मिल गई तो मादा चीतल पर बिताई और अपना घर एक जमीन पर पड़े विशाल वन वृक्ष में बना लिया जिसका पातन किसी प्रकट कारण के बिना ही करा दिया गया था तथा जो समय के प्रवाह और सेहियों के कारण खोखला बन गया था। यहीं वह मारे गए अपने अधिकांश शिकार लेकर आता और जब दिन ठंडे होते तो उसी वृक्ष के चिकने तने पर पड़कर धूप तापता जहाँ उससे पहले कितने ही तेन्दुए धूप ताप चुके थे।

जनवरी का महीना काफी ज्यादा आगे बढ़ चुका था मैंने जब उस व्याघ्र शावक को काफी पास से देखा। एक दिन किसी शाम बिना उद्देश्य को दृष्टि में लिए मैं बाहर निकला हुआ था कि मैंने एक कैव्वे को भूमि से ऊपर उठते और वृक्ष की शाख पर जाकर बैठते ही अपनी चोंच साफ करते देखा। कौव्वे, गिद्ध और मैना सदा जंगल में मेरी दिलचस्पी के होते हैं और भारत तथा अफ्रीका दोनों में मारे गए बहुत सारे जानवरों को मैंने इन पक्षियों की मदद से ही खोजा-पाया है। प्रस्तुत अवसर पर कौव्वा मुझे पिछली रात घटी एक त्रासदी की जगह लेकर गया। एक चीतल मारी और अंशतः खा ली गई थी और उस जगह की तरफ आकर्षित होकर, जैसे मैं भी आकर्षित हो गया था उस सड़क से, जो वहाँ से कोई पन्द्रह गज़ की दूरी पर थी, जा रहे लोगों की एक टोली ने बची-खुची चीतल को काट डाला था और उसके अवशेष उठा ले गए थे। वहाँ पर उस चीतल के रह गए अवशेषों में हड्डियों के कुछ टुकड़े और थोड़ा-सा जमा हुआ रक्त ही बचे थे जिससे अभी-अभी कौव्वे ने अपना भोजन प्राप्त किया था। घने जंगल के अभाव और सड़क की नज़दीकी ने मुझे यकीन दिला दिया था कि जिस जानवर ने इसे मारा था, उसने इसका ले जाया जाना भी देखा था और वह यथासंभव ज़रूर इस पर लौटेगा। इसलिए मैंने उस पर बैठने का निर्णय किया और एक आलू बुखारे के पेड़ पर अपने को उतना आरामदेह बनाकर वृक्ष पर बैठ गया जितना उसके काँटों के रहते हो सकता था।

मेरे पाठको आपसे मैं किसी तरह की कोई क्षमा नहीं चाहता कि यदि मारे गए शिकार पर बैठने के नीति शास्त्र वाले अत्यधिक विवादित विषय पर आपका मत मुझसे अलग हो। शिकार करने की मेरी अधिकांश मन खुश करने वाली स्मृतियों का केन्द्र सूर्यास्त होने से पूर्व के उन एक-दो घंटों पर ही रहा है जो मैंने पतितः मारे गए शिकार पर बैठकर किसी वृक्ष के ऊपर गुजारे हैं। ये स्मृतियाँ उस समय से शुरू होकर, जब एक भरवां बन्दूक लिए, जिसमें तिड़की हुई नाल को फटने से बचाने के लिए बारूद ठोक कर भरने का गज़ पीतल की

तार से उसी के साथ बाँधा रहता था, मैं तेन्दुए द्वारा मारे गए एक लंगूर की लाश पर उसी तेन्दुए को मारने के लिए बैठा था, जब थोड़े ही दिन हुए मैं अत्यधिक आधुनिक राइफल अपने घुटनों पर रखे एक शेरनी और दो पूरी तरह जवान हो चुके बच्चों को सांभर को खाते हुए देखने में लगा था, जिसे उन्होंने मिलकर मार लिया था और कोई विजयोपहार प्राप्त न कर पाने पर भी अपने को, कुछ घाटे में रह गया, नहीं मानता।

यह सच है कि वर्तमान अवसर पर मेरे नीचे कोई मारा हुआ शिकार नहीं है परन्तु इसके लिए जो कारण बताए गए हैं, उनसे मेरे गोली चलाने के अवसर पर कोई कुप्रभाव नहीं पड़ेगा। जंगलवासियों को आकर्षित करने के लिए रक्त-सोखी धरती में काफी गंध वर्तमान है और इस बुड्ढे सफेद मूँछों वाले सुअर को ही साध्य स्वरूप देखिए जो पिछले दस मिनट से शान्त भाव जड़ें खोदने में लगा हुआ है और अचानक रक्त-सनी हवा की रेखा में आते ही कड़ा बनकर सावधान हो गया है। उसने अपना थूथन ऊपर उठा लिया है और इस तरह से चल रहा है जैसे कोई सुअर ही थूथन को उपयोग में ला सकता है और उससे वह इतना ज्यादा जान जाता है जितना उस भूमि से मुझे पता नहीं चल पाया जिस पर जानवरों के आने-जाने का मार्ग दिखाई नहीं दे रहा है। आगे बढ़ने का उसका ढंग, थोड़ी-सी दूर दाईं तरफ टहलकर हवा में वापस लौट आना, प्रत्येक पैंतरे के साथ कुछ गज़ निकटतर आते जाना सूचित कर रहा है कि चीतल को शेर ने मारा था। एक बार फिर यह निश्चित करके कि अब यहाँ खाने के लिए कुछ नहीं बचा रह गया है, अन्ततः दुलकी चाल से चलता हुआ वह दृष्टि से ओझल हो जाता है।

दो चीतल, दोनों के सींग इस समय मखमली हैं, अब प्रकट होते हैं और इस तथ्य के कारण कि वे ऊपर से नीचे की तरफ चल रही हवा में आ रहे हैं और उस रक्त-सनी जगह की ओर बढ़ रहे हैं, यह स्पष्ट है कि रात वाली त्रासदी के वे साक्षी रहे हैं। बारी-बारी से जमीन सूँघते हुए अथवा एकदम भाग पड़ने के लिए प्रत्येक मांस-पेशी को कड़ा बनाए दृढ़ता से खड़े हुए वे अपनी उत्सुकता शांत करते हैं और जिधर से आए थे उसी रास्ते उधर वापस चले जाते हैं।

उत्सुकता मानव का ही एकाधिकार नहीं है, बहुत सारे जानवरों का जीवन इसी में उलझने के कारण कट कर छोटा हो जाता है। छाया को देखकर कुत्ता बरांडा छोड़कर भौंकने बाहर निकलता है। एक हरिण अपना झुण्ड छोड़कर हवा में हिल तक न रही घास के गुच्छे का सही-सही पता लगाने के लिए बाहर जाता है और घास में बैठे प्रतीक्षा करते तेन्दुए को उसका भोजन मिल जाता है।

सूर्य शीत-ऋतु रेखा के पास आता जा रहा है कि दाईं तरफ सामने हुई एक हलचल ध्यान आकर्षित करती है। क्षुद्ररोह वन की पच्चर के दूर वाले सिरे पर दो झाड़ियों के बीच वाली खुली जगह को किसी जानवर ने पार किया है, यह पच्चर या फन्नू मेरे वृक्ष से तीस गज़ की दूरी पर खत्म हो जाता है। तब मेरी तरफ वाले सिरे पर झाड़ियाँ अलग-अलग फट जाती हैं और खुले में बाहर निकलता हुआ, बिना दाएँ या बाएँ दृष्टिपात किए, शेर आगे बढ़ता है। सीधे उसी जगह जहाँ उसका मारा शिकार था, वह जाता है और आशा भरी दृष्टि की जगह निराशा छा जाती है, जब उसकी समझ में आता है कि जिस चीतल की उसने संभवतः घंटों धैर्यपूर्वक पीछा करने के बाद, मारी थी, वह वहाँ से जा चुकी है। हड्डियों के टुकड़े और जमे हुए रक्त को वह छोड़ देता है और उसका ध्यान वृक्ष के उस ठूंठ पर केन्द्रित हो जाता है जिसका उपयोग कुछ समय पहले मांस काटने के काष्ठ-खण्ड की तरह किया गया था और जिस पर मांस के कुछ छोटे टुकड़े अब भी चिपके हुए हैं। इन जंगलों में आग्नेयास्त्र लेकर चलने वाला व्यक्ति केवल मैं ही नहीं हूँ, इसलिए यदि इस शावक को बड़ा होकर शेर बनना है तो यह जरूरी है कि उसे सिखाया जाए कि दिन के उजाले में मारे हुए शिकार पर लापरवाही से बैठने में खतरा होता है। एक छर्रे फेंकने वाली बंदूक और धूलि गोली (डस्ट शाट) से मेरा प्रयोजन अधिक अच्छी तरह से सिद्ध हो जाता, परन्तु इस बार यह काम राइफल को करना पड़ेगा और जैसे ही वह ठूंठ को सूँघने के

लिए अपना सिर उठाता है मेरी गोली उसकी नाक से एक इंच की दूरी पर जाकर उस कड़ी लकड़ी से टकराती है। आगे आने वाले वर्षों में केवल एक बार ही इस शावक ने इस पाठ को भुलाया था।

मैंने अगली सर्दियों में उसे कई बार देखा। उसके कान अब उतने बड़े नहीं लगते थे और उसके बच्चों जैसे बालों की जगह भली-भाँति बनी पट्टियों वाली पीलापन लिए लाल रंग की खाल आ गई थी। खोखला वृक्ष उसके सही अधिकार वाले स्वामियों, तेन्दुए के जोड़े, को दिया जा चुका था और पाद-पर्वतों के किनारे खड़े क्षुद्ररोह वन की घनी मेखला के अंदर नया निवास खोज लिया गया था तथा बाल सांभर उसकी भोजन-तालिका में जुड़ चुका था।

उसकी अगली सर्दियों पहाड़ों से प्रतिवर्ष यथानियम नीचे उतरकर आने पर उसके परिचित पगचिह्न मुझे आखेट पथों और पानी-पीने की जगहों पर दिखाई नहीं दिए और सप्ताहों तक मैं सोचता रहा कि उस शावक ने अपने घूमते रहने की पुरानी जगहें छोड़ दी हैं और वह दूर आगे कहीं चला गया है। एक सुबह उसकी अनुपस्थिति का कारण समझ में आ गया क्योंकि उसके आने-जाने के रास्ते के साथ-साथ बगल में उससे छोटे और लंबायित उसके जोड़े के आवागमन चिह्न दिखाई दिए, शावक अब पूरा शेर बन चुका था। सूर्योदय से पहले ही उस दिन मैं एक राम हरिण (Serow) को मारने का प्रयत्न करने निकल पड़ा था जो उसी पादपर्वत पर चर रहा था और अग्निरक्षण पथ से लौटते समय मेरा ध्यान एक गिद्ध ने खींच लिया जो एक मुर्दा अंग लिए शाल वृक्ष की डाल पर बैठा था।

उस पक्षी की पीठ मेरी तरफ ही थी और उसका मुँह क्षुद्ररोह वन के एक छोटे-से विस्तार की तरफ था जिससे आगे घना जंगल था। जमीन पर भारी ओस पड़ी थी और बिना कोई आवाज़ किए मैं वृक्ष तक पहुँच गया और इधर-उधर चारों ओर देखने लगा। मरे सांभर का एक सींग नीचे झाड़ियों से ऊपर निकला हुआ था, यह मरा हुआ ही होना चाहिए था क्योंकि कोई जिन्दा हरिण इस दशा में नहीं रह सकता था। सुविधाजनक काई ढकी चट्टान ने मेरे रबर तल्लों वाले जूते पहने पाँवों को चुपचाप और सुरक्षित टिकाने में काम दिया और जैसे ही मैं खड़ा हुआ तो पूरा सांभर मेरी दृष्टि में आ गया। उसके पिछे का हिस्सा खा लिया गया था और उस मारे हुए शिकार की दोनों तरफ वह जोड़ा था, शेर दूर वाली तरफ था तथा उसकी पिछली टाँगें ही दिखाई पड़ रही थी। दोनों शेर सोए थे। दस फुट सामने से, ताकि एक टूटी शाखा बीच में न आ सके और तीस फुट बाईं तरफ जाने पर मुझे शेर की गर्दन पर निशाना साधने का मौका मिल गया, परन्तु छिपे-छिपे उनके पीछे जाने की यह योजना बनाते समय मैं उस मौन दर्शक को भूल गया था। जहाँ मैं खड़ा था वहाँ से तो मैं उसे दिखाई नहीं देता था परन्तु दस फुट की यह दूरी पूरा करने से पहले मैं उसकी दृष्टि में आ गया और मुझे अपने इतने निकट पाकर वह डर गया तथा अपना पंख फड़फड़ाता हुआ पेड़ पर अपने बैठने की जगह से उड़ा परन्तु अपने ऊपर की एक शाखा से लटकी हुई एक पतली बेल को ऐसा करते समय देख पाना वह भूल गया, जिससे वह टकरा गया और बहुत बेइज्जती के साथ जमीन पर आकर गिरा। शेरनी उठी और एक क्षण में छलांग लगाकर, मारा गया शिकार और अपने जोड़े को पार करती हुई, वहाँ से नौ दो ग्यारह हो गई और शेर भी उसके साथ तेजी से चला गया। निशाना साधना संभव हो सकता था परन्तु बहुत जोखिम भरा था क्योंकि आगे घना जंगल था जिसमें ज़ख्मी हुए जानवर को सभी लाभ उपलब्ध हो जाते। उन लोगों को, जिन्होंने इसका कभी प्रयास करके नहीं देखा, मैं अपने मारे शिकार के पीछे छिपकर जाते तेन्दुए और शेर का पीछा करने की सिफारिश सबसे बढ़िया आखेट विनोद के रूप में कर सकता हूँ। परन्तु गोली चलाने के निशाने में बहुत सावधानी बरती जानी चाहिए क्योंकि यदि जानवर उससे एकदम नहीं मरेगा या वहीं खड़ा रहेगा तो बहुत मुसीबत बढ़ जाएगी।

शेर ने एक सप्ताह पश्चात पुनः अपना कुमार जीवन आरंभ किया। उसकी प्रऔति में अब परिवर्तन आ गया था। अब तक अपने मारे शिकार पर मेरे आने पर वह कोई आपत्ति नहीं करता था, परन्तु अपने जोड़े के चले जाने के बाद उसकी पहली घसीटन का जब मैंने पीछा किया तो मुझे बड़े साफ तौर से यह समझा दिया

गया कि भविष्य में इसके लिए कोई आज़ादी नहीं लेने दी जाएगी। किसी शेर की बहुत पास से नाराज़ी भरी गुर्राहट, जिससे ज्यादा भयभीत करने वाली कोई आवाज़ जंगलों में सुनाई नहीं देती, को सुनकर ही अच्छी तरह से उसे समझा जा सकता है।

मार्च के शुरूआत में इस शेर ने पहली बार भरी-पूरी भैंस को मारा। मैं एक शाम पहाड़ियों के पास ही था कि भैंस की पीड़ा भरी रंभाहट और उसके साथ मिली हुई शेर की नाराज़गी भरी दहाड़ पूरे जंगल में सर्वत्र गूंज गई। मैंने अपनी जगह से आवाज़ आने के स्थान का अन्दाज़ा करीब छह सौ गज़ दूर खड्ड में होने का लगा। वहाँ जाना बहुत मुश्किल था क्योंकि उसे बिखरी हुई चट्टानों के ऊपर होते तथा कंटीली झाड़ियों के अंदर से निकलते हुए करना पड़ता और जब मैं सरककर एक ढलवां पर चढ़ गया, जहाँ से खड्ड दिखाई पड़ रहा था तो, भैंस का संघर्ष समाप्त हो गया था और शेर वहाँ कहीं भी दिखाई नहीं दिया। मैं एक घंटे तक राइफल के घोड़े पर उंगली रखे शेर का कुछ भी कहीं न दिखाई देते हुए वहीं पड़ा रहा। अगले दिन भोर होने पर फिर मैं सरक-सरक कर उस मगरे पर चढ़ा तो देखा कि भैंस वैसी ही पड़ी है जैसे उसे छोड़कर मैं गया था। मुलायम जमीन खुरों और पंजों से फटी थी और संघर्ष की जान लड़ा देने वाली प्रकृति का साक्ष्य दे रही थी कि जब भैंस की नस टूट गई, तब जाकर शेर उस लड़ाई में जो दस से पन्द्रह मिनट तक चली, भैंस को नीचे गिरा पाने में अन्ततः सफल हो गया था। शेर के जाने का रास्ता खड्ड के पास से होकर जाता था और उसका अनुसरण करते हुए मुझे बहुत-सा रक्त लंबाई में एक चट्टान पर लगा हुआ और उससे सौ गज़ और आगे जाने पर एक गिरे हुए वृक्ष पर फिर उसी तरह से रक्त पुता मिला। भैंस के सींग से लगा हुआ घाव शेर के सिर में था और यह इतना अधिक गम्भीर था कि शेर को अपने मारे शिकार में कोई रुचि ही नहीं थी और वह उस पर कभी लौट कर आया ही नहीं।

तीन वर्ष बाद, शेर शावक रहते हुए मिले पाठ की उपेक्षा करके (इसका कारण यह भी रहा हो सकता है कि शेरों का शिकार खेलने का यह आखेट-बंद काल था) असावधानीवश वह उस मारे हुए शिकार पर लौटा जिस पर एक जमींदार और उसके आदमी रात को बैठे थे और उसके कन्धे में गोली लगी जिससे हड्डी टूट गई। उसका पीछा करने का कोई प्रयास नहीं किया गया और छत्तीस घंटे बाद, उसके घाव पर मक्खियों का झुण्ड आ गया, निरीक्षण बंगले के कम्पाउण्ड के अंदर से लंगड़ाते हुए उसने एक पुल पार किया जिसके दूर वाली तरफ किनारे पर, बसे हुए मकानों की दुहरी कतार थी, जिसमें रहने वाले लोग अपने-अपने घरों के दरवाजों पर खड़े उसे वहाँ से गुजरते हुए देख रहे थे, फिर वह चहारदीवारी से घिरे हुए एक कम्पाउण्ड में घुसा और उसके खाली गोदाम पर कब्जा करके बैठ गया। चौबीस घंटे बाद, संभवतः पड़ोसी गाँव से उसे देखने के लिए लोगों की इकट्ठा हुई संख्या से डरकर, वह कम्पाउण्ड से, उसी रास्ते से जिससे वह उसमें घुसा था, बाहर निकला, हमारा फाटक पार किया, और हमारे गाँव के निचले किनारे की तरफ चला गया। हमारे एक किराएदार का बैल पिछली रात मर गया था और उसे घसीट कर गाँव के किनारे ले जाकर कुछ झाड़ियों में डाल दिया गया था। शेर ने उसे ढूँढ लिया और वह कई दिनों तक वहीं बना रहा और अपनी प्यास सिंचाई नालियों में आते पानी से बुझाता रहा।

दो महीने बाद जब पहाड़ों से उतरकर हम नीचे आ गए तो यह शेर छोटे जानवरों (बछड़े, भेड़, बकरियाँ आदि) को खाने के लिए खड़ा हुआ था जिन्हें वह गाँव के बाहरी तरफ पकड़ लिया करता था। मार्च तक उसका घाव ठीक हो गया परन्तु उसका दायाँ पाँव अंदर की तरफ मुड़ गया। जंगल लौट जाने पर जहाँ वह ज़ख्मी हुआ था, उसने गाँव के ढोर-डंगरों को बुरी तरह से मारना शुरू कर दिया और सुरक्षा की दृष्टि से वह प्रत्येक मारे गए जानवर का मांस एक ही बार खाता और इस तरह जितने जानवर वह साधारणतः मारता उससे पाँच गुना जानवरों को मारने लगा। जिस जमींदार ने उसे घायल किया था उसके पास कोई चार सौ गाय-बैलों का झुण्ड था और यही उसकी कार्रवाईयों से सबसे ज्यादा हानि उठा रहा था।

उसके बाद आने वाले अगले वर्षों में यह आकार में उतना ही भारी बनता गया जितना अपनी प्रसिद्धि (या कुख्याति) में बढ़ गया था और मारने के लिए शिकारियों तथा अन्य लोगों ने भी कितने ही प्रयत्न किए।

एक नवम्बर की शाम एक ग्रामवासी भरवां किस्म की एक नाल वाली बंदूक लिए सुअर मारने को चला और अपनी भूमि पर मचान बनाने के लिए उसने अपनी कुछ टूटी-फूटी जमीन के बीच से होकर जा रही बीस गज़ चौड़ी रौ (सूखी उथली नदी) में उगी हुई अलग-थलग पड़ी एक झाड़ी को चुना। यह जमीन आयताकार थी और इसकी लंबी वाली भुजाओं पर खेत थे और छोटी भुजाओं पर एक तरफ सड़क और दूसरी तरफ दस फुट चौड़ी नहर थी जो हमारे खेतों और जंगल के बीच की सीमा बनाती थी। उस आदमी के आगे की तरफ चार फुट ऊँचा किनारा था जिसके ऊपरी सिरे के पास होता गायों के आने-जाने का रास्ता था और उसकी पिछली तरफ घने क्षुद्ररोह वन का एक टुकड़ा था। 8 बजे शाम को एक जानवर इस आवागमनमार्ग पर प्रकट हुआ और लक्ष्य साधकर, जैसा भी वह साध सकता था, उसने उस पर बंदूक दागी। चोट खाने पर वह जानवर उस तट से नीचे गिरा और उस आदमी से कुछ फुटों की दूरी के अंदर ही रहते हुए उसके पास से गुजरा और गुर्राता हुआ पीछे के क्षुद्ररोह वन में चला गया। अपना कम्बल फेंक वह आदमी दो सौ गज़ दूर अपनी झोंपड़ी की तरफ भागा। आस-पड़ोसी इकट्ठा हो गए और उस आदमी द्वारा दिया गया विवरण सुनकर यह निष्कर्ष लगाया कि सुअर को काफी अधिक चोट लगी है। उन्होंने कहा कि उस सुअर को लकड़बग्घों और गीदड़ों के खाने के लिए छोड़ देना ठीक नहीं रहेगा, इसलिए एक लालटेन जलाई गई और कुछ वीर लोगों की एक टोली उस मारे गए शिकार को ढूँढकर वापस लाने के लिए रवाना हुई। उनमें से एक किराएदार ने (जिसने इस अभियान में साथ जाने से मना कर दिया था, बाद में मेरे सामने स्वीकार किया कि अँधेरे में उस घने क्षुद्ररोह वन में घायल सुअर को खोजने के लिए जाने की उसमें हिम्मत नहीं थी) सुझाया कि बंदूक को भर के उसे साथ ले जाया जाए।

यह सुझाव उसका मान लिया गया और चूँकि उसमें बारूद उदारतापूर्वक ठोक-ठोक कर भरा जा रहा था, लकड़ी का ठोंकने वाला डंडा उसमें फँस गया और नाल के अंदर ही टूट गया। यह मामूली सी दुर्घटना थी परन्तु इसने निस्सन्देह, छह लोगों की जान बचा दी। टूटा हुआ डंडा अन्ततः और काफी दिक्कत से बाहर निकाला गया, बंदूक को भरके और टोली चल दी।

उस जगह पर पहुँचकर जहाँ से वह जानवर झाड़ियों में गया था, सावधानी से जाँच-पड़ताल की गई और रक्त मिल जाने पर 'सुअर' को ढूँढने का हर संभव प्रयास किया गया। सारी रात उसकी खोज में पूरा क्षेत्र देखने के पश्चात् इस खोज को अन्ततः छोड़ा गया। अगली सुबह जल्द ही फिर खोज आरम्भ कर दी गई, साथ में कम हिम्मत वाला, मेरा सूचनादाता भी उनमें सम्मिलित हुआ जिसका जंगल ज्ञान अपने उन साथियों के मुकाबले में कुछ ज्यादा अच्छा था, झाड़ी के नीचे वाली जमीन की जाँच करने के बाद, जहाँ काफी रक्त जमा था, वे रक्त सने कुछ बाल लेकर मेरे पास आए जिसे मैंने पहचान लिया कि वह शेर का बाल है। उस दिन एक और शिकारी भाई मेरे साथ था और हम दोनों मिलकर साथ-साथ उस जमीन को देखने गए।

जमीन से मिलने वाले संकेतों से जंगल की घटनाओं को पुनर्व्यवस्थित कर लेना मेरे लिए सदा बहुत दिलचस्प रहा है। कभी-कभी यह सच है कि ये फलितानुमान गलत भी हो सकते हैं, परन्तु कभी-कभी ठीक भी निकलते हैं। मैं प्रस्तुत मामले में उसका घाव उसकी अगली दाईं टाँग के अगले अन्दरूनी भाग में लगा होना बताने में सही परन्तु यह मान लेने में कि उसकी टाँग टूट गई थी और कि शेर जवान और इस स्थान के लिए अजनबी है, गलत था।

उस स्थान से आगे, जहाँ बाल मिला था, कहीं रक्त नहीं पड़ा था और चूँकि भूमि पर उसके गमनमार्ग का पीछा करना असंभव था, मैं नहर पार करके उस जगह गया जहाँ गायों के आने-जाने का मार्ग रेत के पाट में से

होकर जाता था। मैंने यहाँ मिले पगचिह्नों को देखने पर पाया कि घायल हुआ शेर कोई नवजवान शेर नहीं था, जैसा मैंने मान लिया था, परन्तु मेरा पुराना दोस्त पीपलपानी का शेर था जो गाँव से होकर जाता लघुपथ अपनाकर अँधेरे में जाते हुए गलती से सुअर समझ लिया गया था।

पहले भी एक बार बुरी तरह से घायल होकर किसी आदमी या जानवर को हानि पहुँचाए बिना वह उस बस्ती से होकर गुजरा था परन्तु अब वह पहले से बड़ा हो गया था, और अपनी पीड़ा, भूख से तंग होकर काफी हानि पहुँचा सकता था। घनी आबादी वाली इस जगह के लिए यह काफी घबरा देने वाली संभावना थी और मुझे पहले से तय कर दिया गया एक ठहराव पूरा करने के लिए, जिसे टाला नहीं जा सकता, एक सप्ताह के अंदर-अंदर यहाँ से चल देना था।

मैंने तीन दिनों तक नहर और उस पाद पहाड़ी के बीच के जंगल का चप्पा-चप्पा, जो लगभग चार वर्ग मील का क्षेत्र था, छान डाला था, परन्तु शेर का कोई चिन्ह नहीं मिला। चौथे अपराह्न में जब मैं खोजना शुरू करने के लिए चलने ही वाला था कि एक स्त्री और उसका लड़का जल्दी-जल्दी जंगल से निकल कर जाते दिखाई पड़े। मुझे उनसे पता चला कि पाद पहाड़ियों के पीछे शेर बोल रहा है और जंगल में चर रही सभी गाय-भैंसों में भगदड़ मच गई थी। राइफल लेकर मैं बाहर चलता हूँ तो सर्वदा अकेले ही जाता हूँ। गड़बड़ी मचने पर ऐसा करना अधिक निरापद रहता है और जंगल में से अधिक शांतिपूर्वक बाहर आया जा सकता है। तथापि, मैंने उस अवसर पर इस नियम में थोड़ी ढील दे दी और उस लड़के को अपने साथ चलने की अनुमति दे दी क्योंकि वह यह बताने के लिए बहुत उत्सुक था कि उसने शेर को बोलते हुए किस जगह सुना था।

पहाड़ों की तलहटी में पहुँचकर लड़के ने जगंल के एक टुकड़े की ओर संकेत किया जिसके दूर वाली तरफ किनारे पर एक अग्निशमन पट्टी थी, मैं जिसकी ओर पहले संकेत कर चुका हूँ, और निकटवाली तरफ के किनारे पर पीपलपानी धारा थी। इस धारा के समानान्तर और उससे लगभग सौ गज़ की दूरी पर कोई बीस फुट चौड़ा उथला गड्ढा था जो मेरी तरफ लगभग खुला हुआ था और धारा के निकटतर वाली तरफ उसके किनारे-किनारे समकोण बनाता हुआ रास्ता उस गड्ढे को पार करता था और गड्ढे के खुली वाली तरफ, एक छोटा-सा वृक्ष था। यदि शेर इस रास्ते से होकर नीचे आता तो झाड़ियाँ खुलने की जगह उसके खड़े होकर गोली के लिए निशाना देने की पूरी-पूरी संभावना थी। यहीं खड़ा होने का निर्णय मैंने किया और लड़के को पेड़ पर बैठाकर उसके पैरों को अपने सिर के बराबर लाकर उसे अनुदेश दिया कि अपनी ऊँची जगह से उसे मेरे देखने से पूर्व यदि शेर दिखाई दे तो अपने पैरों की उँगलियों से मुझे उसका संकेत कर दे, मैंने फिर अपनी पीठ पेड़ से टिका दी और शेर की बोली बोलने लगा।

आप लोग भी जंगलों में उतने ही वर्ष बिताए होंगे जितना मैंने, अपने जोड़े की खोज में लगी शेरनी की बोली का वर्णन देने की आवश्यकता नहीं है, और उनको जो इस बात में कम भाग्यवान रहे हैं मैं इतना ही कहूँगा, कि यह बोल पाने के लिए निकट से पर्यवेक्षण करना और गले के थूक को उदारतापूर्वक उपयोग करना होता है तथा शब्दों में उसका वर्णन नहीं किया जा सकता।

उस समय मुझे बहुत राहत मिली, क्योंकि पिछले तीन दिनों से राइफल के घोड़े पर उंगली धरे मैं जंगल में रेंगता रहा, जब मेरी बोली का उत्तर तुरन्त लगभग पाँच सौ गज़ की दूरी से मिला और उसके बाद आधा घंटे तक, हो सकता है कि यह समय इससे कम रहा हो परन्तु लगता तो यह इससे ज्यादा ही था यह पुकार इधर से उधर और उधर से इधर आती रही। एक ओर से था राजा का जल्दी आने का बुलावा और दूसरी ओर उसकी प्रिया का थोड़ा दबा-दबा और चापलूसी भरा उत्तर। लड़के ने दो बार संकेत किया, परन्तु अभी तक मुझे शेर का कुछ भी दिखाई नहीं दिया और जब डूबते हुए सूरज ने उस जंगल को अपने सुनहले प्रकाश में सराबोर कर दिया, तब उस रास्ते से नीचे तेज़ी से पग रखकर उतरता और बिना कहीं रुके या ठिठके झाड़ियों को पारकर

एकाएक वह प्रकट हुआ। जब वह गड्ढे को आधा पार कर चुका, और मैं राइफल उठा ही रहा था, कि वह दाएँ मुड़ मेरी तरफ बढ़ा।

इस पैंतरे पर जिसे शेर ने अपने खड़े होने की जगह चुनते समय अपनाया, मैं ध्यान नहीं दे पाया, और उसने उसे मेरे इतने ज्यादा करीब ला दिया जितना मैं नहीं चाहता था कि वह आए, और इसके अतिरिक्त, उसने मुझे सिर पर गोली चलाने का निशाना प्रस्तुत कर दिया, जिस पर इतनी थोड़ी दूरी से गोली चलाने के लिए मैं तैयार नहीं था। एक पुरानी युक्ति को काम में लाकर, जिसे कितने ही वर्ष हुए मैंने सीखा था, और ऐसे अवसरों पर सफलतापूर्वक उपयोग किया था, शेर को बिना उसमें डर उत्पन्न किए, खड़ा हो जाने दिया। एक पंजा ऊपर उठाए धीरे-धीरे उसने अपना सिर उठाया जिससे उसकी छाती और गला दिखाई पड़ने लगे। भारी गोली लगते ही वह अपने पैरों पर लड़खड़ाया और अंधे की तरह जंगल को तोड़-फोड़कर उस जगह से कुछ गज़ों के भीतर जाकर धड़ाम से नीचे गिर पड़ा, जहाँ मादा चीतल की बोली से आकर्षित होकर मैंने नवम्बर की एक शाम आकर सबसे पहले उसके पगचिह्न देखे।

मुझे तब जाकर यह पता लगा कि उसे एक गलतफहमी में गोली से मार दिया गया, क्योंकि वह घाव जिसके बारे में मुझे डर था कि वह उसे भयंकर बना देगा, निरीक्षण करने पर लगभग ठीक होता पाया गया। और यह घाव सीसे की उस गोली से हुआ था जिसने उसके दाएँ हाथ की छोटी शिरा को काट डाला था।

एक शानदार विजयोपहार प्राप्त हो जाने की खुशी-वक्रों के ऊपर उसका माप 10'3' तथा उसकी सर्दियों वाली बालदार खाल उत्औष्टतम हालत में थी। खेद से अनमिली हुई नहीं थी क्योंकि जंगलवासी और फिर मैं कभी साँस रोके हुए उसके भारी गले की पुकार, जो पाद पहाड़ियों में सर्वत्र गूंजती थी, अब कभी नहीं सुन पाएँगे और न उसके परिचित पगचिह्न ही आखेट पथों पर देखने को मिलेंगे जिन पर वह और मैं पिछले पंद्रह वर्षों तक विचरण कर रहे थे।

थाक का नरभक्षी शेर

कितने ही महीनों से लध्या घाटी में शांति का राज्य चल रहा था कि सितम्बर 1938 में नैनीताल में एक रिपोर्ट पहुँची कि बारह वर्ष की एक लड़की को कोट किन्दरी गाँव में शेर ने मार डाला है। इस रिपोर्ट में जो वन विभाग के डोनल्ड स्टीवर्ट के द्वारा मेरे पास पहुँची थी इसमे कोई ब्योरा दिया हुआ नहीं था और इसके कुछ सप्ताह बाद मैं जब इस गाँव में पहुँचा तभी इस त्रासदी का विवरण प्राप्त कर पाया। ऐसा प्रतीत होता है कि वह लड़की लगभग दोपहर में एक दिन गाँव के पास ही और सब लोगों के सामने एक आम वृक्ष के नीचे गिरे हुए फल बटोर रही थी कि अचानक एक शेर कहीं से वहाँ आया। इससे पूर्व कि आसपास काम कर रहे लोग उसे किसी तरह की सहायता पहुँचा सकें वह उसे उठाकर भाग गया। उस शेर का पीछा करने का कोई प्रयास नहीं किया गया और चूँकि उसे घसीटने और उसका रक्त टपकते जाने के सभी निशान मिट चुके और मेरे उस कर्मस्थली पर पहुँचने से काफी पहले ही धुलकर साफ हो गए थे मैं वह जगह ढूँढने में समर्थ नहीं हुआ, शेर जहाँ उसकी लाश लेकर गया था।

कोट किन्दरी की दक्षिण-पश्चिम दिशा में लगभग चार मील की तथा थाक के पश्चिम में उससे तीन मील की दूरी पर है। कोट किन्दरी और थाक की घाटी में ही चूका का नरभक्षी पिछले अप्रैल में गोली से मारा गया था।

वन विभाग ने सन् 1938 की गर्मियों में इस क्षेत्र के सभी वृक्षों का पातन के लिए छपान कर दिया था और यह डर प्रकट किया जा रहा था कि यदि नरभक्षी को नवम्बर से पहले ठिकाने न लगाया गया जब वन का पातन कार्य शुरू होने वाला था तो ठेकेदारों को मजदूर नहीं मिल पायेंगे और वे अपने ठेके छोड़ देंगे। इसी प्रसंग में उस लड़की के मारे जाने के कुछ समय बाद डोनल्ड स्टीवर्ट ने मुझे पत्र लिखा था और उस प्रार्थना के परिपालन में कोट किन्दरी जाने का मैंने वचन दिया। और मैं स्वीकार करता हूँ कि ठेकेदारों के हितों पर ध्यान देने की बनिस्बत स्थानीय निवासियों के हितों पर अधिक ध्यान देते हुए ही मैंने अपना उक्त वचन दिया था। कोट किन्दरी जाने के लिए मेरा सबसे सीधा रास्ता पहले रेल से टनकपुर, वहाँ से कालदूँगा और चूका होते हुए आगे पैदल जाना था। इस रास्ते से जाने पर मेरा सौ मील पैदल चलना बच जाता परन्तु इसमें मुझे उत्तर भारत की सबसे ज़्यादा मारक मलेरिया पट्टी से होकर गुजरना पड़ता और उसे बचाने के लिए पहाड़ों से होकर मोरनाला और वहाँ से कोट किन्दरी से ऊपर उसकी पहाड़ी धार पर समाप्ति स्थल तक परित्यक्त शेरिंग मार्ग से जाना तय किया।

इस लंबी पैदल यात्रा के लिए मेरी तैयारियाँ चल ही रही थी कि लध्या के बाएँ किनारे और चूका से लगभग आधा मील की दूरी पर बसे एक छोटे-से गाँव सेम में एक अन्य व्यक्ति के मारे जाने की खबर नैनीताल पहुँची।

शेर का शिकार इस बार एक बुढ़िया स्त्री, सेम के ग्राम प्रधान की माँ बनी। यह अभागी स्त्री दो जीनेदार खेतों के बीच में ढलवां किनारे पर जमे झाड़ों को काटते हुए मारी गई थी। उसने पचास गज़ लंबे तट के दूर वाले सिरे पर अपना काम शुरू किया ही था और अपने खेत के एक गज़ अंदर के झाड़ों को काटा ही था कि शेर ऊपर वाले खेत से उस पर कूद गया। उसका आक्रमण इतना अचानक और अप्रत्याशित था कि शेर द्वारा मार दिए जाने से पूर्व वह स्त्री एक बार ही चिल्ला पाई और शेर ने उसे बारह फुट ऊँचे किनारे से ऊपर उठाकर ऊपर वाला खेत पार किया और उसे लेकर आगे के घने जंगल में जाकर अदृश्य हो गया। उसके बीस वर्षीय

लड़के ने, जो उस समय कुछ गज़ की दूरी पर ही धान के खेत में काम कर रहा था, इस पूरी घटना को देखा, परन्तु वह इतना अधिक डर गया था कि कोई सहायता नहीं कर पाया। लड़के की जल्दी आने की प्रार्थना के प्रतिचार में, दो दिन बार पटवारी इकट्ठा किए हुए अस्सी आदमियों को लेकर सेम आया। जिस दिशा में शेर गया था, उसी का अनुसरण कर उसने इस स्त्री के कपड़े और हड्डियों के कुछ छोटे-छोटे टुकड़े ढूँढ निकाले। यह हत्या दिन के दो बजे अच्छी धूप वाले दिन में हुई थी और शेर ने अपना मारा शिकार उस मकान से, जहाँ उसने उसे मारा था, केवल साठ गज़ दूर ले जाकर खा गया था।

इस दूसरी खबर के मिलने पर अल्मोड़ा, नैनीताल और गढ़वाल तीनों जिलों के डिप्टी कमिश्नर (उपायुक्त) इबटसन और मैं मिलकर युद्ध परिषद की जिसका परिणाम यह निकला कि इबटसन ने, जो तिब्बत सीमा पर बसे असकोट में एक ज़मीनों का झगड़ा निपटाने के लिए जाने ही वाला था, अपना दौरे का कार्यक्रम बदल दिया और बागेश्वर होकर जाने के बजाए मेरे साथ सेम चलने और वहाँ से आगे असकोट जाने का निर्णय लिया।

मैंने जो रास्ता चुना था उसमें काफी अधिक पहाड़-चढ़ाइयाँ करनी पड़ती थी, इसलिए हमने अन्ततः नंधौर घाटी से ऊपर जाना, नंधौर और लध्या का जलविभाजक पार करना और उसके बाद लध्या नदी के किनारे-किनारे होकर सेम पहुँचना तय किया। इबटसन दम्पति इसी के अनुसार 12 अक्टूबर को नैनीताल से चल दिए और अगले दिन मैं चारगलियाँ पहुँच कर उनके साथ मिल गया।

नंधौर से ऊपर जाते और रास्ते में मछलियाँ पकड़ते हुए भी हल्की ट्राउट पकड़ने की बँसी से एक दिन में पकड़ी, हमारा श्रेष्ठतम कार्य, एक सौ बीस मछलियाँ रही हम पाँचवें दिन दुर्गा पीपल पहुँच गए। यहाँ हमने नदी को छोड़ दिया और एक बहुत तीखी चढ़ाई चढ़कर रात को जल विभाजक पर पड़ाव डाला। अगली सुबह बहुत जल्दी यात्रा शुरू करके उस रात हमने अपने तम्बू चालटी से बारह मील की दूरी पर लध्या के बाएँ किनारे पर गाड़े।

मानसून समय से जल्दी समाप्त हो गया था, जो हमारे लिए बड़े सौभाग्य की बात रही क्योंकि चट्टानी चोटियों से पानी भरकर एकदम सीधा घाटी में ही आता था, इसलिए लगभग हर चौथाई मील चलने के बाद हमें नदी पार करनी पड़ती थी। ऐसे एक पारपच पर मेरा रसोइयाँ जो जूते पहन कर पाँच फुट का हो पाता था, नदी में बह गया और पानी में डूब कर मरने से इसीलिए बचाया जा सका क्योंकि उस आदमी ने, जो हमारे मध्याह्न भोजन की टोकरी लिए चल रहा था, तत्काल उसे मदद पहुँचाई थी।

दसवें दिन हमने चौरगलिया छोड़ने के बाद सेम के एक उजाड़ खेत में पड़ाव डाला जो उस घर से, जहाँ वह स्त्री मारी गई थी दो सौ गज़ तथा लध्या और शारदा नदियों के संगम से सौ गज़ की दूरी पर था।

पुलिस विभाग का गिल वाडेल, जो लध्या से नीचे जाते हुए, हमें रास्ते में मिला था, कितने ही दिनों से सेम में पड़ाव डाले हुए था और उसने कटड़ा भी बाँधा था जिसे वन विभाग के मैक्डोनल्ड ने हमारे उपयोग के लिए सौंप कर हमें दे दिया और हालाँकि वाडेल के वहाँ ठहरे रहते हुए शेर कितनी ही बार सेम में आया था, पर उसने कटड़े को मारा नहीं था।

हमारे सेम पहुँचने से अगले दिन जब इबटसन पटवारियों, वन रक्षकों और आसपास के गाँवों के प्रधानों से वार्ता करने में लगा था तो मैं शेर के पगचिह्न ढूँढने के लिए निकला। हमारे पड़ाव और संगम के बीच में और लध्या के दोनों तटों पर लंबे-लंबे क्षेत्रों में रेत का फैलाव था। इस रेत पर एक शेरनी और एक युवा नर शेर संभवतः वह उन शावकों में से एक था, मैंने जिसे अप्रैल में देखा था, के आवागमनमार्ग मिले। शेरनी ने पिछले कुछ दिनों में कितनी ही बार लध्या को पार और पुनर्पार किया था और गत रात वह हमारे तम्बुओं के सामने

रेत की पट्टी पर टहलती रही थी। लोगों का इसी पर शेरनी नरभक्षी होने का सन्देह था और चूँकि प्रधान जी की माँ के मारे जाने के बाद वह बार-बार सेम में आती रही थी संभवतः वे लोग सही थे।

शेरनी के पगचिन्हों की जाँच करने से वह औसत कद वाली, जीवन के शिखर पर पहुँची हुई दिखाई पड़ी। वह क्यों नरभक्षी बन गई इसका निश्चय तो बाद में करना होगा परन्तु इसके अनेक कारणों में से एक कारण यह भी हो सकता है कि उसने चूका के शेर के मारे हुए शिकारों को खाने में उसकी सहायता भी की थी, जब वे पिछले समागम काल में साथ-साथ रहते थे और नरमांस का स्वाद पा लेने के बाद और उसे उपलब्ध कराने के लिए अब जोड़ा साथ न रह जाने की वजह से, वह स्वयं नरभक्षी बन गई थी। यह एक अटकल मात्र थी और बाद में चलकर यह गलत पाई गई।

मैंने नैनीताल छोड़ने से पूर्व टनकपुर के तहसीलदार को पत्र लिखकर अपने लिए चार कटड़े खरीदने और उन्हें सेम भिजवाने के लिए कहा था। इनमें से एक कटड़ा बीच में ही सड़क पर मर गया बाकी तीन 24वीं तारीख को सेम पहुँच गए और उसी शाम को हमनें उन्हें उस एक कटड़े के साथ जो मैक्डोनल्ड ने हमें दिया था, बँधवा दिया। गाँव के आसपास खेतों में थोड़ा समय ही हुआ था और गत रात ही शेरनी उन तीन परिवारों के निकट से होकर गुज़री थी जो अपने ढोर-डंगरों के साथ खेतों पर सो रहे थे, सौभाग्य से प्रत्येक जगह ढोर-डंगरों ने शेरनी को देख लिया था और सोने वालों को उसके आने की चेतावनी दे दी थी। खेतों को छोड़कर शेरनी ने कोट किन्दरी की दिशा वाला रास्ता पकड़ा और हमारे कटड़ों के पास से होती, उनमें से किसी को भी छुए बिना आगे बढ़ गई।

सेम पहुँचने पर हमारे पटवारी, वन रक्षकों और ग्रामवासियों ने हमें बताया कि हमारा जवान कटड़े बँधवाना समय को बरबाद करना सिद्ध होगा क्योंकि, उन्हें पक्का यकीन था कि नरभक्षी उन्हें मारेगी ही नहीं। इसका कारण यह बताया उन्होंने कि नरभक्षी को गोली से मारने की कोशिश करने में यह तरीका दूसरों ने भी अपनाया था परन्तु इसमें कोई सफलता नहीं मिली थी। और यह कि कारण कुछ भी क्यों न हो, यदि शेरनी भैंस ही खाना चाहती है तो जंगल में कितनी ही भैंसे चरती रहती हैं और वह उनमें से किसी को भी चुन सकती है। इस सलाह के बावजूद अगली दो रात हम अपने कटड़े बाँधते ही रहे और शेरनी उनको छूए बिना उनमें एक या उससे ज्यादा कटड़ों के पास से होकर जाती रही।

27वीं तारीख को सुबह हम जब नाश्ता खत्म ही कर रहे थे कि थाक के प्रधान के भाई तिवारी के नेतृत्व में लोगों की एक टोली हमारे पड़ाव में आई और बताया कि उनके गाँव का एक आदमी लापता है। यह भी बताया उन्होंने कि यह आदमी पिछले दिन दोपहर को अपनी पत्नी को यह कहकर गाँव से गया था कि वह यह देखने जा रहा है कि उसके ढोर-डंगर गाँव की सीमा से आगे जाकर कहीं भटक कर चले न गए हों और चूँकि वह वापस नहीं लौटा, उन्हें डर है कि उसे नरभक्षी ने मार डाला है।

जल्द ही हमारी तैयारियाँ पूरी कर ली गई और दस बजे इबटसन और मैं थाक के लिए चल पड़े, साथ में तिवारी और वे लोग थे जिन्हें वह अपने साथ लेकर आया था। दूरी तो दो मील ही थी परन्तु चढ़ाई काफी ज़्यादा थी और हम आवश्यक से अधिक समय लगाकर मदद करने में विलम्ब करना नहीं चाहते थे इसलिए साँस फुलाए और पसीने से लथपथ हुए हम गाँव के बाहरी भाग में पहुँच गए।

हम जब गाँव पहुँचे तो क्षुद्ररोह से ढके भूमि के समतल टुकड़े पर, जिसका बाद में भी सकारण मुझे उल्लेख करना पड़ेगा, हमने एक स्त्री को चिल्लाते हुए सुना। किसी भारतीय स्त्री को अपने मृत व्यक्ति का शोक करते हुए रोना, समझने में गलती नहीं की जा सकती और जंगल से बाहर निकल हम उस शोक करने वाली स्त्री उस लापता हुए व्यक्ति की पत्नी और उन कोई दस या पन्द्रह आदमियों के पास पहुँचे जो खेतों के किनारे खड़े हमारी प्रतीक्षा कर रहे थे। इन लोगों ने हमें सूचित किया कि अपने घरों से ऊपर जहाँ वे उस समय खड़े थे,

उससे बीस गज़ की दूरी पर क्षुद्ररोह उग रहे खेत में उन्होंने कोई सफेद वस्तु देखी थी जो उस लापता हो गए आदमी के कपड़ों का टुकड़ा जैसी लग रही थी। इबटसन, तिवारी और मैं उस सफेद वस्तु का पता लगाने के लिए चले और श्रीमती इबटसन उस स्त्री और बाकी लोगों को साथ लेकर गाँव में चली गई।

उस खेत में, जिसमें पिछले कई वर्षों से खेती नहीं की जा रही थी, क्षुद्ररोह का घना जंगल उग आया था, जो गुलदाउदी जैसा ही था, और जब हम उस सफेद वस्तु पर ही जाकर खड़े हो गए तो तिवारी ने पहचान लिया कि यह उस लापता आदमी की ही लंगोटी है। उसी के पास उस आदमी की टोपी पड़ी हुई थी। इस जगह कुछ खींचातानी भी हुई थी परन्तु रक्त कहीं नहीं था। जहाँ आक्रमण हुआ था उस जगह और उससे काफी दूर तक घसीट पर रक्त न मिलना, इस तरह से समझाया जा सकता है कि शेरनी ने अपनी पकड़ बनाए रखी होगी क्योंकि ऐसी हालत में पकड़ को बदले बिना शरीर से रक्त बहकर नहीं निकल सकता।

हमारे से ऊपर तीस गज़ दूर पहाड़ी पर झाड़ियों का एक झुण्ड था जिस पर पड़ी लताओं की छत सी बन गई थी। घसीट का अनुसरण करते जाने से पूर्व इस जगह को देखा जाना ज़रूरी था क्योंकि शेरनी को अपने पीछे छोड़कर आगे बढ़ते जाना ठीक नहीं था। झाड़ियों से नीचे मुलायम ज़मीन पर हमें शेरनी के पगचिह्न मिले और वह जगह भी मिली जहाँ उस आदमी पर आक्रमण करने को आगे बढ़ने से पूर्व पर वह लेटी रही थी।

हम अपने आरम्भ बिन्दु पर फिर लौटकर निम्न कार्ययोजना पर सहमत हो गए। हमारा प्राथमिक उद्देश्य शेरनी का पीछा करने और मारे गए शिकार के आने पर उसको गोली से मारने का था। इस उद्देश्य की प्राप्ति के लिए मुझे उसकी पैड़ का पीछा करना था और उसके साथ-साथ तिवारी सहित, जो निहत्था था, सामने की भी चौकसी रखनी थी, जो मेरे एक गज़ पीछे रहकर दाई-बाई तरफ ध्यानपूर्वक नज़र रखे हुए था और तिवारी से एक गज़ और पीछे इबटसन जो पिछली ओर से शेरनी का आक्रमण होने से हमें सुरक्षित रखने के लिए चल रहा था। शेरनी का बाल भी इबटसन या मुझे किसी को भी दिख जाने पर हमें उस पर गोली चलाने का जोखिम उठाना था।

इस क्षेत्र में पिछले दिन गाय भैंसें चरती और ज़मीन में विकार डालती रही थी और चूँकि रक्त का कहीं निशान तक नहीं था और शेरनी के जाने के रास्ते का संकेत केवल कभी-कभार किसी उलट गई पत्ती या घास की कुचली गई पत्ती से ही लगता था, इसलिए हमारे आगे बढ़ने की प्रगति बहुत धीमी थी। आदमी को दो सौ गज़ तक ले जाने के बाद शेरनी ने उसे मारकर छोड़ दिया था और कई घंटे बाद लौटकर उसे लेकर गई थी, जब थाक के लोगों ने कई सांभरों को

इस दिशा में बोलते हुए सुना था। शेरनी आदमी को मारने के बाद लेकर क्यों नहीं गई इसका कारण संभवतः यह था कि गाय-भैंसों ने उस पर आक्रमण होते देख लिया था और उसे भगा दिया था।

आदमी जहाँ पड़ा हुआ था वहाँ रक्त से भरा एक बड़ा गड्ढा बन गया था और चूँकि उसके गले में लगे घाव से रक्त बहना उस समय तक बंद हो गया था, जब शेरनी ने उसे फिर से उठाया था और इस कारण से भी कि अब वह उसे कमर के छोटे भाग से पकड़े हुई थी, जबकि पहले उसने उसे गर्दन से पकड़ रखा था गमनमार्ग पर उसका पीछा कर पाना और अधिक मुश्किल हो गया था। शेरनी पहाड़ी की ऊँचाई-निचाई के अनुसार चलती थी और क्षुद्ररोह बहुत घना था और आगे कुछ गज़ों तक ही दिखाई पड़ रहा था इसलिए हमारा आगे बढ़ना पहले से भी मन्दतर हो गया। हम दो घंटे में आधा मील ही चल पाए और पर्वत की धार पर पहुँचे जिससे आगे घाटी थी उसमें छह महीने पूर्व हमने गमनमार्ग का अनुसरण करते हुए नीचे जाकर चूका के नरभक्षी को मारा दिया था। चट्टान की एक शिला इस धार पर थी जिसका ढाल ऊपर की तरफ और उस दिशा से हटकर था जिससे चलकर हम यहाँ पहुँचे थे। शेरनी का गमनमार्ग इस चट्टान के दाएँ होकर नीचे जाता था

और मुझे पक्का विश्वास था कि वह इस ऊपर झूलते शिला भाग के तले या इसके आसपास ही कहीं दूसरी जगह लेटी हुई होगी।

मैं और इबटसन दोनों हल्की रबर के तल्ले वाले जूते पहने थे, तिवारी नंगे पैर था और बिना कोई आवाज़ किए हम उस चट्टान तक पहुँचे। मैं अपने दोनों साथियों को चुपचाप खड़े रहने और चारों तरफ सावधानी से चौकसी रखने का संकेत करके चट्टान पर पैर जमाया और इंच-इंच कर आगे बढ़ने लगा। चट्टान से आगे समतल भूमि का छोटा-सा टुकड़ा था और जैसे-जैसे भूमि का अधिकाधिक भाग दृष्टि में आता गया मुझे पक्का लगने लगा कि मेरा यह सन्देह सही था कि शेरनी इसी प्रक्षेप के नीचे लेटी है। इसके ऊपर पहुँच कर देख पाने में एक या दो फुट चलना अभी बाकी था कि मुझे अपनी बाईं तरफ सामने कुछ हिलता-डुलता दिखाई पड़ा। एक कनक-श्लाका, जिसको नीचे दबा दिया गया था, उछल कर खड़ी हो गई और उसके एक सेकंड बाद उससे आगे की झाड़ियों में हल्की-सी हरकत हुई और झाड़ियों की दूर वाली (परली) तरफ से पेड़ पर बैठे बंदर ने बोलना शुरू किया।

यह जगह शेरनी ने अपने रात्रि भोजन के बाद विश्राम करने के लिए बड़ी सावधानी से चुना था परन्तु दुर्भाग्य यह कि वह सोई हुई नहीं थी और जब उसने मेरे सिर का ऊपर का भाग(मैंने अपना टोप उतार रखा था) चट्टान से ऊपर प्रकट होते देखा वह उठ खड़ी हुई और बगल में एक कदम बढ़ाकर ब्लैकबैरी (कृष्ण बदरी) की उलझी हुई झाड़ियों में जाकर अदृश्य हो गई। यदि वह उस जगह के बजाए, जहाँ वह थी, किसी भी अन्य जगह होती तो वह इस तरह से, मुझे उस पर गोली चलाने का मौका दिए बिना, वहाँ से नहीं जा सकती थी। इतनी अधिक सावधानी से पूरा किया गया हमारा उसका पीछा करना अंतिम क्षणों में पहुँचकर विफल हो गया और अब मारे गए शिकार को ढूँढ़ने और यह देखने के अलावा कि उसका उतना पर्याप्त भाग बचा है अथवा नहीं। करने को और कुछ बचा ही नहीं था। कृष्ण बदरी की झाड़ियों के झुण्ड में उसका पीछा करते जाना व्यर्थ था क्योंकि ऐसा करने के बाद मेरा उस पर गोली चलाने का अवसर पा सकना भी कम हो जाता।

उसने अपना आहार उस जगह के निकट ही किया था, जहाँ वह लेटी थी और चूँकि वह जगह आकाश के नीचे और गिद्धों की तेज़ आँखों के लिए खुली हुई थी उसने मारे हुए शिकार को वहाँ से हटाकर सुरक्षित जगह पहुँचा दिया था जहाँ वह ऊपर से दिखाई नहीं दे रहा था। अब गमनमार्ग का अनुसरण आसान था क्योंक पीछा करने के लिए अब रक्त-रेखा भी बनी हुई थी। यह रेखा बड़ी चट्टानों की धार से ऊपर होकर जाती थी और चट्टानों से पचास गज़ हटकर हमें मारा गया शिकार भी मिल गया।

मैं आपकी भावनाओं को उस गरीब चीरी-फाड़ी हुई वस्तु का वर्णन देने का प्रयत्न करके कष्ट नहीं दूँगा जिसके कपड़ों और इज्जत का रोम-रोम उतार दिया गया था, जो इससे कुछ घंटों पहले एक मानव, दो बच्चों का पिता और उस रोती-बिसूरती स्त्री का रोज़ी-रोटी कमाने वाला था, जो इस समय बिना किसी भूल के भारत की विधवाओं के भाग्य का सामना कर रही थी। नरभक्षियों का शिकार करने में लगाए अपने बत्तीस वर्षों में ऐसे बहुत से दृश्य, प्रत्येक अपने पहले वाले दृश्य से अधिक दारूण देखे हैं, और प्रत्येक बार यही अनुभव किया है कि मारे गए व्यक्ति को उसके हत्यारे के पास ही छोड़ देना, उसके चीरे-फाड़े मांस-पिण्ड को वापस लाकर, जो भी उसे देखे उसके लिए आजीवन दु:स्वप्न बना देने की अपेक्षा कहीं अधिक अच्छा रहता। फिर भी खून के बदले खून की पुकार अभी देहात को उस मुसीबत से, जिससे अधिक भयानक कोई अन्य मुसीबत हो नहीं सकती, मुक्त करने की जलती हुई इच्छा अप्रतिरोध्य है। और फिर यह आशा भी तो है, भले ही कितना बेहूदा कोई उसे क्यों न समझता हो, कि शिकार बना व्यक्ति किसी चमत्कार से जिन्दा बचा रहकर मदद मिलने की ज़रूरत में भी तो हो सकता है।

मारे हुए शिकार पर बैठकर किसी जानवर को, जिसकी पूरी-पूरी संभावना है कि मारे गए शिकार पर जाने से घाव खाकर वह नरभक्षी बन गया है, गोली चलाकर मार पाने के अवसर बहुत कम होते हैं, और उसे मारने की प्रत्येक उत्तरकालीन विफलता, कारण भले ही कुछ भी हो, उस जानवर को अधिकाधिक सावधान बनाती है और वह ऐसी स्थिति में पहुँच जाता है कि या तो एक बार भोजन कर लेने के बाद वह उस मारे हुए शिकार को ही छोड़ देता है अथवा छाया की तरह उसके पास इतना चुपके-चुपके और धीरे-धीरे, प्रत्येक टहनी और पत्ती को उनमें छिपे अपने होने वाले हत्यारे को खोजने की निश्चिंतता ढूँढते हुए, चाहे वह कितनी ही सावधानी से क्यों न छिपा हुआ हो अथवा कितना ही शांत और निश्चल क्यों न बना हुआ हो, उसकी तरफ बढ़ता है और लाखों में एक मौका ही उसपर गोली चलाने का मिलता है। फिर भी, हम में से कौन ऐसा होगा जो यह मौका लेना नहीं चाहेगा।

शेरनी जिस झुण्ड में छिपी थी वह मोटे तौर पर चालीस वर्ग गज़ का था और वह, बंदर द्वारा देख ली गई थी। इसलिए हम पीठ से पीठ लगाकर धूम्रपान करने और यह सुनने के लिए बैठ गए कि जंगल के पास हमें बताने के लिए कुछ है या नहीं और अपनी अगली चाल पर विचार करने लगे।

मचान को बनाने के लिए गाँव में वापस जाना आवश्यक था और हमारे अनुपस्थित रहने पर यह निश्चित था कि शेरनी अपना मारा शिकार उठाकर ले जाएगी। जब वह अपने शिकार को उठाकर ले जा रही थी तभी गमनमार्ग पर उसका पीछा करना मुश्किल हो गया था, पर अब उसका बोझा पहले से काफी हल्का हो गया था और उसे छेड़ भी दिया गया था तो वह यहाँ से मीलों दूर निकल जाएगी और उसका मारा शिकार (हता) हमें कभी भी नहीं मिल पाएगा, तो हम लोगों मे से किसी एक का यहीं रुकना आवश्यक था जबकि अन्य दो गाँव से रस्सियाँ लाने के लिए वापस जाएँगे।

खतरे के प्रति इबटसन ने अपनी सामान्य उपेक्षा के तहत वापस जाना चुना। मैं और तिवारी उस कठिन भूमि को बचाने के लिए, जिस पर हम आए थे, पहाड़ी से नीचे उतरे और मैंने मारे गए शिकार के निकट खड़े एक छोटे वृक्ष के ऊपर कदम रखा। भूमि से चार फुट की ऊँचाई पर वृक्ष दो भागों में बंट गया था तथा एक आधे पर झुक और दूसरे आधे पर अपना पैर रखकर मैं एक ऐसा सन्दिग्ध आसन बनाने में सफल हो गया जो ज़मीन से कुछ ऊँचा था और शेरनी को, यदि वह आए तो, मारे हुए शिकार पर आते देख सकता था और इतना अच्छा था कि यदि शेरनी का मुझ पर कुछ करने का कोई इरादा होता उससे पूर्व मैं उसे देख लेता।

पन्द्रह या बीस मिनट ही इबटसन को जाते हुआ था कि मैंने एक चट्टान को पहले आगे और उसके बाद पीछे की तरफ झुकते हुए सुना। यह चट्टान बहुत ही नाजुक ढंग से रखी गई थी और जब शेरनी ने अपना बोझा उस पर डाला और यह उसे आगे की तरफ झुकती हुई अनुभव हुई तो उसने अपना अगला पैर उस पर से हटा लिया और चट्टान को फिर से अपनी जगह वापस आने दिया। यह आवाज़ मेरे सामने बाईं तरफ लगभग बीस फुट की दूरी से आ रही थी और यही एकमात्र दिशा थी जिसमें पेड़ से गिर पड़े बिना मेरे लिए गोली चलाना संभव हो सकता था। कई मिनट गुजर गए, जिसमें प्रत्येक मिनट मेरी आशाओं को, जो काफी ऊँचाई पर चढ़ गई थी, नीचे लाती जा रही थी और उसके बाद मेरी चिंताओं पर यह तनाव और भारी राइफल का बोझ मेरे लिए असहनीय बनता जा रहा था, तो मैंने उस झुण्ड के ऊपरी सिरे से एक लकड़ी को टूटते हुए सुना। यह उस बात का एक उदाहरण है जब जंगल से होकर जाता हुआ शेर किस तरह से चल सकता है। जो आवाज़ उसने की थी उससे मैं उसकी सही-सही जगह जान गया था और अपनी आँखें उसी जगह स्थिर करके जमा रखी थी और इतना होने पर भी, वह आई थी, मुझे दिखा था, कुछ देर खड़ी मेरी तरफ ताकती रही और उसके बाद मेरे कोई पत्ती या घास का तिनका हिलते देखे बिना, वहाँ से चली गई थी।

चेताओं पर पड़ा दबाव जब एकाएक ढीला पड़ जाता है तो अकड़ी हुई या पीड़ा करती मांसपेशियाँ आराम के लिए जोर से पुकार करती हैं और यद्यपि इस मामले में इसका मतलब अपने कन्धों और बाँहों पर पड़ता दबाव दूर करने के लिए राइफल को नीचा करके घुटनों पर ले आना ही था, इस हरकत से यद्यपि यह छोटी-सी ही थी, मेरे पूरे शरीर में सर्वत्र एक सुखभरी भावना लहरा दी। शेरनी की फिर कोई अन्य आवाज़ नहीं आई और एक या दो घंटे बाद मैंने इबटसन को वापस आते सुना।

जिन लोगों के साथ मैं शिकार खेलने में रहा हूँ उनमें इबटसन सबसे अलग तरह का और सबसे अच्छा इन्सान है, क्योंकि उसमें न केवल सिंह जैसा हृदय है बल्कि वह सभी चीजों के बारे में पहले से ही सोच लेता है, और इन सबसे बढ़कर, वह बंदूक लेकर चलने वालों में सबसे ज़्यादा निःस्वार्थी व्यक्ति है। वह रस्सियाँ लाने गया था और अपने साथ, उनके अलावा, कम्बल, तकिए, इतनी अधिक गर्म चाय, मैं जितनी पी नहीं सकता था और काफी मात्रा में मध्याह्न भोजन लेकर वापस लौटा था। मैं जब मारे हुए शिकार की हवा आने वाली दिशा में बैठा अपने को ताजा कर रहा था, इबटसन ने चालीस गज़ की दूरी पर खड़े एक वृक्ष पर एक आदमी को शेरनी का ध्यान इधर से हटाने के लिए बैठा दिया था और स्वयं मारे गए शिकार पर निगाह पड़ने वाले एक वृक्ष पर रस्सियों का मचान बनाने के लिए चढ़ गया था।

मचान जब तैयार हो गया तो इबटसन ने मारे हुए शिकार को कुछ फुट हटाया बहुत ही अप्रीतिकर कार्य और शेरनी उसे उठाकर ले न जाए इसलिए उसे मजबूती से एक वृक्ष के निचले भाग से बाँध दिया क्योंकि चाँद अब घटती जाने वाली कलाओं में था और रात के पहले दो घंटे इस घनता से भरे वृक्षों वाले जंगल में अँधेरा होने वाला था। अंतिम धूम्रपान कर लेने के पश्चात मैं मचान पर चढ़ा और उस पर बैठकर आराम से सो गया तो इबटसन ने उस व्यक्ति को उतरवाया जो अलग होकर थाक की दिशा में श्रीमती इबटसन को साथ लेते हुए पड़ाव पर वापस चल दिया।

वापस जाने वाली टोली दृष्टि से ओझल हो गई थी परन्तु सुनने से दूर नहीं हुई थी कि मैंने एक भारी शरीर को पत्तियों से रगड़ खाते देखा और उसी के साथ-साथ एक बंदर जो इस सारे समय तक चुपचाप था और जिसे मैं कृष्ण बदरी झुण्ड के परली वाली तरफ खड़े एक वृक्ष पर बैठे देख सकता था, बोलना शुरू किया। अब यह और भी अधिक किस्मत की बात थी, जितनी की मैंने आशा की थी और हमारी वृक्षपर एक आदमी बैठाकर शेरनी का रास्ता अलग कर देने की चाल उतने ही सफल ढंग से काम करती नज़र आ रही थी जितनी यह एक विगत अवसर पर सफल थी। एक तनाव भरा मिनट गुजर चुका था, तब दूसरा, फिर तीसरा और तब पर्वत की उस धार से, जहाँ चट्टान की एक बड़ी शिला पर मैं चढ़ा था, एक काकड़ बोलता हुआ, तेजी से नीचे की तरफ भागता मेरी तरफ आया। वो शेरनी मारे शिकार पर नहीं आ रही थी, वह इबटसन के पीछे चली गई थी। मुझे अब चिंता का ज्वर चढ़ गया क्योंकि यह स्पष्ट था कि उसने अपना मारा शिकार छोड़ दिया था और नए शिकार को प्राप्त करने की कोशिश में लग गई थी।

इबटसन ने जाने से पूर्व सभी सावधानियाँ बरतने का वचन दिया था परन्तु पर्वतीय धार की मेरी तरफ से काकड़ को बोलते सुनकर स्वभावतः वह समझेगा कि शेरनी मारे हुए शिकार के इलाके में जा रही है और यदि उसने अपनी सावधानियाँ शिथिल कि तो शेरनी को उसका चाहा मौका मिल जाएगा। मेरे लिए दस बेचैनी भरे मिनट और बीत गए और तब मैंने थाक की दिशा में दूसरे काकड़ के बोलने की आवाज़ सुनी। अब शेरनी भी पीछे लगी हुई थी परन्तु वहाँ की ज़मीन ज़्यादा खुली थी और टोली पर उसका आक्रमण होने का डर कम था। इबटसन दम्पति का खतरा, तथापि, किसी भी तरह से दूर नहीं हुआ था क्योंकि पड़ाव पहुँचने के लिए उन्हें घने जंगलों से होते हुए दो मील और चलना था। और यदि सूरज डूबने तक वे मेरी गोली चलने की आवाज़ सुनने के लिए थाक में ही ठहरे रहे जिसका मुझे भय था कि वे ऐसा करेंगे और वास्तव में उन्होंने ऐसा किया भी तो वे उस रास्ते जाते हुए बड़ा भारी जोखिम उठाएँगे। सौभाग्य से इबटसन ने यह खतरा भाँप लिया और अपनी

टोली को साथ-साथ रखा और यद्यपि शेरनी पूरे रास्ते उनके पीछे लगी रही जैसा कि अगली सुबह उसके पगचिह्न देखने पर पता चला वे सुरक्षित पड़ाव पर वापस पहुँच गए।

सांभर और काकड़ की बोलियों ने मेरे लिए शेरनी की गतिविधियों का अनुसरण संभव बना दिया। सूरज डूबने के एक घण्टे बाद दो मील दूर नीचे वह घाटी की तली में पहुँच गई थी। उसके पास पूरी रात थी और यद्यपि उसके मारे शिकार पर लौटने का मौका लाख में एक ही थी, मैंने फिर भी इस मौके को न खोने का पक्का इरादा कर लिया था। कम्बल लपेट कर क्योंकि रात बहुत अधिक ठंडी थी, मैंने अपने को ऐसी स्थिति में आरामदेह बना लिया था जिसमें मैं बिना हिले-डुले घंटों बैठा रह सकता था।

मैंने मचान पर अपना आसन 4 बजे शाम को जमाया था और 10 बजे रात को दो जानवरों को पहाड़ से नीचे उतरकर अपनी तरफ आते देखा। वृक्ष के नीचे अँधेरा इतना ज़्यादा था कि वे दिखाई नहीं दिए परन्तु जब वे मारे गए शिकार की पिछली तरफ गए तो मैं जान गया कि वे सेहियाँ हैं। अपने काँटे खड़खड़ाती और अपनी विशिष्ट बड़बड़ाती आवाज़ करती, जिसे कोई सेही ही कर सकती है, वे मारे शिकार पर पहुँची और कई बार उसका चक्कर लगा लेने के बाद, अपने रास्ते चली गई। एक घंटे बाद जब चाँद ऊपर चढ़ा कुछ समय बीत चुका था, मैंने घाटी में नीचे एक जानवर को सुना। यह पूर्व से पश्चिम ओर चल रहा था और जब यह मारे गए शिकार के नीचे की ओर जाती हवा में आया तो कुछ देर ठहर गया और फिर सावधानी से पहाड़ी पर आ गया। जब उससे कुछ दूरी पर ही था तो मैंने उसे हवा को सूँघते सुना और जान गया कि यह भालू है। रक्त की गंध उसे आकर्षित कर रही थी पर उसी के साथ मिली हुई कम स्वागतेय गंध मानव की भी थी और बिना कोई जोखिम उठाए बड़ी सावधानी से वह मारे हुए शिकार की तरफ बढ़ रहा था। उसकी नाक ने जंगल के सभी जानवरों की नाक से तेज जब वह जंगल में ही था, उसे बता दिया था कि मारा गया यह शिकार शेर की सम्पत्ति है। हिमालयी भालू के लिए, जो किसी से डरता नहीं और जो शेर को भी उसके मारे हुए शिकार से भगा देगा, यह बात बाधित करने वाली नहीं थी, बल्कि वास्तव में जो बाधक थी और उसमें बेचैनी उत्पन्न कर रही थी वह थी रक्त और शेर की गंध के साथ मिली मानव की गंध।

भालू समतल भूमि पर पहुँचने के बाद अपने पुट्ठों के बल मारे गए शिकार से कुछ गज़ की दूरी पर बैठा था और जब वह सन्तुष्ट हो गया कि घृणित मानव गंध से उसे कोई खतरा नहीं है तो वह उठकर सीधा खड़ा हो गया और अपना सिर घुमाकर उसने एक लंबी बाहर निकलती चीख मारी, जिसका मतलब मैंने अपने जोड़े को पुकारना लगाया, जो पूरी घाटी में प्रतिध्वनित हो गई। तब बिना झिझक और हिचक के वह वीरतापूर्वक मारे शिकार की तरफ चला और जैसे ही उसने उसमें नाक लगाया मैंने अपनी राइफल की दर्शिकाएँ (साइट्स) उसकी सीध में ला दी। हिमालयी भालू द्वारा मानव को खाए जाने का केवल एक ही उदाहरण मैं जानता हूँ। उस अवसर पर एक घास काटती स्त्री चट्टान की चोटी से गिर कर मर गई थी और उसकी कटी-पिटी लाश देखकर एक भालू उसे उठा ले गया और फिर उसे खा डाला था। किन्तु यह भालू जिसके कन्धों पर मेरी दर्शिकाएँ सधी हुई थी, मानव मांस पर वर्जना-रेखा लगाता प्रतीत हो रहा था और मारे गए शिकार को देख और सूँघ कर पश्चिम की तरफ जाता बीच में रुक गया। यात्रा पर पुनः अग्रसर हो गया। जब उसके पीछे लौट जाने की आवाजें दूरियों में जाकर विलीन हो गई तो जंगल फिर से शांत हो गया और उसमें सूर्योदय हो जाने के कुछ देर बाद इबटसन के परम स्वागतेय आगमन होने पर ही कुछ विघ्न पड़ा।

इबटसन के साथ उस मृत व्यक्ति का भाई और उसके अन्य सम्बन्धी भी आए जिन्होंने बहुत आदर के साथ उसके अवशेषों को स्वच्छ श्वेत कपड़ों (कफन) में लपेटा और दो बल्लियों और रस्सियों का, जिन्हें इबटसन ने उपलब्ध कराया, पालना बनाकर (अर्थी) शारदा नदी के किनारे बनाए श्मशान घाट की तरफ, रास्ते भर हिन्दुओं के राम की प्रशंसा का गीत 'रामनाम सत्य है' और उसका स्थायी 'सत्य बोलो गत्त है' प्रत्येक साँस पर दुहराते हुए, लेकर चले गए।

चौदह घंटे तक ठंड में बैठे रहना भी मुझ पर अपना प्रभाव डाले बिना नहीं रहा परन्तु इबटसन द्वारा लाई गई गरमागर्म चाय और खाना खा लेने के बाद अपनी लंबी चौकसी के उपरान्त भी अपने को कुछ खास बुरा महसूस नहीं किया।

27वीं तारीख को इबटसन दम्पति का नीचे जाते चूका तक पीछा करते चले जाने के बाद शेरनी, रात में किसी समय लध्या नदी को पार करके हमारे पड़ाव के पीछे वाले क्षुद्ररोह वन में चली गई। इस क्षुद्ररोह से होकर एक रास्ता जाता है जिसे नरभक्षी द्वारा असुरक्षित मार्ग बना दिया जाने से पूर्व लध्या घाटी के ग्रामवासी निरन्तर उपयोग में लाया करते थे। इबटसन दम्पति की 28वीं तारीख को डाक लाने वाले हरकारों को अगली मंजिल, टनकपुर, जाने के लिए पड़ाव में ही देर हो गई तो समय बचाने के लिए उन्होंने उस क्षुद्ररोह से होकर जाता लघुपथ अपनाया या अधिक सही कहें तो, अपनाने के लिए चले। बड़े सौभाग्य से आगे चलने वाला आदमी चौकन्ना था और उसने शेरनी को, जब वह क्षुद्ररोह से धीरे-धीरे सरकती हुई निकली और उनसे आगे चलकर रास्ते के किनार जाकर लेट गई, देख लिया।

मैं और इबटसन थाक से वापस लौटे ही थे कि वे दोनों आदमी भागम-भाग पड़ाव में वापस आए और अपनी-अपनी राइफलें लेकर हम दोनों जल्दी-जल्दी उसका पता लगाने निकल गए। शेरनी जहाँ बाहर निकलकर रास्ते पर आई थी और कुछ दूरी तक उसने उन लोगों का पीछा किया था, हमें उसके पगचिह्न मिले परन्तु वह हमें दिखाई नहीं पड़ी हालाँकि जहाँ क्षुद्ररोह घना था, वहाँ हमें कुछ हलचल दिखाई पड़ी और हमने वहाँ एक जानवर के चलते जाने की आवाज़ भी सुनी।

लोगों की एक टोली थाक से 29वीं तारीख को यह सूचना देने आई कि पिछली रात उनका एक बैल गोशाला में वापस लौटा ही नहीं और खोज करने पर, उसे जहाँ अंतिम बार देखा गया, वहाँ थोड़ा-सा रक्त गिरा हुआ पाया गया। दिन के 2 बजे इबटसन दम्पति और मैं उस जगह पर पहुँच गए और ज़मीन पर दृष्टि डालने से ही हम सन्तुष्ट हो गए कि बैल को मार कर शेरनी उसे उठाकर ले गई है। जल्दी-जल्दी मध्याह्न भोजन कर इबटसन और मैं मचान बनाने के लिए रस्सियाँ लेकर दो आदमियों को साथ लेकर घसीट-पथ पर बढ़ चले। पथ पहाड़ी मुख को आड़ा पार करता हुआ सौ गज़ तक गया था और तब सीधा उस खड्ड में उतर गया था जहाँ मैंने अप्रैल में गोली चलाई थी परन्तु उस बड़े शेर को लगने में वह चूक गई थी। इस खड्ड में कुछ सौ गज़ नीचे, बैल, जो काफी बड़ा जानवर था, दो चट्टानों के बीच में फँस गया था और उसे वहाँ से हिला न पाने के कारण शेरनी ने उसके पिछे का हिस्सा खाकर अपना भोजन कर लिया था और उसे छोड़ कर चली गई।

शेर के पगचिह्न, उस भारी बोझ के कारण, जिसे वह लिए जा रही थी, बाहर की तरफ फैले हुए थे, और यह कहना संभव नहीं था कि वह नरभक्षी थी या नहीं परन्तु इस क्षेत्र में चूँकि प्रत्येक शेर सन्दिग्ध था इसलिए मैंने मारे शिकार पर बैठना ही तय किया और चूँकि मारे शिकार से समुचित दूरी के अंदर केवल एक ही वृक्ष था और ज्योंही वृक्ष पर मचान बाँधने के लिए आदमी उस पर चढ़े नीचे घाटी में शेर ने बोलना शुरू कर दिया। बड़ी जल्दी-जल्दी रस्सियों के कुछ टुकड़े दो शाखाओं के बीच में बाँधे गए, राइफल लिए इबटसन चौकसी करने खड़ा रहा और वृक्ष पर चढ़कर मैं उस आसन पर, जो बहुत ही बेआराम और साथ-साथ उन सभी मचानों से जिनपर मैं बैठा हूँ कभी, सबसे खतरनाक मचान सिद्ध हुआ, अगले चौदह घंटों के लिए विराजमान हो गया। वृक्ष पहाड़ से बाहर की तरफ झुका हुआ था, और रस्सियों के तीन आसमान टुकड़ों से, मैं जिनपर बैठा हुआ था, नीचे की तरफ चट्टानी खड्ड में सौ गज़ से भी ज़्यादा गहरा गर्त था।

मैं जब वृक्ष पर चढ़ा था तो शेर कई बार बोला और उसके बाद भी शाम होने तक लंबे अंतराल देते हुए बोलता ही रहा और उसकी अंतिम पुकार आधा मील दूर पर्वतीय धार से आई थी। यह अब पूरी तरह से स्पष्ट था कि शेरनी मारे गए शिकार के निकट ही कहीं लेटी हुई थी और उसने आदमियों को वृक्ष पर चढ़ते हुए

देखा। मैं पिछले अनुभवों से जानता था कि इसका मतलब यह होता है, उसने इस तरह छेड़छाड़ किए जाने के प्रति विधिवत् अपना आक्रोश प्रकट किया है, और फिर वह चली गई थी क्योंकि यद्यपि अगली सुबह इबटसन के आने तक मैं रस्सियों के उन तीन टुकड़ों पर बैठा रहा पूरी रात भर मुझे कुछ भी और दिखाई या सुनाई नहीं दिया।

गिद्धों के मारे शिकार को ढूँढने की संभावना नहीं थी क्योंकि खड्ड बहुत गहरा और ऊपर खड़े वृक्ष की छाया तले था और चूँकि बैल काफी बड़ा था जिससे शेर को कितनी ही बार भोजन मिल सकता था हमने उस पर, वह जहाँ पड़ा था, एक बार फिर न बैठने का निर्णय किया, आशा करते हुए कि शेर उसे उठाकर किसी अन्य सुविधाजनक जगह पर ले जाएगा जहाँ हमें उस पर गोली चलाने का ज़्यादा अच्छा मौका मिल जाएगा। परन्तु इसमें हमें निराशा ही मिली क्योंकि शेर मारे गए शिकार पर लौट कर आया ही नहीं।

वह कटड़ा दो रातों के बाद जिसको हमने सेम में अपने पड़ाव के पीछे बँधवाया था, मार दिया गया और पर्यवेक्षण करने में मेरी थोड़ी सी ढिलाई के कारण नरभक्षी को मारने का एक बड़ा अवसर हाथ से निकल गया।

इस मारे शिकार की जो आदमी खबर लेकर आए थे उन्होंने बताया कि जिस रस्सी से जानवर को मजबूती से बाँधा गया था वह टूट गई थी और मारे गए पशु को खड्ड के निचले किनारे से, जहाँ उसे बाँधा गया था, खड्ड के ऊपर की तरफ खींच ले जाया गया था। यह वही खड्ड था जिसमें मैक्डोनल्ड और मैंने शेरनी का अप्रैल में पीछा किया था और चूँकि उस दिन वह अपना मारा शिकार खड्ड से कुछ दूर ऊपर लेकर चली गई थी, मैंने बहुत मूर्खतावश निष्कर्ष निकाला   कि इस बार भी मारे हुए शिकार के साथ उसने वैसा ही किया था।

इबटसन और मैं नाश्ता करने के बाद उस मारे शिकार को देखने गए कि उस रात उस पर बैठने की संभावनाएँ क्या हैं।

जिस खड्ड में कटड़ा मारा गया था वह पचास गज़ चौड़ा था और पाद पहाड़ियों में गहराई तक चला गया था। दो सौ गज़ तक खड्ड सीधा था और उसके बाद बाईं तरफ से झुका हुआ था। मोड़ से ठीक आगे और उसके बाएँ हाथ वाली तरफ छोटे-छोटे वृक्षों का घना टुकड़ा था जिसके पीछे सौ गज़ की पर्वतीय धार थी जिस पर घनी घास जमी थी। खड्ड के उन बालवृक्षों के पास पानी का एक छोटा-सा कुण्ड था। मैं अप्रैल में इस खड्ड तक कई बार जा चुका हूँ पर यह नहीं देख पाया था कि बालवृक्षों का यह टुकड़ा शेर के लेटे रहने की संभावित जगह हो सकता है और मैंने वह सावधानियाँ नहीं अपनाई जिन्हें मोड़ पर घूमते समय मुझे बरतना चाहिए था जिसका परिणाम यह हुआ कि उस कुण्ड पर पानी पी रही शेरनी ने मुझे पहले देख लिया। उसके वापस लौटने के लिए एक ही सुरक्षित मार्ग था और उसने वही अपनाया। यह ढलवां पहाड़ से सीधे ऊपर जा, पर्वतीय धार को पारकर उससे आगे के शाल वन में निकल जाना था। वह पहाड़ी इतनी ज़्यादा ढलवां थी कि हमारे लिए उस पर चढ़ पाना संभव नहीं था, इसलिए खड्ड से ऊपर हम वहाँ तक चलते गए जहाँ एक सांभर गमनमार्ग ने इसे काटा था और उस गमनमार्ग का अनुसरण करते हुए, हम पर्वतीय धार पर पहुँचे। अब शेरनी तिकोनी ज़मीन के एक टुकड़े में थी जो पर्वतीय धार, लध्या नदी और पर्वत की चोटी से घिरा था, जिसके नीचे कोई भी जानवर उतर नहीं सकता था। क्षेत्र बड़ा नहीं था और उसमें रहने वाले कुछ हरिणों ने समय-समय पर हमें शेरनी की स्थिति के बारे में सलाह दी थी परन्तु दुर्भाग्य से यह ज़मीन बीच में कितने ही गहरे, सँकरे वर्षा-जल नालों से कटी-फटी थी जिनके कारण अन्ततः हमारा उससे सम्पर्क टूट गया।

हम अभी तक मारा हुआ शिकार देख नहीं पाए इसलिए सांभर गमनमार्ग से फिर खड्ड में घुसे और मारा शिकार हमें बालवृक्षों में छिपाया हुआ मिला। ये बालवृक्ष छह इंच से लगाकर एक फुट तक की गोलाई

की थी और इतनी मजबूत नहीं थी कि उसपर मचान बाँधा जा सके, इसलिए मचान बाँधने का विचार हमें छोड़ना पड़ा। गोली की मदद से पहाड़ के चेहरे पर चट्टान को खोद-खुरच कर शायद उस पर बैठने की कोई जगह बनाई जा सकती थी परन्तु नरभक्षी से निपटते समय ऐसा करना उचित नहीं था।

गोली चलाने का मौका छोड़ने को अनिच्छुक होने के कारण हमने मारे गए शिकार के पास घास में अपने को छिपाने की संभावना पर इस आशा में विचार किया कि शेरनी अँधेरा होने से पूर्व यहाँ लौटेगी और उसके हमें देखने से पूर्व हम उसे देख लेंगे। इस योजना में दो आपत्तियाँ थी, (अ) हमें यदि गोली चलाने का अवसर नहीं मिला और शेरनी ने हमें मारे गए शिकार पर देख लिया तो वह उसे छोड़कर जा सकती है जैसा उसने अपने मारे हुए अन्य शिकारों के विषय में किया था, और (आ) मारे गए शिकार और पड़ाव के बीच में बहुत घना क्षुद्ररोह बन पड़ता था और यदि अँधेरे में हमने इस जंगल से होकर जाने की कोशिश की तो शेरनी हमें अपनी दया पर निर्भर पाएगी। इसलिए हमने बड़ी अनिच्छा से मारा गया शिकार शेरनी के लिए ही छोड़ देने का फैसला किया और अगले दिन कुछ अधिक अच्छा होने की आशा की।

अगली सुबह लौटने के बाद हमने पाया कि शेरनी अपना मारा शिकार वहाँ से लेकर चली गई है। तीन सौ गज़ तक वह एक चट्टान से दूसरे चट्टान पर पाँव रखती घसीट का कोई निशान छोड़े बिना खड्ड की तली में ऊपर गई थी। वहाँ जाकर उस जगह से तीन सौ गज़ दूर जहाँ से उसने मारा शिकार उठाया था हमसे गलती हो गई क्योंकि ज़मीन के गीले टुकड़ों पर यद्यपि कई गमनमार्ग बने हुए थे, उनमें से कोई भी मार्ग उसी समय का बना हुआ नहीं था, जब वह मारा हुआ शिकार उठाकर ले जा रही थी, अन्ततः हमने गोल-गोल चक्कर लगाकर उस जगह का पता लगाया जहाँ से वह खड्ड छोड़कर बाईं तरफ से पहाड़ी पर होती ऊपर गई थी।

शेरनी जिस पहाड़ी के ऊपर अपना मारा शिकार ले गई थी उस पर पर्णांग, कनक श्लाका भारी संख्या में उगे हुए थे और गमनमार्ग का अनुसरण कठिन नहीं था, परन्तु चलना कठिन था, क्योंकि पहाड़ी बहुत ज़्यादा ढलवां थी और कहीं-कहीं चक्कर लगाकर ही आगे का गमनमार्ग पकड़ना पड़ता था। हज़ार-एक फुट की चढ़ाई चढ़कर हम एक छोटे पठार पर पहुँचे जो बाईं तरफ एक मील चौड़ा था और उसकी सीमा पर एक चोटी थी। धार की इस चोटी से निकटतम पार्श्व पर ज़मीन जोड़ों वाली और दरारें पड़ी थी और इन दरारों में दो से छह फुट तक ऊँचे घने शालवृक्ष निकले थे। अपना मारा शिकार शेरनी इस घने जंगल में लेकर आई थी और हम जब वस्तुतः इस पर पैर रखकर चले तभी जाकर हमें उसकी स्थिति का पता चला।

हम जब यह देखने को रुके कि कटड़े का क्या-कुछ बचा रह गया है तो हमारे दाएँ एक मन्द गुर्राहट हुई। हम राइफल उठाए एक मिनट तक प्रतीक्षा करते रहे और तब उस जगह से, जहाँ से गुर्राहट आई थी, क्षुद्ररोह में कुछ हलचल होती सुनकर नव-शाल वृक्षों में से दस गज़ तक रास्ता बनाते हुए हम आगे बढ़े और एक खुली जगह आ गए, जहाँ कुछ मुलायम घास पर शेरनी ने अपना बिछौना बनाया हुआ था। इस घास के परले वाले सिरे पर पहाड़, ऊपर की तरफ बीस गज़ तक ढाल बनाता हुआ अन्य पठार तक गया था और यही वह ढलान थी जिससे आवाज़ आई थी जो हमने सुनी थी। इस ढलान पर जितना संभव हो सका उतना चुपके-चुपके ऊपर की तरफ चलते हुए हम समतल भूमि पर पहुँचे ही थे, जो लगभग पन्द्रह गज़ चौड़ी थी, कि शेरनी ने वह दूर वाली दिशा छोड़ दी और खड्ड में नीचे चली गई और जाते हुए कलीज़ों और एक काकड़ को परेशान करके गई। उसका पीछा करना व्यर्थ था इसलिए हम फिर मारे हुए शिकार पर लौट आए और चूँकि उसमें भोजन के लिए काफी भाग बचा हुआ था, हमने उस पर बैठने के लिए दो वृक्ष चुने और पड़ाव पर वापस आ गए।

हम मध्याह्न का भोजन जल्दी खाकर मारे हुए शिकार पर लौट गए और अपनी राइफलों की दिक्कतों के कारण कुछ कठिनाई से ही उन पेड़ों पर चढ़ पाए जिनका हमने चुनाव किया था। बिना कुछ देखे सुने उन पर हम पाँच घंटे तक बैठे रहे। साँझ पड़ने पर हम अपने-अपने पेड़ों से उतरे और उस दरार पड़ी ऊँची-नीची भूमि

पर गिरते हुए अन्ततः जब काफी अँधेरा हो गया तब उस खड्ड पर पहुँचे। हम दोनों में एक बेचैनी भरी भावना थी कि हमारा पीछा किया जा रहा है परन्तु चूँकि हम दोनों एक-साथ थे, इसलिए बिना किसी घटना के 9 बजे हम पड़ाव में पहुँच गए।

अब तक इबटसन दम्पति सेम में इतने दिनों तक ठहरे रहे जितना ठहरना उनके लिए संभव था इसलिए अगली सुबह अपना करार पूरा करने के लिए अपनी बारह दिनों की पैदल यात्रा पर वे असकोट के लिए चल पड़े। इबटसन ने मेरे से वचन लिया कि मैं मारे हुए शिकार का अकेले पीछा नहीं करूँगा अथवा एक या दो दिन से अधिक सेम में रुके रहना बढ़ाकर अपने जीवन को और अधिक खतरे में नहीं डाल सकता।

उनके पचास आदमियों और इबटसन दम्पत्ति के चले जाने पर पड़ाव, जो घने क्षुद्ररोह से घिरा था, घट के मैं और मेरे दो नौकरों का ही रह गया। मेरे कुली प्रधान के घर में मिले हुए एक कमरे में रह रहे थे इसलिए दिन भर मैंने सभी को प्रवाहित काष्ठ एकत्र करने में लगाया, जिसकी संगम पर कभी समाप्त न होने वाली मात्रा मौजूद थी, ताकि रात भर आग जलाकर रखी जा सके। शेरनी को आग डराकर भगाएगी तो नहीं परन्तु उसने यदि रात को हमारे तम्बुओं के चतुर्दिक चक्कर लगाया तो उसको हम देख पाएँगे और इसलिए भी कि रात को ठण्ड बढ़ने लगी थी और सारी रात आग जलाए रखने के लिए यह काफी कारण था, यदि किसी कारण की ज़रूरत आवश्यक ही समझी जाए तो।

मेरे आदमी जब शाम के आसपास पड़ाव पर सुरक्षित लौट आए तब मैंने राइफल उठाई और लध्या तक यह देखने के लिए गया कि शेरनी ने नदी पार की है या नहीं। मुझे वहाँ रेत में कई गमनमार्ग मिले परन्तु उनमें से कोई भी ताज़ा नहीं था, और दिन छिपने पर निश्चिन्त होकर मैं लौट आया कि शेरनी अभी नदी के हमारे वाली तरफ ही है। एक घंटे बाद जब अधिक अँधेरा हो गया तो हमारे तम्बूओं के पास एक काकड़ बोलने लगा और आध घंटे तक बिना रुके निरन्तर बोलता ही रहा।

मेरे आदमियों ने कटड़ों को बँधवाने का काम संभाला था, जिस काम को पहले इबटसन के आदमी ही सम्पन्न किया करते थे और अगले सुबह जब वे कटड़े लाने गए तो उनके साथ मैं भी गया। कई मील तक चलते रहने पर भी हमें शेरनी का कोई निशान तक नहीं मिला। नाश्ता करने के बाद मैंने डंडा उठाया और संगम तक गया और वहाँ मछलियाँ पकड़ने का अपना सर्वोत्तम दिन बिताया। संगम मछलियों से पटा पड़ा था और हालाँकि मेरी हल्की डोर बार-बार टूटी फिर भी मैंने पड़ाव वालों को खिलाने के लिए काफी महासीर मछलियाँ पकड़ी।

पुनः पिछली शाम की तरह नदी के दाएँ किनारे की खुली भूमि को ऊपर से दर्शाने वाली चट्टान पर स्थान ग्रहण करने और शेरनी को नदी पार करते देखने के इरादे से लध्या को हमने पार किया। संगम पर जैसे ही गरजते हुए पानी से कुछ दूर हुआ तो मुझे अपनी दाईं तरफ पहाड़ पर एक सांभर और बंदर बोलते हुए सुनाई दिए और मैं जब चट्टान के निकट पहुँचा तो मुझे शेरनी का ताजा गमनमार्ग मिला। उसका उलटा अनुसरण करते हुए मैंने उन पत्थरों को, जहाँ से उसने नदी पार की थी, अब भी गीला पाया। अपनी मछलियाँ मारने की बँसी पड़ाव में सुखाने और चाय का प्याला पीने में हुई कुछ मिनटों की देरी का मूल्य एक मनुष्य की जान जाने, कई हज़ार लोगों की चिंता और स्वयं बहुत सारे दिनों तक दबाव झेलकर चुकाना पड़ा क्योंकि हालाँकि सेम में मैं तीन दिन तक और ठहरा, मुझे शेरनी पर गोली चलाने का कोई दूसरा मौका नहीं मिला।

मैं जब 7वीं को सुबह पड़ाव छोड़ने और टनकपुर तक की अपनी बीस मील की पैदल यात्रा पर चलने की तैयारियाँ करने में लगा था आसपास के गाँवों के लोगों का एक बड़ा दल वहाँ आया और मेरे से निवेदन किया कि मैं उन्हें उस नरभक्षी की दया पर छोड़कर न जाऊँ। जैसी स्थिति में वे पड़े हुए थे उन्हें जो सलाहें देना

मेरे लिए संभव था वे उन्हें देता हुआ, यह कहकर कि जितनी जल्दी आ पाना मेरे लिए संभव होगा, उतनी जल्दी लौटकर आने का मैंने उन्हें वचन दिया।

मैंने अगली सुबह टनकपुर से रेल पकड़ी और करीब एक महीने बाहर रहकर 9 नवम्बर को मैं नैनीताल वापस पहुँच गया।

मैंने 7वीं नवम्बर को सेम छोड़ा और 12वीं को शेरनी द्वारा थाक में एक आदमी मारा गया। इस आदमी के मारे जाने की खबर मुझे पहाड़ों के पदतल में स्थित शीत निवास में नीचे चले आने के थोड़े समय बाद वन मण्डल अधिकारी, हल्द्वानी की मार्फत मिली और बलात् मार्च करते हुए 24वीं तारीख को सूर्योदय के कुछ समय पश्चात् मैं चूका पहुँच गया।

मेरा मन चूका में नाश्ता करने और फिर थाक जाकर उस गाँव को अपना मुख्यालय बनाने का था परन्तु थाक के प्रधान ने, मैंने जिसे चूका में जमे हुए पाया, मुझे सूचित किया कि 12वीं को उस आदमी के मारे जाने के बाद प्रत्येक पुरुष, स्त्री, और बच्चा तुरन्त थाक को छोड़कर चले गए है और उसमें यह भी जोड़ा कि यदि मैं थाक में पड़ाव डालने का अपना इरादा पूरा करूँगा तो अपनी जान को सही-सलामत तो शायद रख भी लूँ, परन्तु अपने आदमियों की जान सही सलामत नहीं रख पाऊँगा। यह पूर्णतः तर्कसंगत था और अपने आदमियों के आने की प्रतीक्षा करते हुए प्रधान ने मेरे पड़ाव के लिए चूका में ऐसी जगह चुनने में मेरी सहायता की, जहाँ मेरे आदमी तर्कसंगत सुरक्षित रहेंगे और मुझे उन हज़ारों लोगों से कुछ अलग-थलग रहने की जगह मिल जाएगी, जो जंगलों में कटान करने के लिए अब आ रहे थे।

वन मण्डल अधिकारी के आने पर, जिससे मुझे मारे गए व्यक्ति की जानकारी दी गई थी, मैंने टनकपुर के तहसीलदार को चूका में तीन जवान कटड़े भेजने के लिए तैयार कर दिया था। मेरी प्रार्थना को तत्काल पूरा किया गया और तीनों जानवर पिछली संध्या वहाँ पहुँच गए थे।

मैंने नाश्ता करने के बाद एक कटड़ा लेकर यह इरादा करके थाक के लिए चलने लगा कि उसे उस जगह बँधवाऊँगा जहाँ 12 को वह आदमी मार दिया गया था। प्रधान ने उस तारीख की घटनाओं का बड़ा चित्रमय विवरण मुझे दिया था, क्योंकि वह स्वयं भी शेरनी का शिकार होते-होते बच गया था। ऐसा प्रतीत होता है कि तीसरे पहर के आस-पास अपनी पोती, दस वर्ष की लड़की, को साथ लेकर अपने घर से कोई साठ-एक गज़ की दूरी पर एक खेत में वह अदरक खोदने के लिए गया था। खेत लगभग आधा एकड़ क्षेत्रफल का था और तीन तरफ से जंगल से घिरा था और एक काफी ढलवां पहाड़ी के ढलान पर होने के कारण प्रधान के घर से दिखाई पड़ता था। बुड्ढे और उसकी पोती को जब खेत में काम करते हुए कुछ समय हो गया तो उसकी पत्नी ने जो अपने घर के आँगन में धान कूट रही थी, बहुत उत्तेजित आवाज़ में उसे पुकारा और पूछा कि क्या तुम बहरे हो गये हो कि तुम्हें ऊपर जंगल में चटर-पटर करते कलीजों और अन्य चिड़ियों की आवाज़ सुनाई नहीं दे रही। उसका सौभाग्य था कि उसने तत्काल काम किया। अपनी कुदाली फेंक, बच्चे का हाथ पकड़कर, उस स्त्री द्वारा जोर दिए जाने पर जिसने कहा कि खेत के ऊपरी सिरे पर झाड़ियों में उसे एक लाल-लाल जानवर दिखाई पड़ रहा है, दोनों भागकर घर आ गए। इसके आधे घंटे बाद शेरनी ने एक आदमी को मार दिया जो प्रधान के घर से तीन सो गज़ दूर खेत में खड़े वृक्ष की शाखाओं का झंगान कर रहा था।

मुझे प्रधान से जो विवरण मिला उससे मुझे वह वृक्ष ढूँढने में कोई कठिनाई नहीं हुई। यह दो जीनेदार खेतों के बीच में तीन फुट ऊँचे किनारे पर खड़ा हुआ थोड़ा-सा गांठदार वृक्ष था जिसका वर्ष दर वर्ष गाय-भैंसों के लिए झंगान किया जाता था। जिस आदमी को मारा गया वह एक शाखा को पकड़े तथा दूसरी शाखा को काटते हुए उसके तने पर खड़ा हुआ था, जब पीछे की तरफ से शेरनी आई और उसे शाखा से नीचे खींच कर अलग कर दिया और मारने के बाद उसे खेत के किनारे खड़े घने झाड़-झंखाड़ में उठा ले गई।

थाक नामक गाँव चन्द राजाओं से पुण्यगिरि मन्दिरों की सेवा करने के बदले इसके वर्तमान स्वामियों के पुरखों को मिला हुआ दान था, जो गोरखों का आधिपत्य होने से पूर्व कितनी ही शताब्दियों तक कुमाऊँ पर शासन करते थे। (चन्द राजाओं द्वारा दिए गए वचन को कि थाक और अन्य दो गाँवों की ज़मीन सर्वथा कर मुक्त रहेगी, ब्रिटिश शासन भी पिछले सौ वर्षों से आदर देता चला आ रहा था)। घास-फूस के झोंपड़ों के समूह से बढकर यह गाँव कालान्तर में पक्की ईंटों की चिनाई और स्लेट-पत्थर की खपरैल की छतों वाला, बड़ी समृद्धिशाली बस्ती बन गया, न केवल इस कारण से कि यहाँ की ज़मीनें उपजाऊ है, बल्कि इसलिए भी कि यहाँ मन्दिरों से काफी आमदनी है।

कुमाऊँ के अन्य गाँवों की तरह थाक भी अपने सैंकड़ों वर्षों के अस्तित्व काल में अनेक उथल-पुथल से होकर गुज़रा है, परन्तु अपने लंबे इतिहास में यह कभी भी इतना उजड़ा नहीं रहा जितना अब था। यहाँ पिछली कई बार आने पर मुझे उद्योगों का छत्ता जैसा लगा परन्तु जब इस अपराह्न में अपने जवान कटड़े को साथ लेकर वहाँ गया तो वहाँ नीरवता छाई थी। वहाँ के सौ या उससे भी अधिक निवासियों में से प्रत्येक अपने ढोर-डंगर साथ लेकर वहाँ से भाग गए थे और एकमात्र जानवर जो मुझे वहाँ मिला, वह थी एक बिल्ली जिसने बड़ी गर्मजोशी से मेरा स्वागत किया। गाँव को इतनी जल्दीबाजी में खाली किया गया कि बहुत-से घरों के दरवाज़े पूरे सपाट खुले छोड़ दिए गए। गाँव के प्रत्येक पथ, घरों के आँगनों और सभी दरवाज़ों के सामने पड़ी धूल में मुझे शेरनी के पगचिह्न मिले। खुले दरवाज़े मुसीबत थे क्योंकि रास्ता गाँव में घूमता हुआ इनके बहुत पास से होकर जाता था और इनमें से किसी के भी घर शेरनी मंडरा सकती थी।

गाँव में तीस गज़ ऊपर पहाड़ी पर कई गो-आश्रय थे और इन आश्रयों के आसपास इतना ज़्यादा कलीज़, लाल जंगली मुर्गियाँ और श्वेत शीर्ष सतभैया मैंने देखा जितने पहले कभी नहीं देखे थे और जिस आश्वस्ति भरे तरीके से उन्होंने मुझे अपने बीच में आने-जाने दिया उससे यह बात बिलकुल स्पष्ट हो जाती है कि थाक के लोगों का उनकी जान लेने के विरुद्ध धार्मिक पूर्वाग्रह था।

इन गो-आश्रयों से ऊपर बने जीनेदार खेतों से गाँव का विहंगम दृश्य प्राप्त हो जाता है और जो वर्णन प्रधान ने मुझे दिया है, उसके कारण मेरे लिए उस वृक्ष का पता लगाना कठिन नहीं था जहाँ से शेरनी ने अपना अंतिम विगत शिकार प्राप्त किया था। पेड़ के नीचे की मुलायम ज़मीन में खींचा-तानी होने के निशान और सूखे हुए रक्त के कुछ धब्बे विद्यमान थे। शेरनी से यहाँ अपना मारा शिकार सौ गज़ आगे, एक मजबूत झाड़ी में से निकलती हुई, एक जोते हुए खेत के ऊपर से होती आगे के घने झाड़-झंखाड़ में ले गई थी। गाँव से लोगों के आने और जिस रास्ते वे वापस गए, उस पर पड़े पगचिह्नों ने दिखाया कि गाँव के सारे लोग आदमी मारे जाने की घटनास्थल पर आए थे परन्तु वृक्ष से उस झाड़ी तक एक ही गमनमार्ग था, जो शेरनी ने अपने शिकार को उठाकर ले जाते हुए बनाया था। उसका पीछा करने और उस आदमी की लाश को प्राप्त करने का कोई उद्योग नहीं किया गया था।

मैंने वृक्ष के नीचे की कुछ मिट्टी खुरच कर उसकी एक जड़ बाहर निकाली और अपना कटड़ा उससे बाँध दिया और पास के भूसाकूप से उदारतापूर्वक भूसा लेकर उसके ऊपर डालकर जड़ को नीचे दबा दिया।

यह गाँव जो पहाड़ में उत्तरी रुख पर है, इस समय छाया में आ गया था और यदि मुझे अँधेरा होने से पहले पड़ाव पर वापस पहुँच जाना था तो यहाँ से चल पड़ने का समय हो गया था। गाँव के बाहर चलकर, ताकि खुले दरवाजों की मुसीबत बच जाए, मैं घरों से नीचे बने हुए पथ पर आ गया।

गाँव छोड़ने के पश्चात् यह रास्ता एक अति विशाल आम वृक्ष के नीचे से गुजरता था जिसकी जड़ों से ठंडे स्वच्छ जल का एक श्रोत निकलता है। चट्टान की एक विशाल शिला में खांचा बनाकर उसमें बहने के बाद यह पानी एक चिनकर बनाए अपरिष्कृत कुण्ड में गिरता था जहाँ से आसपास की ज़मीन पर फैलकर यह

उसे मुलायम और पंकिल बना देता है। मैंने ऊपर जाते समय इस झरने पर पानी पिया और इस पंकिल ज़मीन पर अपने पदचिह्न बना दिए थे और दूसरी बार पानी पीने के लिए इस झरने पर पहुँचने पर मैंने अपने पदचिह्नों के ऊपर शेरनी के पगचिह्न बने हुए पाए। अपनी प्यास बुझाने के बाद शेरनी इस रास्ते से दूर हटकर गई थी और स्ट्रोबायलेंथस एवं बिच्छू बूटी से पटे हुए ढलवां तट पर चढ़कर गाँव में पहुँची थी और उन घरों में से किसी घर के आश्रय में स्थान बनाकर, मैं जब कटड़ा बाँध रहा था, संभवतः उसने मुझे देख लिया और प्रत्याशा कर रही थी कि जिस रास्ते मैं ऊपर गया था उसी रास्ते से वापस लौटूँगा । मेरे लिए सौभाग्य की बात रही कि मैंने दूसरी बार उन खुले दरवाजों के पास जाकर गुजरने का खतरा भांप लिया था और चक्कर लगाने वाला लंबा रास्ता अपनाया था।

मैंने चूका से आते वक्त एकाएक आक्रमण होने के विरुद्ध रक्षा करने के लिए प्रत्येक सावधानी बरती और अच्छा ही रहा कि मैंने ऐसा किया था, क्योंकि उसके पगचिह्नों से पता लगा कि शेरनी ने पूरे रास्ते पड़ाव तक मेरा पीछा किया और अगली सुबह जब मैं थाक में वापस गया तो देखा कि घरों से नीचे जब मैं फिर रास्ते पर आ गया था तो वहाँ से ठीक नीचे चूका के खेतों तक उसने मेरा पीछा किया था।

मैं जिस रोशनी को साथ लेकर आया था उससे रात में पढ़ना संभव नहीं था इसलिए उस रात्रि भोजन के उपरान्त अलाव के पास बैठकर, जो गर्मी पहुँचाने के कारण उतना ही स्वागतेय था जितना उस सुरक्षा की भावना के लिए जो उससे मुझे मिल रही थी, मैंने पूरी स्थिति की समीक्षा की और कुछ ऐसी योजना सोचने का प्रयत्न किया जिससे शेरनी को बीच में घेर लेना संभव हो जाए।

मैंने 22वीं तारीख को घर से निकलते वक्त वचन दिया था कि दस दिन में वापस आ जाऊँगा और नरभक्षी के पीछे पड़ने का यह मेरा अंतिम अभियान होगा। वर्षों बाहर पड़े रहने और दबाव झेलने तथा लंबे समय तक घर से अनुपस्थित रहने का, जो चौगढ़ की शेरनी और रुद्रप्रयाग के तेन्दुए के लिए कई-कई महीनों की गई थी, मेरे अपने शरीर पर तथा घरवालों की चेताओं पर भी कुप्रभाव पड़ने लगा और यदि 30वीं नवम्बर तक मैं इस नरभक्षी को मारने में सफल नहीं हो पाया तो इस काम को पूरा करने के लिए दूसरों को खोजना पड़ेगा जो इस काम को करने के लिए राजी हों।

यह 24वीं तारीख की रात थी, इसलिए मेरे पास केवल छः दिन थे। शेरनी के उस दिन वाले व्यवहार से जाँचते हुए लग रहा कि वह अपना अगला मानव शिकार प्राप्त करने के लिए बेचैन है, इसलिए इतने समय में, जितना मेरे पास उपलब्ध है, मेरे लिए उससे सम्पर्क करना कठिन नहीं होना चाहिए। कई तरीकों से इसे पूरा किया जा सकता है और इनमें से प्रत्येक को बारी-बारी से, अपनाकर देखा जाएगा। जिस तरीके से पहाड़ों में शेरनी को गोली से मारने में सफलता मिलने की सबसे ज्यादा संभावना दिखाई पड़ती है वह मारे गए शिकार पर, किसी पेड़ के ऊपर बैठने से ही है, और यदि शेरनी उस रात, उस कटड़े को, जो मैंने थाक में बाँधा है, नहीं मारती तो अगली रात, और उसके बाद हर रात दूसरे दो कटड़ों को उसके बाद मैं उन जगहों पर बाँधूँगा, मैंने जिसे पहले से चुना है और किसी मानव को मारने में विफल रहकर यदि शेरनी मेरे किसी कटड़े को मार लेती है, जैसा उसने पहले भी एक बार किया था जब अप्रैल में इबटसन दम्पति और मैं सेम में पड़ाव डाले थे। लट्ठों की आग जलाकर, जो रात भर जलती रहेगी, मैं भीतर की तरफ चला और अपने तम्बू के पीछे क्षुद्ररोह जंगल में काकड़ को बोलते सुनते हुए सोने चला गया।

अगली सुबह जब नाश्ता तैयार हो रहा था मैंने राइफल उठाई और चूका एवं सेम के दरम्यान नदी के दाएँ किनारे-किनारे फैले हुए रेत के विस्तार में गमनमार्ग ढूँढने के लिए चल दिया। खेतों को छोड़ देने के उपरान्त यह रास्ता कुछ दूरी तक क्षुद्ररोह जंगल से होकर जाता है और इस पर एक बड़े नर तेन्दुए के गमनमार्ग मिले। संभवतः यह वही जानवर था जिसने गत रात काकड़ को भयभीत किया था। एक छोटे नर शेर ने पिछले

सप्ताह लध्या को कई बार पार और पूर्वापर किया था और उसी अवधि में नरभक्षी ने भी केवल एक बार नदी को सेम की तरफ से आते हुए पार किया था। एक बड़ा नर भालू मेरे आने से कुछ देर पहले रेत से होकर गया था और जब मैं पड़ाव में वापस पहुँचा तो ठेकेदारों ने शिकायत की कि उस सुबह काम बांटते समय उनका और एक भालू का सामना हो गया था जिसने बहुत डराने वाला रुख अख्तियार कर लिया था जिसके परिणामस्वरूप उनके मजदूरों ने उस क्षेत्र में काम करने से इंकार कर दिया जिसमें उन्होंने भालू देखा था।

कई हज़ार लोग ठेकेदारों ने यह संख्या पाँच हज़ार बताई अब चूका और कुमाऊँ चक में वृक्षों को काट गिराने और लकड़ी का चिरान कर उसे नीचे मोटर मार्ग तक, जो बन रहा था, पहुँचाने के लिए जमा हो गए थे,

और अपने पूरे समय, यह भारी मजदूर दल जब काम में लगा रहता था, ये अपना साहस बनाए रखने के लिए जोर-जोर से चिल्लाते रहते थे। कुल्हाड़ी और आरे से होता, बड़े-बड़े वृक्षों के पहाड़ी ढलानों पर नीचे की तरफ गिरने तथा हथौड़ों से चट्टान को तोड़े जाने का कोलाहल, जो हज़ारों मजदूरों के बोलने-चिल्लाने के साथ मिल रहा था उसे बताने के बजाए कल्पना में ही अधिक अच्छी तरह से समझा जा सकता है। इस बेचैन समुदाय में कितनी ही बार भय फैल गया, ऐसा होना स्वाभाविक ही था, और अगले कुछ दिनों मुझे कितनी ही ज़मीन का निरीक्षण करना पड़ा, और कितना ही बहुमूल्य समय मैंने नरभक्षी द्वारा आक्रान्त हुए और मारे गए लोगों की झूठी अफवाहों की जाँच-पड़ताल करने में खोया, क्योंकि शेरनी का भय लध्या की घाटी तक ही सीमित नहीं था बल्कि काल दूँगा से गहरे गर्त में होता ठीक शारदा नदी तक, मोटे तौर पर पचास वर्ग मील क्षेत्र में फैला हुआ था, जिसमें अब दस हज़ार अतिरिक्त आदमी और काम कर रहे थे।

एक अकेले जानवर ने आसपास के गाँवों में रहने वाले लोगों और उन सैंकड़ों लोगों, जो मजदूरों के लिए खाने की वस्तुएँ ला रहे थे और नारंगियाँ (बारह आने सैकड़ा की दर से खरीदी जा सकने वाली) अखरोट और मिर्चों जैसी पहाड़ी उपज टनकपुर बाज़ार में ले जाते हुए इस घाटी से होकर गुजरते थे, के अतिरिक्त इतने बड़े परिमाण में मजदूरों का आतंकित कर डाले यह बात समझ में नहीं आती और अविश्वसनीय भी मान ली जाती यदि इसी के लगभग समानान्तर और ऐतिहासिक त्सावो के नरभक्षी का उदाहरण हमारे सामने न होता, जहाँ सिंहों के एक जोड़े ने केवल रात में आखेट करके उगाण्डा रेलवे पर लंबे समय तक काम रुकवा दिया था।

अब हम अपनी कहानी पर लौट आएँ। 25वीं तारीख का नाश्ता निपटाने के बाद कटड़ा लेकर मैं थाक की तरफ चल दिया। चूका में खेतों को छोड़कर यह रास्ता आधा मील तक पहाड़ की तली के साथ-साथ चलता था और उसके बाद दो भागों में बंट जाता था। एक भुजा सीधी धार के ऊपर होती थाक को और दूसरी पहाड़ी की तली के साथ-साथ आधा मील और चलती हुई, मुड़ती-मुड़ाती, कुमाया चक होती कोट किन्दरी चली जाती थी।

मुझे विभाजन पर शेरनी के पगचिह्न मिले और उसके पीछे पूरा रास्ता चलते हुए मैं थाक पहुँचा। यह तथ्य कि पिछली शाम वह मेरे बाद पहाड़ से उतरी थी इस बात का प्रमाण था कि उसने कटड़ा नहीं मारा था। यह बात निराशजनक तो थी परन्तु किसी भी तरह से असाधारण नहीं थी क्योंकि शेर कभी-कभी बाँधे गए जानवर के पास कई रातों तक क्रमपूर्वक आते रहते हैं और अन्ततः फिर उसे मारते हैं क्योंकि शेर जानवरों को तब तक नहीं मारते जब तक वे भूखे नहीं होते।

आम के पेड़ पर दूसरे कटड़े को छोड़कर, जहाँ हरी घास प्रचुरता से थी, मैं घरों के किनारे-किनारे होता हुआ आगे गया और देखा कि 1नम्बर वाला कटड़ा परेशानी भरी रात बिताने के बाद खूब खाकर शांतिपूर्वक सोया है। शेरनी गाँव की तरफ से आकर, जैसा कि उसके पगचिह्नों से दिखाई पड़ा कटड़े के कुछ फुटों के अंदर तक पहुँची थी और उसके बाद जिस रास्ते आई थी उसी रास्ते वापस चली गई। मैंने कटड़े को झरने पर ले

जाकर उसे एक दो घंटे चरने दिया और फिर उसे वापस लाकर उसी जगह बाँध दिया जहाँ वह पिछली रात बँधा था।

मैंने दूसरा कटड़ा आम के वृक्ष से पचास गज़ की दूरी पर बाँधा जहाँ पर वह रोती हुई स्त्री और गाँव वाले उस दिन मिले थे जब इबटसन दम्पत्ति और मैं उस मारे हुए मनुष्य की जाँच-पड़ताल करने गए थे। वहाँ कुछ फुट गहरा खड्ड पथ को पार करता था जिसके एक तरफ सूखा ठूंठ था और दूसरी तरफ बादाम का पेड़ जिस पर मचान बाँधा जा सकता था। नम्बर 2 वाला कटड़ा मैंने ठूंठ से बाँधा और उसके आगे इतना काफी भूसा डाला कि वह उसके लिए कई दिनों तक चलता रहे। थाक में और कुछ मुझे करना नहीं था, इसलिए पड़ाव में लौट आया और तीसरे कटड़े को लेकर लध्या नदी पार करके उसे सेम के पीछे उस खड्ड में बाँध दिया जहाँ शेरनी ने अप्रैल में हमारा एक कटड़ा मारा था।

मेरे कहने पर टनकपुर के तहसीलदार ने सबसे तगड़े तीन जवान कटड़े, जो उसे मिल सके, चुने थे। तीनों कटड़े अब उन जगहों पर बाँधे जा चुके थे जहाँ शेरनी आती-जाती थी और जब मैं 26वीं तारीख को सुबह उन्हें देखने गया तो मुझे बड़ी उम्मीद थी कि उनमें से एक ज़रूर मारा जा चुका है और अब मुझे शेरनी को गोली मारने का अवसर मिल जाना चाहिए। लध्या पार वाले कटड़े से आरम्भ करके बारी-बारी से मैं सभी कटड़ों को देखने गया और पाया कि शेरनी ने उनमें से किसी को भी नहीं छुआ था। एक बार फिर, जैसा पिछली सुबह हुआ था, मुझे धाक जाने वाले मार्ग पर उसके गमनमार्ग दिखाई पड़े परन्तु इस बार पगचिह्नों के दुहरे कुलक थे, एक नीचे की तरफ जाने के और दूसरे वापस आने के। अपनी दोनों यात्राओं में शेरनी पथ के आस-पास ही थी और उस टुकड़े से कुछ फुटों के अंदर रहते हुए गुज़री थी जिस पर आम वृक्ष से पचास गज़ दूरी पर ठूंठ से कटड़ा बाँधा हुआ था।

मेरे चूका लौटने पर थाक के ग्रामवासियों का एक शिष्टमण्डल वहाँ के प्रधान के नेतृत्व में मेरे तम्बू पर आया और खाद्य पदार्थों की सप्लाई खरीदवाने के लिए गाँव में चलने की प्रार्थना की, इसलिए दोपहर को प्रधान, उसके साथियों और मचान बाँधने की रस्सियाँ तथा मेरे लिए खाना लिए अपने चार आदमियों के साथ मैं थाक लौटा और जब गाँव वाले जल्दी-जल्दी जिस सामान की उन्हें ज़रूरत थी, उसे खरीदकर इकट्ठा कर रहे थे तो मैं खड़ा हुआ उनकी रखवाली कर रहा था।

दोनों कटड़ों को खिलाकर मैंने नम्बर 2 को फिर से ढूंठ से बाँध दिया और नम्बर 1 को पहाड़ी से नीचे और आधा मील ले जाकर पथ के एक किनारे खड़े वृक्ष से बाँध दिया। मैं फिर उन ग्रामवासियों को वापस चूका ले आया और कुछ सौ गज़ पहाड़ी पर ऊपर लौटकर हल्का-सा भोजन किया और उधर मेरे आदमी मचान तैयार करते रहे थे।

यह अब बिलकुल स्पष्ट हो गया कि शेरनी का कटड़े की तरफ कोई रुचि नहीं था और चूँकि तीन दिनों में मैं थाक जाने वाले पथ पर पाँच बार उसका गमनमार्ग देख चुका था, मैंने उसी पथ पर बैठने और उस रास्ते से जाते हुए उस पर गोली का निशाना लगाने का प्रयास करना तय किया। मैंने शेरनी के आगमन की चेतावनी देने के लिए गले में घंटी बाँधकर उस पथ पर एक बकरा बाँध दिया और 4 बजे एक वृक्ष पर चढ़कर बैठ गया। अपने आदमियों को मैंने अगले सुबह 8 बजे वापस लौटने को कह दिया और अपनी निगरानी शुरू कर दी।

दिन के छिपते ही ठंडी हवा चलने लगी और मैं अपना कोट कन्धों पर डालने की कोशिश कर ही रहा था कि मचान की तरफ की रस्सी फिसल गई और उससे मेरा आसन और भी बे-आरामी वाला हो गया। एक घंटे बाद तूफान आ गया और हालाँकि वर्षा ज्यादा देर तक नहीं हुई, उसने मुझे अंदर तक भिगो दिया जिससे मेरी बे-आरामी और बढ़ गई। सोलह घंटे तक मैं वृक्ष पर बैठे रहा परन्तु इस दौरान न तो कहीं कुछ दिखाई

दिया और न सुनाई और 8 बजे सुबह मेरे आदमी आए। गर्म स्नान और अच्छा भोजन करने के लिए मैं पड़ाव लौट गया और फिर अपने छह आदमी साथ लेकर थाक की तरफ चल दिया।

रात में वर्षा ने पथ पर बने सारे गमनमार्ग धो डाले थे और जिस वृक्ष पर मैं बैठा था उससे दो सौ गज़ ऊपर मुझे शेरनी के ताज़े पगचिह्न दिखाई दिये जहाँ वह जंगल से निकलकर बाहर आई थी और थाक की दिशा पथ पर गई थी। मैं बड़ी सावधानी से छुपकर पहले कटड़े के पास पहुँचा और वहाँ यह देखने को मिला कि वह पथ पर पड़ा सोया हुआ है। शेरनी उसके चारों तरफ घूमी थी, कुछ गज़ों तक उस पथ पर चली और फिर पहाड़ पर चढ़ गई। उसके गमनमार्ग का अनुसरण करता हुआ मैं दूसरे कटड़े की तरफ बढ़ा और जैसे ही मैं उस जगह के निकट पहुँचा जहाँ उसे बाँधा गया था तो दो नीली हिमालयी मैनाएँ ज़मीन से ऊपर उठी और चीखती हुई पहाड़ी से नीचे उड़ गई।

इन चिड़ियों की उपस्थिति ने संकेत किया (अ) कि कटड़ा मर चुका है, (आ) यह थोड़ा खाया भी जा चुका है और उसे उठाकर ले जाया नहीं गया है, और (इ) कि, शेरनी कहीं आसपास नहीं है।

ठूंठ पर पहुँचने पर, जिससे कटड़ा बाँधा गया था, मैंने देखा कि कटड़े को पथ से घसीटकर हटाया गया है और थोड़ा उसे खाया गया है, तथा जानवर की जाँच करने पर पता चला कि इसे शेरनी ने नहीं मारा बल्कि इस बात की बहुत अधिक संभावना है कि यह साँप के काटने से मरा है (आसपास के जंगलों में बहुत सारे हैमाड्रायड (फणियर) साँप थे) और पथ पर इसे मरा पड़ा पाकर शेरनी ने इससे थोड़ा भोजन खाया था और इसे घसीटकर अलग हटाने की कोशिश की थी। उसे जब लगा कि वह रस्सियाँ नहीं तोड़ पाएगी तो उसने मारे शिकार को सूखी पत्तियाँ और झाड़-झंखाड़ से ढक दिया और थाक जाने वाले मार्ग पर आगे बढ़ गई।

शेर नियमतः मृत मांस भोजी नहीं होते, परन्तु कभी-कभार वे उन जानवरों को खा लेते हैं जिन्हें उन्होंने स्वयं मारा नहीं होता। उदाहरणार्थ, मैं एक बार एक तेन्दुए की लाश अग्निशमन पट्टी पर छोड़ आया था और अगली सुबह जब अपना चाकू उठाने, जिसे मैं वहाँ भूल आया था, वहाँ गया तो देखा कि शेर उस लाश को वहाँ से सौ गज़ दूर उठा ले गया था और उसने उसका दो तिहाई भाग खा लिया था।

मैंने चूका से ऊपर जाते समय अपना वह मचान, जिस पर पिछली रात मैं बैठा रहा था, तोड़ डाला था और मेरे दो आदमी बादाम के वृक्ष पर चढ़े हुए मेरे लिए उस पर बैठने की जगह बना रहे थे वृक्ष उतना बड़ा नहीं था कि उसपर मचान बाँधा जा सके और बाकी चार आदमी मेरे लिए चाय बनाने का पानी उबालने को झरने पर केतली में पानी भरने गए थे। शाम 4 बजे तक चाय बिस्कुट और हल्का भोजन कर लिया था जो अगले दिन तक मेरे लिए काफी रह जाता, और अपने आदमियों की उस प्रार्थना से इन्कार करके, कि रात में उन्हें थाक के किसी मकान में ठहरने की अनुमति दे दी जाए, मैंने उन्हें पड़ाव वापस भेज दिया। ऐसा करने में थोड़ा जोखिम ज़रूर था परन्तु उस जोखिम के मुकाबले में जो थाक में रहकर रात बिताने पर वे उठाते थे, यह जोखिम कुछ भी नहीं था।

मेरा आसन पेड़ पर, रस्सियों के कई टुकड़ों को दो ऊपर जाती खड़ी शाखाओं के बीच बाँधकर बनाया गया था और एक-दो रस्सियाँ पैर टिकाने के लिए नीचे बाँधी गई थी। मैं जब आराम से उनपर जम गया तो मैंने उन शाखाओं को अपनी तरफ खींचा और एक जगह रोक दिया और उनके बीच में एक छोटी खुली मोरी बाहर की तरफ देखने और उसमें से गोली चलाने के लिए छोड़ दी। मेरे छिपने की जगह का जल्दी ही परीक्षण भी हो गया क्योंकि मेरे आदमियों के लौटकर चले जाने के बाद दो मैनाएँ आई और फिर दूसरी मैनाओं को बुला लाई और नौ की नौ दिन छिपने तक उस मारे शिकार पर भोजन करती रही। इन चिड़ियों के वहाँ रहने से

मुझे कुछ सो लेना भी नसीब हुआ, क्योंकि यदि शेरनी आती तो वे मुझे उसकी चेतावनी दे ही देती और उनके चले जाने के बाद मेरी पूरी रात चौकसी शुरू हो गई।

गोली चलाने के लिए अभी काफी दिवाप्रकाश बचा था, जब पूर्णिमा से एक दिन बाद का (प्रतिपदा) का चाँद मेरे पीछे की तरफ नेपाल की पहाड़ियों पर उदित हुआ और सारे पर्वतीय पार्श्व को अपने चमकीले प्रकाश से शराबोर कर दिया। पिछली रात की वर्षा ने धूल और धुएँ से वातावरण को स्वच्छ बना दिया, और चाँद निकले एक-दो मिनट ही हुए थे, पर रोशनी इतनी अच्छी थी कि कोई डेढ़ सौ गज़ दूर गेहूँ के खेत में चर रही मादा सांभर और उसका बच्चा भली भाँति दिखाई दे रहा था।

कटड़ा जो मारा हुआ सीधा मेरे सामने ऊपर लगभग बीस गज़ की दूरी पर था और जिस पथ से मैं शेरनी के आने की आशा कर रहा था वह उससे दो या तीन गज़ और पास था, इसलिए इतनी दूरी से मुझे उस पर गोली चलाने का मौका आसानी से मिल जाना चाहिए, जिस पर शेरनी को मारने में चूक जाना असंभव था बशर्ते कि वह आए और ऐसा कोई कारण नहीं था जिसकी वजह से उसे ऐसा नहीं करना चाहिए था।

चाँद को निकले दो घंटे हो चुके थे और सांभर मेरे वृक्ष से पचास गज़ के अंदर आ चुका था तब गाँव से ठीक ऊपर पहाड़ पर काकड़ बोलने लगा। काकड़ को बोलते हुए कुछ ही मिनट हुए होंगे कि एक चीख, जिसका बहुत अपर्याप्त रूपेण अर-अर-अर्र से वर्णन दिया जा सकता है, एक लंबे, बाहर की तरफ खिंचे स्वर में डूबती हुई, गाँव की ओर से और सुनाई पड़ी। यह चीख इतनी अचानक, और इतनी अप्रत्याशित थी कि बिना इच्छा हुए वृक्ष से नीचे फिसलकर एकदम गाँव की तरफ दौड़ पड़ने के लिए मैं उठ खड़ा हो गया क्योंकि मेरे मन में यह विचार कौंधा कि नरभक्षी मेरे किसी आदमी को मार रहा है। फिर दूसरे ही क्षण यह विचार आया कि मुझे याद है वृक्ष के पास से गुजरते हुए मैंने एक-एक करके उन्हें गिना था और अपने पड़ाव में लौटने के रास्ते पर जाते हुए उन्हें दृष्टि से ओझल होते यह देखने के लिए ध्यानपूर्वक निरीक्षण किया था कि एक साथ मिले रहने के मेरे अनुदेशों का वे पालन कर रहे हैं या नहीं।

यह चीख मरणान्तक पीड़ा में फँसे हुए किसी मनुष्य की हताशा भरी चिल्लाहट थी और तर्कबुद्धि ने प्रश्न किया कि जनशून्य पड़े गाँव से ऐसी आवाज़ किस तरह आई होगी। यह मेरी कल्पना की बात नहीं थी क्योंकि काकड़ ने इसे सुना था और एकदम बोलना बंद कर दिया था और सांभर चौकड़ी भरता हुआ, पीछे उसका बच्चा भाग रहा था। दो दिन पहले, मैं जब आदमियों के साथ गाँव गया, मैंने एक बात कही थी कि वे अपनी सम्पति ऐसे (खुले) दरवाजों के पीछे छोड़कर जाने पर भी बड़े आश्वस्त लग रहे हैं, जिन्हें बंद तक नहीं किया गया था या चिटकनी भी नहीं चढ़ाई गई थी, तो प्रधान ने उत्तर दिया कि हमारा गाँव चाहे वर्षों तक बिना रहने वालों के खाली पड़ा रहे तो भी हमारी सम्पति सुरक्षित रहेगी, क्योंकि हम पुण्यगिरि के पुरोहित हैं और हमने लूटने की बात स्वप्न में भी नहीं सोची होगी। उसने यह भी कहा था कि जब तक यह शेरनी जिन्दा है तो अन्य सौ आदमियों के मुकाबले में यही उनकी सम्पति की ज़्यादा अच्छी तरह से रखवाली करेगी, क्योंकि इस सारे देहात में ऐसा कोई भी आदमी नहीं है जो किसी भी प्रयोजन से इस गाँव में, चारों तरफ इसे घेर रहे घने जंगलों में से होते हुए, घुसने की हिम्मत करेगा, यदि उसके साथ रक्षा करने के लिए मैं नहीं रहूँगा, जैसा कि उनके साथ हुआ था।

वह चीख दुहराई नहीं गई, और चूँकि ऐसा कुछ नहीं था, जो मैं कर पाता, इसलिए फिर अपने रस्सियों वाले आसन पर बैठ गया। 10 बजे रात एक काकड़, जो निचले सिरे वाले खेतों में गेहूँ की ताज़ा फसल खाने में लगा हुआ था, बोलता हुआ तेज़ी से भागा और एक-दो मिनट बाद शेरनी दो बार बोली। अब उसने गाँव छोड़ दिया था और भले ही उसका कटड़े पर दुबारा भोजन करने का कोई खयाल न हो, इस बात की पूरी-पूरी उम्मीद थी कि वह उस पथ पर आएगी ही, जिसे वह पिछले कुछ दिनों से प्रतिदिन, दो-दो बार उपयोग में ला

रही थी। घोड़े पर उंगली रखे और आँखों को पथ पर गड़ाए हुए चाँदनी की जगह दिवा प्रकाश आ जाने तक घंटे दर घंटे मैं वहीं बैठा रहा और जब सूरज निकले एक घंटा हो गया तो मेरे आदमी वहाँ वापस आए। बड़ी समझ के साथ वे सूखी लकड़ियों का गट्ठर लेकर आए थे और एक चकित कर देने वाले थोड़े समय के बाद ही मैं चाय का गरमागर्म प्याला पीने बैठ गया था। शेरनी हमारे निकट की झाड़ियों में मंडराती रही अथवा यहाँ से मीलों दूर चली गई क्योंकि 10 बजे रात में उसके बोलने के बाद पूरा जंगल शांत हो गया था।

मैं जब पड़ाव में वापस पहुँचा तो मैंने बहुत सारे आदमियों को अपने तम्बू के पास बैठे पाया। उनमें से कुछ लोग यह पूछने आए थे कि पिछली रात मेरा भाग्य कैसा रहा और दूसरा यह बताने कि आधी रात से सूर्योदय के कुछ पहले तक शेरनी पहाड़ों की तली में बोलती रही और सभी मजदूर जो जंगल काटने और नई निर्यात सड़क बनाने में लगे हुए थे, इतने अधिक डर गए कि वे काम पर ही नहीं गए। शेरनी के बारे में अपने आदमियों से मैं पहले ही सुन चुका था जिन्होंने सूचित किया था कि उन लोगों सहित जो चूका के चतुर्दिक पड़ाव डाले हुए थे, सभी पूरी रात आग जलाए बैठे थे।

मेरे तम्बू के सामने जो लोग इकट्ठा हुए थे उनमें थाक का प्रधान भी था और जब दूसरे सभी लोग चले गए तो मैंने उससे महीने की 12वीं तारीख को थाक में मारे गए आदमी के बारे में प्रश्न किया, जब वह स्वयं नरभक्षी का शिकार बनने से बच गया था।

मुझे एक बार फिर प्रधान ने बड़े विस्तार से बताया कि कैसे वह अपने साथ अपनी पोती को लेकर खेतों में अदरक खोदने गया था और किस तरह अपनी पत्नी के पुकारने पर बच्ची का हाथ पकड़ कर वापस घर में दौड़ आया जहाँ उसकी पत्नी ने अपने कान खुले न रखने और इस प्रकार अपनी और बच्ची की जान खतरे में डाल देने के लिए उसे एक-दो बाते कही थी, और कैसे इसके एक-दो मिनट बाद ही उसके घर से ऊपर एक खेत में खड़े पेड़ से पत्तियाँ काट रहे एक आदमी को शेरनी ने मार डाला था।

कहानी का यह भाग मैं पहले भी सुना चुका था और अब उससे पूछा कि क्या तुमने वास्तव में उस आदमी को शेरनी द्वारा मारे जाते देखा था? उसका उत्तर था, नहीं, और बताया कि जहाँ वह खड़ा हुआ था, वहाँ से वृक्ष दिखाई नहीं पड़ता था। मैंने तब उससे पूछा कि तुम्हें कैसे पता है कि आदमी मारा गया हैं, तो उसने कहा, क्योंकि मैंने उसकी आवाज़ सुनी थी। कुछ और प्रश्नों के उत्तर में उसने बताया कि उस आदमी ने मदद के लिए नहीं पुकारा था, वह सिर्फ चिल्लाया था और जब पूछा, क्या वह एक बार चिल्लाया था, तो उसने कहा, नहीं तीन बार, और उसके बाद मेरी प्रार्थना पर उसने उस आदमी के चिल्लाने की नकल करके बताई। यह उन्हीं चीख़ों का अनुकरण परन्तु कुछ बहुत ही संशोधित अनुकरण था, जिन्हें मैंने पिछली रात सुना था।

मैंने तब उसे बताया जो मैंने सुना था और उससे पूछा कि क्या दैववश किसी आदमी का गाँव में चले आना संभव था, तो उसका उत्तर इसका जोरदार निषेध था। थाक आने के लिए दो ही मार्ग थे और इन रास्तों से होकर जाने वाले गाँव का प्रत्येक पुरुष, स्त्री, और बच्चा जानता था कि थाक उजाड़ पड़ा है, और यह भी कि उसके ऐसा हो जाने का कारण क्या है। पूरे जिले में यह बात ज्ञात थी कि दिन के उजाले में भी थाक के निकट जाना खतरनाक है, इसलिए यह एकदम असंभव है कि पिछली रात 8 बजे कोई आदमी गाँव में गया होगा।

उससे जब पूछा गया कि गाँव में आने वाली, जिसमें उसके अनुसार कोई आदमी नहीं हो सकता था, इन चीख़ों का क्या वह कोई स्पष्टीकरण दे सकता है, तो उसका उत्तर था, मैं नहीं दे सकता। चूँकि प्रधान से ज़्यादा अच्छा कुछ मैं भी नहीं बता सकता इसलिए यह मान लेना ही सर्वोत्तम होगा कि न तो काकड़ ने, न ही सांभर ने और न मैंने ही उन बहुत ही वास्तविक चीख़ों मरणान्तक पीड़ा में पड़े हुए आदमी को सुना था।

जब मेरे सभी प्रधान सहित अभ्यागत जा चुके, और मैं नाश्ता कर रहा था, मेरे नौकर ने आकर सूचना दी कि सेम का प्रधान गत शाम पड़ाव में आया था और यह कहकर गया कि उसकी पत्नी ने उस मकान के पास, जहाँ उसकी माँ मारी गई थी, घास काटते हुए, एक रक्त-रेखा देखी थी और सुबह वह लध्या नदी पर बने उतार के निकट मेरी प्रतीक्षा में रहेगा। अतः नाश्ता करने के बाद मैं उस रक्त-रेखा की जाँच करने चला गया।

जब नदी पार कर ही रहा था तो मैंने चार आदमियों को जल्दी-जल्दी अपनी तरफ आते देखा और जैसे ही मैं शुष्क ज़मीन पर पहुँचा तो उन्होंने मुझे बताया कि जब वे सेम से ऊपर वाली पहाड़ी से उतरकर नीचे आ रहे थे तो उन्होंने चूका और थाक के बीच घाटी के पार पहाड़ पर शेर को बोलते हुए सुना था। पानी के कोलाहल के कारण मैं उसकी पुकार नहीं सुन पाया। मैंने उन लोगों को बताया कि मैं सेम जा रहा हूँ और जल्दी ही चूका लौट आऊँगा और उन्हें छोड़कर चल दिया।

अपने घर के निकट प्रधान मेरी प्रतीक्षा कर रहा था और उसकी पत्नी मुझे उस जगह लेकर गई जहाँ उसने पिछले दिन रक्त की रेखा देखी थी। रक्त रेखा ने कुछ दूरी तक खेत के किनारे जाने के बाद बड़ी-बड़ी चट्टानों को पार किया, जिसमें एक पर मुझे काकड़ के बाल मिले। थोड़ा आगे चलने पर मुझे एक बड़े नर तेन्दुए के पगचिह्न मिले और मैं उन्हें देख ही रहा था कि मुझे शेर की आवाज़ सुनाई पड़ी। अपने साथियों को बैठ जाने और चुपचाप बने रहने के लिए कहकर मैंने शेर की जगह का पता लगाने के लिए उसे ध्यान देकर सुना। मुझे तब वही पुकार (या बोली) सुनाई पड़ी और उसके पश्चात् थोड़े-थोड़े अन्तराल पर वह दो मिनट तक दोहराई जाती रही।

यह शेरनी थी जो बोल रही थी और मैंने उसका स्थान थाक से पाँच सौ गज़ नीचे और उस गहरे खड्ड में होना अनुमानित किया जो आम वृक्ष के नीचे वाले झरने से शुरू होकर पथ के समानान्तर चलता हैं और कुमाया चक के साथ हुए संगम पर उसे काटता है।

प्रधान को यह बोलकर कि तेन्दुए को गोली खाकर मरने के लिए किसी अन्य सुविधाजनक समय की प्रतीक्षा करनी पड़ेगी मैं उतनी तीव्रता से जितना संभव हो सकता था, पड़ाव की तरफ चला और अपने साथ मिले उन चार आदमियों को भी ले लिया जो मेरे साथ चूका जाने के लिए वहाँ प्रतीक्षा कर रहे थे।

पड़ाव पर पहुँच कर मुझे अपने तम्बू के चारों तरफ जमा हुए लोगों की भीड़ मिली जिनमें से अधिकांश दिल्ली से आए थे परन्तु उनमें छोटे ठेकेदार, एजेंट, क्लर्क, समयपाल और पैसा लगाने वालों के टोली-सरदार भी थे जिन्होंने लध्या घाटी में लकड़ी काटने कि ओर सड़क बनाने के ठेके ले रखे थे। ये लोग मेरे चूका में ठहरने के सिलसिले से मिलने आए थे। उन्होंने मुझे बताया कि लक्कड़ ले जाने वाले और सड़क बनाने पर काम करने वाले बहुत सारे पहाड़ी लोग उसी सुबह अपने घर चले गए थे और यदि मैं पहली दिसम्बर को चूका से चला गया, जैसा कि उन्होंने सुना था कि मैं आने वाला हूँ, तो पूरा श्रमिक बल भी, जिसमें वे भी शामिल है, उसी दिन चल देगा, क्योंकि पहले ही वे इतना अधिक डरे हैं कि बिना खाए ओर सोए हैं, और मेरे चले जाने के बाद कोई भी यहाँ घाटी में रुकेने का साहस नहीं करेगा। उस समय 29वीं नवम्बर का सवेरा था और मैंने उन लोगों को बताया कि अभी मेरे पास दो दिन और दो रातें हैं और इतने समय में बहुत कुछ किया जा सकता है, परन्तु किसी भी हालत में मेरे लिए अपनी ठहरे रहने की अवधि को पहली तारीख से आगे बढ़ाना संभव नहीं था।

शेरनी ने बोलना बंद कर दिया और जब मेरे नौकर ने मेरे सामने खाने के लिए कुछ रख दिया तो मैं यह इरादा करके थाक के लिए चल पड़ा कि यदि शेरनी फिर बोली और उसके स्थान का पता लगा पाया तो उसका पीछा करने का प्रयास करूँगा और यदि यह फिर से नहीं बोली तो कटड़े पर बैठूँगा। मुझे पथ पर उसके गमनमार्ग मिले और वह जगह भी देखी जहाँ से वह खड्ड में घुसी थी और हालाँकि थाक जाते हुए रास्ते में

बार-बार रुककर सुनने का प्रयत्न किया परन्तु वह फिर बोलती सुनाई नहीं दी। इसलिए दिन छिपने से कुछ समय पहले, मैंने कुछ बिस्कुट खाए और चाय की बोतल, जो मैं साथ लेकर आया था, ली और बादाम के वृक्षपर चढ़ गया और रस्सियों के कुछ टुकड़ों पर बनाए हुए अपने आसन पर बैठ गया, जो मेरे लिए मचान का काम देने वाला था। इस अवसर पर मैनाएँ नहीं थी, इसलिए मैं एक या दो घंटे की नींद भी नहीं ले पाया, जो पिछली रात, इन चिड़ियों ने मेरे लिए लेनी संभव बना दी थी।

कोई शेर यदि पहली रात मारे हुए शिकार पर नहीं लौटता तो उसका अर्थ यह नहीं होता कि उसने अपना मारा शिकार छोड़ दिया। मैंने देखा है कि शेर उस पर दसवीं रात को लौटा और उसने यह खाया जिसे अब मांस कहा ही नहीं जा सकता था। किन्तु, इस मौके पर मैं किसी मारे गए शिकार पर नहीं परन्तु ऐसे जानवर पर बैठ रहा था जिसे शेरनी ने मरा हुआ पाया था और जिससे उसने थोड़ा-सा भोजन भी किया था, और यदि वह नरभक्षी न होती तो मैंने दूसरी रात उसके वहाँ लौटने के मौके की बात इस लायक सोची भी न होती कि उसके लिए वृक्ष पर चढ़कर पूरी रात खर्च करने का औचित्य बताया जा सके जबकि पहली रात उसने मेरे कटड़े पर लौटने में पर्याप्त रुचि तक नहीं दिखाई थी। इसलिए उसे गोली मार पाने की बहुत ही कम उम्मीद लिए हुए मैं सूर्यास्त से सूर्योदय तक बैठा रहा और हालाँकि मैंने जो समय उसमें लगाया वह पिछली रात लगाए हुए समय जितना भी नहीं था परन्तु मेरी बे-आरामी उससे कहीं ज्यादा थी क्योंकि जिन रस्सियों पर मैं बैठा था वे शरीर को काटे जा रहीं थी और ठंडी हवा ने जो चन्द्रोदय के कुछ देर बाद चलनी शुरू हो गई थी, और सारी रात चलती रही, मुझे हड्डियों तक ठंडा बना दिया था। इस दूसरी रात में मुझे न तो जंगल की न कोई दूसरी आवाज़ ही सुनाई पड़ी, और न कोई सांभर और उसका बच्चा ही खेतों पर चरने आया। जब चाँदनी के बाद दिन का प्रकाश आ रहा था तो मुझे लगा कि दूर शेर की आवाज़ सुनाई पड़ी है परन्तु मैं न तो आवाज और न उसकी दिशा के बारे में ही निश्चित हो पाया।

मैं जब अपने पड़ाव पर वापस पहुँचा तो मेरा नौकर मेरे लिए एक प्याला चाय और गर्म स्नान तैयार किए बैठा था परन्तु अन्तिमोक्त (स्नान) में लगने से पूर्व, मेरा 40 पौण्ड वजन वाला तम्बू नहाने के लिए पर्याप्त बड़ा नहीं था मुझे लोगों की उत्तेजित भीड़ से छुटकारा पाना था जो पिछली रात के अपने-अपने अनुभव मुझे सुनाने के लिए चिल्ल-पों मचाए हुए थे। ऐसा प्रतीत हो रहा था कि चन्द्रोदय के कुछ देर बाद ही शेरनी ने चूका के पास बोलना शुरू किया था और दो-एक घंटे तक अन्तराल देकर बोलते रहने के उपरान्त कुमाया चक के श्रमिक पड़ावों की दिशा में चली गई। इन पड़ावों में रहने वाले लोगों ने उसे आते सुनकर दूर भगाने के प्रयत्न में चिल्लाना शुरू कर दिया था परन्तु उस पर कुछ प्रभाव पड़ना तो दूर रहा इस चिल्लाने ने और अधिक क्रुद्ध बना दिया और पड़ावों के सामने आकर वह तब तक अपना क्रोध प्रदर्शित करती रही जब तक कि उसके डराने-धमकाने से डरकर वे चुप नहीं हो गए। यह कार्य सम्पन्न करने के बाद बाकी रात, उसने श्रमिक पड़ावों और चूका के बीच सभी को चुनौती देते हुए बताई कि कोई उस पर चिल्लाने की हिम्मत तो करके देखे। सुबह के आसपास वह थाक की दिशा में चली गई और मेरे सूचना देने वाले यह जानकर बहुत चकित और निराश हुए कि मैं उससे सम्पर्क ही नहीं कर पाया।

मेरा यह अंतिम दिन था नरभक्षी के शिकार में लगे रहने का और हालाँकि मुझे आराम और नींद की बहुत ज़्यादा आवश्यकता थी फिर भी जो समय बचा था उसे उस शेरनी से सम्पर्क करने के लिए एक और प्रयत्न में खर्च करना तय किया।

चूका और सेम के ही नहीं, बल्कि आसपास के सब गाँवों के लोग, विशेषतः तल्लादेश के लोग, जहाँ कुछ वर्ष हुए मैंने तीन नरभक्षियों को मारा था, इस बात के बहुत इच्छुक थे कि मैं सजीव बकरे पर बैठूँ क्योंकि उनका कहना था "सभी पहाड़ी शेर बकरे खाते हैं और चूँकि कटड़ा बाँधने से आपको सफलता नहीं मिली, क्यों न बकरा बाँधकर प्रयत्न किया जाए"। अतः गोली से निशाना लगा पाने की कोई आशा होने के बजाए

उनका मन रखने के लिए ही मैं यह अंतिम दिन बकरों पर लगाने के लिए सहमत हो गया जो इस प्रयोजन के लिए मैं पहले ही खरीद चुका था मुझे यकीन था कि शेरनी रात को चाहे जहाँ भी क्यों न घूमती फिरे, उसका मुख्यालय बाक में ही था, इसलिए दोपहर को दोनों बकरे लिए, अपने चार आदमियों के साथ मैं थाक के लिए चल दिया।

चुका से थाक का पथ, जैसा मैं पहले बता चुका हूँ, एक बहुत ढलवां पर्वतीय धार से होकर जाता है। थाक से इस तरफ की दिशा में चौथाई मील रह जाने पर, यह पथ पर्वतीय बार को छोड़ देता है और भूमि के एक लगभग समतल टुकड़े को पार करता है, जो उस आम वृक्ष तक चला जाता है। इस समतल भूमि के आर-पार अपनी पूरी लंबाई में यह पथ घने झाड़-झंखाड़ में से होकर गुजरता है और दो सँकरे खड्ड इसे काटते हैं जो पूर्व की ओर चलकर प्रधान खड्ड में मिल जाते हैं। इन दो खड्डों के बीचों-बीच और उस वृक्ष से, जिस पर पिछली दो रात मैं बैठा था, सौ गज की दूरी पर एक महाविशाल बादाम-वृक्ष है, यही वृक्ष पड़ाव छोड़ते समय मेरा लक्ष्य था। पथ ठीक उसी वृक्ष के नीचे से गुरजता था, और मैंने सोचा कि यदि मैं इस पर आधे तक चढ़ जाऊँ तो न केवल मैं अपने दोनों बकरों को देख सकूँगा, जिनमें से एक तो मैंने प्रधान खड्ड के किनारे पर तथा दूसरे को दाईं ओर की पहाड़ी की जड़ में बाँधने का इरादा किया था, परन्तु उसके अलावा मारे हुए कटड़े को भी देख सकूँगा। चूँकि ये तीनों जगहें वृक्ष से कुछ दूरी पर थी, इसलिए मैंने अपने साथ सही-सही मार करने वाली 275 राइफल भी 450/400 राइफल के अतिरिक्त रख ली, मैंने जिसे आपातकाल के लिए रख दिया था।

चूका से पहाड़ चढ़कर आना इस अंतिम दिन मुझे बहुत ज़्यादा कठिन लगा और मैं उस जगह तक पहुँच ही पाया था, जहाँ पथ पर्वतीय धार छोड़कर समतल भूमि पर आता था तो मेरे बाईं तरफ लगभग डेढ़ सौ गज़ की दूरी से शेरनी बोली। यह ज़मीन घनी वनस्पतियों और बीच-बीच में वृक्ष और लताओं से उलझी हुई तथा सँकरे और गहरे खड्डों से कटी थी और उनके ऊपर बड़े-बड़े डोके बिखरे थे, किसी नरभक्षी का पीछा कर पता लगाने के लिए यह बहुत ही अनुपयुक्त जगह थी। तथापि, क्या किया जाए, यह तय करने से पूर्व यह जानना आवश्यक था कि क्या शेरनी लेटी हुई है, जैसा कि वह हो भी सकती थी, क्योंकि इस समय रात का 1 बज रहा था अथवा यह चलती जा रही है, यदि हाँ, तो किस दिशा में। इसलिए अपने आदमियों को अपनी पिछली तरफ बैठे रहने को बोलकर मैं सुनने लगा और तब उसने पुकार दुहराई। वह कोई पचास गज़. आगे बढ़ चुकी थी और प्रधान खड्ड में ऊपर चढ़कर थाक की दिशा में जाती प्रतीत हो रही थी।

यह बहुत ही उत्साहप्रद था, क्योंकि मैंने जो वृक्ष चुना था, वह खड्ड से केवल पचास गज़ की दूरी पर था। लोगों को चुपचाप रहने के लिए कहकर और मेरे पीछे साथ-साथ मिले रहने का आदेश देते हुए हम जल्दी-जल्दी उस पथ पर चलने लगे। वृक्ष तक पहुँचने के लिए हमें लगभग दो सौ गज़ चलना था और हम उसकी आधी दूरी ही तय कर पाए थे कि जब हम उस जगह पहुँचे जहाँ पथ के दोनों तरफ घनी झाड़ियाँ खड़ी थी तो कलीजों का एक झुण्ड उन झाड़ियों में से बाहर निकला और चिल्लाता हुआ उड़ता चला गया। मैं नीचे झुका और कुछ मिनट तक पथ पर खड़ा रहा, परन्तु कुछ नहीं हुआ और हम सावधानी से आगे बढ़े और बाद में कोई घटना घटे बिना उस वृक्ष पर पहुँच गए। इतनी जल्दी और खामोशी से, जितना संभव हो सका, एक बकरा खड्ड के किनारे और दूसरा पहाड़ी की जड़ में दाईं तरफ बाँध दिया गया। तब मैं आदमियों को खेतों के किनारे की तरफ ले गया और उन्हें जब तक मैं न बुलाऊँ प्रधान के घर के ऊपर वाले बरांडे में रुकेने को कह दिया, और फिर दौड़ता हुआ वृक्ष पर वापस आ गया। उस पर मैं लगभग चालीस फुट ऊँचाई तक चढ़ा और रस्सी से जिसे मैं इसी प्रयोजन के लिए साथ लेकर आया था राइफल ऊपर खींच ली। मेरी जगह से दोनों बकरे, एक सत्तर गज़ की और दूसरा साठ गज़ की दूरी पर था, दिखाई दे रहे थे। इतना ही नहीं मुझे उस कटड़े का भी कुछ भाग दिखाई पड़ रहा था, और चूँकि 275 बोर वाली राइफल बहुत सही-सही मार करती थी मुझे पक्का

लग रहा था कि शेरनी उस ज़मीन पर, जो मुझे ऊपर से दिखाई दे रही थी, कहीं भी दिखाई पड़ गई, तो मैं उसे मार सकता हूँ।

यहाँ आने पर पिछली बार मैंने उन्हें खरीदा था, तब से दोनों बकरे साथ-साथ रह रहे थे और अब अलग-अलग हो जाने पर एक दूसरे को जोर-जोर से पुकार रहे थे। सामान्य स्थितियों में बकरे की आवाज़ चार सौ गज़ की दूरी से सुनी जा सकती है, परन्तु यहाँ स्थिति सामान्य नहीं थी क्योंकि बकरे पहाड़ी के एक पार्श्व में बँधे थे जिससे नीचे की तरफ तेज़ हवा चल रही थी और यदि शेरनी मुझे सुनाई पड़ने के बाद आगे चली गई होगी, तो भी यह असंभव था कि वह इनकी आवाज़ न सुन पाए। यदि वह भूखी थी और मेरे लिए यह विश्वास करने का प्रत्येक कारण था कि वह ज़रूर भूखी है, तो उस पर गोली चला पाने के लिए मेरे पास बहुत अच्छा मौका था।

मेरे वृक्ष पर चढ़ने के दस मिनट बाद, एक काकड़ उस जगह के पास से, जहाँ से कलीज पक्षी उड़कर गए थे, बोला। एक-दो मिनट तक, मेरी आशाएँ आकाश तक उठी और फिर धराशायी हो गई क्योंकि काकड़ केवल तीन बार बोला और खोजने वाले स्वर पर उसे समाप्त कर दिया। स्पष्ट है कि क्षुद्ररोह में साँप था जिसे न तो वह और न वे कलीज ही देखना पसंद करते थे।

मेरी जगह आरामदेह नहीं थी और धूप प्रसन्न करने वाली गर्म थी, इसलिए तीन घंटे बिना किसी बे-आरामी के मैं वृक्ष पर बैठ गया। 4 बजे सूरज ढलकर ऊपर की ऊँची पहाड़ियों के नीचे चला गया। थाक और उसके उपरान्त हवा असह्य ठंडे हो गए। एक घंटे तक मैं बे-आरामी सहता रहा और तब छोड़ देना ही तय किया, क्योंकि ठंड से जाड़ा बुखार चढ़ गया था और यदि अब शेरनी आ भी गई तो मैं उसे मार नहीं पाऊँगा। मैंने राइफल को फिर से रस्सी से बाँधकर नीचे उतारा, फिर स्वयं उतरा और अपने आदमियों को बुलाने खेतों के किनारे चला गया।

मेरा खयाल है, बहुत कम लोग ऐसे होंगे जिन्हें उस काम को, जिसे उन्होंने करने की ठानी थी, कर पाने में विफलता मिलने पर उदासी छा जाने की भावना का अनुभव न हुआ होगा। दिन भर मेहनत करते रहने के बाद पड़ाव लौटने की सड़क यदि चकोरों से झोली भरी हुई हो तो एक कदम भर की लगती है, परन्तु उसके मुकाबले उसी सड़क पर एक मील के बाद दूसरा मील थके-हारे खाली झोली लिए जैसे-तैसे खिसकते हुए एक दिन की समाप्ति पर उदासी के भावना कभी आप पर छाई है और आपकी तलाश केवल चकोरों की रही है, तो आप मेरी उदासी के गहराई का कुछ अन्दाजा लगा पाएँगे, अपने आदमियों को बुला और बकरों को खोलने के बाद दो मील चल पड़ाव पहुँचने के लिए मैं आगे बढ़ा था क्योंकि मेरे प्रयत्न एक दिन के नहीं या मेरी तलाश कुछ पक्षियों की नहीं थी, न मेरी विफलता केवल मुझ से ही सम्बन्ध रखती थी।

उस समय को छोड़कर जो घर से आने और घर वापस जाने में लगा है मैं 23वीं अक्तूबर से 7 वीं नवम्बर तक और फिर 24वीं से 30वीं नवम्बर तक नरभक्षी के पीछे पड़ा रहा और आप में से केवल वही लोग, जो किसी भी क्षण अपने गले में शेर के दाँत घुस जाने के भय में दिनों और सप्ताहों तक चले होंगे, इस आशंका का किसी की चेताओं पर पड़ने वाले कुप्रभावों का कुछ अनुमान लगा पाएँगे।

और यह तलाश मेरी नरभक्षी की थी और उसे गोली से मार न पाने की मेरी विफलता का उन सभी लोगों पर भारी कुप्रभाव पड़ेगा जो इस क्षेत्र में काम कर रहे थे अथवा जिनका घर इस क्षेत्र में था। जंगलों में काम करना बंद हो चुका था। जिले के सबसे बड़े गाँव की पूरी आबादी अपने घरों को छोड़कर चली गई थी। हालात पहले से ही खराब थे और यदि नरभक्षी मारा न गया तो वे निस्सन्देह और भी ज़्यादा खराब हो जाने वाले था क्योंकि पूरा श्रमिक बल अनिश्चित काल तक अपना काम बंद नहीं कर सकता था और न आसपास

के गाँवों की जनसंख्या अपने घर और अपनी खेती छोड़ सकती थी, जैसा कि थाक के अधिक समृद्ध लोग कर पाने में समर्थ थे।

शेरनी ने बहुत पहले से मानवों के प्रति अपना प्राकृतिक भय मन से निकाल दिया था, जैसा कि उस खेत के पास से, जहाँ कितने ही लोग काम कर रहे थे, आम बटोर रही लड़की को उठा ले जाने, घर के दरवाजे के निकट ही स्त्री को मार डालने, पिछली रात गाँव के बीच खड़े वृक्ष पर चढ़े आदमी को घसीट ले जाने, हज़ारों आदमियों को डरा-धमका कर चुप करा देने से पूर्णतः स्पष्ट था। और यहाँ मैं था, जो अच्छी तरह से जानता था कि किसी क्षेत्र में स्थायी और अस्थायी तौर पर बसने वालों और उन सभी लोगों के लिए जो पहाड़ों की तलहटी में बनाए बाजारों अथवा पुण्यगिरि के मन्दिरों में जाते हुए, इस जिले से होकर गुज़रते थे, नरभक्षी की उपस्थिति का मतलब क्या होता है, जो पाँव घिसटाता हुआ, उस दिन जिसके लिए उसने वादा किया था कि नरभक्षी का शिकार करने का यह मेरा अंतिम दिन होगा, पड़ाव लौट रहा था, उसके लिए उदासी में डूब जाने का यह पर्याप्त कारण था, जो मेरे लिए शेष जीवन में सदा साथ बना रहेगा। उस समय मैं अपनी उस सफलता की, जो नरभक्षियों का बत्तीस तर्षों तक शिकार करने में मुझे मिली इस शेरनी पर धैर्यपूर्वक चलाई एक गोली के साथ सहर्ष अदला-बदली कर लेता।

इन सात दिनों और सात रातों की अवधि में उस शेरनी पर गोली चला पाने के जो प्रयत्न मैंने किए उनमें से कुछ को मैंने आपको बताया है परन्तु केवल इतने ही प्रयत्न मैंने इसके लिए नहीं किए। मैं जानता था कि मुझे देखा और मेरा पीछा किया जा रहा है और जितनी ही बार मैं अपने पड़ाव और थाक के बीच दो मील के जंगल में होकर चला मैंने हर बार उन सभी तरकीबों से जिन्हें जंगल में पूरा जीवन बिताकर मैंने सीखा था इस शेरनी को छकाने का प्रयत्न किया। मेरी निराशा बहुत कड़वी थी, मैं फिर भी अनुभव कर रहा था कि मेरी विफलता मेरे द्वारा किए या करने से छोड़े गए किसी काम के कारण नहीं था।

मेरे आदमियों ने जब वे फिर आकर मेरे साथ मिल गए बताया कि काकड़ के बोलने के एक घंटा बाद, उन्होंने बहुत दूर से शेरनी को बोलते हुए सुना, परन्तु दिशा के बारे में वे निश्चित नहीं हैं। पूर्णतया स्पष्ट था कि उसकी बकरों में भी रुचि नहीं थी जैसे कि कटड़ों में नहीं थी फिर भी उसके लिए यह असामान्य ही था कि दिन के उस समय वह उस स्थान से जिसकी वह पूरी तरह से अभ्यस्त बन चुकी थी, अन्यत्र चली गई थी, यदि वह किसी ऐसी आवाज़ से आऔष्ट न हो गई हो जिसे न तो मैंने और न मेरे आदमियों ने ही सुना था। तथापि, कारण कुछ भी क्यों न रहा हो और चूँकि मेरे कर पाने के लिए वहाँ कुछ नहीं रह गया था, मैं पड़ाव वापस जाने की अपने थकाती यात्रा पर चल पड़ा।

यह पथ, जैसा पहले मैं आपको बता ही चुका हूँ, उस पर्वतीय धार से जा मिलता है जो थाक से चौथाई मील तक नीचे चूका तक जाती है, और जब मैं उस जगह पहुँचा जहाँ पर्वतीय धार कुछ फुट चौड़ी ही रह गई है और जहाँ से उन दोनों बड़े खड्डों का दृश्य प्राप्त हो जाता है, जो नीचे की तरफ लध्या नदी तक चले गए हैं एक बार अब फिर दुबारा शेरनी को अपने बाँए घाटी के पार से बोलते हुए सुना। वह कुमाया चक से कुछ ऊपर बाईं तरफ तथा कोट किन्दरी से कुछ सौ गज़ नीचे पर्वतीय धार पर थी जिस पर उस क्षेत्र में काम करने वाले लोगों ने अपने लिए घास-फूस के झोंपड़े बनाए थे।

मैं जब वृक्ष से उतर कर नीचे आया तो मेरे पास एक घंटा बचा था, जिसमें मैं अँधेरा होने से पूर्व पड़ाव वापस लौट सकता था। अपने आदमियों को बुलाकर यह सुनना कि अब वे क्या कहते हैं, बकरों को इकट्ठा कर उन्हें पर्वतीय धार तक ले जाने में लगभग तीस मिनट लगेंगे और सूरज की स्थिति से, जिसकी लाल-लाल किरणें अब नेपाल की पहाड़ियों की चोटियों पर पड़ रही थी, मैंने आकलन किया कि मोटे तौर पर आधे घंटे का दिवा-प्रकाश मेरे पास बाकी है। यह समय कारक अथवा कदाचित् यह कहना ज़्यादा सही होगा कि

प्रकाश कारक सर्वाधिक महत्त्व का था क्योंकि यदि यह अवसर, जो स्वयं आकर उपस्थित हो गया है, मैंने उपयोग किया तो इसी पर पाँच आदमियों की जान निर्भर होगी।

वह शेरनी एक मील की दूरी पर थी और उस ज़मीन पर घना जंगल था जिसमें यत्र-तत्र बड़ी-बड़ी चट्टानें बिखरी थी, और ज़मीन भी बीच-बीच में कितने ही गहरे नालों से काटी हुई थी, परन्तु वह चाहती तो इस दूरी को आधे घंटे में पूरा कर सकती थी। मेरे सामने निर्णय करने का प्रश्न यही था कि उसे बुलाने का प्रयत्न करूँ या न करूँ। मैंने यदि बुलाया और उसने सुन लिया और दिन का प्रकाश रहते हुए वह आ गई और मुझे उस पर गोली चलाने का अवसर मिल गया, तो सब कुछ ठीक था। इसके विपरीत यदि वह आई और मुझे उस पर गोली चलाने का अवसर न मिला तो हममें से कुछ लोग पड़ाव में वापस नहीं पहुँच पाएँगे क्योंकि हमें दो मील चलना था और रास्ता घने जंगलों में से होकर जाता था और बीच में कुछ जगह बड़ी-बड़ी चट्टानें थी और दूसरी जगह घनी झाड़ियाँ। आदमियों से विचार-विमर्श करना व्यर्थ था क्योंकि इस यात्रा पर आने से पूर्व उनमें से कोई भी जंगल नहीं गया था, इसलिए फैसला मुझे ही करना होगा।

और मैंने शेरनी को बुलाने का फैसला किया।

अपनी राइफल अपने एक आदमी को पकड़ा मैं शेरनी के दुबारा बोलने तक रुका रहा और अपनी हथेलियों को मुँह के पास लाकर उनका प्याला बनाकर जितना हो सका उतनी हवा फेफड़ों में भरकर घाटी के ऊपर से उत्तरवाली पुकार मैंने भेज दी। फिर उसकी पुकार आई और तत्पश्चात् कई मिनट तक पुकार का उत्तर पुकार देती रही। वह ज़रूर आएगी, वास्तव में वह चल पड़ी थी और यदि वह गोली चलाने लायक प्रकाश रहते हुए आ गई तो उसके सारे लाभ मेरी तरफ थे क्योंकि मैंने वह जगह चुन ली थी जिसपर उससे मिलना, मुझे सबसे अधिक सुविधाप्रद रहेगा। नवम्बर शेरों का समागम काल होता है और यह स्पष्ट था कि पिछले अड़तालीस घंटों से वह जोड़े की तलाश में जंगलों को रौंदती फिर रही थी और अब, वह यह सुनकर, जिसे उसने समागम पुकार का उत्तर देने वाला शेर समझ लिया था, उससे आ मिलने में कुछ भी समय नहीं लगाएगी।

पर्वतीय थार से चार सौ गज़ नीचे पथ पाँच सौ गज़ तक समतल ज़मीन के टुकड़े से होकर जाता था। इस समतल भूमि के दाएँ हाथ वाली तरफ पथ एक बड़ी चट्टान के किनारे-किनारे जाता फिर, तीखा ढलान बनाता नीचे गिर जाता था और आगे कई तीखे मोड़ों की शृंखला में चलता हुआ, अगले मोड़ से नीचे आ जाता था। मैंने इसी चट्टान पर शेरनी को बुलाने का फैसला किया और नीचे उस पर जाते हुए, मैंने कई बार पुकार लगाई ताकि उसे पता लग जाए कि मैं अपनी जगह बदल रहा हूँ और उससे सम्पर्क भी बना रहे।

मैं चाहता हूँ कि अब इस ज़मीन का साफ-स्वच्छ चित्र आप अपने दिमाग में बैठा रख लें ताकि आगे की घटनाएँ सरलता से समझते जाएँ। तो आप चालीस गज़ चौड़ी और अस्सी गज़ लंबी ज़मीन के ऐसे आयताकार टुकड़े की कल्पना करें जो लगभग खड़े चट्टान मुख पर जाकर समाप्त हो जाता है। थाक से आने वाला पथ इस भूमि के छोटे या दक्षिणी सिरे पर मिलता है तथा पच्चीस गज़ नीचे इसके मध्य तक चलता हुआ दाईं तरफ मुड़ता है और आयत से उसकी लंबी या पूर्वी दिशा पर अलग हो जाता है। उस जगह जहाँ यह समतल भूमि से अलग होता है लगभग चार फुट ऊँची एक चट्टान है। इससे थोड़ा आगे जहाँ से पथ दाईं ओर मुड़ता है, तीन या चार फुट ऊँची चट्टानी धार उठती है और आयत की उत्तरी दिशा तक जाती है जहाँ ज़मीन खड़ा चट्टानी मुख बनाती हुई अलग गिर जाती है। इस नीची पर्वतीय धार के निकट या पथ वाली दिशा में झाड़ियों की घनी पंक्ति है जो चार फुट ऊँची चट्टान से, मैंने जिसे ऊपर बताया है, दस फुट के अंदर तक पहुँच जाती है। आयत के बाकी भाग पर वृक्ष, बिखरी हुई झाड़ियाँ और छोटी-मोटी घास उगी है।

मेरा मन, इस चट्टान के पार्श्व में पथ पर लेट जाना और जब शेरनी मेरी तरफ बढ़े, उसे गोली मारने का था, पर मैंने इस स्थिति पर होने की कोशिश की तो पाया कि मैं उसे तब तक नहीं देख पाऊँगा जब तक मेरी तरफ वह दो या तीन गज़ के अंदर न आ जाए और इसके अतिरिक्त चट्टान के चतुर्दिक अथवा मेरे बाएँ खड़ी बिखरी झाड़ियों में से होकर, मुझे बिलकुल ही दिखाई पड़े बिना भी वह आ सकती थी। इस दिशा के, जिधर से मैं शेरनी के आने की प्रत्याशा करता था, अभिमुख चट्टान से बाहर निकलता हुआ एक सँकरा पुश्ता था। पार्श्वों में बैठकर मैंने पाया कि अपना थोड़ा-सा पुट्ठा मैं उस पर टिका सकता हूँ और अपना बायाँ हाथ गोलायित चट्टान की चोटी पर सपाट रखकर और अपनी दाईं टाँग पूरी तरह फैलाकर तथा ज़मीन को अपने पंजों से छूते हुए उस पर अपनी जगह संभाले रख सकता हूँ। आदमियों और बकरों को तत्काल मैंने अपने से दस से बारह फुट नीचे पीछे की तरफ बाँधा था।

उस शेरनी की अगवानी के लिए मंच तैयार हो गया था, जब ये तैयारियाँ चल रही थी, शेरनी मुझ से तीन सौ गज़ के अंदर आ गई थी। उसे दिशा देने के लिए अपनी अंतिम पुकार भेजकर मैंन घूमकर यह देखा कि मेरे आदमी ठीक-ठाक हैं भी या नहीं।

इन लोगों ने जो दृश्य उपस्थित किया वह अन्य परिस्थितियों में हास्यास्पद ही होता परन्तु यहाँ वह त्रासद था। अपने घुटने पीछे की तरफ मोड़े, सिर से सिर भिड़ाए एक छोटे से कसे वृत्त में बैठे हुए, जिसके नीचे बकरे घुसे जा रहे थे, उनके कसे हुए मुखों पर गहरे इन्तज़ार का वह भाव दिखाई पड़ रहा था जो दर्शकों के चेहरों पर उस समय दिखाई देता है जब वे किसी बड़ी तोप के छूटने का इंतजार कर रहे होते हैं। उस समय से पहले पर्वतीय धार से न तो हमने शेरनी को बोलते सुना था न आदमियों ने और न बकरों ने, खाँसने के अतिरिक्त कोई आवाज़ नहीं की थी। संभवतः वे भय से जम चुके थे और यदि ऐसा है तो भी मैं उन चार आदमियों के सम्मान में अपना टोप उतारता हूँ क्योंकि उनमें वह करने का साहस था जो, यदि उनकी जगह मैं होता, तो शायद उसे करने की बात सपने में भी न सोच पाता। सात दिनों से वे अतिरंजित और रक्त जमाने वाली कहानियाँ इस भयोत्पादक जानवर के बारे में सुनते आ रहे थे जिसने पिछली दो रातों से उन्हें सोने तक न दिया था और अब, अंधकार बढ़ता चला आ रहा था जिसमें उन्हें कुछ भी दिखाई नहीं दे रहा था, वे नरभक्षी को निकटतर आते हुए सुन रहे थे, तो इससे अधिक साहस और इससे अधिक निष्ठा की कल्पना तक करना संभव नहीं है।

यह तथ्य कि अपनी दुनाली 450/400 राइफल मैं अपने हाथ में नही पकड़ सकता था (जिसे मैं पुश्ते पर अपना अनिश्चित आसन संभालने में उपयोग कर रहा था), मुझे कुछ बेचैन कर रहा था क्योंकि राइफल के चट्टान के गोलायित शिखर से फिसल कर गिर पड़ने के अलावा मैंने अपना रूमाल तह करके राइफल को उसके ऊपर रख दिया था, ताकि ऐसा न होने पर मुझे यह पता नहीं था कि इस स्थिति में अधिक वेग वाली राइफल चलाने पर उसका धक्का लगने का प्रभाव कैसा होगा। राइफल की नली रास्ते की तरफ थी जिसमें एक कूबड़ था और मेरा इरादा शेरनी के प्रकट होते ही तुरन्त इस कूबड़ के ऊपर से उसके माथे पर गोली मारने का था, यह कूबड़ चट्टान से बीस फुट की दूरी पर था।

किन्तु शेरनी पहाड़ी की ऊँचाई निचाई के अनुसार चली जिसने उसे कूबड़ से थोड़ा आगे पथ पर ला दिया होता, बल्कि गहरे खड्ड को पारकर सीधी उस तरफ जिधर से उसने मेरी अंतिम पुकार सुनी, इतने कोण पर आ गई, जिसे मैं एक बजे की सुइयों वाला कोण बताकर ठीक समझा पाऊँगा। इस पैंतरे ने चट्टान की नीची धारको जिसके ऊपर से मुझे कुछ दिखाई नहीं पड़ता था हमारे बीच में ला दिया। उसने मेरी अंतिम पुकार की दिशा को बहुत सही-सही पहचान लिया था, परन्तु उसकी दूरी जाँचने में गलत रही थी, और उस जगह अपना संभावी जोड़ा न पाकर जिसकी वहाँ मिलने की उसने प्रत्याशा की थी, वह अब पूरी भयानक बन जाना शुरू कर रही थी और ऐसी हालत में शेरनी का क्रोध कैसा होता है इसका अंदाजा आपको तब कुछ लग पाएगा

यदि आपको मैं यह बताऊँ कि मेरे घर से कुछ ज्यादा मील दूर नहीं, एक शेरनी ने एक बार एक सार्वजनिक मार्ग पर सप्ताह भर के लिए लोगों का चलना-फिरना लगभग बंद करवा दिया था, जो भी उस पर जाने का प्रयास करता उसी पर वह तब तक झपटती जब तक कि अन्ततः उसका जोड़ा उसे नहीं मिल गया।

मुझे बहुत पास से आ रही किसी अनदेखे शेर की पुकार को छोड़कर किसी ऐसी अन्य आवाज़ का पता नही है जो आदमी की चेताओं को आरी की तरह काटती हो। यह भयंकर आवाज़ मेरे आदमियों पर क्या प्रभाव डाली होगी, मैं उसे सोचकर डर जाता हूँ, और यदि वे चीखते हुए पहाड़ी से नीचे भाग जाते तो उस पर मुझे कोई आश्चर्य न होता क्योंकि हालाँकि मेरे कन्धे पर अच्छी राइफल और मेरी बगल के नीचे कारतूस रखे हुए थे, मैं स्वंय चीख पड़ने वाला हो रहा था।

परन्तु इस निरन्तर पुकारने से कहीं ज्यादा डरावना प्रकाश का मद्धिम पड़ते जाना था। कुछ सेकेण्डों, ज्यादा से ज्यादा दस-पंद्रह के बीतते ही इतना अँधेरा हो जाएगा कि मैं अपनी राइफल की दर्शिकाएँ भी नहीं देख पाऊँगा और तब हम नरभक्षी की दया पर पड़े रह जाएँगे, जो इसके अलावा ऐसी शेरनी भी थी, जो अपना जोड़ा ढूँढ रही थी। कुछ तो करना ही होगा और जल्द ही, हमें यदि यहाँ नहीं मरना है तो, और एक ही काम मैं कर सकता हूँ, वह था उसे पुकार कर बुलाना।

अब शेरनी इतने करीब आ चुकी थी कि प्रत्येक बार उसके बोलने से पहले लिया गया उसका साँस भी मैं सुन पा रहा था, और जैसे ही उसने अपने फेफड़ों में हवा खींची, मैंने वैसा ही अपने फेफड़ों में किया और हम दोनों ने एक साथ पुकार लगाई। आश्चर्यजनक तत्परता से इसका प्रभाव पड़ा। बिना एक सेकेण्ड झिझके वह सूखी पत्तियों में जल्दी-जल्दी डग भर्ती, उन्हें रौदंती, नीची पर्वतीय धार पर होती मेरे थोड़ा बाएँ सामने की झाड़ियों से निकलती हुई, मेरे सामने आकर रुक गई, जबकि मैं यह आशा कर रहा था कि वह ठीक मेरे ऊपर आ जाएगी, और तब अगले ही क्षण उसके भरे गले की पुकार का भरपूर झोंका मेरे मुँह पर आ टकराया और यदि मैं टोप ओढ़े हुए होता तो वह उसे मेरे सिर से उड़ा देती। एक क्षण वह रुकी रही फिर जल्दी-जल्दी कुछ पग धरे और खुले में चली गई और मेरे चेहरे की तरफ देखती हुई पत्थर-सी बनी वहीं रुक गई।

मद्धिम पड़ती रोशनी और शेरनी की निकटता के कारण उसका जो कुछ भी मैं देख पाया, वह उसका सिर था। मेरी चलाई पहली गोली उसके दाईं आँख के नीचे लगी और दूसरी जो इरादे के बजाए इत्तफाक से ही चल गई उसके गले में लगी और उसे चट्टान पर नाक टिका वहीं चिर विश्राम मिल गया। दाईं नाल से लगे धक्के ने चट्टान पर मेरी पकड़ शिथिल कर दी और मुझे पुश्ते से नीचे गिरा दिया और उसके बाद वाली गोली दगने से मिले धक्के ने, जिसकी गोली उस समय चली जब मैं हवा में था बड़ी जोर से राइफल को मेरे जबड़े से टकरा दिया और मेरा सिर नीचे और पैर ऊपर करके आदमियों और बकरों के ऊपर फेंक दिया। एक बार फिर मैं टोप उतार उन आदमियों का सम्मान करता हूँ क्योंकि बिना यह जाने कि अगले ही क्षण शेरनी उनके ऊपर क्या गिराने वाली है, उन्होंने मुझे गिरते ही थाम लिया तथा क्षति पहुँचने से मुझे और टूटने से मेरी राइफल को बचा लिया।

मैंने जब अपने को उन आदमियों और बकरों की टांगों के उलझाव से छुड़ा लिया तो मैंने 275 राइफल उस आदमी से ली, जो उसे पकड़े हुए था और कारतूसों का पलीता मैगज़ीन में डाला और पाँच गोलियों की धारा घाटी और शारदा के पार नेपाल में जाती हुई भेज दी। दो गोलियाँ घाटी और आसपास के गाँवों में रहने वाले उन हजारों लोगों के लिए जो बड़ी बेचैनी से मेरी राइफल की आवाज़ सुनने में लगे थे, कुछ भी अर्थ दे सकती थी परन्तु दो गोलियाँ और उसके बाद पाँच और, पाँच-पाँच सेकेण्ड का नियमित अन्तराल देकर छोड़ी हुई गोलियों का अर्थ एक ही सन्देश देने वाला हो सकता है और वो यह, कि नरभक्षी मारा जा चुका है।

अपने आदमियों से मैंने उस समय से जब हमने सबसे पहले पर्वतीय थार से शेरनी की आवाज़ सुनी थी, बात नहीं की थी। उन्हें यह बताने पर कि अब वह मर चुकी है और अब हमारे डरकर रहने का कोई कारण नहीं है तो वे यह समझते प्रतीत नहीं हुए कि मैं उन्हें क्या कह रहा हूँ, इसलिए मैंने उन्हें ऊपर जाकर उसे देखने के लिए कहा और एक सिगरेट ढूँढ कर सुलगाई। बड़ी सावधानी से वे चट्टान पर चढ़े परन्तु उससे आगे नहीं बढ़े क्योंकि, जैसा मैंने आपको बताया है, शेरनी उसका दूसरा पार्श्व छू रही थी। बाद में, पड़ाव में अलाव के पास बैठे हुए और अपने अनुभव आतुर श्रोताओं की क्रमिक टोलियों को सुनाते हुए उनका वर्णन नियमतः इस प्रकार समाप्त होता "और तब शेरनी ने, जिसकी दहाड़ ने हमारे हृदय का पानी बना दिया था, साहब के सिर पर चोट की और उन्हें उठाकर हमारे ऊपर फेंक दिया और यदि तुम्हें हमारी बात पर भरोसा नहीं है तो जाओ उनका चेहरा देख लो।" पड़ावों में दर्पण रखना फालतू होता है, और मेरे पास यदि कोई दर्पण होता तो उससे मेरे जबड़े की सूजन, जिसके कारण मैं कई दिनों से दूध ही पीने को बाध्य हूँ, इतनी बड़ी पीड़ा न बन जाती जितनी वह अनुभव हो रही थी।

जितने समय तक बालवृक्ष काटकर लाया और शेरनी को उससे बाँधा गया, तब तक लध्या घाटी और उसके चारों तरफ के सभी पड़ावों और गाँवों में रोशनी दिखनी शुरू हो गई। वे चारों आदमी शेरनी को पड़ाव ले जाने का गौरव पाने के बहुत इच्छुक थे परन्तु यह काम उनके बस का नहीं था, इसलिए उन्हें वहीं छोड़ मैं मदद लेने चल पड़ा।

मैं पिछले आठ महीनों में तीन बार चूका जाने पर दिन में कई बार सदा भरी राइफल लिए इस रास्ते चल चुका था परन्तु अब बिना किसी हथियार के अँधेरे में किसी तरह चलता हुआ पड़ाव लौट रहा था, मेरी चिंता यही थी कि कहीं गिर न जाऊँ। यदि सबसे बड़ी खुशी किसी को यही हो सकती है कि उसकी भारी पीड़ा एकाएक खत्म हो जाए तो दूसरी सबसे बड़ी खुशी यही हो सकती है कि कोई भारी भय सिर से एकाएक दूर हो जाए। एक घंटा पहले लोगों को उनके घरों और पड़ावों से घसीट कर बाहर लाने के लिए जंगली हाथियों को लगाना पड़ता परन्तु अब वही लोग गाते, चिल्लाते, अकेले या समूहों में, थाक जाने वाले पथ पर प्रत्येक दिशा से आकर मिलते जा रहे थे। तेजी से बढ़ती जा रही इस भीड़ में से कुछ आदमी मेरे साथ मिल गए और मैं यदि उन्हें अनुमति देता तो वे मुझे कन्धों पर उठाकर ले जाते। प्रगति धीमी थी, आने वाले प्रत्येक समूह को अपने विशेष ढंग से अपनी औतज्ञता प्रकट करने देने के लिए बार-बार रुकना पड़ता था। ऐसा होने से शेरनी को लाने वाली टोली को हमारे साथ आ जाने के लिए समय मिल गया और हम साथ-साथ गाँव में प्रविष्ट हुए। मेरा और मेरे आदमियों का जैसा स्वागत हुआ अथवा उन दृश्यों का, जो उस रात मैंने देखा, उनका वर्णन करने का प्रयास मैं नहीं करूँगा क्योंकि अपने जीवन का अधिकांश भाग जंगलों में बिताने के कारण मुझमें शब्द-चित्र अंकित कर पाने की योग्यता नहीं है।

भूसे का कूप तोड़कर उस पर शेरनी को लिटाया गया और पास ही पड़े प्रवाहित काष्ठ से एक बड़ी आग और इस दृश्य को आलोकित करने तथा गर्मी देने के लिए जलाई गई क्योंकि रात बहुत अँधेरी और उत्तरी हवा चलने के कारण बहुत ठंडी हो गई थी। आधी रात के लगभग मेरे नौकर ने थाक के प्रधान और कुंवरसिंह की सहायता से, जिनके घरों के पास मेरा पड़ाव लगा था, भीड़ को अपने-अपने घरों और पड़ावों को लौट जाने के लिए यह कहकर मनाया कि उन्हें शेरनी का दर्शन करने के लिए अगले दिन काफी समय मिलेगा। स्वयं जाने से पहले थाक के प्रधान ने मुझे कहा कि सुबह वह थाक के लोगों को अपने-अपने घरों में लौट आने का संदेश भेज देगा। उसने यह किया भी और दो दिन बाद उस गाँव की पूरी जनसंख्या अपने-अपने घरों में लौट आई और तबसे वहीं शांतिपूर्वक रह रही है।

मैंने आधी रात को भोजन करने के बाद कुंवर सिंह को बुलाया और उससे कहा कि वचन दी गई तारीख तक घर पहुँच जाने के लिए मुझे कुछ घंटों में ही चल देना होगा और सुबह उसे ही लोगों को यह समझाना

पड़ेगा कि मैं क्यों चला गया हूँ। यह करने का उसने वचन दिया और तब शेरनी की खाल निकालने में मैं लगा। सादे चाकू से शेर की खाल निकालने में लंबा समय लगने वाला था पर उससे जानवर की जाँच करने का अवसर मिल जाता है जो अन्यथा नहीं मिल पाता और नरभक्षियों के मामले में इससे लगभग सही-सही उस जानवर के नरभक्षी बन जाने का कारण पता लग जाता हैं।

यह शेरनी अपेक्षतया जवान और बहुत अच्छी हालत में थी जैसा कि समागम काल के प्रारम्भ के समय उसके होने की प्रत्याशा की जा सकती थी। उसकी गहरे रंग की सर्दियों के मौसम की खाल में कोई दाग नहीं था और उसके लिए प्रस्तुत किए भोजन को उसके द्वारा निरन्तर अस्वीऔत किए जाने के बावजूद उसमें चर्बी भरी हुई थी। उसको गोली लगने के दो घाव थे जिनमें से कोई भी ऊपर खाल में दिखाई नहीं दे रहा था। एक घाव, जो उसके बाएँ कन्धे में लगा था, घर में बनाए बक शॉट के कई छर्रे लगने से बना था, जो सड़ गया था, और खाल के काफी अधिक स्तर पर फैल जाने के बाद, भर गया था, परन्तु अंदर मांस में स्थायी रूप से बना रह गया था। इस घाव से उसकी क्षमताओं में कितनी कमी आई यह कह पाना मुश्किल था, परन्तु इस घाव को ठीक होने में काफी समय लगा था और उसके नरभक्षी बनने का काफी तर्कसंगति से कारण यह भी हो सकता था। दूसरा घाव दाएँ कन्धे में लगा था, वह भी बकशॉट लगने से हुआ था परन्तु वह बिना सड़े ठीक हो गया था। ये दोनों घाव मारे हुए शिकार पर जाने पर उसके नरभक्षी बनने से पहले के दिनों में लगे थे और इस बात के लिए पर्याप्त कारण थे कि मारे हुए मानव और दूसरे शिकारों पर, जिन पर मैं बैठा था, वह पलट कर उन्हें खाने नहीं गई थी।

इस शेरनी की खाल निकालने पर मैं नहाया, कपड़े पहने और हालाँकि मेरा मुँह सूजा हुआ था और दर्द कर रहा था तथा बीस मील का ऊबड़-खाबड़ भूमि चलना मेरे सामने था, मैंने हवा पर उड़ते हुए चूका छोड़ दिया जबकि घाटी में और उसके चतुर्दिक के हज़ारों लोग शांतिपूर्वक सोए थे।

मैं अब अपनी जंगल कहानियों के अन्त पर आ पहुँचा हूँ जिन्हें आपको सुनाने के लिए मैं तैयार हुआ था तथा उन नरभक्षियों का शिकार करने के कार्य जीवन की संध्या पर भी आ गया हूँ।

इसके लिए मुझे काफी लंबी अवधि मिली और मैं अपने को भाग्यशाली समझता हूँ कि इसमें मैं अपने पैरों से ही चला पाया।

वह अवसर भी आया जब जीवन एक धागे भर से टंगा हुआ था और ऐसा भी जब पैसों की कमी और बीमारी ने, जो अधिक अनावृत्ति और शरीर पर पड़े दबावों का प्रतिफल था, चलना-फिरना तक मुश्किल कर दिया, परन्तु इन सभी अवसरों का मुझे भरपूर पुरस्कार मिल गया है यदि मेरे शिकार करने का परिणाम कहीं एक भी आदमी का जीवन बच पाया है।

भले-मानुस शेर

मैं समझता हूँ कि सभी शिकारी जिन्हें कैमरे से शेरों के छायाचित्र उतारने और राइफल से गोली चलाकर उन्हें मारने, इन दोनों तरह का शिकार खेलने का शौक पूरा करने का अवसर मिला है, वे इस बात में मेरे साथ सहमत होंगे कि दोनों किस्म का शिकार खेलने में बहुत अंतर होता है इससे कहीं ज्यादा नहीं जितना किसी बर्फ घुली पर्वतीय धारा में किसी हल्की बँसी से किसी ट्राउट को पकड़ने और किसी तालाब के धूप से गर्म हुए तट पर स्थायी गड़े हुए बाँस से मछलियों की हत्या करने में होता है तो कम से कम उतना तो होता ही है।

कैमरे और राइफल से शिकार करने (शूटिंग) के समय लागत के अंतर और उसका जो लाभकारी प्रभाव हमारी तेजी से घटती जा रही शेरों की संख्या पर पड़ता है उसके अतिरिक्त शिकारी को अच्छा विजयोपहार प्राप्त होने की तुलना में अच्छा छायाचित्र ले पाने से कहीं ज़्यादा आनन्द आता है। इसके अलावा छायाचित्र वन्य प्राणियों के सभी प्रेमियों की दिलचस्पी का होता है जबकि विजयोपहार उसी आदमी की दिलचस्पी का होता है जिसने उसे प्राप्त किया है। उदाहरणार्थ, मैं फ्रेड चैम्पियन को ही लेना चाहता हूँ। यदि चैम्पियन ने कैमरे से छायाचित्र लेने के बजाए राइफल से शेरों को मारा होता तो उसके विजयोपहारों के बाल बहुत काफी पहले झड़कर कूड़ा दानी में पहुँच चुके होते, जबकि कैमरे से बनाए हुए उसके आलेख उसके लिए प्रसन्नता का स्थायी स्रोत बना रहा और दुनिया के सभी भागों के शिकार प्रेमियों की दिलचस्पी का है।

'विद ए कैमरा इन टाइगर लैण्ड' चैम्पियन की इस पुस्तक के छायाचित्रों को देखते हुए सबसे पहले मुझे शेरों का चित्र लेने का विचार आया। चैम्पियन के छायाचित्र स्थिर कैमरे से चमक प्रकाश में लिया गया था, इसलिए मैंने तय किया कि उससे कुछ और अच्छा करूँ और दिन के प्रकाश में सिधे कैमरे से शेरों के छायाचित्र खींचने का प्रयास करूँ। एक बड़े कृपालु मित्र द्वारा दिए बेल व हौवेल के 16 मिमी कैमरे के उपहार ने ठीक वही हथियार मेरे हाथों में थमा दिया जिसकी मुझे ज़रूरत थी और 'वनों में स्वतंत्रता' जो मुझे मिली है, एक बहुत ही विस्तृत मंच में घूमना-फिरना संभव बना दिया। मैं दस वर्षों तक कई सौ मील शेरों के इलाके में उनके पीछे छिपे-छिपे लगा रहा, शेरों ने कभी-कभी मुझे देख भी लिया और अपने मारे शिकार के पास मेरे जाने पर नाराजी दिखाई और कुछ अन्य अवसरों पर शेरनियों ने मुझे डराकर जंगल से भगा दिया, जो अपने बच्चों के निकट मेरे जाने पर आपत्ति करती थी। इस समय में मुझे शेरों की आदतों और तौर-तरीकों के बारे में कुछ सीखने को मिला और हालाँकि मैंने शेरों को संभवतः कोई दो सौ अवसरों पर देखा फिर भी मैं उनका एक भी सन्तोषप्रद छायाचित्र लेने में सफल नहीं हुआ। कितने ही अवसरों पर मैंने फिल्म अनावृत की परन्तु परिणाम या तो अधि अनावृति (ओवर एक्सपोजर) या अधः अनावृति (अण्डर एक्सपोजर) या घास या पत्तियाँ या मकड़ी के जाले लैंस के आगे पड़ जाने से निराशाजनक रहे और एक बार तो फिल्म विधायित करते समय पायस (emulsion) फिल्म पर पिघल जाने से ऐसा हुआ।

मैंने अन्ततः 1938 में एक अच्छा चित्र पाने के लिए अंतिम प्रयास करने के लिए पूरी सर्दियाँ उसमें लगाने का निर्णय किया। अनुभव से यह सीख जाने पर कि शेर का अटकल-पच्चू चित्र ले पाना संभव नहीं है, मेरा पहला विचारणीय प्रश्न था, उपयुक्त स्थान की खोज करना और अन्ततः इसके लिए मैंने पचास गज़ चौड़ा एक खुला हुआ खड्ड चुना जिसके बीचों-बीच एक छोटी जलधारा बह रही थी और जिसके दोनों किनारों पर घने वृक्ष और क्षुद्ररोह वन उगा था। बहुत पास से चित्र लेते समय कैमरे की आवाज़ बंद करने के लिए मैंने उस

धारा को कई जगह रोककर उस पर कुछ इंच ऊँचे प्रपात बना दिये। मैंने फिर शेरों पर घेरा डाला और सात शेरों को तीन परस्पर दूर-दूर पृथक हुए क्षेत्रों से ढूँढकर उन्हें एक साथ अपने जंगल स्टूडियों में कुछ गज़ों की दूरी पर बुलाकर लाना शुरू किया। उनको लेकर आना मुश्किल का काम था जिसमें बहुत परेशानीयाँ और निराशाएँ भरी हुई थी क्योंकि जिस क्षेत्र में मैं काम कर रहा था उसमें उनका पहले बहुत ज्यादा शिकार किया गया था और उन शेरों की दृष्टि से दूर स्वयं को रखकर ही मैं उन्हें ठीक उसी स्थान पर ला पाया था, जहाँ उन्हें लाना चाहता था। उनमें से एक शेरनी, पता नहीं किस कारण से आने के बाद, परन्तु उसका चित्र ले लेने से पूर्व नहीं, अगले दिन ही चली गई। मैंने अन्य छह को एक साथ बनाए रखा और हज़ारेक फुट फिल्म उनपर अनावृत की। दुर्भाग्य से वह सर्दी बहुत ही ज़्यादा नम सर्दियों में से एक थी, जो हमें बितानी पड़ी है, और कई सौ फुट फिल्म लेंस पर नमी आ जाने से अधःअनावृति और जल्दी-जल्दी व लापरवाही से थ्रेडिंग करके कैमरे के अंदर पैक किए जाने से बरबाद हो गई। फिर भी मुझे लगभग छह सौ फुट फिल्म मिल ही गई जिस पर मुझे बहुत गर्व है क्योंकि वह भरे-पूरे शेरों का चार नर जिनमें दो दस फुट से ज़्यादा के हैं और दो मादा, जिनमें एक सफेद शेरनी है दिन के प्रकाश में फिल्माए दस से साठ फुट की भिन्न-भिन्न दूरियों से लिए हुए जीता-जागता आलेख हैं।

पूरे काम में, अथ से इति तक, साढ़े चार महीने लगे और उन अनगिनत घंटों में, मैं जब उस छोटी-सी जलधारा और अपने बनाए जल प्रपातों के निकट लेटा तो एक भी शेर मुझे नहीं देखा।

दिन के उजाले में छः शेरों के फुटों तक छुपकर जाना एक असंभव करतब ही होता है, इसलिए छिपकर उनके पीछे सुबह के प्रारंम्भिक घंटों में, रात बीत जाने और दिन का उजाला हो जाने से पहले भारी पड़ी ओस ने इसे संभव बनाया और जब-जब प्रकाश और अवसर मिला, तभी उन्हें फिल्माया गया।

www.ingramcontent.com/pod-product-compliance
Lightning Source LLC
LaVergne TN
LVHW090406051026
849518LV00006B/2254
* 9 7 8 8 1 9 9 0 0 9 9 3 6 *